§ 23 WpÜG – Veröffentlichungspflichten des Bieters nach Abgabe des Angebots

Europäische Hochschulschriften
Publications Universitaires Européennes
European University Studies

Reihe II
Rechtswissenschaft

Série II Series II
Droit
Law

Bd./Vol. 3847

PETER LANG
'ankfurt am Main · Berlin · Bern · Bruxelles · New York · Oxford · Wien

Martin Bartelt

§ 23 WpÜG – Veröffentlichungspflichten des Bieters nach Abgabe des Angebots

PETER LANG
Europäischer Verlag der Wissenschaften

Bibliografische Information Der Deutschen Bibliothek
Die Deutsche Bibliothek verzeichnet diese Publikation in der Deutschen Nationalbibliografie; detaillierte bibliografische Daten sind im Internet über <http://dnb.ddb.de> abrufbar.

Zugl.: Augsburg, Univ., Diss., 2003

D 384
ISSN 0531-7312
ISBN 3-631-51650-9

www.peterlang.de

Meiner lieben Frau Christine

Vorwort

Die vorliegende Arbeit wurde von der Juristischen Fakultät der Universität zu Augsburg im Sommersemester 2003 als Dissertation unter dem Titel „§ 23 WpÜG – Veröffentlichungspflichten des Bieters nach Abgabe des Angebots –“ angenommen.

Die Anregung zu diesem Thema verdanke ich meinem verehrten Doktorvater Herrn Professor Dr. Thomas M. J. Möllers, der diese Arbeit betreut und nachhaltig gefördert hat. Er ermöglichte mir in diesem Rahmen an der Kommentierung zu § 23 des Wertpapiererwerbs- und Übernahmegesetzes im Kölner Kommentar zum WpÜG mitzuwirken. Auch Herrn Professor Dr. Christoph Becker danke ich für die unkomplizierte Zusammenarbeit und die schnelle Zweitbegutachtung meiner Dissertation.

Ganz besonders herzlich möchte ich mich zudem bei meinem Schwiegervater und meiner Frau für die kritischen Anregungen und wertvollen Korrekturhinweise bedanken. Großer Dank gilt auch meinen Eltern für die Unterstützung, die sie mir während meiner gesamten Ausbildung zuteil werden ließen.

München, im September 2003 Martin Bartelt

Inhaltsverzeichnis

Abkürzungsverzeichnis

a.A.	andere Ansicht
a.a.O.	am angegebenen Ort
Abb.	Abbildung
ABl. EG	Amtsblatt der Europäischen Gemeinschaft
Abs.	Absatz
a.F.	alte Fassung
AG	Aktiengesellschaft / Die Aktiengesellschaft
AktG	Aktiengesetz
Alt.	Alternative
a.M.	am Main
Anh.	Anhang
Art.	Artikel
Aufl.	Auflage
BAFin	Bundesanstalt für Finanzdienstleistungsaufsicht
BayOblG	Bayerisches Oberstes Landesgericht
BB	Betriebs-Berater
Bbl.	Bundesblatt (Schweiz)
BEHG	Bundesgesetz über die Börsen und den Effektenhandel (Schweiz)
BEHV-EBK	Verordnung der Eidgenössischen Bankenkommission über die Börsen und den Effektenhandel (Schweiz)
Begr.	Begründung
BGB	Bürgerliches Gesetzbuch
BGBl.	Bundesgesetzblatt
BGH	Bundesgerichtshof
BGHZ	Amtliche Sammlung der Entscheidungen des Bundesgerichtshofs in Zivilsachen

BKR	Zeitschrift für Bank- und Kapitalmarktrecht
BörseG	Börsegesetz (Österreich)
BörsG	Börsengesetz
BörsO FWB	Börsenordnung der Frankfurter Wertpapierbörse
BörsZulV	Börsenzulassungs-Verordnung
BR-Drucks.	Drucksache des Deutschen Bundesrates
BT-Drucks.	Drucksache des Deutschen Bundestages
BVerfG	Bundesverfassungsgericht
BVerfGE	Amtliche Sammlung der Entscheidungen des Bundesverfassungsgerichts
BWA	Bundeswertpapieraufsicht (Österreich)
bzw.	beziehungsweise
ca.	circa
c.i.c.	culpa in contrahendo
City Code	The City Code on Takeovers and Mergers (Großbritannien)
CONSOB	Commissione Nationale per le Società e la Borsa (Italien)
DAV	Deutscher Anwaltverein
DAX	Deutscher Aktien Index
DB	Der Betrieb
DepotG	Depotgesetz
ders.	derselbe
d.h.	das heißt
dies.	dieselbe(n)
DiskE-ÜG	Diskussionsentwurf zum Übernahmegesetz
Diss.	Dissertation
Dok.	Dokument
DStR	Deutsches Steuerrecht

DZWir	Deutsche Zeitschrift für Wirtschaftsrecht
EG	Europäische Gemeinschaft / Vertrag zur Gründung der Europäischen Gemeinschaft (in der alten Fassung zitiert als EGV)
EGAktG	Einführungsgesetz zum Aktiengesetz
Einl.	Einleitung
endg.	endgültig
EU	Europäische Union
EuGH	Europäischer Gerichtshof
EuR	Europa-Recht
e.V.	eingetragener Verein
evtl.	eventuell
EWG	Europäische Wirtschaftsgemeinschaft
EWS	Europäisches Wirtschafts- & Steuerrecht
f.	folgende (Seite)
ff.	fortfolgende (Seiten)
FMA	Finanzmarktaufsicht (Österreich)
Fn.	Fußnote
gem.	gemäß
GG	Grundgesetz
ggf.	gegebenenfalls
GmbH	Gesellschaft mit beschränkter Haftung
GmbHG	Gesetz betreffend die Gesellschaften mit beschränkter Haftung
grds.	grundsätzlich
HGB	Handelsgesetzbuch
h.M.	herrschende Meinung
Hrsg.	Herausgeber
hrsg.	herausgegeben

Hs.	Halbsatz
i.d.F.	in der Fassung
i.d.R.	in der Regel
i.d.S.	in diesem Sinne
i.E.	im Ergebnis
i.S.d.	im Sinne des / im Sinne der
i.S.e.	im Sinne einer / im Sinne eines
i.S.v.	im Sinne von
i.V.m.	in Verbindung mit
JuS	Juristische Schulung
JZ	Juristenzeitung
KG	Kammergericht
KK	Kölner Kommentar
KOM	Kommission
KonTraG	Gesetz zur Kontrolle und Transparenz im Unternehmensbereich
Kreditwesen	Zeitschrift für das gesamte Kreditwesen
KWG	Gesetz über das Kreditwesen
Lfg.	Lieferung
LG	Landgericht
lit.	litera
m.E.	meines Erachtens
MMR	Multimedia und Recht
MüKo	Münchener Kommentar
Münch. Hdb. GesR	Münchener Handbuch des Gesellschaftsrechts
m.w.N.	mit weiteren Nachweisen
n.	numero
NaStraG	Gesetz zur Namensaktie und zur Erleichterung der Stimmrechtsausübung

n.F.	neue Fassung
NJW	Neue juristische Wochenschrift
NJW-RR	NJW-Rechtsprechungs-Report Zivilrecht
No.	Number
Nr.	Nummer
NZG	Neue Zeitschrift für Gesellschaftsrecht
ÖBA	Österreichisches Bank-Archiv Zeitschrift für das gesamte Bank- und Börsenwesen
OLG	Oberlandesgericht
OWiG	Gesetz über Ordnungswidrigkeiten
Rdn.	Randnummer
R.E.	Regolamento Emittenti (Italien)
RefE	Referentenentwurf
RegE	Regierungsentwurf
RIW	Recht der Internationalen Wirtschaft
S.	Seite
SAG	Die Schweizerische Aktiengesellschaft
sec.	section
Slg.	Sammlung der Rechtsprechung des Gerichtshofes (EuGH)
sog.	sogenannte
S.p.A.	Società per Azioni
StGB	Strafgesetzbuch
SZW	Schweizerische Zeitschrift für Wirtschaftsrecht
T.U.	Testo Unico delle disposizioni in materia di intermediazione finanziaria (Italien)
u.a.	und andere(n) / unter anderem
ÜbG	Übernahmegesetz (Österreich)
ÜK	Übernahmekodex

UEV-UEK	Verordnung der Übernahmekommission über öffentliche Kaufangebote (Schweiz)
UmwG	Umwandlungsgesetz
Univ.	Universität
USA	United States of America
u.U.	unter Umständen
Var.	Variante
VerkProspG	Verkaufsprospektgesetz
vgl.	vergleiche
VwVG	Verwaltungs-Vollstreckungsgesetz
WM	Wertpapier-Mitteilungen, Zeitschrift für Wirtschafts- und Bankrecht
WPg	Die Wirtschaftsprüfung
WpHG	Wertpapierhandelsgesetz
WpÜG	Wertpapiererwerbs- und Übernahmegesetz
WpÜG-AngVO	WpÜG-Angebotsverordnung
WuR	Wirtschaft und Recht
z.B.	zum Beispiel
ZBB	Zeitschrift für Bankrecht und Bankwirtschaft
ZGR	Zeitschrift für Unternehmens- und Gesellschaftsrecht
ZHR	Zeitschrift für das gesamte Handels- und Wirtschaftsrecht
Ziff.	Ziffer
ZIP	Zeitschrift für Wirtschaftsrecht
ZPO	Zivilprozessordnung
ZRP	Zeitschrift für Rechtspolitik

Einleitung

A. Das Wertpapiererwerbs- und Übernahmegesetz (WpÜG)

I. Hintergrund des WpÜG

Seit dem 1. Januar 2002 gilt in Deutschland das Wertpapiererwerbs- und Übernahmegesetz (WpÜG) nebst zugehörigen Verordnungen[1], welches als Bestandteil des Artikelgesetzes „zur Regelung von öffentlichen Angeboten zum Erwerb von Wertpapieren und von Unternehmensübernahmen“[2] in Kraft getreten ist. Die Einführung des WpÜG ist vor dem Hintergrund weltweit stetig zunehmender Unternehmensübernahmen zu sehen, die in den vergangenen Jahren zu einem anhaltenden Konsolidierungsprozess verschiedener Wirtschaftsbereiche sowie zu einem tiefgreifenden Strukturwandel der Finanzmärkte geführt haben. Gerade öffentliche Übernahmeangebote haben in diesem Zusammenhang hohe Aufmerksamkeit und praktische Relevanz erreicht.

Maßgebliche Ursachen dieser Entwicklung sind die globalen Veränderungen in den Bereichen der Informations- und Kommunikationstechnologie. Diese Veränderungen führen zusammen mit der zunehmenden Deregulierung zahlreicher Industriezweige zu einem Zusammenwachsen der Märke und einer schwindenden Bedeutung nationaler Grenzen im wirtschaftlichen Betätigungsfeld von Unternehmen. Um auf den Weltmärkten wettbewerbsfähig sein zu können, sind die Unternehmen daher zunehmend einem Zwang zu internationaler Größe und Marktmacht ausgesetzt. Auf europäischer Ebene ist mit der Wirtschafts- und Währungsunion und der Einführung des Euro ein zusätzlicher Faktor hinzugetreten, der auch in Zukunft eine Zunahme von Fusionen und Übernahmen erwarten lässt. Die Kapitalströme werden noch einfacher den Weg über bestehende nationale Grenzen finden, was den Wettbewerbsdruck zwischen den Unternehmen weiter erhöht. In Deutschland werden Unternehmensübernahmen durch die wachsende Markttiefe des nationalen Kapitalmarktes begünstigt, denn wenn dem Börsenhandel ein bedeutender Teil des gezeichneten Kapitals zur Verfügung steht, ist es für den potentiellen Übernehmer leichter, Beteiligungen an einem

---

1 WpÜG-Angebotsverordnung (WpÜG-AngVO), WpÜG-Gebührenverordnung, WpÜG-Widerspruchsausschuss-Verordnung sowie WpÜG-Beitragsverordnung vom 27.12.2001, BGBl. I 2001, S. 4259 ff.

2 Gesetz zur Regelung von öffentlichen Angeboten zum Erwerb von Wertpapieren und von Unternehmensübernahmen vom 20.12.2001, BGBl. I 2001, S. 3822.

Unternehmen aufzubauen[3]. Auch vor dem Hintergrund der zum Anfang des Jahres 2002 wirksam gewordenen körperschaftsteuerlichen Freistellung von Gewinnen aus Beteiligungsveräußerungen wird eine erhebliche Zunahme von Übernahmen erwartet.

Nachdem man in Deutschland in der Vergangenheit mit nur bescheidenem Erfolg versucht hat, die einschlägigen Probleme durch einen freiwilligen Übernahmekodex (ÜK)[4] zu bewältigen,[5] sah sich der deutsche Gesetzgeber aufgrund der zunehmenden Bedeutung von Unternehmensübernahmen veranlasst, mit dem WpÜG einen verlässlichen und praktikablen Rechtsrahmen für die unmittelbar an Übernahmen Beteiligten sowie für die Akteure an den Finanzmärkten bereitzustellen. Das WpÜG enthält Regelungen für das öffentliche Angebot zum Erwerb von Wertpapieren, insbesondere im Zusammenhang mit Unternehmensübernahmen. Es beinhaltet unter anderem Leitlinien für den Bieter, regelt die Dauer eines Übernahmeverfahrens in zeitlicher Hinsicht und legt dem Bieter umfangreiche Informationspflichten auf. Durch diese gesetzliche Regelung, die die unterschiedlichen Interessen der an einem Übernahmeverfahren beteiligten Parteien berücksichtigt, soll die Wettbewerbsfähigkeit des Standortes Deutschland sowie das Vertrauen internationaler Anleger in die Finanzmärkte gestärkt werden. Einen wichtigen Regelungsbereich des WpÜG bildet daher insbesondere der Anlegerschutz, weil gerade im Hinblick auf die Interessen der Wertpapierinhaber der Zielgesellschaft zu berücksichtigen ist, dass sich Übernahmen in vielen Fällen auf die geschäftspolitische Ausrichtung der Zielgesellschaft und die Werthaltigkeit der Unternehmensanteile auswirken[6].

---

3 Begründung des Gesetzentwurfs der Bundesregierung, Entwurf eines Gesetzes zur Regelung von öffentlichen Angeboten zum Erwerb von Wertpapieren und von Unternehmensübernahmen, BT-Drucks. 14/7034, S. 27 (zitiert: Begr. RegE, BT-Drucks. 14/7034), mit Hinweis auf den stetig wachsenden Anteil von Aktien am Vermögen privater Haushalte.

4 Übernahmekodex der Börsensachverständigenkommission beim Bundesministerium der Finanzen vom 14. Juli 1995 geändert durch Bekanntmachung vom 28. November 1997 mit Wirkung ab 1. Januar 1998, abgedruckt in AG 1998, 133 ff.; *Baumbach/Hopt*, Handelsgesetzbuch, (18); *Fleischer/Kalss*, WpÜG, S. 201 ff.

5 *Baumbach/Hopt*, Handelsgesetzbuch, (18) Einl., Rdn. 4; kritisch auch Begr. RegE, BT-Drucks. 14/7034, S. 27.

6 Begr. RegE, BT-Drucks. 14/7034, S. 27.

Aus makroökonomischer Sicht besteht zudem ein berechtigtes Interesse an allokationseffizienten[7] Übernahmen, weil volkswirtschaftliche Wohlfahrtsverluste vermieden werden, wenn das Kapital seinem produktivsten Verwender zugeführt wird.[8] Damit öffentliche Angebote dieser Marktwirkung gerecht werden, und das Unternehmen tatsächlich seinem besten Verwender zuführen können, muss allerdings eine wohlinformierte Entscheidung der einzelnen Anleger gewährleistet sein. Dem Bieter steht jedoch regelmäßig nicht ein einziger strukturell ebenbürtiger Verkäufer gegenüber, sondern eine Vielzahl von Anlegern, die wenig oder gar nicht über den Wert des Unternehmens sowie ihrer Beteiligung und die Vor- und Nachteile einer Annahme bzw. Ablehnung des unterbreiteten Angebots informiert sind. Eines der Hauptziele des WpÜG liegt daher in der Schaffung von Transparenz für die Adressaten öffentlicher Angebote, damit diese ihre Entscheidung über die Angebotsannahme bzw. -ablehnung auf wohlinformierter Grundlage treffen können.[9]

Zur Umsetzung des in § 3 Absatz 2 WpÜG niedergelegten Transparenzgrundsatzes bedient sich der Gesetzgeber einer Reihe von Informationspflichten. So ist der Bieter verpflichtet, seine Entscheidung zur Abgabe des Angebots unverzüglich zu veröffentlichen (§ 10 WpÜG) und eine Angebotsunterlage zu erstellen, welche die Angaben enthalten muss, die notwendig sind, um in Kenntnis der Sachlage über das Angebot entscheiden zu können (§ 11 WpÜG nebst § 2 WpÜG-AngVO). Während des Angebotsverfahrens hat der Bieter regelmäßig über seine Beteiligungen an der Zielgesellschaft zu berichten (§ 23 WpÜG). Daneben sind Vorstand und Aufsichtsrat der Zielgesellschaft verpflichtet, das Angebot zu kommentieren (§ 27 WpÜG).

II. Anwendungsbereich des WpÜG

Das Wertpapiererwerbs- und Übernahmegesetz ist gem. § 1 WpÜG auf Angebote zum Erwerb von Wertpapieren anzuwenden, sofern diese Wertpapiere von einer Aktiengesellschaft bzw. Kommanditgesellschaft auf Aktien mit Sitz im Inland (Zielgesellschaft i.S.d. § 2 Absatz 3 WpÜG) ausgegeben wurden und zum Handel an einem organisierten Markt zugelassen sind.

---

7 Eine effiziente Allokation ist das Ergebnis eines zielorientierten Einsatzes von Ressourcen, der auf der Grundlage von Erwägungen über die jeweils ertragreichste Faktornutzung erfolgt. Eine Unternehmensübernahme ist i.d.S. effizient, wenn die Zielgesellschaft einem produktiveren Verwender zugeführt wird.

8 *Mühle*, WpÜG, S. 131 ff.

9 Begr. RegE, BT-Drucks. 14/7034, S. 28 f.

„Angebote" sind gem. § 2 Absatz 1 WpÜG freiwillige oder auf Grund einer Verpflichtung nach diesem Gesetz erfolgende öffentliche[10] Kauf- oder Tauschangebote zum Erwerb von Wertpapieren einer Zielgesellschaft.

Während der Diskussionsentwurf zum Übernahmegesetz (DiskE-ÜG)[11] lediglich Kauf- oder Tauschangebote hinsichtlich Stamm- oder Vorzugsaktien erfasste,[12] wurde der Anwendungsbereich des WpÜG im Vergleich hierzu erheblich erweitert. Als „Wertpapier" bezeichnet § 2 Absatz 2 Nr. 1 WpÜG Aktien[13], mit diesen vergleichbare Wertpapiere[14] und Zertifikate, die Aktien vertreten[15]. Nach § 2 Absatz 2 Nr. 2 WpÜG zählen zu den Wertpapieren i.S.d. Gesetzes ebenso solche, die den Erwerb der in § 2 Absatz 2 Nr. 1 WpÜG genannten Wertpapiere zum Gegenstand haben. Somit sind auch Wertpapiere vom Anwendungsbereich umfasst, die das Recht verbriefen, eine mitgliedschaftliche Rechtsposition zu erlangen.[16] Unter § 2 Absatz 2 Nr. 2 WpÜG fallen insbesondere Bezugsrechte[17],

---

10 Für die Beurteilung, ob ein „öffentliches" Angebot vorliegt wird eine Vielzahl von Kriterien heranzuziehen sein. Insbesondere ist von Bedeutung, ob sich das Angebot an eine Vielzahl von Wertpapierinhabern oder nur an einen begrenzten Personenkreis richtet. Ein weiteres Kriterium kann beispielsweise darin liegen, dass das Angebot einseitig formuliert und nicht individuell ausgestaltet ist (Begr. RegE, BT-Drucks. 14/7034, S. 33). Zur detaillierten Erörterung der Frage, wann ein Angebot im Einzelfall als „öffentlich" im Sinne des WpÜG anzusehen ist, vgl. ausführlich *Fleischer*, ZIP 2001, 1653, 1658 ff.; *Huber*, Haftung für Angebotsunterlagen, S. 24 ff.

11 Art. 1 des Diskussionsentwurfs eines Gesetzes zur Regelung von Unternehmensübernahmen vom 29. Juni 2000, abgedruckt bei *Fleischer/Kalss*, WpÜG, S. 237 ff.

12 Vgl. Begr. DiskE-ÜG zu § 2 Absatz 3 (abgedruckt bei *Fleischer/Kalss*, WpÜG, S. 289 f.).

13 Der Begriff der Aktie umfasst sowohl Stamm- als auch Vorzugsaktien. Vgl. Begr. RegE, BT-Drucks. 14/7034, S. 34.

14 Aktien sind solche Wertpapiere vergleichbar, die ein Mitgliedschaftsrecht verkörpern. Gedacht ist in erster Linie an Zwischenscheine nach § 8 Absatz 6 AktG, die in vorläufiger Weise die Mitgliedschaft des Aktionärs verbriefen. Vgl. Begr. RegE, BT-Drucks. 14/7034, S. 34.

15 Aktien vertretende Zertifikate sind beispielsweise Zertifikate, die – wie z.B. Depositary Receipts – die Handelbarkeit von Namensaktien ermöglichen sollen. Vgl. Begr. RegE, BT-Drucks. 14/7034, S. 34.

16 Begr. RegE, BT-Drucks. 14/7034, S. 34. Eine Einbeziehung derartiger Wertpapiere ist sinnvoll, da sie dem Inhaber eine potentielle gesellschaftsrechtliche Stimmmacht verschaffen. Die Inhaber solcher Wertpapiere befinden sich in Bezug auf Entscheidungsdruck und Informationsbedürfnis in der gleichen Lage wie Aktionäre.

17 *Schüppen*, in: Haarmann/Riehmer/Schüppen, Öffentliche Übernahmeangebote, § 2 WpÜG, Rdn. 23; a.A. *Steinmeyer/Häger*, WpÜG, § 1 WpÜG, Rdn. 22.

Optionsanleihen und Wandelschuldverschreibungen, aber auch Optionsscheine, sofern letztere zum Bezug von Aktien berechtigen. Die Qualifizierung als Wertpapier i.S.v. § 2 Absatz 2 WpÜG ist ausdrücklich davon unabhängig, ob die jeweiligen Rechte urkundlich verbrieft sind.

Der Begriff „organisierter Markt" ist in § 2 Absatz 7 WpÜG legaldefiniert. Mit dem amtlichen Handel und dem geregelten Markt werden die beiden öffentlich-rechtlich organisierten Marktsegmente inländischer Börsen aufgezählt. Indem jedoch § 1 WpÜG allein auf die Zulassung und nicht auf die anschließende Notierung in einem solchen Marktsegment abstellt, wird auch der sog. „Neue Markt" und andere Themenmärkte erfasst, bei denen die Zulassung der Wertpapiere im geregelten Markt erfolgt, der Handel jedoch im Freiverkehr i.S.d. § 57 BörsG n.F. stattfindet.[18] Alle sonstigen im Freiverkehr gehandelten Gesellschaften sind nicht vom Anwendungsbereich des WpÜG erfasst. Darüber hinaus beinhaltet der Begriff „organisierter Markt" auch geregelte Märkte i.S.d. Art. 1 Nr. 13 der Richtlinie 93/22/EWG des Rates vom 10. Mai 1993 über Wertpapierdienstleistungen (ABl. EG Nr. L 141 S. 27) in einem anderen Staat des Europäischen Wirtschaftsraums. Damit kann deutsches Übernahmerecht auch im Falle einer ausschließlichen Zulassung von Aktien einer inländischen Gesellschaft an einer „EU-Börse" Anwendung finden.[19]

III. Angebotsarten des WpÜG

Die durch das WpÜG geregelten öffentlichen Angebote lassen sich in drei Gruppen unterteilen. Sie umfassen freiwillige Übernahmeangebote, Pflichtangebote sowie – über den DiskE-ÜG hinaus – freiwillige Wertpapiererwerbsangebote.

Freiwillige Übernahmeangebote sind in § 29 Absatz 1 WpÜG legaldefiniert. Hierbei handelt es sich um öffentliche Angebote, die darauf gerichtet sind, die Kontrolle über eine Zielgesellschaft zu erlangen. Die Kontrollschwelle ist durch § 29 Absatz 2 WpÜG generalisierend auf 30 Prozent der Stimmrechte festgesetzt.

Pflichtangebote sind hingegen öffentliche Angebote, zu deren Abgabe der Bieter nach § 35 Absatz 2 WpÜG verpflichtet ist, weil er die Kontrollschwelle (§ 29

---

18 Begr. RegE, BT-Drucks. 14/7034, S. 35; im Rahmen des § 15 WpHG ebenso *Kümpel*, in: Assmann/Schneider, Wertpapierhandelsgesetz, § 15 WpHG, Rdn. 28 a.

19 *Pötzsch/Möller*, WM 2000, Sonderbeilage Nr. 2, S. 1, 15.

Absatz 2 WpÜG) einer Zielgesellschaft unmittelbar oder mittelbar erreicht bzw. überschritten hat.

Freiwillige Wertpapiererwerbsangebote zeichnen sich dadurch aus, dass der Bieter einerseits nicht zu ihrer Abgabe verpflichtet ist und, dass sie andererseits nicht darauf gerichtet sind, die Kontrolle i.S.v. § 29 Absatz 2 WpÜG über eine Zielgesellschaft zu erlangen. Erfasst werden zum einen Angebote, bei welchen der Bieter lediglich einen Teil der Aktien erwerben will und sein Stimmrechtsanteil an der Zielgesellschaft die Kontrollschwelle nicht erreicht (Einstiegsangebote).[20] Zum anderen sind Angebote angesprochen, die aus einer bereits bestehenden Kontrollposition erfolgen, ohne dass der Bieter zur Abgabe des Angebots verpflichtet ist (Aufstockungsangebote sowie Angebote im Vorfeld eines Going Private bzw. eines Squeeze-Out).[21] Des Weiteren unterfallen dieser Fallgruppe nunmehr auch solche öffentliche Angebote, die nicht Aktien, mit diesen vergleichbare Wertpapiere oder Zertifikate, die Aktien vertreten (§ 2 Absatz 2 Nr. 1 WpÜG) zum Gegenstand haben, sondern auf den Erwerb von Wertpapieren gerichtet sind, die zum Erwerb dieser in § 2 Absatz 2 Nr. 1 WpÜG genannten Wertpapiere berechtigen (§ 2 Absatz 2 Nr. 2 WpÜG).[22]

B. Transparenzvorschriften des WpÜG sowie der WpÜG-AngVO in Bezug auf Beteiligungsverhältnisse an der Zielgesellschaft

Wie bereits angesprochen, soll durch das WpÜG eine Verbesserung des Anlegerschutzes erreicht werden, indem die Information und Transparenz für die betroffenen Wertpapierinhaber verbessert wird.[23] Das Regelungsziel liegt insofern darin, eine Entscheidung über die Angebotsannahme bzw. -ablehnung auf wohlinformierter Grundlage zu ermöglichen. Zwar sieht das WpÜG hinsichtlich zahlreicher Gesichtspunkte Informationspflichten vor. Im Rahmen dieser Arbeit interessieren jedoch lediglich Transparenzvorschriften, welche die Offenlegung von Beteiligungsverhältnissen an der Zielgesellschaft betreffen.

---

20 Begr. RegE, BT-Drucks. 14/7034, S. 28; *Liebscher*, ZIP 2001, 853, 857.

21 Begr. RegE, BT-Drucks. 14/7034, S. 28; *Liebscher*, ZIP 2001, 853, 857; *Pluskat*, DStR 2001, 897, 899.

22 Begr. RegE, BT-Drucks. 14/7034, S. 28; *Pluskat*, DStR 2001, 897, 899.

23 Vgl. dazu S. 2 f.

I. § 11 Absatz 4 Nr. 2 WpÜG i.V.m. § 2 Nr. 5 und 7 WpÜG-AngVO

Nach § 11 Absatz 1 Satz 1 WpÜG ist der Bieter verpflichtet, eine Angebotsunterlage zu erstellen und zu veröffentlichen. Diese muss die Angaben beinhalten, die für die angesprochenen Wertpapierinhaber notwendig sind, um in Kenntnis der Sachlage über das Angebot entscheiden zu können (§ 11 Absatz 1 Satz 2 WpÜG). Gem. § 11 Absatz 2 WpÜG müssen Angaben über den Inhalt des Angebots (§ 11 Absatz 2 Satz 1 Nr. 1 - 6 WpÜG) sowie sog. ergänzende Angaben (§ 11 Absatz 2 Satz 2 Nr. 1 - 4 WpÜG) enthalten sein.

In § 11 WpÜG selbst sind zwar keine Offenlegungspflichten des Bieters in Bezug auf Beteiligungsverhältnisse an der Zielgesellschaft im maßgeblichen Zeitpunkt der Abgabe des Angebots geregelt. Das Bundesministerium der Finanzen hat jedoch durch Rechtsverordnung – in Wahrnehmung seiner aus § 11 Absatz 4 Nr. 2 WpÜG folgenden Kompetenz – weitere ergänzende Angaben vorgeschrieben,[24] um den Empfängern des Angebots ein zutreffendes und vollständiges Urteil über den Bieter, die mit ihm gemeinsam handelnden Personen und das Angebot zu ermöglichen.

Dementsprechend ist der Bieter im Rahmen der Angebotsunterlage gem. § 2 Nr. 5 WpÜG-AngVO verpflichtet, die Anzahl der Wertpapiere anzugeben, die bereits von ihm, von mit ihm gemeinsam handelnden Personen sowie deren Tochterunternehmen gehalten werden. Darüber hinaus muss er die Höhe der von diesen Personen gehaltenen Stimmrechtsanteile unter Angabe der ihnen jeweils nach § 30 WpÜG zuzurechnenden Stimmrechtsanteile bezeichnen. Letztere Information ist entsprechend den einzelnen Zurechnungstatbeständen aufzuschlüsseln. Auch die Identität der mit dem Bieter gemeinsam handelnden Personen und der Personen, deren Stimmrechte ihm nach § 30 WpÜG zuzurechnen sind, ist in der Angebotsunterlage offenzulegen (§ 2 Nr. 1 WpÜG-AngVO).

Des Weiteren sieht § 2 Nr. 7 WpÜG-AngVO die Pflicht vor, in der Angebotsunterlage Informationen zu Vorerwerben in Wertpapieren der Zielgesellschaft anzugeben. Erfasst werden Vorerwerbe des Bieters, der mit ihm gemeinsam handelnden Personen und deren Tochterunternehmen. In diesem Rahmen sind Art und Umfang der jeweils für den Erwerb von Wertpapieren der Zielgesellschaft gewährten oder vereinbarten Gegenleistung anzugeben, sofern der Erwerb inner-

---

24 Zu Kritik hinsichtlich der Aufteilung der ergänzenden Angaben auf Gesetz und Verordnung, vgl. *Schüppen*, WPg 2001, 958, 961 (dort Fn. 20); *Deutscher Anwaltverein e.V.*, NZG 2001, 420, 423.

halb von drei Monaten vor der Veröffentlichung der Entscheidung zur Abgabe eines Angebots (§ 10 Absatz 3 Satz 1 WpÜG) oder vor der Veröffentlichung der Angebotsunterlage gem. § 14 Absatz 3 Satz 1 WpÜG erfolgte.

II. § 23 WpÜG

Die Vorschrift des § 23 WpÜG regelt Veröffentlichungs- und Mitteilungspflichten des Bieters nach Abgabe des Angebots. § 23 Absatz 1 WpÜG dient der Transparenz in Bezug auf die Beteiligung des Bieters, der mit ihm gemeinsam handelnden Personen und deren Tochterunternehmen an der Zielgesellschaft sowie hinsichtlich der Akzeptanz des Angebots.[25] Der Bieter ist gem. § 23 Absatz 1 Satz 1 Nr. 1 WpÜG – vereinfachend dargestellt – verpflichtet, während der Annahmefrist in regelmäßigen Abständen (wöchentlich sowie in der letzten Woche vor Ablauf der Annahmefrist täglich) Informationen über seine mittelbare und unmittelbare Beteiligung an der Zielgesellschaft sowie über die potentielle Beteiligung, die sich aus den ihm jeweils zugegangenen Annahmeerklärungen ergibt, zu veröffentlichen und der BAFin mitzuteilen. Die gleiche Informationspflicht trifft den Bieter gem. § 23 Absatz 1 Satz 1 Nr. 2 und 3 WpÜG unverzüglich nach Ablauf der Annahmefristen.

§ 23 Absatz 2 WpÜG enthält hingegen Veröffentlichungs- und Mitteilungspflichten des Bieters in Bezug auf Erwerbstransaktionen in Aktien der Zielgesellschaft. Pflichtauslösend sind Erwerbe des Bieters, der mit ihm gemeinsam handelnden Personen sowie deren Tochterunternehmen, sofern sie außerhalb des Angebotsverfahrens nach Veröffentlichung der Angebotsunterlage und vor Ablauf eines Jahres nach der Ergebnisveröffentlichung i.S.v. § 23 Absatz 1 Nr. 2 WpÜG erfolgen. Die in § 23 Absatz 2 WpÜG geforderten Informationen sind für die von einer Übernahme betroffenen Aktionäre insbesondere im Hinblick auf die in § 31 Absatz 4 und 5 WpÜG enthaltenen Nachbesserungsansprüche von Bedeutung.[26]

C. Gegenstand und Gang der Untersuchung

Vor dem Hintergrund der nach § 23 Absatz 1 WpÜG vorgesehenen Veröffentlichungs- bzw. Mitteilungspflicht des Bieters während des Verfahrens öffentlicher Angebote, die in der Literatur als Pflicht zu sog. „Wasserstandsmeldungen“[27] be-

---

25 Begr. RegE, BT-Drucks. 14/7034, S. 50.

26 Begr. RegE, BT-Drucks. 14/7034, S. 51.

27 Zu diesem Begriff vgl. *Witt*, NZG 2000, 809, 810.

zeichnet wird, soll § 23 WpÜG den Gegenstand einer ausführlichen wissenschaftlichen Untersuchung bilden. Mit der Einführung dieser Vorschrift hat der Gesetzgeber einen bereits vereinzelt geforderten[28] Regelungsansatz aufgegriffen. Dieser soll gewährleisten, dass sowohl die Zielgesellschaft als auch deren Wertpapierinhaber während der Dauer öffentlicher Angebote laufend über den Stand des Angebotsverfahrens informiert sind.

Ausgehend von der Frage, ob einem Aktionär ein Recht auf Anonymität zusteht, sollen im ersten Kapitel die bestehenden verfassungsrechtlichen Grenzen einer Normierung von Offenlegungspflichten hinsichtlich Beteiligungsverhältnissen dargelegt werden. Hieran anschließend (zweites Kapitel) werden die Transparenzinteressen der Beteiligten bei Angeboten untersucht, die im Rahmen des WpÜG erfolgen. Betrachtet werden die unterschiedlichen Interessen hinsichtlich der Transparenz der Beteiligung des Bieters an der Zielgesellschaft sowie des Annahmestandes. Im Mittelpunkt der Darstellung stehen die Interessen der Angebotsadressaten und des Bieters. Diese resultieren aus dem Umstand, dass die Angebotsadressaten in einem unregulierten Markt, der gewisse Benachteiligungen der Minderheitsaktionäre zulässt, aufgrund bestehender Kommunikations- und Koordinationsprobleme starkem Verkaufs- bzw. Annahmedruck ausgesetzt wären. Dieses Phänomen wird aus spieltheoretischer Sicht beleuchtet sowie rechtlich untersucht.

Zur Beurteilung, ob bzw. inwieweit das Transparenzinteresse der Angebotsadressaten die regelmäßigen „Wasserstandsmeldungen“ des § 23 WpÜG rechtfertigen kann, werden im dritten Kapitel die verschiedenen Lösungsansätze betrachtet, die zur Abmilderung bzw. Beseitigung des Verkaufs- bzw. Annahmedrucks im Rahmen öffentlicher Wertpapiererwerbs- und Übernahmeangebote diskutiert werden bzw. im deutschen Recht und anderen Rechtsordnungen Anwendung finden. In diesem Zusammenhang wird insbesondere auch der Regelungsansatz des § 23 WpÜG kritisch betrachtet. Schließlich wird der Vorschlag eines de lege ferenda vorzusehenden Lösungsansatzes unterbreitet, der zur Beseitigung des Verkaufs- bzw. Annahmedrucks besser geeignet ist, ohne in gleicher Weise und Intensität in die Rechtsposition des Bieters einzugreifen.

---

28 Ausführlich *Witt*, Übernahmen von Aktiengesellschaften und Transparenz der Beteiligungsverhältnisse, S. 287 ff.; ebenso *Burgard*, WM 2000, 611, 616, nach dem in einem Übernahmegesetz vorgesehen werden sollte, dass der Bieter die Angebotsakzeptanz fortlaufend offenzulegen hat.

Das vierte Kapitel widmet sich Bedenken, die in Bezug auf die in § 23 Absatz 1 Satz 1 Nr. 1 WpÜG vorgesehene Pflicht zur regelmäßigen Veröffentlichung des Annahmestandes bestehen, soweit sich diese Pflicht auf die gesamte Annahmefrist erstreckt. Dabei werden zunächst übergeordnete kapitalmarktrechtliche Erwägungen behandelt, die auf dem Zwang zur Veröffentlichung niedriger Annahmequoten in der Frühphase öffentlicher Angebote und der hieraus resultierenden übernahmehindernden Wirkung basieren. Darüber hinaus werden die bisherigen Vorschläge zu einer europäischen Übernahmerichtlinie sowie verschiedene europäische Rechtsordnungen auf Regelungen untersucht, die eine regelmäßige Veröffentlichung des Annahmestandes öffentlicher Angebote vorsehen. In Form eines Rechtsvergleichs werden diese Rechtsordnungen zudem im Hinblick auf Gestaltungen betrachtet, die den im Rahmen öffentlicher Angebote entstehenden Verkaufs- bzw. Annahmedruck verhindern sollen. Des Weiteren werden europarechtliche Schranken aufgezeigt, die übernahmehindernden Regelungen entgegenstehen.

Der detaillierten Analyse des § 23 Absatz 1 und 2 WpÜG sowie der Einordnung dieser Vorschrift in das vertriebs- und kapitalmarktrechtliche Informationsmodell widmet sich das fünfte Kapitel dieser Arbeit.

Hieran anschließend werden im sechsten Kapitel die Folgen eines Verstoßes gegen die Pflichten aus § 23 WpÜG erörtert. Nachdem zunächst auf ordnungswidrigkeits- und strafrechtliche Sanktionen eingegangen wird, bilden zivilrechtliche Folgen den Schwerpunkt der Untersuchung. Dabei werden einerseits Ansprüche derjenigen Wertpapierinhaber behandelt, die das Angebot angenommen haben. Andererseits befasst sich die Arbeit auch mit dem Schutz der verbleibenden Aktionäre. Die Darstellung umfasst die Voraussetzungen und Konkurrenzen verschiedener Anspruchsgrundlagen, den Inhalt der einzelnen Ansprüche sowie Aspekte der konkreten Abwicklung.

Im siebten Kapitel wird schließlich die Durchsetzbarkeit der Pflichten aus § 23 Absatz 1 und 2 WpÜG behandelt. Zum einen wird die Frage geklärt, ob diese Pflichten einklagbar sind. Zum anderen wird die Durchsetzbarkeit der Pflichten durch die BAFin erörtert.

1. Kapitel: Verfassungsrechtliche Grenzen von Offenlegungspflichten der Aktionäre hinsichtlich ihrer (potentiellen) Beteiligung

Am deutschen Kapitalmarkt gewinnen Aktien, d.h. Anteile an einer Aktiengesellschaft, sowohl bei institutionellen als auch bei privaten Kapitalanlegern immer mehr an Bedeutung. Die höhere Verbreitung dieser Anlageform in anderen Industrieländern[29] lässt erahnen, dass sich diese Entwicklung weiter fortsetzen wird. Zwar stellt das deutsche Gesellschaftsrecht neben der Aktiengesellschaft auch zahlreiche andere Gesellschaftsformen zur Verfügung. Im Hinblick auf die Kapitalmarkteignung ihrer Gesellschaftsanteile sind diese jedoch in keiner Weise mit Aktiengesellschaften vergleichbar. So schreibt beispielsweise § 15 Absatz 3 GmbHG zur Übertragung von GmbH-Anteilen zwingend einen Abtretungsvertrag in notarieller Form vor.[30] Das Aktienrecht enthält hingegen keine derartigen, die Verkehrsfähigkeit einschränkenden, Vorschriften.[31] Gerade die vorherrschende Inhaberaktie wird formlos mittels gem. §§ 929 ff. BGB erfolgender Übereignung des Papiers übertragen. Das verbriefte Recht kann von dem jeweiligen Inhaber geltend gemacht werden. Der Besitz des Wertpapiers begründet die widerlegbare Vermutung der materiellen Berechtigung. Auch die in der Praxis übliche Girosammelverwahrung (§ 3, § 5 Absatz 3, § 6 Absatz 1, § 7 Absatz 1 DepotG) trägt zur besonderen Verkehrsfähigkeit der Aktien bei. Denn hierdurch wird ein stückloser Effektengiroverkehr möglich, bei dem die Lieferung der Papiere durch eine einfache Kontenumbuchung ersetzt wird.

Aufgrund der ungehinderten Zirkulation der Inhaberaktie kann derjenige, der diese Aktien hält, grundsätzlich unerkannt bleiben.[32] Diese Anonymität der Ak-

---

29 Der Blick richtet sich in dieser Beziehung besonders auf Großbritannien und die USA.

30 *Hueck/Fastrich*, in: Baumbach/Hueck, GmbH-Gesetz, § 15 GmbHG, Rdn. 20.

31 Die im Aktienrecht mögliche Vinkulierung von Namensaktien (§ 68 Absatz 2 AktG) ist bei Aktiengesellschaften, die an der Verkehrsfähigkeit ihrer Anteile interessiert sind, regelmäßig bedeutungslos. Denn eine entsprechend ausgestaltete Gesellschaftssatzung würde zu einer erheblichen Einschränkung der Verkehrsfähigkeit der Aktien führen und somit ihrer Kapitalmarkteignung entgegenstehen.

32 Auch für Erwerber einer nichtvinkulierten Namensaktie besteht grundsätzlich kein Zwang, seine Identität offenzulegen. Die nach § 67 Absatz 1 AktG vorgeschriebene Eintragung im Aktienbuch ist kein Wirksamkeitserfordernis der dinglichen Übertragung. Der Preis der Anonymität ergibt sich aus § 67 Absatz 2 AktG, wonach nur der im Aktienbuch der Gesellschaft Eingetragene der Gesellschaft gegenüber als Aktionär gilt und damit die mitgliedschaftlichen Rechte ausüben darf. Vgl. hierzu *Hüffer*, Aktiengesetz, 5. Aufl., § 67 AktG, Rdn. 11.

tionäre kann jedoch nicht als schutzwürdiges Gut anerkannt werden.[33] Denn die regelmäßig hierfür bemühte Inhaberaktie wurde in erster Linie wegen der durch sie ermöglichten besseren Handelbarkeit eingeführt, nicht jedoch zum Zwecke der Geheimhaltung von Besitzverhältnissen. Die Anonymität war somit lediglich zwangsläufige Nebenfolge der Zulassung von Inhaberaktien, die zwar in Kauf genommen wurde, aber keinesfalls bezweckt war.[34] Der Begründung des Regierungsentwurfs für das Aktiengesetz 1965 ist zu entnehmen, dass ein Recht der Aktionäre, ihre Beteiligungsverhältnisse geheim zu halten, gerade nicht besteht. Ein solcher Grundsatz sei der deutschen Rechtsordnung fremd und könne weder aus dem Eigentum noch aus den Grundsätzen unserer Wirtschaftsordnung hergeleitet werden.[35]

Die Ablehnung eines aus der Aktie folgenden Rechts auf Anonymität bedeutet jedoch nicht, dass der Normierung von Offenlegungspflichten der Aktionäre hinsichtlich ihrer Beteiligungen keinerlei Grenzen gesetzt sind. Sollen Aktionäre gezwungen werden, Beteiligungen offenzulegen und wird die Pflichteinhaltung zudem durch Sanktionsvorschriften gestützt, muss die grundrechtlich geschützte Position der Aktionäre berücksichtigt werden.[36] Entsprechende Offenlegungspflichten sind staatliche Eingriffe in das nach Art. 2 Absatz 1 GG geschützte allgemeine Persönlichkeitsrecht der betroffenen Aktionäre.[37] Denn hieraus leitet das Bundesverfassungsgericht ein „Recht auf informationelle Selbstbestimmung"

---

33 *Caemmerer*, Publizitätsinteressen der Öffentlichkeit und Gesellschaftsrecht, S. 141, 181 f.; *Körber*, Die Stimmrechtsvertretung durch Kreditinstitute, S. 189; *Witt*, Übernahmen von Aktiengesellschaften und Transparenz der Beteiligungsverhältnisse, S. 2; ähnlich *Burgard*, AG 1992, 41, 52 (dort Fn. 151); *Püttner*, Das Depotstimmrecht der Banken, S. 137; a.A. *Vallenthin*, Aktienrechtsreform und Kapitalmarkt, S. 36, 49 f.; *Siebel*, Zur Auskunftspflicht des Aktionärs, S. 771, 772, 784.

34 *Körber*, Die Stimmrechtsvertretung durch Kreditinstitute, S. 189 m.w.N.; *Witt*, Übernahmen von Aktiengesellschaften und Transparenz der Beteiligungsverhältnisse, S. 2; *Opitz*, in: Schäfer, Vor §§ 21-30 WpHG, Rdn. 4.

35 Begründung des Regierungsentwurfs für das AktG 1965, abgedruckt bei *Kropff*, Aktiengesetz, S. 38 f.; *Körber*, Die Stimmrechtsvertretung durch Kreditinstitute, S. 189; *Witt*, Übernahmen von Aktiengesellschaften und Transparenz der Beteiligungsverhältnisse, S. 2; zustimmend auch *Arends*, Offenlegung von Aktienbesitz, S. 7.

36 So auch *Witt*, Übernahmen von Aktiengesellschaften und Transparenz der Beteiligungsverhältnisse, S. 3; ebenso auf die verfassungsrechtlichen Grenzen hinweisend *Arends*, Offenlegung von Aktienbesitz, S. 7; *Möllers*, in: KK zum WpÜG, § 23 WpÜG, Rdn. 10; *Schäfer*, BB 1966, 229, 230.

37 In diesem Sinn auch *Möllers*, in: KK zum WpÜG, § 23 WpÜG, Rdn. 10; *Witt*, Übernahmen von Aktiengesellschaften und Transparenz der Beteiligungsverhältnisse, S. 4; *Arends*, Offenlegung von Aktienbesitz, S. 7.

her, d.h. jedem steht die Befugnis zu, grundsätzlich selbst über die Preisgabe und Verwendung seiner persönlichen Daten zu bestimmen.[38] Dieses Recht auf „informationelle Selbstbestimmung" ist nicht schrankenlos gewährleistet. Einschränkungen, die im überwiegenden Allgemeininteresse liegen, sind hinzunehmen.[39] Nach Art. 2 Absatz 1 GG ist allerdings eine verfassungsmäßige gesetzliche Grundlage erforderlich, die zum einen dem rechtsstaatlichen Gebot der Normklarheit entspricht und zum anderen den Grundsatz der Verhältnismäßigkeit beachtet.[40] Die Normierung von Pflichten zur Offenlegung von Beteiligungen an Aktiengesellschaften erfordert somit stets eine Abwägung der verschiedenen Interessen.

Bei der Statuierung von Transparentmachungspflichten, die nur potentielle Beteiligungen aus Annahmeerklärungen betreffen, die im Rahmen öffentlicher Angebote erfolgen, ist das angesprochene Grundrecht mitsamt seiner Schrankensystematik erst recht zu beachten.

38 BVerfGE 65, 1, 43.

39 BVerfGE 65, 1, 44.

40 BVerfGE 65, 1, 44.

2. Kapitel: Transparenzinteresse der Beteiligten bei Angeboten im Rahmen des WpÜG

Ein wichtiges Ziel des WpÜG besteht in der Schaffung von Transparenz für die Beteiligten eines Angebotsverfahrens, insbesondere bei Unternehmensübernahmen.[41] Im Folgenden sollen die unterschiedlichen Interessen bezüglich der Transparenz der Beteiligung des Bieters an der Zielgesellschaft sowie des Annahmestandes bei öffentlichen Wertpapiererwerbs- und Übernahmeangeboten dargestellt werden.

A. Transparenzinteresse der Zielgesellschaft und ihrer Verwaltung

Während des Verfahrens öffentlicher Wertpapiererwerbs- und Übernahmeangebote ist den Verwaltungsorganen der Zielgesellschaft bereits bekannt, dass diese Zielobjekt eines bestimmten Bieters ist. Regelmäßig besteht darüber hinaus ein Interesse an fortlaufenden Informationen hinsichtlich der Beteiligung des Bieters an der Zielgesellschaft und über den Stand bereits erfolgter Annahmeerklärungen, weil Vorstand und Aufsichtsrat der Zielgesellschaft gem. § 3 Absatz 3 WpÜG auch während eines Angebotsverfahrens weiterhin im Interesse des Unternehmens handeln müssen[42]. Nur bei entsprechender Information über die Änderung der Beteiligungsverhältnisse können sie diese bei ihren Entscheidungen zum Wohle der Gesellschaft berücksichtigen,[43] wie die folgenden Überlegungen zeigen.

Die Einschätzung der Erfolgsaussichten, die die fortlaufende Information ermöglicht, hat zum einen Einfluss auf die Auswahl möglicher Abwehrmaßnahmen und ist zum anderen in Bezug auf die geschäftliche Zukunft der Zielgesellschaft relevant:[44]

So gewährt § 33 WpÜG den Verwaltungsorganen der Zielgesellschaft unter bestimmten Voraussetzungen die Möglichkeit, Abwehrmaßnahmen gegen eine Übernahme zu ergreifen. Im Interesse der Zielgesellschaft liegt dies jedenfalls nur dann, wenn solche Abwehrmaßnahmen auch erfolgversprechend sind.[45] Zur

---

41 Begr. RegE, BT-Drucks. 14/7034, S. 29.

42 Begr. RegE, BT-Drucks. 14/7034, S. 35.

43 *Witt*, Übernahmen von Aktiengesellschaften und Transparenz der Beteiligungsverhältnisse, S. 6; *Möllers*, in: KK zum WpÜG, § 23 WpÜG, Rdn. 17.

44 In diesem Sinn auch *Möllers*, in: KK zum WpÜG, § 23 WpÜG, Rdn. 17.

45 In diesem Sinn auch *Möllers*, in: KK zum WpÜG, § 23 WpÜG, Rdn. 18.

korrekten Einschätzung der Situation und der gebotenen Reaktion, muss der Stand des Übernahmeverfahrens transparent sein. Ansonsten würde nur auf Verdacht hin agiert werden, mit der Gefahr eines Schadens für die Zielgesellschaft. Bestimmte Abwehrmaßnahmen wie z.B. Satzungsänderungen (§ 179 Absatz 2 Satz 1 AktG) oder Kapitalerhöhungen (§ 182 Absatz 1 Satz 1 AktG) kann der Bieter nämlich regelmäßig bereits mit einer Sperrminorität von 25 % verhindern. Ein aussichtsloser Widerstand gegen eine Übernahme der Zielgesellschaft ist als Verstoß gegen § 3 Absatz 3 WpÜG zu werten.[46]

Hinsichtlich der geschäftlichen Zukunft der Zielgesellschaft ist zu berücksichtigen, dass der Bieter als Mehrheitsaktionär regelmäßig durch Satzungsänderung oder mittelbar, durch Bestellung eines auch seine Geschäftsinteressen berücksichtigenden Aufsichtsrats, auf die Geschäftsentwicklung des Unternehmens einwirken kann. Es liegt somit im Interesse der Zielgesellschaft und ihrer Aktionäre, dass die Verwaltung abschätzen kann, ob gewisse strategische Unternehmensentscheidungen noch sinnvoll sind.[47] Durch Investitionen, die keine gesicherte Zukunftsperspektive mehr bieten, bzw. der zu erwartenden künftigen Geschäftspolitik widersprechen, würde die Zielgesellschaft beispielsweise unnötig belastet. Dabei ist jedoch zu berücksichtigen, dass die Dauer eines öffentlichen Angebotsverfahrens von vornherein zeitlich begrenzt ist. Gewisse Unsicherheiten über den Ausgang des Verfahrens sind daher durchaus zumutbar. Dies gilt umso mehr, als sich der Erfolg bzw. Misserfolg eines öffentlichen Angebots erfahrungsgemäß ohnehin erst in der Endphase des Angebotsverfahrens herausstellt.

Das Transparenzinteresse der Zielgesellschaft und ihrer Verwaltung ist jedoch nicht grenzenlos. So hängt zwar beispielsweise die (Wieder-) Bestellung und Abberufung des Vorstands und des Aufsichtsrats unmittelbar bzw. mittelbar von der Hauptversammlung ab, in der sich bei Erfolg der Übernahme die Stimm- bzw. Kapitalmehrheiten verschieben. Doch rechtfertigt dies nicht ein Interesse an Transparenz der Beteiligungsverhältnisse und des Annahmestandes. Denn die Verwaltung einer Aktiengesellschaft darf sich bei der Erfüllung ihrer gesetzlich fest umrissenen Aufgaben ohnehin nicht von dem Gedanken an eine Wiederbe-

---

46 In diesem Sinn auch *Möllers*, in: KK zum WpÜG, § 23 WpÜG, Rdn. 18.

47 *Joussen*, BB 1992, 1075, 1079; *Witt*, Übernahmen von Aktiengesellschaften und Transparenz der Beteiligungsverhältnisse, S. 7; *Möllers*, in: KK zum WpÜG, § 23 WpÜG, Rdn. 19.

stellung leiten lassen.[48] Auch die in Bezug auf Abwehrmaßnahmen wesentliche Vorschrift des § 33 Absatz 1 Satz 2 Alt. 3 WpÜG, nach der dem Vorstand bei Zustimmung des Aufsichtsrats Abwehrmaßnahmen erlaubt sind, darf nicht in einem anderen Sinne verstanden werden. Der Interessenkonflikt, in dem sich die Mitglieder der Verwaltungsorgane möglicherweise befinden, steht der Schutzwürdigkeit ihres Interesses, auf die Zusammensetzung des Aktionärskreises Einfluss nehmen zu können, entgegen.[49] Dementsprechend ist auch ein daraus resultierendes (ableitbares) Transparenzinteresse der Zielgesellschaft und ihrer Verwaltung nicht anzuerkennen.

Insgesamt ist festzuhalten, dass ein gewisses Transparenzinteresse der Zielgesellschaft und ihrer Verwaltung hinsichtlich der Beteiligung des Bieters an der Zielgesellschaft und des Standes bereits erfolgter Annahmeerklärungen besteht. Im Rahmen einer Interessenabwägung wird man diesem Interesse jedoch lediglich eine untergeordnete Bedeutung zumessen können.

B. Transparenzinteresse aktueller und potentieller Gläubiger der Zielgesellschaft

Sowohl die aktuellen als auch die potentiellen Gläubiger[50] der Zielgesellschaft sind im Hinblick auf die Sicherung ihrer Forderungen daran interessiert, frühzeitig von einer wesentlichen Änderung der Aktionärsstruktur zu erfahren.[51] Sie könnten sich hierdurch ein besseres Bild über die wirtschaftliche Situation der Gesellschaft verschaffen und beurteilen, ob das Unternehmen von einem finanzkräftigen Anteilseigner getragen wird. Die Kenntnis über die Aktionärsstruktur lässt einen mittelbaren Schluss auf die wirtschaftliche Situation der Zielgesell-

---

48 *Witt*, Übernahmen von Aktiengesellschaften und Transparenz der Beteiligungsverhältnisse, S. 6.

49 In diesem Sinn auch *Witt*, Übernahmen von Aktiengesellschaften und Transparenz der Beteiligungsverhältnisse, S. 7. Hiernach sollen Beteiligungsveränderungen erkenn- und nachvollziehbar werden. Keinesfalls sollten Vorstand und Aufsichtsrat Einfluss auf die Zusammensetzung des Aktionärskreises nehmen bzw. Beteiligungsveränderungen entgegenwirken können. Unter Berücksichtigung dieses Gedankens kann nur eingeschränkt davon ausgegangen werden, dass § 23 WpÜG u.a. der Waffengleichheit zwischen Bieter und Zielgesellschaft dient (zur Waffengleichheit vgl. auch *Möllers*, in: KK zum WpÜG, § 23 WpÜG, Rdn. 18).

50 Insbesondere Lieferanten, Kreditgeber und Abnehmer.

51 *Berger*, ZIP 1991, 1644, 1647; *Witt*, Übernahmen von Aktiengesellschaften und Transparenz der Beteiligungsverhältnisse, S. 9; ebenso *Möllers*, in: KK zum WpÜG, § 23 WpÜG, Rdn. 20.

schaft zu.[52] Insbesondere wäre die Gefahr einer Ausbeutung durch neue Mehrheitsaktionäre erkennbar.[53] Darüber hinaus würde den betroffenen Personengruppen die Möglichkeit eröffnet, sich auf etwaige Änderungen der Angebots- oder Nachfragemacht einzustellen.

Hinsichtlich der Bewertung des vorliegend betrachteten Transparenzinteresses ist aber auch hier zu berücksichtigen, dass der Erwerbswille des konkreten Bieters bereits öffentlich ist, und dass sich das Angebotsverfahren auf einen eng begrenzten Zeitraum beschränkt. Gewisse Unsicherheiten über die Erfolgsaussichten des Angebots sind somit zumutbar, ein besonderes Schutzinteresse besteht daher nicht.

C. Transparenzinteresse des allgemeinen Anlegerpublikums

In Bezug auf börsennotierte Aktien sind aktuelle und potentielle Aktionäre an einem transparenten Markt interessiert. Dieses Transparenzinteresse des allgemeinen Anlegerpublikums erstreckt sich auch auf Informationen über den voraussichtlichen Erfolg öffentlicher Angebote.[54] Denn der Handel an den Börsen nimmt diese Informationen, die den Rückschluss auf eine wesentliche Veränderung der Aktionärsstruktur zulassen, als wichtigen Aspekt für die Kursbildung auf und reagiert u.U. mit einer Verteuerung bzw. Verbilligung der Aktie.[55] Die Sicherung des Vertrauens der Investoren in einen fairen Kapitalmarkt erfordert, dass kursbildende Informationen allen Anlegern gleichberechtigt zur Verfügung stehen.[56] Der Zeitraum eines öffentlichen Angebots könnte anderenfalls ein besonderes Feld für Insidergeschäfte darstellen. Denn wenn der Bieter nicht zur Offenlegung seiner Beteiligung an der Zielgesellschaft und des Annahmestandes verpflichtet ist, können nur er und die mit ihm zusammenarbeitenden Personen die Erfolgsaussichten des Angebots zuverlässig abschätzen. Transparenz würde insofern Wissensvorsprüngen Einzelner, und damit der Situation, in der typi-

---

52 *Burgard*, Offenlegung von Beteiligungen, S. 25 f.; *ders.*, AG 1992, 41; *Witt*, Übernahmen von Aktiengesellschaften und Transparenz der Beteiligungsverhältnisse, S. 9.

53 In diesem Sinn auch *Möllers*, in: KK zum WpÜG, § 23 WpÜG, Rdn. 20.

54 In diesem Sinn auch *Möllers*, in: KK zum WpÜG, § 23 WpÜG, Rdn. 21; ähnlich *Thun*, in: Geibel/Süßmann, WpÜG, § 23 WpÜG, Rdn. 1.

55 Zu diesem Gedanken vgl. *Witt*, Übernahmen von Aktiengesellschaften und Transparenz der Beteiligungsverhältnisse, S. 8.

56 Vgl. *Möllers*, in: KK zum WpÜG, § 23 WpÜG, Rdn. 21 mit dem Hinweis darauf, dass das Vertrauen in den Kapitalmarkt als Institution geschützt wird.

scherweise Insidergeschäfte begangen werden, entgegenwirken.[57] Zu berücksichtigen ist jedoch auch in diesem Zusammenhang, dass die Dauer öffentlicher Angebote zeitlich begrenzt ist. In Bezug auf mögliche Wissensvorsprünge wird sich der relevante Zeitraum i.d.R. sogar deutlich kürzer darstellen, weil sich die Erfolgsaussichten eines Angebots meist erst in seiner Endphase zuverlässig abschätzen lassen.

D. Transparenzinteresse des Staates

Auch der Staat ist daran interessiert, größere Verschiebungen von Beteiligungen an Aktiengesellschaften zur Kenntnis zu nehmen, um insbesondere die effiziente Durchsetzung von konzern- und kartellrechtlichen Vorschriften abzusichern.[58] Dies erfordert allerdings keine Kenntnisse über den aktuellen Stand des zeitlich begrenzten Angebotsverfahrens. Ausreichend ist eine Information nach dessen Beendigung, weil notwendige Auflagen und Eingriffe auch dann noch uneingeschränkt möglich sind.

E. Transparenzinteresse der Angebotsadressaten und des Bieters

Entscheidend hinsichtlich der Frage, ob die in § 23 Absatz 1 WpÜG vorgesehene Verpflichtung des Bieters zur regelmäßigen Veröffentlichung seiner Beteiligung an der Zielgesellschaft sowie des Annahmestandes gerechtfertigt ist, sind die im Folgenden zu betrachtenden Interessen der Angebotsadressaten und des Bieters.

I. Verkaufs- bzw. Annahmedruck bei fehlender Transparenz

Eine Transaktion rechtfertigt nur dann die Vermutung der Allokationsverbesserung[59], wenn die Entscheidungen der Vertragsparteien auf der richtigen Kalkulation ihres jeweiligen Nutzens hinsichtlich des Unternehmens beruhen.[60] Der Angebotspreis müsste folglich die Wertschätzung der Angebotsadressaten bei Ab-

---

57 In diesem Sinn *Möllers*, in: KK zum WpÜG, § 23 WpÜG, Rdn. 21; vgl. zu diesem Gedanken auch *Witt*, Übernahmen von Aktiengesellschaften und Transparenz der Beteiligungsverhältnisse, S. 8.

58 *Witt*, Übernahmen von Aktiengesellschaften und Transparenz der Beteiligungsverhältnisse, S. 9.

59 Allokationsverbesserung bedeutet in diesem Zusammenhang, dass die Zielgesellschaft einem produktiveren Verwender zugeführt wird (vgl. S. 3, Fn. 7).

60 *Reul*, Übernahmeangebote, S. 11, 25; *Krause*, Das obligatorische Übernahmeangebot, S. 125 f.

lauf der Annahmefrist übertreffen.[61] Auf dieser Erkenntnis beruht die Forderung nach Transparenz bezüglich der Beteiligungsentwicklung auf Seiten des Bieters und insbesondere hinsichtlich des Annahmestandes während des Verfahrens öffentlicher Übernahmeangebote.

Für den Bieter liegt es nahe, sich die mangelnde Möglichkeit der Koordination und Kommunikation unter den angesprochenen Wertpapierinhabern zunutze zu machen.[62] Denn ohne die vorbezeichnete Transparenz hinsichtlich Beteiligung und Annahmestand ist es den Angebotsadressaten i.d.R. nicht möglich, die Erfolgsaussichten des Angebots und insbesondere die Entscheidung der jeweils anderen Wertpapierinhaber zu erkennen. Gerade diese Erfolgsaussichten muss der einzelne Wertpapierinhaber bei seiner individuellen Entscheidung über das Angebot berücksichtigen.[63] Nur so kann er verhindern, dass er sich – im Falle seiner individuellen Ablehnung – nach einem erfolgreichen öffentlichen Angebot in der unerwünschten und den Wert seiner Wertpapiere tendenziell drückenden[64] Position eines echten Minderheitsteilhabers einer fremden Unternehmensinteressen[65] untergeordneten Gesellschaft wiederfindet[66]. Daher sind insbesondere diejenigen Wertpapierinhaber, die keine Möglichkeit haben die Angemessenheit eines Angebots selbst zu überprüfen, daran interessiert, vor ihrer Entscheidung zu erfahren, wie andere, umfangreicher beteiligte Wertpapierinhaber entscheiden, die die Angemessenheit des Angebots regelmäßig besser beurteilen können.[67]

61 *Reul*, Übernahmeangebote, S. 11, 25; *Prantl*, Konzernbildung, S. 158; *Krause*, Das obligatorische Übernahmeangebot, S. 126; *Hahn*, ZBB 1990, 10, 16, der zutreffend anmerkt, dass der bloße Erhalt einer substantiellen Prämie gegenüber dem Kurs vor dem Angebot nicht ausreichend ist. Die Aktionäre dürfen keinesfalls das Gefühl haben, unter ihrer Wertschätzung zur Zeit des Ablaufs der Annahmefrist aus der Gesellschaft gekauft zu werden. Will man verhindern, dass das Kapital in andere Investitionen als in den Aktienmarkt gelenkt wird, müssen Aktionäre vor unfairen Ausverkäufen geschützt werden.

62 *Witt*, Übernahmen von Aktiengesellschaften und Transparenz der Beteiligungsverhältnisse, S. 73; vgl. auch *Möllers*, in: KK zum WpÜG, § 23 WpÜG, Rdn. 2 f.

63 Vgl. *Krause*, Das obligatorische Übernahmeangebot, S. 108; *Mühle*, WpÜG, S. 85.

64 *Bebchuk*, The Pressure to Tender, S. 371, 375; *Reul*, Übernahmeangebote, S. 11, 26; *Lüttmann*, Kontrollwechsel, S. 41; *Schneider/Burgard*, DB 2001, 963, 965.

65 *Assmann/Bozenhardt*, Übernahmeangebote, ZGR-Sonderheft 9, S. 1, 11.

66 *Kuhr*, Minderheitenschutz bei Übernahmeangeboten, S. 19; *Lüttmann*, Kontrollwechsel, S. 41 f.; *Otto*, DB Beilage 12/1988, 1, 4.

67 *Comment/Jarrell*, 19 Journal of Financial Economics 1987, 283, 303 und *Hahn*, ZBB 1990, 10, 15 geben zu bedenken, dass während der Annahmefrist eine stetige Verschiebung des Anteilsbesitzes weg von verstreuten Kleinaktionären und hin zu großen institutionellen Anlegern und Arbitrageuren stattfindet, die mehr Analyse- und Kommunikationsmöglichkeiten haben. Dabei wird aber übersehen, dass sich das Problem lediglich um

Durch die mangelnde Koordinations- und Kommunikationsmöglichkeit ist die Verhandlungssituation im Rahmen von öffentlichen Übernahmeangeboten – im Vergleich zu derjenigen bei Unternehmensübernahmen im Wege des Paketerwerbs – wesentlich gestört. Durch die „Logik des kollektiven Handelns“[68] wird die Entscheidung der Angebotsadressaten systematisch zugunsten der Annahme des Übernahmeangebots verzerrt[69], weil nur wenige riskieren wollen, als Minderheitsgesellschafter in der Zielgesellschaft zu verbleiben. Dem Bieter wäre es somit möglich, Verkaufsdruck auf die Angebotsadressaten auszuüben und hiermit einen faktischen Squeeze-Out der freien Wertpapierinhaber zu bewirken.[70] Dieser Effekt wird durch die zeitliche Befristung[71] der Angebote und die Verkürzung der üblichen Wertpapierhandelssituation auf ein vom Bieter einseitig vorgegebenes Entweder-Oder[72] noch verstärkt. Die Angebotsempfänger befinden sich in einer Zwangssituation, die als sog. prisoner's dilemma[73] bzw. als pressure-to-tender-dilemma[74] bezeichnet wird. Durch den aus der Spiel- und Ent-

---

eine Stufe vorverlagert (so bereits *Lüttmann*, Kontrollwechsel, S. 40 f.). Den Kleinanlegern müsste an sich auch eine wohlinformierte Entscheidung über Angebote größerer Anleger und Arbitrageure möglich sein. Dazu sei aber bereits jetzt angemerkt, dass insbesondere die Veröffentlichung der Annahmequote bei diesen vorverlagerten Entscheidungen nicht weiterhelfen wird. Denn die Erfahrungen zeigen, dass der wesentliche Teil der Annahmeerklärungen erst in den letzten Tagen der Annahmefrist abgegeben wird.

68 Hierzu allgemein *Olson*, Die Logik des kollektiven Handelns, S. 52 ff.

69 *Reul*, Übernahmeangebote, S. 11, 26 f.; *Herkenroth*, Konzernierungsprozesse, S. 338; *Mühle*, WpÜG, S. 86.

70 *Schneider/Burgard*, DB 2001, 963, 965. Der Begriff „faktischer Squeeze-Out“ ist hier i.S.e. faktischen Zwangs aus der Gesellschaft gemeint.

71 *Krause*, Das obligatorische Übernahmeangebot, S. 108; *Otto*, DB Beilage 12/1988, 1, 4.

72 *Witt*, Übernahmen von Aktiengesellschaften und Transparenz der Beteiligungsverhältnisse, S. 83 (dort Fn. 50).

73 Zum Begriff des prisoner's dilemma und seiner Bedeutung im hier behandelten Zusammenhang: *Assmann/Bozenhardt*, Übernahmeangebote, ZGR-Sonderheft 9, S. 1, 11 f.; *Herrmann*, Zivilrechtliche Abwehrmaßnahmen, S. 20; *Meier-Schatz*, WuR 1987, 16, 24 ff.; *Reul*, Übernahmeangebote, S. 11, 26 f.; *Herkenroth*, Konzernierungsprozesse, S. 336 ff. ; *Röhrich*, Feindliche Übernahmeangebote, S. 83 ff.; *Hahn*, ZBB 1990, 10, 14 ff.; *Sandberger*, DZWir 1993, 319, 321; *Lüttmann*, Kontrollwechsel, S. 37 ff., 73 ff., 140 ff., 188 ff., 210 ff.; *Prantl*, Konzernbildung, S. 158 ff.; *Krause*, Das obligatorische Übernahmeangebot, S. 108 ff., 128 ff.; *ders.*, WM 1996, 845, 848; *Witt*, Übernahmen von Aktiengesellschaften und Transparenz der Beteiligungsverhältnisse, S. 82 ff.; *Möllers*, in: KK zum WpÜG, § 23 WpÜG, Rdn. 2 ff.; *Mühle*, WpÜG, S. 85 ff.

74 *Bebchuk*, The Pressure to Tender, S. 371, 377; *Mülbert*, ZIP 2001, 1221, 1223; *Mülbert/Birke*, WM 2001, 705, 713; letztere stellen hinsichtlich des Annahmedrucks ausschließlich darauf ab, dass die Aktionäre anders als ein Alleineigentümer nicht abwarten können, um einen höheren Preis zu erlangen. Der Kursverfall der Minderheitswert-

scheidungstheorie stammenden Begriff des prisoner's dilemma wird verdeutlicht, dass rationales individuelles Verhalten mangels einer Koordinations- bzw. Kooperationsmöglichkeit zu suboptimalen Ergebnissen führen kann.[75] Prisoner's dilemma beschreibt eine Situation in der sich Personen befinden, die sich aufgrund fehlender Absprachemöglichkeit jeweils zu einem geringeren Übel entschließen, um das für sie größtmögliche Übel zu vermeiden.[76] Bei bestehender Möglichkeit zur Kommunikation und Koordination, könnten die betroffenen Personen jedwedes Übel abwenden oder zumindest die Entscheidungssituation gemeinsam optimieren.[77]

Die Interessen des Bieters und die der Angebotsadressaten können somit hinsichtlich der Veröffentlichung einer bereits vor der Abgabe des Angebots bestehenden Beteiligung, deren Entwicklung während des Angebotsverfahrens und insbesondere der potentiellen Beteiligung aus bereits erfolgten Annahmeerklärungen gegenläufig sein. Sobald jedoch die Beteiligung des Bieters und die Annahmequote eine Schwelle überschreiten, die den Erfolg der Übernahme klar zum Ausdruck bringt, wird sich die Einstellung des Bieters zur Veröffentlichung regelmäßig ändern.[78] In diesem Stadium der Übernahme ist es möglich, mit entsprechenden Veröffentlichungen die Annahmebereitschaft weiterer Angebotsadressaten zu steigern,[79] die sich an der vorherigen Entscheidung anderer Wertpapierinhaber orientieren und nicht mit einer Minderheitsbeteiligung in der Zielgesellschaft verbleiben wollen.

Die gestörte Verhandlungssituation wird regelmäßig noch dadurch verstärkt, dass den Angebotsempfängern als Verkaufsanreiz meist ein deutlich über dem

---

papiere sei nicht relevant, da empirische Befunde zeigten, dass die Börsenkurse nur selten unter den Kurs zur Zeit vor der Abgabe des Angebots fallen. Hierbei wird jedoch verkannt, dass ein erheblicher Annahmedruck bereits dann ausgelöst wird, wenn die Möglichkeit besteht, dass der Börsenkurs der Minderheitswertpapiere nach der erfolgreichen Übernahme unter den die Übernahmeprämie enthaltenden Angebotspreis sinken könnte.

75 *Meier-Schatz*, WuR 1987, 16, 25 (dort Fn. 50).

76 *Witt*, Übernahmen von Aktiengesellschaften und Transparenz der Beteiligungsverhältnisse, S. 83.

77 *Liebscher*, ZIP 2001, 853, 856 (dort Fn. 22).

78 Im Einzelfall kann der Bieter jedoch ausnahmsweise an einer hinreichend großen Gruppe von in der Zielgesellschaft verbleibenden Kleinanlegern interessiert sein, um die Übernahme zu verbilligen (genauer hierzu S. 244 f.).

79 *Witt*, NZG 2000, 809, 818 f.

aktuellen Börsenkurs liegender Angebotspreis offeriert wird[80]. Annehmende Wertpapierinhaber erhalten somit eine Art Kontrollprämie.[81] Die Angebotsempfänger geraten folglich in einen Entscheidungskonflikt bezüglich der Desinvestitionsentscheidung[82] bzw. bezüglich einer kumulativen Anlageentscheidung[83]. Sie werden sich tendenziell eher zur Annahme des Angebots entschließen, selbst wenn der vom Bieter angebotene Preis nicht den wahren (anteiligen) Wert des Unternehmens widerspiegelt, d.h. keine angemessene Kontrollprämie enthält.[84] Der Inhaber einer Kontrollmehrheit hätte das Angebot hingegen abgelehnt.[85] Aufgrund dieser Entscheidungstendenz würde der Bieter die Kontrollmehrheit zu schnell und zu einem zu niedrigen Preis erhalten.[86] Eine ansonsten möglicherweise erforderliche Nachbesserung des Angebots bliebe ihm erspart.[87] Im Ergebnis bleibt festzuhalten, dass die Angebotsadressaten in einem unregulierten Markt, der eine gewisse Benachteiligung der Minderheitsaktionäre gegenüber der Mehrheit zulässt, einem starken Verkaufs- bzw. Annahmedruck ausgesetzt sind.[88]

In den Preisbildungsprozess werden somit Erwägungen einbezogen, die bei hypothetisch idealen Marktverhältnissen mit bestehenden Abstimmungsmöglichkeiten der Angebotsadressaten keine Relevanz hätten. Hierdurch kann

---

80 *Mülbert/Birke*, WM 2001, 705, 713; *Otto*, DB Beilage 12/1988, 1, 4; *Röhrich*, Feindliche Übernahmeangebote, S. 34 ; *Kuhr*, Minderheitenschutz bei Übernahmeangeboten, S. 19.

81 *Witt*, Übernahmen von Aktiengesellschaften und Transparenz der Beteiligungsverhältnisse, S. 81 f.; zur Rechtfertigung einer solchen Prämie bei Wertpapiererwerbs- und Übernahmeangeboten vgl. auch *Otto*, AG 1994, 167, 168; *Immenga*, Öffentliche Übernahmeangebote, S. 11, 17; *Burgard*, AG 1992, 41, 48. Letzterer merkt an, dass der Mehrwert der einem Paketveräußerer zustehe, allen Aktien gleichermaßen inne wohne.

82 So beim sog. Barangebot.

83 So beim sog. Tauschangebot.

84 *Weimar/Breuer*, BB 1991, 2309, 2310 (dort Fn. 7); *Sandberger*, DZWir 1993, 319, 321; *Lüttmann*, Kontrollwechsel, S. 39, *Röhrich*, Feindliche Übernahmeangebote, S. 34 f.; *Meier-Schatz*, WuR 1987, 16, 25 ; *Witt*, Übernahmen von Aktiengesellschaften und Transparenz der Beteiligungsverhältnisse, S. 83 f.

85 *Reul*, Übernahmeangebote, S. 11, 26.

86 *Assmann/Bozenhardt*, Übernahmeangebote, ZGR-Sonderheft 9, S. 1, 15; *Röhrich*, Feindliche Übernahmeangebote, S. 34 f.; *Witt*, Übernahmen von Aktiengesellschaften und Transparenz der Beteiligungsverhältnisse, S. 84.

87 *Witt*, Übernahmen von Aktiengesellschaften und Transparenz der Beteiligungsverhältnisse, S. 73.

88 In diesem Sinn auch *Mühle*, WpÜG, S. 86.

das Problem eines Marktversagens entstehen.[89] Dies gilt insbesondere dann, wenn an sich ein Interesse der angesprochenen Wertpapierinhaber an einer kollektiven Einigung darüber besteht, nicht bzw. jedenfalls nicht zu dem angebotenen Preis zu veräußern, um eine Transaktion zu dem vom Bieter einseitig festgelegten Preis zu verhindern. Dieses Interesse kann darauf beruhen, dass die Angebotsadressaten ein besseres Angebot eines Dritten oder eine Angebotserhöhung des Bieters erwarten.[90] Zudem könnten sie es für möglich halten, dass der Bieter Informationen über den wirklichen, wesentlich über dem offerierten Preis liegenden Wert der Zielgesellschaft hat.[91] Zu einem von äußeren Einflüssen ungestört ablaufenden Preisbildungsprozess kommt es aber mangels einer – wegen hoher Transaktionskosten nicht möglichen – Koordination bzw. Kommunikation unter den Wertpapierinhabern nicht. Die Angebotsempfänger können daher nicht als homogene Interessengemeinschaft agieren und auf diese Weise einen adäquaten Interessenausgleich gegenüber dem Bieter herbeiführen. Die Funktionsfähigkeit des Preismechanismus ist gestört. Der Preis verliert seine Marktwirkung und ist nicht mehr in der Lage, das Unternehmen seinem besten Verwender zuzuführen. Bei bestehendem Entscheidungsdruck können Fehlallokationen nicht ausgeschlossen werden.

II. Spieltheoretische Darstellung des Verkaufs- bzw. Annahmedrucks

Die spieltheoretische Darstellung des Entscheidungskonflikts der Angebotsadressaten beruht auf deren Überlegung, dass ihre persönliche Entscheidung für den Erfolg bzw. Misserfolg des öffentlichen Angebots regelmäßig nicht maßgeblich sein wird[92]. Da eine Kommunikation und Koordination unter den Angebotsempfängern ausgeschlossen ist, müssen sie den von ihnen erwarteten Ausgang des Angebots im Rahmen ihrer individuellen Entscheidung berücksichtigen. Hinsichtlich ihrer Situation nach Erfolg bzw. Misserfolg eines Übernahmeangebots haben sie vier verschiedene Ergebnisse vor Augen, die sowohl von ihrer individuellen als auch von der mehrheitlichen Entscheidung anderer Angebotsempfänger abhängen.

---

89 *Lüttmann*, Kontrollwechsel, S. 37 f.

90 *Bebchuk*, The Pressure to Tender, S. 371, 380; *Lüttmann*, Kontrollwechsel, S. 39.

91 *Bebchuk*, 17 Journal of Legal Studies 1988, 197, 206; *ders.*, The Pressure to Tender, S. 371, 380; *Lüttmann*, Kontrollwechsel, S. 39.

92 *Bebchuk*, The Pressure to Tender, S. 371, 376; *Reul*, Übernahmeangebote, S. 11, 26; *Witt*, Übernahmen von Aktiengesellschaften und Transparenz der Beteiligungsverhältnisse, S. 84; *Möllers*, in: KK zum WpÜG, § 23 WpÜG, Rdn. 7.

Lehnt der einzelne Wertpapierinhaber das Angebot ab und scheitert die Übernahme, bleibt er unverändert an der Zielgesellschaft beteiligt, ohne einem neuen bzw. erstmaligen Kontrollaktionär gegenüberzustehen. Stand das Angebot nicht unter der Bedingung des Erreichens einer bestimmten, den Kontrollübergang sicherstellenden, Beteiligung, entgeht ihm jedoch möglicherweise ein lukratives Angebot. Denn sofern ausreichende Informationen hinsichtlich des Verlaufs des Übernahmeverfahrens fehlen, ist es den Angebotsadressaten nur sehr schwer möglich, die Angemessenheit der regelmäßig gewährten Kontrollprämie zu beurteilen.[93]

Auch im Falle einer erfolgreichen Übernahme, verbleibt der das Angebot ablehnende Wertpapierinhaber als Anteilseigner in der Zielgesellschaft. Er befindet sich jedoch in der misslichen Lage eines Minderheitsaktionärs, dem ein neuer bzw. erstmaliger Kontrollaktionär gegenübersteht. Existieren keine wirksamen Schutzmechanismen, besteht die Gefahr einer wirtschaftlichen Ausbeutung der Zielgesellschaft durch den Übernehmer mit dem daraus tendenziell folgenden Wertverlust[94] der Minderheitsanteile.[95]

Nimmt der einzelne Wertpapierinhaber das Angebot an und scheitert die Übernahme, bleibt er dennoch i.d.R. unverändert an der Zielgesellschaft beteiligt, weil Übernahmeangebote meist unter der Bedingung des Erreichens einer bestimmten, den Kontrollübergang sicherstellenden, Beteiligung stehen.[96] Sofern keine solche Bedingung vorliegt, wird der geschlossene Vertrag durchgeführt, obwohl ein Kontrollübergang auf den Bieter ausbleibt.

Im Falle einer erfolgreichen Übernahme, erhält der das Angebot annehmende Wertpapierinhaber zwar die Übernahmeprämie. Er riskiert jedoch, dass der gebotene Preis nicht dem wahren (anteiligen) Wert des Unternehmens entspricht, d.h. die Kontrollprämie nicht angemessen ist.[97]

Im Ergebnis sind die Angebotsempfänger im wesentlichen zweierlei Risiken – Preisrisiko bei Annahme und Minderung des Beteiligungswertes bei Ablehnung

---

93 In diesem Sinn auch *Möllers*, in: KK zum WpÜG, § 23 WpÜG, Rdn. 5.

94 Vgl. hierzu S. 20 (dort Fn. 64).

95 In diesem Sinn auch *Möllers*, in: KK zum WpÜG, § 23 WpÜG, Rdn. 4.

96 Vgl. *Otto*, DB Beilage 12/1988, 1, 4; *Lüttmann*, Kontrollwechsel, S. 41.

97 In diesem Sinn auch *Schwark*, ZGR 1976, 271, 300; *Möllers*, in: KK zum WpÜG, § 23 WpÜG, Rdn. 6.

des Angebots – ausgesetzt und müssen sich für eines entscheiden.[98] Zur Darstellung des Verkaufs- bzw. Annahmedrucks aus spieltheoretischer Sicht dient folgendes Beispiel:

> Der Kurs einer Aktie vor Abgabe eines Übernahmeangebots betrage € 80. Der Bieter erwarb im Vorfeld eine kleine Beteiligung an der Zielgesellschaft und bietet im Rahmen des Übernahmeangebots € 100 je Aktie. Es wird unterstellt, dass der Wert der Aktie bei Gelingen des Angebots (Kontrollerwerb des Bieters) € 86 beträgt. Bleibt die Zielgesellschaft dagegen unabhängig, weil die Übernahme misslingt, soll der Wert einer Aktie (U) betragen.

1. Teilübernahmeangebote im Zwei-Personen-Spiel

Die spieltheoretische Analyse von Teilübernahmeangeboten[99] soll das zugrunde liegende Prinzip verdeutlichen und die Unterschiede zu Vollangeboten erkennbar machen. Diesbezügliche Ausführungen sind jedoch lediglich theoretischer Natur, da Teilübernahmeangebote gem. § 32 WpÜG nicht zulässig sind.[100] Zur Vereinfachung wird zunächst davon ausgegangen, dass sich die noch nicht dem Bieter gehörenden Aktien gleichmäßig auf die Aktionäre A und B verteilen (Zwei-Personen-Spiel).

Bei Zulässigkeit von Teilübernahmeangeboten würde sich dem Bieter die Taktik der sog. „Zwei-Schritt"- oder „Front-end-loaded"-Angebote eröffnen. Hierbei wird das erste Angebot lediglich auf eine einfache bzw. auf eine Kontrolle vermittelnde Mehrheit gerichtet (front-end). Weitere Anteilseigner werden später durch ein zweites, relativ niedriges Angebot aus der Gesellschaft gedrängt (back-

---

98 *Assmann/Bozenhardt*, Übernahmeangebote, ZGR-Sonderheft 9, S. 1, 15; *Bozenhardt*, Freiwillige Übernahmeangebote im deutschen Recht, S. 18 f.; *Scheffler*, Konzernmanagement, S. 209; *Röhrich*, Feindliche Übernahmeangebote, S. 34; *dies.*, RIW 1993, 93, 94 f.; *Witt*, Übernahmen von Aktiengesellschaften und Transparenz der Beteiligungsverhältnisse, S. 85.

99 Teilübernahmeangebote sind zwar einerseits darauf gerichtet, die Kontrolle über eine Zielgesellschaft zu erlangen, beziehen sich jedoch andererseits nicht auf sämtliche Aktien der Zielgesellschaft.

100 Teilangebote sind nur insofern zulässig, als sie nicht auf eine Kontrollerlangung gerichtet sind. In diesen Fällen existiert jedoch kein vergleichbarer Entscheidungskonflikt der Angebotsadressaten, weil sich jedenfalls keine wesentlichen Änderungen (Kontrollerwerb des Bieters) ergeben können.

end).[101] Nachfolgend wird davon ausgegangen, dass der Bieter sein Teilübernahmeangebot auf 50 % der ihm nicht bereits gehörenden Aktien beschränkt. Falls beide Aktionäre das Angebot annehmen, kann jeder nur die Hälfte seiner Aktien zu € 100 verkaufen (pro rata Regelung). Die verbleibenden Minderheitsaktien hätten – wie oben festgelegt – jeweils einen Wert von € 86. Im Durchschnitt würde sich bei vollständiger Annahme des Angebots ein Ergebnis in Höhe von € 93 je ursprünglich gehaltener Aktie ergeben. Das Verhaltensmuster der Aktionäre hängt entscheidend davon ab, welchen Wert (U) sie einem Anteil des unabhängigen Unternehmens bei gescheiterter Übernahme zumessen.

a) U ≤ Durchschnittsergebnis bei beiderseitiger Annahme des Angebots

Solange der von den Aktionären bei gescheiterter Übernahme erwartete Anteilswert (U) nicht höher ist, als das bei beiderseitiger Annahme erzielbare Durchschnittsergebnis von € 93 je Aktie, besteht kein Entscheidungskonflikt (vgl. Abb. 1). Die Annahme des Angebots ist für jeden Aktionär die individuell rationale Entscheidung, weil sie ihm € 93 je Aktie sichert und die Chance auf € 100 (bei Ablehnung des Angebots durch den jeweils anderen Angebotsempfänger) eröffnet. Dagegen kann der Aktionär bei Ablehnung des Angebots bestenfalls U ≤ € 93 je Aktie erhalten, hat aber das Risiko lediglich € 86 zu realisieren, wenn der jeweils andere Aktionär das Angebot annimmt. Nach der Entscheidungslehre liegt hier bei beiderseitiger Annahme das einzige Gleichgewicht[102]. Die Handlungsalternative „Annahme“ dominiert die Alternative „Ablehnung“ strikt.[103]

Abb. 1:

A / B	B nimmt an	B lehnt ab
A nimmt an	€ 93 / € 93	€ 100 / € 86
A lehnt ab	€ 86 / € 100	U ≤ € 93

101 *Hahn*, ZBB 1990, 10, 17; *Krause*, Das obligatorische Übernahmeangebot, S. 108.

102 Ein Gleichgewichtspunkt liegt vor, wenn keiner der Akteure sein individuelles Ergebnis dadurch verbessern kann, dass er alleine von der Gleichgewichtsstrategie abweicht und eine andere Strategie wählt. Vgl. *Pfohl/Braun*, Entscheidungstheorie, S. 306; *Bamberg/ Coenenberg*, Entscheidungslehre, S. 162.

103 Zum Begriff der strikten Dominanz vgl. *Bamberg/Coenenberg*, Entscheidungslehre, S. 106.

b) U > Durchschnittsergebnis bei beiderseitiger Annahme des Angebots

aa) U < Angebotspreis

Liegt der von den Aktionären bei gescheiterter Übernahme erwartete Anteilswert (U) zwischen dem durch beiderseitige Annahme erzielbaren Durchschnittsergebnis von € 93 je Aktie und dem Angebotspreis von € 100, entsteht die aus der Spieltheorie als prisoner's dilemma bekannte Entscheidungssituation. Zur Darstellung wird ein Wert (U) in Höhe von € 96 je Aktie angenommen. Die sich ergebende Entscheidungsmatrix (vgl. Abb. 2) entspricht im wesentlichen der des klassischen Gefangenendilemmas. Ein Unterschied liegt lediglich darin, dass sich im Fall eines Übernahmeangebots eine Nutzenmatrix und nicht wie im Gefangenenbeispiel[104] eine Schadensmatrix (vgl. Abb. 3) ergibt.

Abb. 2:

A / B	B nimmt an	B lehnt ab
A nimmt an	€ 93 / € 93	€ 100 / € 86
A lehnt ab	€ 86 / € 100	€ 96 / € 96

Abb. 3:

A / B	B gesteht	B leugnet
A gesteht	-6 / -6	0 / -10
A leugnet	-10 / 0	- 2 / -2

Der einzelne Aktionär (A) steht, unabhängig von der Entscheidung des anderen Aktionärs (B), bei Annahme des Angebots stets besser als bei dessen Ablehnung. Nimmt B das Angebot ebenfalls an, erhält A durchschnittlich € 93 je Aktie und somit mehr als € 86, die ihm lediglich blieben, wenn er das Angebot alleine abgelehnt hätte. Lehnt B das Angebot ab, kann A sogar den Maximalnutzen in Höhe von € 100 je Aktie realisieren. Beide Aktionäre werden sich tendenziell an der

104 Vgl. *Pfohl/Braun*, Entscheidungstheorie, S. 309: Zwei eines Mordes Verdächtige werden gefangengenommen, getrennt inhaftiert und getrennt vernommen. Beide haben die Möglichkeit zu leugnen oder zu gestehen. Leugnen beide, so bekommen beide wegen unerlaubtem Waffenbesitz nur eine relativ geringfügige Strafe von 2 Jahren. Gestehen beide, so bekommen sie zwar wegen des Geständnisses gewisse mildernde Umstände, aber immer noch 6 Jahre. Leugnet einer und gesteht der andere, so wird derjenige, der gesteht, als Kronzeuge vor Gericht auftreten. Er wird freigesprochen. Der andere dagegen muss 10 Jahre ins Gefängnis (vgl. Abb. 3).

für sie ungünstigsten Strategiewahl des anderen orientieren und für sich diejenige Strategie wählen, bei der das individuell ungünstigste Ergebnis noch am günstigsten ausfällt (Maximin-Regel).[105] Die vorliegenden Entscheidungsmatrizen (Abb. 2 und 3) haben nur einen Gleichgewichtspunkt.[106] Bei Übernahmeangeboten (Abb. 2) liegt dieser in der beiderseitigen Annahme des Angebots, obwohl es sich bei der beiderseitigen Ablehnung um die kollektiv beste Lösung handelt. Letztere bildet jedoch keinen Gleichgewichtspunkt, weil jeder Aktionär seinen Nutzen durch einseitige Strategieänderung zulasten des anderen auf € 100 je Aktie steigern könnte. Aufgrund der Risikoaversität wird das kollektiv beste Ergebnis tendenziell verpasst.

bb) U > Angebotspreis

Liegt der erwartete Anteilswert (U) über dem Angebotspreis,[107] weicht die Entscheidungsmatrix von der des klassischen Gefangenendilemmas ab (vgl. Abb. 4).

Abb. 4:

A / B	B nimmt an	B lehnt ab
A nimmt an	€ 93 / € 93	€ 100 / € 86
A lehnt ab	€ 86 / € 100	€ 104 / € 104

Die Besonderheit dieser Entscheidungssituation ist darin zu erkennen, dass es sich sowohl bei der beiderseitigen Ablehnung als auch bei der beiderseitigen Annahme um Gleichgewichte handelt.[108] Im Falle der individuellen Ablehnung steht allerdings der höchsten Chance (€ 104) das größte Risiko (€ 86) gegenüber. Auch hier zeigen spieltheoretische Untersuchungen, dass rationale risikoaverse Akteure tendenziell die Maximin-Strategie wählen[109] und das für sie schlechteste

---

105 Maximin = Maximize the minimal return, vgl. *Bamberg/Coenenberg*, Entscheidungslehre, S. 108; *Krause*, Das obligatorische Übernahmeangebot, S. 110; *Lüttmann*, Kontrollwechsel, S. 41 (dort Fn. 135). Zwar spricht Letzterer von „Minimax“. Es handelt sich jedoch lediglich um eine umgekehrte Sichtweise für den Fall einer Schadensmatrix. „Minimax“ bedeutet eine Orientierung am maximalen Schaden und anschliessender Minimierung dieses Schadens durch die eigene Strategiewahl.

106 *Krelle*, Entscheidungstheorie, S. 269 ff.

107 Für die Darstellung wird ein Wert (U) in Höhe von € 104 angenommen.

108 *Prantl*, Konzernbildung, S. 160.

109 *Krause*, Das obligatorische Übernahmeangebot, S. 111 m.w.N.

Ergebnis (€ 86) durch Annahme des Angebots maximieren. Es ist somit nicht auszuschließen, dass das bessere Gleichgewicht verfehlt wird.

2. Vollangebote im Zwei-Personen-Spiel

Wie bereits dargstellt sieht § 32 WpÜG vor, dass sich Übernahmeangebote stets auf alle Aktien der Zielgesellschaft erstrecken müssen. Anders als bei Teilübernahmeangeboten kann kein Angebotsadressat auf Kosten des anderen gewinnen, weil der annehmende Aktionär in jedem Fall € 100 je Aktie erhält.[110] Für den einzelnen Angebotsadressaten besteht zudem die Sicherheit, alle seine Aktien zu dem vom Bieter gebotenen Preis abgeben zu können.[111] Diese Sicherheit kann die Aktionäre jedoch nicht vor dem Verkaufs- bzw. Annahmedruck bewahren. Denn dieser resultiert aus der Erwartung, dass der Wert von Minderheitsanteilen nach erfolgreicher Übernahme niedriger ist, als der Angebotspreis.[112] Das Phänomen der eingeschränkten Entscheidungsfreiheit beschränkt sich demnach nicht nur auf zweistufige Übernahmeangebote.[113]

a) U ≤ Angebotspreis

Liegt der von den Aktionären erwartete Anteilswert (U) des unabhängigen Unternehmens unter dem Angebotspreis von € 100, ist die Entscheidungssituation unproblematisch, da die Annahmestrategie strikt dominiert (vgl. Abb. 5).[114]

Abb. 5:

A / B	B nimmt an	B lehnt ab
A nimmt an	€ 100 / € 100	€ 100 / € 86
A lehnt ab	€ 86 / € 100	U ≤ € 100

110 *Krause*, Das obligatorische Übernahmeangebot, S. 112.

111 *Bebchuk*, The Pressure to Tender, S. 371, 378; *Krause*, Das obligatorische Übernahmeangebot, S. 112.

112 *Bebchuk*, The Pressure to Tender, S. 371, 377 f.

113 *Bebchuk*, 98 Harvard Law Review 1985, 1673, 1732; *ders.*, The Pressure to Tender, S. 371, 378; *Reul*, Übernahmeangebote, S. 11, 25; *Prantl*, Konzernbildung, S. 203; *Röhrich*, Feindliche Übernahmeangebote, S. 84; a.A. *Hahn*, ZBB 1990, 10, 15.

114 *Krause*, Das obligatorische Übernahmeangebot, S. 112.

b) U > Angebotspreis

Probleme ergeben sich allerdings, wenn der von den Aktionären erwartete Wert (U) eines Anteils am unabhängigen Unternehmen über dem Angebotspreis von € 100 liegt. Für die Darstellung wird ein Wert (U) in Höhe von € 104 angenommen (vgl. Abb. 6).

Abb. 6:

A / B	B nimmt an	B lehnt ab
A nimmt an	€ 100 / € 100	€ 100 / € 86
A lehnt ab	€ 86 / € 100	€ 104 / € 104

Sowohl bei beiderseitiger Angebotsannahme als auch bei beiderseitiger Ablehnung handelt es sich um Gleichgewichtspunkte. Der individuelle Nutzen lässt sich jeweils nicht durch einseitige Änderung der Strategie erhöhen. Zwar eröffnet die Ablehnung des Angebots die größte Gewinnchance (€ 104), birgt jedoch gleichzeitig das größte Risiko (€ 86). Die Annahme des Angebots sichert dem Aktionär dagegen in jedem Fall € 100 je Aktie. Die Entscheidung hängt somit lediglich von den individuellen Erwartungen über das Verhalten des jeweils anderen ab.[115] Geht man von einem risikoaversen Verhalten der Aktionäre aus, verzerrt sich die Entscheidung hin zur Annahme. Die Angebotsadressaten tendieren zur Maximin-Strategie.[116] Das rationale (bessere) Gleichgewicht kann wiederum verfehlt werden. Das gewählte Beispiel zeigt deutlich, dass das Risiko bei Ablehnung des Angebots (€ 14) deutlich höher sein kann, als die dadurch eröffnete Chance (€ 4). Der Verkaufs- bzw. Annahmedruck ist deshalb umso stärker, je weniger der erwartete Anteilswert (U) der selbständigen Gesellschaft über dem Angebotspreis liegt. Ein Bieter kann versuchen, den Angebotspreis knapp über der magischen Grenze anzusetzen, bei deren Unterschreiten die Aktionäre das Angebot ablehnen würden, weil sie davon ausgehen, dass die Mehrheit der Angebotsadressaten den höheren Wert (U) erkennen wird.[117]

115 *Prantl*, Konzernbildung, S. 161; *Röhrich*, Feindliche Übernahmeangebote, S. 84 (dort Fn. 203); *Mülbert/Birke*, WM 2001, 705, 713.

116 Vgl. hierzu S. 28 f. sowie Fn. 105.

117 *Bebchuk*, The Pressure to Tender, S. 371, 380.

3. Vollangebote im n-Personen-Spiel

a) Übertragung der Erkenntnisse des Zwei-Personen-Spiels

Die Realität des Streubesitzes lässt sich nur anhand eines n-Personen-Spiels mit vielen Beteiligten darstellen. Betrachtet wird die Konstellation, in der der von den Aktionären erwartete Anteilswert (U) des unabhängigen Unternehmens bei € 104 und damit über dem Angebotspreis von € 100 liegt. Die Erkenntnisse des Zwei-Personen-Spiels lassen sich grundsätzlich übertragen.[118] Auch hier hängt das individuelle Verhalten der einzelnen Beteiligten entscheidend davon ab, welches Verhalten sie von den anderen erwarten. Ist unsicher, ob sich die anderen Beteiligten für die rational günstigste Handlungsalternative (Ablehnung) entscheiden, wählt der einzelne Angebotsadressat tendenziell die Maximin-Strategie.[119] Zur Darstellung der Entscheidungsmatrix wird zunächst ein Angebot des Bieters betrachtet, das nicht durch das Erreichen einer bestimmten Mindestbeteiligung bedingt ist (vgl. Abb. 7). A steht weiterhin für den einzelnen Aktionär. M bezeichnet diejenige Anzahl der Angebotsadressaten, deren Anteile der Bieter benötigen würde, um die tatsächliche Kontrolle in der Zielgesellschaft zu erwerben. Die Matrix lässt erkennen, dass sich durch Annahme des Angebots das beste aus eigener Kraft erreichbare Ergebnis erzielen lässt. Bei Heranziehung eines n-Personen-Spiels kann somit der gleiche Entscheidungsdruck entstehen. Es ist nicht auszuschließen, dass das rational bessere Gleichgewicht verpasst wird.

Abb. 7:

A / M	M nimmt an	M lehnt ab
A nimmt an	€ 100 / € 100	€ 100 / € 104
A lehnt ab	€ 86 / € 100	€ 104 / € 104

b) Kritische Betrachtung

Teilweise[120] wird davon ausgegangen, dass das bessere Gleichgewicht – Ablehnung durch A und M – regelmäßig nicht verfehlt werden wird. Begründet wird

118 In diesem Sinn auch *Krause*, Das obligatorische Übernahmeangebot, S. 113 m.w.N.

119 *Reul*, Übernahmeangebote, S. 11, 27; *Krause*, Das obligatorische Übernahmeangebot, S. 113.

120 *Schwartz*, 17 The Journal of Legal Studies 1988, 165, 179 ff.; *ders.*, 17 The Journal of Legal Studies 1988, 231 ff.; daran anschließend *Hahn*, ZBB 1990, 10, 15 f.

dies durch das Konzept des „fokalen Punktes“ und den Einfluss des Aktienhandels während der Annahmefrist.

aa) Konzept des „fokalen Punktes“

Als Argument für das Erreichen des Gleichgewichts „Ablehnung“ wird das Konzept des „fokalen Punktes“ hervorgebracht.[121] Bei öffentlichen Übernahmeangeboten gäbe es wenig Grund zur Sorge vor einem Entscheidungsdruck, der auf den Schultern der Angebotsadressaten laste. Zwar seien in der Tat zwei Gleichgewichte vorhanden.[122] Die Aktionäre würden allerdings den optimalen Ausgang des Angebots erkennen („fokal“) und infolgedessen davon ausgehen, dass dies den übrigen Angebotsadressaten ebenso möglich ist und, dass auch sie deshalb das Angebot ablehnen werden. Zur Begründung wird die sehr gute Information der meisten Investoren im Aktienmarkt angeführt.

bb) Einfluss des Aktienhandels während der Annahmefrist

Gegen die Existenz eines Verkaufs- bzw. Annahmedrucks und damit gegen das Entscheidungsgleichgewicht „Annahme“ könnte darüber hinaus eingewandt werden, dass während der Annahmefrist aktiver Handel am Aktienmarkt stattfindet[123]. Da das Übernahmeangebot die Aufmerksamkeit auf den Wert der Zielgesellschaft lenke, sei es wahrscheinlich, dass in dieser Zeit eine korrekte Bewertung erfolge. Würden die Investoren den erwarteten Anteilswert (U) bei gescheiterter Übernahme höher als den Angebotspreis einschätzen, müsste der Aktienkurs über den Übernahmepreis hinaus ansteigen. Das bessere Gleichgewicht würde erreicht, weil in diesem Fall kein Investor das Angebot annehmen würde.

c) Stellungnahme

aa) Ablehnung eines „fokalen Punktes“

Zwar spricht der Unterschied zum klassischen Gefangenendilemma (vgl. Abb. 2) für die Argumentation mit dem Konzept des „fokalen Punktes“. Während sich dort der individuelle Maximalgewinn nur durch eine Annahme des Angebots erreichen lässt, kann er hier nur bei Ablehnung erzielt werden (vgl. Abb. 7). Der

---

121 *Schwartz*, 17 The Journal of Legal Studies 1988, 165, 179 ff.; *ders.*, 17 The Journal of Legal Studies 1988, 231 ff.; daran anschließend *Hahn*, ZBB 1990, 10, 15.

122 *Reul*, Übernahmeangebote, S. 11, 26 f.

123 *Hahn*, ZBB 1990, 10, 16.

Wunsch, den Maximalgewinn zu realisieren, bietet somit keinen Anreiz zur Angebotsannahme.

Dabei wird jedoch außer Acht gelassen, dass dieses Konzept auf der Grundlage einer gefahrlosen Situation entwickelt wurde.[124] Eine Orientierung unkoordiniert Handelnder am maximalen Gewinn ist nur zu erwarten, wenn dieser gefahrlos zu erreichen ist.[125] Bei individueller Ablehnung des Angebots steht vorliegend (Abb. 7) einem bei Fehleinschätzung möglichen Schaden in Höhe von € 14 (€ 86 statt € 100) lediglich eine Maximierungschance in Höhe von € 4 (€ 104 statt € 100) gegenüber. Der Angebotsadressat wird für seine unrichtige Einschätzung quasi „bestraft". Selbst wenn der Investor das rational beste Ergebnis erkennt, ist nicht ersichtlich, aus welchem Grund er sich darauf verlassen können soll, dass tatsächlich ausreichend andere Angebotsadressaten seine Einschätzung teilen. Das individuelle Erkennen des besseren Gleichgewichts löst nicht das Kommunikations- und Koordinationsproblem zwischen den Angebotsadressaten.[126] Vielmehr kann gerade die gezeigte Asymmetrie zwischen „Strafe" und Maximierungschance dazu führen, dass der Aktionär annimmt, jeder Investor werde diese erkennen und entsprechend risikoavers handeln.[127] Je weiter der erwartete Wert der Minderheitsaktien den Angebotspreis unterschreitet und je weniger der Anteilswert (U) im Falle der gescheiterten Übernahme über dem Angebotspreis liegt, desto wichtiger werden Sicherheitsüberlegungen des Aktionärs.[128] Auch empirische Untersuchungen in weniger gefährlichen Spielen konnten das Erreichen des besseren Gleichgewichts nicht bestätigen.[129]

Eine weitere Überlegung bekräftigt die individuelle Entscheidung zur Annahme des Angebots als sichersten Weg. Übernahmeangebote stehen meist unter der Bedingung des Erreichens einer bestimmten, den Kontrollübergang sicherstel-

---

124 Vgl. *Schelling*, The Strategy of Conflict, S. 109 ff.; *Reul*, Übernahmeangebote, S. 11, 27 (dort Fn. 69).

125 *Prantl*, Konzernbildung, S. 172.

126 *Bebchuk*, The Pressure to Tender, S. 371, 377; *Reul*, Übernahmeangebote, S. 11, 27 (dort Fn. 69); *Krause*, Das obligatorische Übernahmeangebot, S. 114.

127 *Prantl*, Konzernbildung, S. 171.

128 *Bebchuk*, 17 Journal of Legal Studies 1988, 197, 226; *ders.*, The Pressure to Tender, S. 371, 377; in diesem Sinn auch *Krause*, Das obligatorische Übernahmeangebot, S. 128 f.

129 *Reul*, Übernahmeangebote, S. 11, 27 (dort Fn. 69) m.w.N.; *Krause*, Das obligatorische Übernahmeangebot, S. 114.

lenden, Beteiligung.[130] Sollte diese nicht erreicht werden, hat die individuelle Annahme eines Angebotsadressaten keinerlei negative Auswirkung. Er behält seine Aktien und profitiert in voller Höhe von dem höheren Anteilswert (U) des unabhängigen Unternehmens (vgl. Abb. 8). Vor dem Hintergrund der Überlegung, dass seine persönliche Entscheidung für den Erfolg bzw. Misserfolg des öffentlichen Angebots regelmäßig nicht maßgeblich sein wird, ist der Entscheidungsmatrix zu entnehmen, dass die Annahmestrategie für den einzelnen Aktionär A dominierend ist. Im Ergebnis ist die Argumentation mit dem „fokalen Punkt“ somit abzulehnen.

Abb. 8:

A / M	M nimmt an	M lehnt ab
A nimmt an	€ 100 / € 100	€ 104 / € 104
A lehnt ab	€ 86 / € 100	€ 104 / € 104

bb) Nur begrenzter Einfluss des Aktienhandels während der Annahmefrist

Es wird zu Recht davon ausgegangen, dass sich die Werterwartungen der Investoren bezüglich des Anteilswerts (U) bei gescheiterter Übernahme während der Annahmefrist laufend verändern. Das Übernahmeangebot lenkt die Aufmerksamkeit auf die Zielgesellschaft und verursacht eine Flut neuer Informationen. Zudem führen Angebote zu einer verstärkten Analyse durch Finanzinstitute und die Wirtschaftspresse.[131]

Allerdings wird dabei die Funktionsweise des Preisbildungsprozesses am Aktienmarkt verkannt. Der Aktienkurs der Zielgesellschaft wird nicht den erwarteten Anteilswerts (U) bei gescheiterter Übernahme widerspiegeln. Vielmehr wird bei der Preisbildung auch die Wahrscheinlichkeit des Übernahmeerfolgs berücksichtigt. Das Bewusstsein der Investoren, am Ende der Annahmefrist einem Verkaufs- bzw. Annahmedruck ausgesetzt zu sein, wird in den Börsenkurs einfließen. Wenn also die Differenz zwischen dem erwarteten Anteilswerts (U) bei gescheiterter Übernahme und dem Angebotspreis deutlich kleiner ist, als die Differenz zwischen dem erwarteten Wert eines echten Minderheitsanteils und dem Angebotspreis, wird der Börsenpreis seine Grenze im Angebotspreis finden.[132]

---

130 Vgl. dazu S. 25 (dort Fn. 96).

131 *Bebchuk*, The Pressure to Tender, S. 371, 379.

132 In diesem Sinne wohl auch *Bebchuk*, The Pressure to Tender, S. 371, 379; *Krause*, Das obligatorische Übernahmeangebot, S. 115, wonach sich der Marktpreis aus den Wahr-

Er wird sich mehr oder weniger an dem vom Bieter bestimmten Preis orientieren.[133] Den Börsenpreis als Argument gegen den Verkaufs- bzw. Annahmedruck heranzuziehen, würde zu einem Zirkelschluss führen, weil der Börsenpreis gerade durch den Entscheidungsdruck beeinflusst wird.

4. Zwischenergebnis

Festzuhalten ist, dass der durch öffentliche Übernahmeangebote ausgelöste Verkaufs- bzw. Annahmedruck entscheidend darauf beruht, dass die Wertpapierinhaber zu risikoaversem Handeln neigen. Es kann nicht ausgeschlossen werden, dass sie das Angebot bereits dann annehmen, wenn sie denken, der Börsenpreis könnte nach erfolgreicher Übernahme unter den, die Übernahmeprämie enthaltenden, Angebotspreis sinken. Die geringere Wertschätzung von Minderheitswertpapieren nach erfolgreichen öffentlichen Übernahmeangeboten gilt es im Folgenden rechtlich zu begründen.

III. Gründe einer tendenziell geringeren Wertschätzung von Minderheitsanteilen nach erfolgreicher Unternehmensübernahme

Fraglich ist, wie sich die Wahrscheinlichkeit, dass der Börsenpreis nach erfolgreicher Übernahme unter den die Übernahmeprämie enthaltenden Angebotspreis sinkt, rechtlich begründen lässt. Meist wird darauf hingewiesen, dass sich Mehrheitsinhaber auf Kosten des abhängigen Unternehmens und damit indirekt auch auf Kosten der Minderheitsgesellschafter bereichern könnten.[134] Angesprochen werden hiermit das Mehrheitsprinzip und der unzureichende Minderheitenschutz im Konzern. Neben diesem Minderheitenschutz soll im Folgenden auch erörtert werden, ob und unter welchen Voraussetzungen Mehrheitsgesellschafter die Möglichkeit haben, Minderheitsgesellschafter u.U. wertmäßig unter dem Angebotspreis aus der zuvor übernommenen Gesellschaft zu zwingen.[135] Eine solche Möglichkeit hätte zwangsläufig Auswirkungen auf die Börsenbewertung ent-

scheinlichkeiten für das Gelingen und Scheitern des Kontrollwechsels und den zugehörigen Preisen zusammensetzt.

133 *Otto*, DB Beilage 12/1988, 1, 4.

134 *Houben*, WM 2000, 1873; *Prantl*, Konzernbildung, S. 65 f.; *Kübler/Schmidt*, Gesellschaftsrecht und Konzentration, S. 12; *Schneider/Burgard*, DB 2001, 963, 965, die auf den unzulänglichen Minderheitenschutz verweisen; *Reul*, Die Pflicht zur Gleichbehandlung der Aktionäre, S. 135, 137, 222, der auf die Möglichkeit abstellt, Kosten auf die Minderheitsaktionäre zu externalisieren.

135 Damit sind die Mehrheitseingliederung (§ 320 AktG) und das neue Rechtsinstitut des sog. Squeeze-Out (§§ 327 a - 327 f AktG) angesprochen.

sprechend risikobehafteter Wertpapiere. Darüber hinaus sollen weitere Gründe für den geringeren Wert von Minderheitsanteilen infolge einer Unternehmensübernahme aufgezeigt werden.

1. Minderheitenschutz des deutschen Konzernrechts

a) Konfliktpotential im Konzern und Lösungsansatz des deutschen Aktiengesetzes

aa) Darstellung des Konfliktpotentials im Konzern

Der aktienrechtlichen Regelung liegt das Leitbild einer Gesellschaft mit weit gestreutem Aktienbesitz zugrunde.[136] Gemeint ist eine selbständige Gesellschaft, die ihren Unternehmensgegenstand durch eigene freie Tätigkeit (Eigenwille) und für eigene Rechnung der Aktionäre (Eigeninteresse) verfolgt.[137] In einer derart unabhängigen Gesellschaft wird von einem Gleichlauf der Gesellschafts- und Gesellschafterinteressen ausgegangen.[138] Regelungen zur Absicherung der Aktionäre und Gläubiger gegen gesellschaftsschädigende Handlungen einzelner Aktionäre sind im wesentlichen nicht erforderlich.

Auch zwischen privaten Mehrheitsaktionären und Minderheitsgesellschaftern wird von einem weitgehenden Interessengleichlauf ausgegangen.[139] Der eigentliche Konzernkonflikt entsteht erst, wenn es einem Aktionär, der ein anderweitiges unternehmerisches Interesse verfolgt, gelingt, sich einen maßgeblichen Einfluss auf die Verwaltung der Gesellschaft zu verschaffen. In diesem Fall können gra-

---

136 Begründung des Regierungsentwurfs für das AktG 1965, abgedruckt bei *Kropff*, Aktiengesetz, Vorbem. §§ 291 ff. AktG, S. 373; *ders.*, Grundzüge des Konzernrechts, S. 71, 73; *Emmerich/Sonnenschein/Habersack*, Konzernrecht, S. 11; *Prantl*, Konzernbildung, S. 65; *Seydel*, Konzernbildungskontrolle, S. 37.

137 *Mühle*, WpÜG, S. 380; *Veelken*, Schutz der Minderheitsgesellschafter, S. 505, 506 f.; *Binnewies*, Konzerneingangskontrolle, S. 1 f.; *Seydel*, Konzernbildungskontrolle, S. 238.

138 *Emmerich/Sonnenschein/Habersack*, Konzernrecht, S. 11; *Mühle*, WpÜG, S. 380; *Kropff*, Grundzüge des Konzernrechts, S. 71, 73; *Seydel*, Konzernbildungskontrolle, S. 37; *Binnewies*, Konzerneingangskontrolle, S. 3, 396; *Hommelhoff*, Gutachten für den 59. Deutschen Juristentag, G 11; *Veelken*, Schutz der Minderheitsgesellschafter, S. 505, 506.

139 *Kropff*, Grundzüge des Konzernrechts, S. 71, 74; *Mühle*, WpÜG, S. 380 f.; *Seydel*, Konzernbildungskontrolle, S. 37; *Veelken*, Schutz der Minderheitsgesellschafter, S. 505, 507.

vierende Interessengegensätze zwischen Mehrheit und Minderheit bestehen.[140] Die Rechtsform des Mehrheitsaktionärs ist hierbei unerheblich. Erforderlich ist lediglich, dass der Aktionär einer wirtschaftlichen Interessenbindung außerhalb der Gesellschaft unterliegt, die intensiv genug ist, dass sie die ernste Besorgnis begründet, der Gesellschafter könnte um ihretwillen seinen Einfluss zum Nachteil der Gesellschaft geltend machen.[141] In einer derartigen Situation besteht die Gefahr, dass der unternehmerische Mehrheitsgesellschafter versucht, das kontrollierte Unternehmen und damit indirekt die Minderheitsgesellschafter für seine sonstigen unternehmerischen Interessen auszubeuten.[142] Für das deutsche Konzernrecht bestünde die Aufgabe, gerade diesen Interessenkonflikt auszugleichen.

bb) Lösungsansatz des deutschen Aktiengesetzes

Das deutsche Aktienrecht unterscheidet grundlegend zwischen Unternehmensverbindungen, die durch Hauptversammlungsbeschlüsse (Eingliederungskonzerne) bzw. durch vertragliche Regelungen (Vertragskonzerne[143]) zustande kommen und solchen, die lediglich auf tatsächlicher Beherrschungsmacht basieren (sog. faktische Konzerne).[144]

---

140 *Emmerich/Sonnenschein/Habersack*, Konzernrecht, S. 12 f., *Mühle*, WpÜG, S. 381 f.; *Kropff*, Grundzüge des Konzernrechts, S. 71, 74; *Bälz*, AG 1992, 277, 281; *Seydel*, Konzernbildungskontrolle, S. 37 f.; *Hommelhoff*, Gutachten für den 59. Deutschen Juristentag, G 11; *Veelken*, Schutz der Minderheitsgesellschafter, S. 505, 507; *Wiedemann*, Unternehmensgruppe, S. 39; *ders.*, Gesellschaftsrecht, S. 347; *Lutter*, ZGR 1987, 324, 333, der eine solche Situation als „Sprengkörper des klassischen Gesellschaftsrechts" bezeichnet.

141 BGHZ 69, 334, 337; 74, 359, 364 f.; 80, 69, 72; 95, 330, 337; 135, 107, 113; *Emmerich/Sonnenschein/Habersack*, Konzernrecht, S. 31 ff.; *Emmerich*, in: Emmerich/Habersack, Aktien- und GmbH-Konzernrecht, § 15 AktG, Rdn. 10 f.; *Bayer*, in: MüKo zum AktG, § 15 AktG, Rdn. 13; *Herkenroth*, Konzernierungsprozesse, S. 58.

142 *Kübler*, Gesellschaftsrecht, S. 355.

143 *Emmerich/Sonnenschein/Habersack*, Konzernrecht, S. 59; *Emmerich*, in: Emmerich/Habersack, Aktien- und GmbH-Konzernrecht, § 18 AktG, Rdn. 3; hiernach seien in den Begriff des „Vertragskonzerns" Beherrschungsverträge nach § 291 Absatz 1 Satz 1 Alt. 1 AktG und Eingliederungen nach §§ 319, 320 AktG einzubeziehen. Letzteres verkennt jedoch, das Eingliederungen nicht auf vertraglicher Grundlage basieren, sondern allein durch Hauptversammlungsbeschlüsse herbeigeführt werden. Daher wird der Eingliederungskonzern hier als eigene Konzernart behandelt. So auch *Bayer*, in: MüKo zum AktG, § 18 AktG, Rdn. 6 ff.; vgl. auch Begründung des Regierungsentwurfs für das AktG 1965, abgedruckt bei *Kropff*, Aktiengesetz, Vorbem. §§ 291 ff. AktG, S. 374.

144 *Bayer*, in: MüKo zum AktG, § 18 AktG, Rdn. 6 ff.

(1) Eingliederungskonzern (§§ 319 - 327 AktG)

Der Eingliederungskonzern bildet – verglichen mit dem Vertragskonzern und dem faktischen Konzern – die engste Form der Unternehmensverbindung.[145] Nach § 320 AktG kann eine inländische Aktiengesellschaft (Hauptgesellschaft), die 95 % des Grundkapitals einer anderen Aktiengesellschaft (abhängige Gesellschaft) hält, die Minderheitsaktionäre aus der abhängigen Gesellschaft zwingen. Als Ersatz für die gem. § 320 a Satz 1 AktG auf die Hauptgesellschaft übergehenden Aktien der abhängigen Gesellschaft, erwerben die Minderheitsaktionäre gem. § 320 b Absatz 1 Satz 1 AktG einen Anspruch auf angemessene Abfindung. Diese ist i.d.R. in Form von Aktien der Hauptgesellschaft zu gewähren (§ 320 b Absatz 1 Satz 2 AktG). Als Ergebnis der Eingliederung statuiert § 323 Absatz 1 Satz 1 und 2 AktG eine nahezu uneingeschränkte Weisungsbindung des Vorstands der eingegliederten Gesellschaft. Eine umfassende, einheitliche Leitung der eingegliederten Gesellschaft, bis hin zur vollständigen Aufgabe ihres Eigenwillens wird dadurch legalisiert.[146] Darüber hinaus setzt § 323 Absatz 2 AktG die ansonsten strikt zu beachtende Vermögensbindung nach §§ 57, 58, 60 AktG vollständig außer Kraft.[147] Die eingegliederte Gesellschaft kann als rechtlich selbständige Betriebsabteilung der Hauptgesellschaft angesehen werden.[148]

(2) Vertragskonzern (§§ 291 ff. AktG)

Die Auswirkungen eines Beherrschungs- und/oder Gewinnabführungsvertrages[149] sind weniger weitreichend. Dennoch wird das organisatorische Gefüge

145 *Raiser*, Kapitalgesellschaften, § 55, Rdn. 1; *Emmerich/Sonnenschein/Habersack*, Konzernrecht, S. 149; *Habersack*, ZIP 2001, 1230.

146 *Raiser*, Kapitalgesellschaften, § 55, Rdn. 11; *Emmerich/Sonnenschein/Habersack*, Konzernrecht, S. 149. Das Weisungsrecht gehe über § 308 AktG hinaus. Die Grenze liege allein in der Rechtswidrigkeit der Weisung. Sogar existenzgefährdende Weisungen sollen zulässig sein. Letzteres bezweifelnd *Hüffer*, Aktiengesetz, 5. Aufl., § 323 AktG, Rdn. 3.

147 *Raiser*, Kapitalgesellschaften, § 55, Rdn. 12; *Emmerich/Sonnenschein/Habersack*, Konzernrecht, S. 150.

148 Begründung des Regierungsentwurfs für das AktG 1965, abgedruckt bei *Kropff*, Aktiengesetz, § 326 AktG, S. 431; *Emmerich/Sonnenschein/Habersack*, Konzernrecht, S. 130; *Habersack*, ZIP 2001, 1230; *Mühle*, WpÜG, S. 383.

149 Gewinnabführungsverträge werden in der Praxis regelmäßig mit Beherrschungsverträgen kombiniert. Dies gilt besonders im Aktienkonzernrecht. Vgl. dazu *Raiser*, Kapitalgesellschaften, § 54, Rdn. 128.

und die finanzielle Struktur der beherrschten Gesellschaft durchbrochen.[150] Gewinnabführungsverträge i.S.v. § 291 Absatz 1 Satz 1 Alt. 2 AktG führen zu einer Aufgabe des Eigeninteresses in der abhängigen Gesellschaft.[151] Aus Beherrschungsverträgen nach § 291 Absatz 1 Satz 1 Alt. 1 AktG resultiert gem. § 308 AktG ein Weisungsrecht der herrschenden Gesellschaft. Die beherrschte Gesellschaft kann einer umfassenden einheitlichen Leitung, bis hin zur gänzlichen Aufgabe ihres Eigenwillens, unterstellt werden.[152] Das Eigeninteresse der beherrschten Gesellschaft weicht somit regelmäßig dem Konzerninteresse.[153] Im Vergleich zum Eingliederungskonzern wird die Vermögensbindung nach §§ 57, 58, 60 AktG gem. § 291 Absatz 3 AktG lediglich gelockert.

Die Minderheitsgesellschafter werden geschützt, indem sie sich auf der einen Seite gem. § 305 AktG für einen Ausstieg aus der Gesellschaft gegen Gewährung einer angemessenen Abfindung entscheiden können. Diese ist in Aktien der Obergesellschaft zu gewähren, wenn letztere eine inländische unabhängige und nicht in Mehrheitsbesitz stehende Aktiengesellschaft bzw. Kommanditgesellschaft auf Aktien ist (§ 305 Absatz 2 Nr. 1 AktG). Handelt es sich dagegen um eine abhängige oder in Mehrheitsbesitz stehende Aktiengesellschaft bzw. Kommanditgesellschaft auf Aktien und ist das diese Gesellschaft beherrschende Unternehmen eine inländische Aktiengesellschaft bzw. Kommanditgesellschaft auf Aktien, so sind entweder eine Barabfindung oder Aktien der die Obergesellschaft beherrschenden Gesellschaft anzubieten (§ 305 Absatz 2 Nr. 2 AktG).[154] In allen anderen Fällen muss eine Barabfindung gewährt werden (§ 305 Absatz 2 Nr. 3 AktG).

---

150 *Herkenroth*, Konzernierungsprozesse, S. 40.

151 *Altmeppen*, in: MüKo zum AktG, § 291 AktG, Rdn. 143; *Mühle*, WpÜG, S. 383; zum Begriff des „Eigeninteresses" vgl. S. 37.

152 Begründung des Regierungsentwurfs für das AktG 1965, abgedruckt bei *Kropff*, Aktiengesetz, Vorbem. §§ 291 ff. AktG, S. 374; *Mühle*, WpÜG, S. 383; zum Begriff des „Eigenwillens" vgl. S. 37.

153 *Raiser*, Kapitalgesellschaften, § 54, Rdn. 1; *Prantl*, Konzernbildung, S. 69.

154 Dieses Wahlrecht wird weitgehend den Vertragspartnern des Unternehmensvertrages zugestanden und nicht etwa wie bei der Eingliederung (§ 320 b Absatz 1 Satz 3 AktG) den außenstehenden Aktionären. Vgl. *Emmerich/Sonnenschein/Habersack*, Konzernrecht, S. 327; *Hüffer*, Aktiengesetz, 5. Aufl., § 305 AktG, Rdn. 15; *Koppensteiner*, in: KK zum AktG, § 305 AktG, Rdn. 23; *Geßler*, in: Geßler/Hefermehl/Eckardt/Kropff, Aktiengesetz, § 305, Rdn. 22; a.A. *Mestmäcker*, Festgabe Kronstein, S. 138; *Hüchting*, Abfindung und Ausgleich, S. 17 ff.

Auf der anderen Seite kann sich der Minderheitsgesellschafter auch zu einem Verbleiben in der Gesellschaft entscheiden. In diesem Fall wird die Substanz der abhängigen Gesellschaft durch die gesetzliche Verpflichtung des anderen Vertragspartners zum Ausgleich jedes während der Vertragsdauer anfallenden Jahresfehlbetrages (§ 302 AktG) vor Beeinträchtigungen bewahrt.[155] Darüber hinaus wird der faktisch leer laufende Gewinnanspruch der Aktionäre durch jährlich wiederkehrende Ausgleichszahlungen (§ 304 Absatz 1 Satz 1 AktG) bzw. durch eine Garantiedividende (§ 304 Absatz 1 Satz 2 AktG) ersetzt.[156]

(3) Faktischer Konzern (§§ 311 ff. AktG)

Der Begriff des „faktischen Konzerns" knüpft bereits an den Tatbestand der Abhängigkeit (§ 17 AktG) an.[157] Minderheitsaktionäre werden durch die §§ 311 ff. AktG grundsätzlich mittelbar geschützt. Der abhängigen Gesellschaft werden Ausgleichs- und Schadensersatzansprüche für kompensationslose Benachteiligungen zugestanden.[158] Die strikte aktienrechtliche Vermögensbindung wird im faktischen Konzern nur insofern gelockert, als einer abhängigen Gesellschaft vorübergehend Nachteile zugefügt werden dürfen, sofern diese wieder ausgeglichen werden.[159] Die in § 76 Absatz 1 AktG angeordnete eigenverantwortliche Leitung der abhängigen Gesellschaft durch ihren Vorstand bleibt unberührt.[160] Letzterer ist an keine Weisungen gebunden und muss aufgrund § 93 Absatz 1 Satz 1 AktG bei jeder von der herrschenden Gesellschaft ausgehenden Veranlassung zu einem bestimmten Rechtsgeschäft bzw. zu einer bestimmten Maßnahme gewissenhaft die Zulässigkeit der konkreten Ausübung des herrschenden Einflusses, die möglichen Folgen für die Vermögens- und Finanzlage der abhängi-

---

155 *Mülbert*, Aktiengesellschaft, Unternehmensgruppe und Kapitalmarkt, S. 293.

156 *Mülbert*, Aktiengesellschaft, Unternehmensgruppe und Kapitalmarkt, S. 293; *Bilda*, in: MüKo zum AktG, § 304 AktG, Rdn. 9; *Hüffer*, Aktiengesetz, 5. Aufl., § 304 AktG, Rdn. 1; *Mühle*, WpÜG, S. 383 f.

157 Zum Begriff des „faktischen Konzerns" vgl. *Emmerich/Sonnenschein/Habersack*, Konzernrecht, S. 388; *Raiser*, Kapitalgesellschaften, § 53, Rdn. 2.

158 *Krause*, AG 1996, 209, 212; *Houben*, WM 2000, 1873, 1875.

159 So die h.M. vgl. OLG Stuttgart AG 1994, 411, 412 f.; OLG Frankfurt AG 1996, 324, 327; *Hüffer*, Aktiengesetz, 5. Aufl., § 311 AktG, Rdn. 49; a.A. *Altmeppen*, ZIP 1996, 693, 698, der die Vermögensbindung in der AG durch die Nachteilsausgleichspflicht bestätigt sieht.

160 So die h.M., vgl. *Emmerich/Sonnenschein/Habersack*, Konzernrecht, S. 394 f.; *Hüffer*, Aktiengesetz, 5. Aufl., § 311 AktG, Rdn. 8, 48; *Kropff*, in: MüKo zum AktG, Vorbem. § 311 AktG, Rdn. 4, § 311 AktG, Rdn. 281.

gen Gesellschaft sowie die Ausgleichsfähigkeit etwaiger Nachteile prüfen.[161] Der Vorstand kann sich gegenüber seiner Gesellschaft gem. § 93 Absatz 2 AktG[162] schadensersatzpflichtig machen, wenn er Weisungen befolgt und ein Nachteilsausgleich für die konkret veranlassten Rechtsgeschäfte bzw. Maßnahmen nicht innerhalb des laufenden Geschäftsjahres gewährleistet ist.[163]

In der Theorie erlauben die Schutzvorschriften der §§ 311 ff. AktG keine Beeinträchtigung des Eigeninteresses der abhängigen Gesellschaft.[164] Sie wird vielmehr so gestellt, als wäre sie weiterhin unabhängig.[165] Der Eigenwille der Gesellschaft ist hingegen nicht umfassend geschützt, da der Vorstand Weisungen folgen darf, sofern entstehende Nachteile ausgeglichen werden.[166]

(4) Sonderfall: Rechtsinstitut des Squeeze-Out (§§ 327 a - 327 f AktG)

Obwohl das neue Rechtsinstitut des Squeeze-Out[167] nicht zu einer Konzernierung führt, ist es sinnvoll, seine Regelungen im Zusammenhang mit dem Minderheitenschutz des Konzernrechts zu betrachten. Denn u.U. bietet dieses Rechtsinstitut dem Mehrheitsgesellschafter die Möglichkeit, Minderheitsgesellschafter wertmäßig unter dem Angebotspreis aus der zuvor übernommenen Gesellschaft zu zwingen.

---

161 *Emmerich/Sonnenschein/Habersack*, Konzernrecht, S. 413; *Mühle*, WpÜG, S. 385.

162 Nach *Hüffer*, Aktiengesetz, 5. Aufl., § 318 AktG, Rdn. 9 und *Kropff*, in: MüKo zum AktG, § 318 AktG, Rdn. 3 wird die Haftung aus § 93 AktG nicht durch § 318 AktG verdrängt. § 318 AktG erfasst nur Verstöße gegen die Berichts- und Prüfungspflicht.

163 *Emmerich/Sonnenschein/Habersack*, Konzernrecht, S. 414 f.; *Hüffer*, Aktiengesetz, 5. Aufl., § 76 AktG, Rdn. 19; *Altmeppen*, ZIP 1996, 693, 695; *Mühle*, WpÜG, S. 385.

164 *Seydel*, Konzernbildungskontrolle, S. 42.

165 *Mülbert*, Aktiengesellschaft, Unternehmensgruppe und Kapitalmarkt, S. 274; *Prantl*, Konzernbildung, S. 68; *Seydel*, Konzernbildungskontrolle, S. 42; *Mühle*, WpÜG, S. 385.

166 *Strohn*, Aktiengesellschaft, S. 17; *Mülbert*, Aktiengesellschaft, Unternehmensgruppe und Kapitalmarkt, S. 273 f.; *Seydel*, Konzernbildungskontrolle, S. 42.

167 Ausführlich zur Regelung der §§ 327 a - 327 f AktG vgl. *Vetter*, AG 2002, 176 ff.; *Sieger/Hasselbach*, ZGR 2002, 120 ff.; *Angerer*, BKR 2002, 260 ff.; zur Regelung der §§ 327 a - 327 f im Regierungsentwurf vom 11.7.2001: *Habersack*, ZIP 2001, 1230 ff.; *Schüppen*, WPg 2001, 958, 973 ff.; *Heidel/Lochner*, DB 2001, 2031 ff.; zur Regelung der §§ 327 a - 327 f im Referentenentwurf vom 12.3.2001: *Rühland*, NZG 2001, 448 ff.; *Ehricke/Roth*, DStR 2001, 1120 ff.; *Vetter*, DB 2001, 743 ff.; *Deutscher Anwaltverein e.V.*, NZG 2001, 420, 430 ff.; zur Regelung der §§ 327 a - 327 f im Diskussionsentwurf vom 29.6.2000: *Rühland*, WM 2000, 1884 ff.; *Vetter*, ZIP 2000, 1817 ff.; *Halm*, NZG 2000, 1162, 1164 f.

Gehören einem Aktionär (Hauptaktionär) mindestens 95 % der Anteile einer Aktiengesellschaft bzw. Kommanditgesellschaft auf Aktien, kann die Hauptversammlung gem. § 327 a Absatz 1 Satz 1 AktG auf seine Initiative hin die Übertragung der Aktien der Minderheitsaktionäre an ihn, gegen Gewährung einer angemessenen Barabfindung, beschließen. Die neuen Regelungen lehnen sich in ihrer Ausgestaltung an das Vorbild der Eingliederung durch Mehrheitsbeschluss an.[168] Die Voraussetzungen für ein Squeeze-Out sind jedoch geringer.[169] So erhalten die Minderheitsaktionäre lediglich eine Barabfindung. Die Maßnahme des Squeeze-Out steht jedem Aktionär, unabhängig von seiner Rechtsform, zu. Darüber hinaus ist bei der Berechnung der Beteiligungsquote – anders als im Rahmen des § 320 AktG – auch mittelbarer Anteilsbesitz zu berücksichtigen (§§ 327 a Absatz 2, 16 Absatz 4 AktG).[170]

Während mit der Eingliederung die Leitungsmacht auf den Hauptaktionär übergeht und eine Verantwortlichkeit von dessen Vorstandsmitgliedern (§ 323 AktG), eine Haftung der Hauptgesellschaft (§ 322 AktG) und Gläubigerschutz (§ 321 AktG) begründet werden, ist entsprechendes beim Squeeze-Out nicht vorgesehen. Dieser bewirkt zunächst lediglich eine Änderung der Aktionärsstruktur. Die abhängige Gesellschaft bleibt nicht nur rechtlich, sondern auch organisatorisch selbständig. Solange die Verhältnisse nicht durch bestehende oder nachfolgende Unternehmensverträge bzw. eine nachfolgende Eingliederung geändert werden, besteht nur ein faktisches Abhängigkeitsverhältnis.[171]

cc) Zwischenergebnis

Die im Aktienrecht kodifizierten Normen des Konzernrechts gewähren dem Kontrollinhaber keine freie und ungebundene Herrschaft über die Gesellschaft. Die Legalisierung von Herrschaftsbefugnissen bzw. die bloße Einflussnahme im faktischen Konzern ist insbesondere mit Abfindungspflichten gegenüber den Aktionären sowie mit Ausgleichs- und Schadensersatzansprüchen der abhängigen Gesellschaft verbunden. Im Folgenden ist zu untersuchen, ob dieser theoretische Ansatz dazu geeignet ist, das sich auf die Bewertung von Minderheitsanteilen auswirkende Konfliktpotential effektiv zu lösen.

---

168 Zweifel an der Sinnhaftigkeit dieser Parallele bei *Habersack*, ZIP 2001, 1230, 1236 ff.

169 Vgl. hierzu *Pluskat*, DStR 2001, 897, 901; *Halm*, NZG 2000, 1162, 1165.

170 *Schüppen*, WPg 2001, 958, 973; *Rühland*, NZG 2001, 448, 449; *Halm*, NZG 2000, 1162, 1164.

171 *Schüppen*, WPg 2001, 958, 975.

b) Beurteilung des Minderheitenschutzes mit Blick auf den Wert von Minderheitsanteilen nach erfolgreicher Unternehmensübernahme

aa) Minderheitenschutz im Rahmen einer Mehrheitseingliederung bzw. eines Squeeze-Out

Da die Minderheitsaktionäre weder bei der Mehrheitseingliederung noch beim Squeeze-Out an der abhängigen Gesellschaft beteiligt bleiben, besteht auch keine Gefahr der Gesellschaftsausbeutung. Jedoch könnte sich im Rahmen öffentlicher Übernahmeangebote ein Verkaufs- bzw. Annahmedruck aus der Befürchtung ergeben, nach erfolgreicher Übernahme gezwungen zu werden, unter dem Angebotspreis aus der Gesellschaft ausscheiden zu müssen. Dieses Drohpotential lässt sich beispielhaft an dem Übernahmeangebot der INA Vermögensverwaltungsgesellschaft mbH (im Folgenden: „INA“) bezüglich der FAG Kugelfischer Georg Schäfer AG (im Folgenden: „FAG Kugelfischer“) erkennen. Dort wurde im Angebotsprospekt ein Squeeze-Out angekündigt.[172] Zugleich wurde erklärt, dass die Höhe der Barabfindung auf der Basis eines Bewertungsgutachtens festgelegt wird und für die Aktionäre günstiger oder ungünstiger sein kann, als der Kaufpreis des öffentlichen Angebots.[173] Durch eine derartige Erklärung wird auf risikoavers handelnde Angebotsadressaten Verkaufs- bzw. Annahmedruck ausgeübt.

In Bezug auf Mehrheitseingliederungen ist zudem zu berücksichtigen, dass die Abfindung u.U. mittels nicht börsennotierter Aktien erfolgt, deren Verwertung Probleme bereiten könnte. Aus der Tatsache, dass sich die Regelungen betreffend Mehrheitseingliederung und Squeeze-Out durch die einseitige Festlegung der Abfindung seitens des Abfindenden auszeichnen,[174] resultiert die Gefahr einer zu niedrigen Abfindung. Diese Gefahr soll im Folgenden näher untersucht werden.

(1) Bestimmung der Abfindung nach der Ertragswertmethode

Die Angemessenheit einer Abfindung setzt voraus, dass nicht nur der Verkehrswert, sondern der „wirkliche“ oder „wahre“ Wert der Unternehmensbeteiligung

---

172 Angebotsunterlage der INA vom September 2001, S. 2, III., 4. Absatz. Die Voraussetzungen einer Eingliederung waren dagegen auf Seiten der potentiellen Hauptgesellschaft schon aufgrund ihrer Rechtsform nicht gegeben.

173 Angebotsunterlage der INA vom September 2001, S. 2, III., 3. Absatz.

174 *Rühland*, WM 2000, 1884, 1884 f.

ersetzt wird.[175] Maßgeblich ist der Wert des Unternehmens der abhängigen Gesellschaft im Zeitpunkt der Beschlussfassung ihrer Hauptversammlung (§§ 320 b Absatz 1 Satz 5, 327 b Absatz 1 Satz 1 Hs. 2 AktG). Zwar ist dieser grundsätzlich nach der Ertragswertmethode zu ermitteln.[176] Unterbewertungen sind jedoch auch unter Zugrundelegung dieser Methode, nicht zuletzt wegen vorhandener Bewertungsspielräume, häufig möglich.[177] Im Rahmen der Eingliederung kann sich diese Bewertungsunsicherheit sogar multiplizieren, wenn auch die Hauptgesellschaft zur Ermittlung des Umtauschverhältnisses der Aktien bewertet werden muss.

(2) Börsenkurs als Untergrenze einer Abfindung

In der Realität liegt die mittels Ertragswertmethode berechnete Abfindung zumeist unter dem Börsenkurs.[178] Nach Auffassung des Bundesverfassungsgerichts gebietet jedoch Art. 14 Absatz 1 GG, dass die Abfindung jedenfalls nicht unter dem Verkehrswert liegen darf, weil dieser eine Untergrenze der wirtschaftlich vollen Entschädigung bilde.[179] Der durch Angebot und Nachfrage zustande gekommene Börsenkurs dürfe bei der Ermittlung dieses Verkehrswertes nicht unberücksichtigt bleiben. Um Manipulationen entgegenzuwirken, wird ein Durchschnittskurs einer gewissen Referenzzeit herangezogen.[180]

---

175 BVerfG ZIP 1999, 1436, 1440 – DAT/Altana; *Krieger*, in: Münch. Hdb. GesR IV, § 70, Rdn. 102 m.w.N.; *Kallmeyer*, AG 2000, 59, 60; *Vetter*, ZIP 2000, 1817, 1821 f.

176 *Kallmeyer*, AG 2000, 59, 60; *Rühland*, WM 2000, 1884, 1885. In der Rechtsprechung findet praktisch ausschließlich die Ertragswertmethode Anwendung, vgl. BVerfG ZIP 1999, 1436, 1441 – DAT/Altana; *Aha*, AG 1997, 26, 27; *Piltz*, Die Unternehmensbewertung in der Rechtsprechung, S. 131 ff.; *Emmerich*, in: Emmerich/Habersack, Aktien- und GmbH-Konzernrecht, § 304 AktG, Rdn. 37, 52, § 305 AktG, Rdn. 53 ff.; *Habersack*, in: Emmerich/Habersack, Aktien- und GmbH-Konzernrecht, § 320 b AktG, Rdn. 12; *Emmerich/Sonnenschein/Habersack*, Konzernrecht, S. 339 f.; *Houben*, WM 2000, 1873, 1875.

177 *Houben*, WM 2000, 1873, 1875 erläutert eine solche Unterbewertung speziell für stark expandierende Unternehmen. Zu empirischen Studien, wonach mittels Ertragswertmethode ermittelte Abfindungen durchschnittlich nicht den vollen Wert der Aktien erreichen, vgl. *Rühland*, NZG 2001, 448, 450; *ders.*, WM 2000, 1884, 1885 f.

178 Vgl. *Dörfler/Gahler/Unterstraßer/Wirichs*, BB 1994, 156, 159; *Houben*, WM 2000, 1873, 1876.

179 BVerfG ZIP 1999, 1436, 1441 – DAT/Altana.

180 BVerfG ZIP 1999, 1436, 1442 – DAT/Altana; BGH ZIP 2001, 734, 737 – DAT/Altana; letzterer hat sich für einen stichtagsbezogenen durchschnittlichen Referenzkurs, errechnet aus den Börsenkursen der letzten drei Monate vor dem Stichtag, entschieden.

Während der Börsenkurs somit grundsätzlich die Untergrenze einer Abfindung bildet, bleibt es im Übrigen bei der Bewertung mittels Ertragswertmethode. Ausnahmsweise kann die Abfindung den Börsenwert unterschreiten, wenn der Abfindende darlegt und beweist, dass dieser nicht den Verkehrswert widerspiegelt.[181] Gerade im Rahmen von Mehrheitseingliederungen und Squeeze-Out stellt diese Einschränkung eine Gefahr für den grundsätzlichen Ansatz des Börsenkurses als Untergrenze einer Abfindung dar,[182] weil die gegebene Marktenge dem Abfindenden u.U. Darlegungsmaterial bietet. Selbst wenn jedoch der Börsenwert im Ergebnis die Untergrenze der Abfindung bildet, ist wegen möglicher Unterbewertungen am Markt nicht sichergestellt, dass der „wirkliche" oder „wahre" Wert der Unternehmensbeteiligung ersetzt wird.

(3) Außerbörsliche Erwerbe des Abfindenden bieten keinen Anhaltspunkt für die Untergrenze einer Abfindung

Oft erwirbt der Abfindende vor Bekanntgabe des die Abfindung auslösenden Ereignisses auch außerbörslich Aktien zu über dem Börsenkurs liegenden Preisen, um bestimmte Beteiligungsstände zu erreichen. Für eine Berücksichtigung der hierbei gezahlten Preise im Rahmen der Ermittlung einer angemessenen Abfindung wird vorgebracht, dass auch bei außerbörslichem Erwerb ein Marktpreis ausgehandelt wird.[183] Der Abfindende zeige, was ihm die Aktien tatsächlich wert sind. Nur dies könne in einer freien Wirtschaft maßgebend sein.[184] Zudem müsse der Abfindende die höheren Erwerbspreise auch handels- und steuerrechtlich bilanzieren.[185] *Behnke* beruft sich darüber hinaus auf die sich aus § 53 a AktG ergebende Pflicht, alle Aktionäre gleich zu behandeln.[186]

---

181 BVerfG ZIP 1999, 1436, 1441 f. – DAT/Altana.

182 *Habersack*, ZIP 2001, 1230, 1238; *Vetter*, ZIP 2000, 1817, 1822; *Kallmeyer*, AG 2000, 59, 60; *Schiessl*, AG 1999, 442, 451 f.; a.A. *Schüppen*, WPg 2001, 958, 974 (dort Fn. 58), der auf die wesentlich restriktivere Bestimmung von „Marktenge" durch das BVerfG verweist.

183 *Behnke*, NZG 1999, 934; eine Berücksichtigung befürwortend auch *Müller*, Die Unternehmensbewertung in der Rechtsprechung, S. 705, 713 f.; ebenso *Deutscher Anwaltverein e.V.*, NZG 2001, 420, 431.

184 *Emmerich*, in: Emmerich/Habersack, Aktien- und GmbH-Konzernrecht, § 305 AktG, Rdn. 49; *Emmerich/Sonnenschein/Habersack*, Konzernrecht, S. 336 f.

185 *Busse von Colbe*, Abfindung von Minderheitsaktionären, S. 1053, 1061.

186 *Behnke*, NZG 1999, 934.

Diese Argumente können allerdings nicht überzeugen. Die handels- und steuerrechtliche Bilanzierung ist kein Anhaltspunkt für den Verkehrswert, weil sie sich zunächst allein nach den Anschaffungskosten richtet. Die Preisbildung wird aber maßgeblich durch die Synergieerwartungen und die strategische Bedeutung des Unternehmens für den Abfindenden beeinflusst.[187] Subjektive Wertvorstellung des Abfindenden sind jedoch nicht gleichbedeutend mit dem Verkehrswert der Anteile, weil Dritte ihnen einen anderen Wert zumessen können. Ein Anspruch der Minderheit, gerade an den Abfindenden zu verkaufen, besteht nicht und ließe sich auch mit dem Begriff des Verkehrswertes nicht in Einklang bringen. Die in § 53 a AktG enthaltene Gleichbehandlungspflicht richtet sich lediglich an die Aktiengesellschaft. Mitgesellschafter sind den Aktionären nicht aufgrund des § 53 a AktG zur Gleichbehandlung verpflichtet.[188] Aus diesen Gründen ist mit der h.M.[189] davon auszugehen, dass außerbörsliche Erwerbe des Abfindenden bei der Ermittlung des Verkehrswertes als Untergrenze der Abfindung außer Betracht bleiben.

(4) Zeitnah durchgeführte öffentliche Angebote des Abfindenden bieten keinen Anhaltspunkt für die Untergrenze einer Abfindung

Mit § 327 b Absatz 1 Satz 3 AktG[190] sah der Regierungsentwurf des auch das WpÜG enthaltenden Artikelgesetzes eine auf das Squeeze-Out bezogene Sonderregelung in Bezug auf die Bestimmung einer angemessenen Abfindung vor. Für den Fall, dass der Hauptaktionär die erforderliche 95 %-Beteiligung im Rahmen eines öffentlichen Barangebots innerhalb der letzten sechs Monate vor Beschlussfassung der Hauptversammlung über den Ausschluss erlangt hat und das Angebot von mindestens 90 % seiner Adressaten angenommen wurde, sollte unwiderleglich vermutet werden, dass es sich bei der angebotenen Geldleistung des Bieters um einen marktgerechten Preis handelt. Die Abfindung hätte sich hieran orientieren müssen. Da den Minderheitsaktionären bei dieser Regelung die Möglichkeit genommen worden wäre, darzulegen und zu beweisen, dass der tatsächliche Wert ihrer Anteile über dem Angebotspreis liegt, wurde diese Preis-

---

187 *Kallmeyer*, AG 2000, 59, 60.

188 *Hüffer*, Aktiengesetz, 5. Aufl., § 53 a AktG, Rdn. 4.

189 BVerfG ZIP 1999, 1436, 1441 – DAT/Altana; *Bilda*, in: MüKo zum AktG, § 305 AktG, Rdn. 65; *Hüffer*, Aktiengesetz, 5. Aufl., § 305 AktG, Rdn. 21; *Krieger*, in: Münch. Hdb. GesR IV, § 70, Rdn. 106; *Piltz*, ZGR 2001, 185, 197 f.

190 Abgedruckt in Begr. RegE, BT-Drucks. 14/7034, S. 24.

bindung aber letztendlich nicht Gesetz.[191] Dass diese Entscheidung des Gesetzgebers nicht nur eine Einbahnstraße zu höheren Abfindungen eröffnet, sondern auch Abfindungen unterhalb des gewährten Angebotspreises nicht ausschließt, wurde in der Literatur bisher nicht hinreichend diskutiert.[192] Die Abfindung richtet sich hier jedoch an Aktionäre, die das vorangehende Angebot bewusst abgelehnt haben. Ein zwingender Grund, sie an der im (Übernahme-) Angebot enthaltenen (Kontroll-) Prämie zu beteiligen, ist daher nicht ersichtlich.[193] Darüber hinaus ist hinsichtlich zeitnah durchgeführter öffentlicher Angebote des Abfindenden keine vom Ergebnis bei außerbörslichen Erwerben abweichende Beurteilung gerechtfertigt, da sich öffentliche Angebote von außerbörslichen Erwerben im wesentlichen nur durch die Anzahl der Vertragspartner unterscheiden.

(5) Zwischenergebnis

Im Ergebnis verdeutlichen die aufgezeigten Probleme, dass die Minderheiten nach einem erfolgreichen Übernahmeangebot im Rahmen der Mehrheitseingliederung und des Squeeze-Out nicht effektiv geschützt sind. Gefahren ergeben sich insbesondere daraus, dass sie u.U. zu einem unter dem Angebotspreis liegenden Wert aus der Gesellschaft gezwungen werden können. Einer angemessenen Abfindung steht vor allem die Problematik einer möglichen Unterbewertung im Rahmen der Ertragswertmethode entgegen, die u.a. auf vorhandene Bewertungsspielräume zurückzuführen ist. Auch der Börsenkurs als Untergrenze der Abfindung stellt nicht sicher, dass der wahre Wert der Unternehmensbeteiligung ersetzt wird. Keinen zwingenden Einfluss auf die Höhe der Abfindung haben im Rahmen außerbörslicher Erwerbe sowie bei zeitnah durchgeführten öffentlichen Angeboten gewährte bzw. vereinbarte Entgelte des Abfindenden.

bb) Minderheitenschutz im Vertragskonzern

Während der Gesetzgeber davon ausging, dass sich die Konzernleitung in erster Linie im Vertragskonzern abspiele,[194] dominieren in der Realität faktische Kon-

191 Ausführlich zur Kritik an der beschriebenen Regelung, vgl. *Heidel/Lochner*, DB 2001, 2031 ff.

192 Einzig *Ehricke/Roth*, DStR 2001, 1120, 1123 weisen auf den Vorteil hin, dass der Anreiz, das Übernahmeangebot abzulehnen, um auf einen höheren in bar fälligen Preis zu spekulieren, entscheidend gedämpft würde.

193 In diesem Sinn auch *Ehricke/Roth*, DStR 2001, 1120, 1123.

194 Begründung des Regierungsentwurfs für das AktG 1965, abgedruckt bei *Kropff*, Aktiengesetz, Vorbem. §§ 291 ff. AktG, S. 374; *Herkenroth*, Konzernierungsprozesse, S. 39.

zernverhältnisse[195]. Das Eingreifen der Schutzvorschriften des Vertragskonzerns setzt den Abschluss eines entsprechenden Unternehmensvertrages voraus. Dies bedeutet eine wesentliche Schwäche, da ein solcher Vertrag regelmäßig nicht unmittelbar im Anschluss an den Kontrollerwerb geschlossen wird. Vielmehr geht regelmäßig eine Phase zunehmender Intensivierung in Bezug auf die Ausübung der Mehrheitsherrschaft voraus.[196] Da das herrschende Unternehmen selbst bestimmt, zu welchem Zeitpunkt ein Unternehmensvertrag geschlossen wird,[197] steht es letztendlich in seinem freien Ermessen, wann die Schutzvorschriften des Vertragskonzerns zur Anwendung kommen[198]. Hieraus resultiert die Gefahr, dass die betreffende Gesellschaft bereits zuvor mehr oder weniger sanft ausgebeutet wurde, mit der Folge einer Wertbeeinträchtigung ihrer Anteile.[199]

Der eigentliche Minderheitenschutz im Vertragskonzern wird in der Literatur oft positiv bewertet.[200] Zu Recht sind die Regelungen jedoch auch auf grundlegende Kritik gestoßen.[201] Insbesondere fehlt es an einem Konzernausgangsschutz, der gewährleistet, nach Vertragsbeendigung ein funktionsfähiges Unternehmen zurückzuerhalten.[202] Hinsichtlich der Unternehmensbewertung[203] und der Siche-

195 *Herkenroth*, Konzernierungsprozesse, S. 41; *Reul*, Die Pflicht zur Gleichbehandlung der Aktionäre, S. 278; *Immenga*, SAG 1975, 89.

196 *Lutter/Timm*, NJW 1982, 409, 412; *Lüttmann*, Kontrollwechsel, S. 175; *Reul*, Die Pflicht zur Gleichbehandlung der Aktionäre, S. 282.

197 *Prantl*, Konzernbildung, S. 93; *Herkenroth*, Konzernierungsprozesse, S. 41; *Veelken*, Schutz der Minderheitsgesellschafter, S. 505, 557; *Seydel*, Konzernbildungskontrolle, S. 41 f.; *Mühle*, WpÜG, S. 384 m.w.N.

198 *Herkenroth*, Konzernierungsprozesse, S. 41; *Mühle*, WpÜG, S. 384.

199 *Prantl*, Konzernbildung, S. 93, 117; *Reul*, Die Pflicht zur Gleichbehandlung der Aktionäre, S. 282; *Kübler/Schmidt*, Gesellschaftsrecht und Konzentration, S. 91.

200 So auch *Timm*, JuS 1999, 760, 762; *Koppensteiner*, Abhängige Aktiengesellschaften, S. 79, 85; *Lüttmann*, Kontrollwechsel, S. 175.

201 Vgl. hierzu *Prantl*, Konzernbildung, S. 92 ff.; *Herkenroth*, Konzernierungsprozesse, S. 39 ff.; *Reul*, Die Pflicht zur Gleichbehandlung der Aktionäre, S. 282 f.; weitere Nachweise bei *Koppensteiner*, in: KK zum AktG, Vorb. § 291 AktG, Rdn. 59.

202 *Emmerich/Sonnenschein/Habersack*, Konzernrecht, S. 280 f.; *Prantl*, Konzernbildung, S. 115 f.; *Herkenroth*, Konzernierungsprozesse, S. 40 f., 46 f.

203 Die Ertragswertmethode ist sowohl bei § 305 AktG als auch bei § 304 AktG heranzuziehen. Vgl. *Emmerich*, in: Emmerich/Habersack, Aktien- und GmbH-Konzernrecht, § 304 AktG, Rdn. 37, § 305 AktG, Rdn. 51 ff.; *Houben*, WM 2000, 1873, 1875.

rung einer angemessenen Abfindung ergeben sich die bereits oben[204] dargestellten Unzulänglichkeiten.[205]

cc) Minderheitenschutz im faktischen Konzern

Die Meinungen hinsichtlich der tatsächlichen Wirksamkeit des Schutzkonzepts der §§ 311 ff. AktG gehen auseinander. Zwar haben sich die positiven Stimmen, gestützt auf die Präventivwirkung der §§ 311 ff. AktG und des Abhängigkeitsberichts, im Laufe der Jahre gemehrt.[206] Zu Recht überwiegen jedoch noch immer die kritischen Stellungnahmen[207]. Teilweise wird den Regelungen der §§ 311 ff. AktG jede Wirksamkeit abgesprochen. Sie werden sogar als „stumpfes Schwert" bezeichnet.[208] Im Folgenden sollen die wesentlichen Schwächen des Minderheitenschutzes kurz angesprochen werden.

---

204 Vgl. dazu S. 44 ff.

205 *Reul*, Die Pflicht zur Gleichbehandlung der Aktionäre, S. 282 spricht von einem kaum lösbaren Problem.

206 Vgl. insbesondere *Hommelhoff*, Gutachten für den 59. Deutschen Juristentag, G 20 ff., 24 f.; *ders.*, ZHR 1992, 295, 313; *Kropff*, Grundzüge des Konzernrechts, S. 71, 80; *ders.*, in: MüKo zum AktG, Vorbem. § 311 AktG, Rdn. 28 f.; *K. Schmidt*, JZ 1992, 856, 859; *Altmeppen*, Abschied, S. 11 ff., 22 ff., 30 ff.; *ders.*, DB 1991, 2225 (dort Fn. 13); *ders.*, ZIP 1996, 693, 698.

207 *Burgard*, Wettbewerbsverbot, S. 1033, 1047 f. („Die besonderen Gefahren, die für die abhängige Gesellschaft mit einer Wettbewerbstätigkeit des herrschenden Unternehmens verknüpft sind, hat der Gesetzgeber jedoch nicht erkannt. Vielmehr sind die §§ 311 ff. AktG ihnen in keiner Weise gewachsen. Und die den außenstehenden Aktionären vorgezeichneten Alternativen sind unzumutbar, nämlich entweder ihre Anteile zu veräußern oder abzuwarten, bis sich die aufgezeigten Gefahren realisieren, und dann entweder die hiermit verbundenen Nachteile in Kauf zu nehmen oder den Klageweg mit all seinen Unwägbarkeiten zu beschreiten."); *Lieb*, Abfindungsansprüche, S. 1151, 1165 („Zusammenfassend ist festzustellen, dass das Recht der nur faktischen Unternehmensverbindung beträchtliche und gefährliche Schutzlücken aufweist."); *Koppensteiner*, in: KK zum AktG, Vorb. § 291 AktG, Rdn. 57, § 311 AktG, Rdn. 49, 56; *ders.*, ZGR 1973, 1, 11; *Houben*, WM 2000, 1873, 1875; *Mühle*, WpÜG, S. 387 ff.; *Krause*, Das obligatorische Übernahmeangebot, S. 182 f.; *ders.*, AG 1996, 209, 212; *Lüttmann*, Kontrollwechsel, S. 175 f.; *Lutter*, SAG 1976, 152, 159 f.; *Timm*, NJW 1992, 2185, 2190, 2193; *Herkenroth*, Konzernierungsprozesse, S. 62 ff.; *Reul*, Die Pflicht zur Gleichbehandlung der Aktionäre, S. 248, 278 ff.; *Prantl*, Konzernbildung, S. 74 ff.; *Kübler/Schmidt*, Gesellschaftsrecht und Konzentration, S. 90; *Seydel*, Konzernbildungskontrolle, S. 44 ff.; *Heyder*, Der qualifizierte faktische Aktienkonzern, S. 93 ff.

208 *Krause*, WM 1996, 893, 897 m.w.N.

(1) Gefahrenpotential durch Ermessensspielraum bei der Nachteilsermittlung

Bei der nach §§ 311 ff. AktG erforderlichen Ermittlung und Quantifizierung der Nachteiligkeit bestimmter Maßnahmen und Rechtsgeschäfte durch den Vorstand der abhängigen Gesellschaft ist ein hypothetischer Vergleich vorzunehmen. Das Verhalten des Vorstandes der abhängigen Gesellschaft ist mit dem fiktiven Verhalten eines pflichtbewussten und sorgfältigen Vorstandes einer unabhängigen, aber unter gleichen Verhältnissen agierenden Gesellschaft zu vergleichen.[209] Zum einen kann jedoch das hypothetische Verhalten des Vorstandes einer unabhängigen Gesellschaft nicht immer exakt bestimmt werden.[210] Zum anderen werden meist mehrere Entscheidungen unternehmerisch vertretbar und mit den Sorgfaltspflichten vereinbar sein.[211] Hieraus kann sich ein erheblicher unternehmerischer Ermessensspielraum ergeben,[212] bei dessen Ausübung sich der Vorstand möglicherweise vom Konzerninteresse leiten lässt.

(2) Kein ausreichender Schutz vor rechtswidrigen Schädigungen durch Schadensersatzansprüche

Zwar können Schadensersatzansprüche der abhängigen Gesellschaft wegen kompensationsloser Benachteiligung aus § 317 Absatz 1 Satz 1 AktG durch ihre einzelnen Aktionäre in gesetzlicher Prozessstandschaft geltend gemacht werden (§ 317 Absatz 4 AktG i.V.m. § 309 Absatz 4 Satz 1 AktG). Der tatsächlichen Einklagbarkeit steht jedoch entgegen, dass eine für die beherrschte Gesellschaft wertvernichtende Strategie des herrschenden Unternehmens für den einzelnen Minderheitsaktionär oft nicht verifizierbar ist.[213] Auch die Praxis bestätigt dieses Ergebnis, da der Anspruchsnorm des § 317 AktG bislang kaum Bedeutung zukam.[214] Weder die Angaben im Geschäftsbericht (§ 160 Absatz 1 Nr. 7 AktG),

---

209 *Emmerich/Sonnenschein/Habersack*, Konzernrecht, S. 405; *Kropff*, in: MüKo zum AktG, § 311 AktG, Rdn. 151.

210 *Prantl*, Konzernbildung, S. 77 f.; *Herkenroth*, Konzernierungsprozesse, S. 64.

211 *Seydel*, Konzernbildungskontrolle, S. 47; *Prantl*, Konzernbildung, S. 78.

212 *Kropff*, in: MüKo zum AktG, § 311 AktG, Rdn. 152 f.; *Habersack*, in: Emmerich/Habersack, Aktien- und GmbH-Konzernrecht, § 311 AktG, Rdn. 53; *Mühle*, WpÜG, S. 401; *Seydel*, Konzernbildungskontrolle, S. 47; *Prantl*, Konzernbildung, S. 78.

213 *Houben*, WM 2000, 1873, 1875.

214 *Hüffer*, Aktiengesetz, 5. Aufl., § 317 AktG, Rdn. 1; *Kropff*, in: MüKo zum AktG, § 317 AktG, Rdn. 3; *Habersack*, in: Emmerich/Habersack, Aktien- und GmbH-Konzernrecht, § 317 AktG, Rdn. 3. Letzterer stellt fest, dass bisher kein Fall ersichtlich sei, in dem von der gesetzlichen Prozessstandschaft des einzelnen Aktionärs Gebrauch gemacht wurde.

noch das Auskunftsrecht in der Hauptversammlung (§ 131 AktG) können das angesprochene Informationsdefizit der Aktionäre hinsichtlich konkret veranlasster nachteiliger Maßnahmen bzw. Rechtsgeschäfte beseitigen.[215]

§§ 312, 313 AktG sehen zwar vor, dass der Vorstand der abhängigen Gesellschaft in den ersten drei Monaten eines Geschäftsjahres einen sog. Abhängigkeitsbericht für das vorherige Geschäftsjahr aufzustellen hat, der durch den Abschlussprüfer zu prüfen und dem Aufsichtsrat zusammen mit dem Prüfungsbericht zur Prüfung vorzulegen ist. Dieser Abhängigkeitsbericht hat eine detaillierte Auflistung über sämtliche Maßnahmen und Rechtsgeschäfte zwischen dem herrschenden oder ihm verbundenen Unternehmen und der abhängigen Gesellschaft unter Angabe von Leistungen und Gegenleistungen (bei Rechtsgeschäften) sowie Vorteilen und Nachteilen (bei Maßnahmen) zu enthalten. Darüber hinaus sind Art und Höhe eines etwaigen Nachteilsausgleichs anzugeben. Das Geheimhaltungsinteresse führt jedoch letztlich dazu, dass die Aktionäre keinen Zugang zum Abhängigkeitsbericht erhalten, weil dieser Konzerninterna der verbundenen Unternehmen enthält.[216] Nach der Gesetzesbegründung eröffne die Vertraulichkeit des Abhängigkeitsberichts dem verpflichteten Vorstand erst die Möglichkeit, in aller Offenheit umfänglich zu berichten, ohne Gesellschaftsinteressen zu gefährden und diene damit indirekt sogar dem Interesse der Minderheit.[217] Im Ergebnis erhält der Aktionär keine Kenntnis über den konkreten Inhalt des Abhängigkeitsberichts. Er wird lediglich über die Ergebnisse der Prüfung des Abhängigkeitsberichts und die Schlusserklärung des Vorstandes (§ 312 Absatz 3 AktG) informiert und hat sich mit den Erklärungen von Aufsichtsrat und Vorstand, dass alles seine Ordnung habe, zu begnügen.[218] Selbst in einem Prozess wird dem Aktionär kein Einblick in den Abhängigkeitsbericht gewährt.[219]

---

215 So auch *Mühle*, WpÜG, S. 387 f.

216 Kritisch *Lutter*, SAG 1976, 152, 159; *K. Schmidt*, JZ 1992, 856, 859; *Reul*, Die Pflicht zur Gleichbehandlung der Aktionäre, S. 281; *Krause*, WM 1996, 893, 897; *Houben*, WM 2000, 1873, 1875.

217 Begründung des Regierungsentwurfs für das AktG 1965, abgedruckt bei *Kropff*, Aktiengesetz, § 312 AktG, S. 411.

218 Hierzu *Hommelhoff*, Gutachten für den 59. Deutschen Juristentag, G 17; *Mühle*, WpÜG, S. 389.

219 OLG Düsseldorf AG 1988, 275, 277; *Seydel*, Konzernbildungskontrolle, S. 45.

Auch die Möglichkeit einer Sonderprüfung nach § 315 AktG kann die Aktionäre nicht schützen.[220] Das Antragsrecht eines Aktionärs (§ 315 Satz 1 Nr. 1 - 3 AktG) setzt voraus, dass der Abschlussprüfer oder der Aufsichtrat Einwendungen gegen den Abhängigkeitsbericht erheben, oder der Vorstand selbst erklärt, dass eine Benachteiligung nicht ausgeglichen worden ist. An der Bedeutungslosigkeit der Vorschrift dürfte auch der neu eingeführte[221] § 315 Satz 2 AktG nichts ändern. Zwar wird dort einer qualifizierten Minderheit unter bestimmten Voraussetzungen – unabhängig von Äußerungen des Abschlussprüfers, des Aufsichtsrats oder des Vorstands – ein Antragsrecht gewährt. Jedoch fordert § 315 Satz 2 AktG, dass Tatsachen geltend gemacht werden, die den Verdacht einer pflichtwidrigen Nachteilszufügung begründen. Auch hier stehen einem wirksamen Schutz die mangelnden Informationsmöglichkeiten der Aktionäre entgegen.[222]

(3) Gefahr des Versagens interner Kontrollmechanismen

Die Besetzung des Aufsichtsrats mit ihm nahestehenden Personen eröffnet dem Großaktionär im Rahmen einer faktischen Abhängigkeit die Möglichkeit, in die Gesellschaft hineinzuregieren.[223] Nachdem die Kontrollfunktion des Aufsichtsrats hierdurch erheblich gefährdet ist, verbleibt zur inneren Kontrolle lediglich der Vorstand der abhängigen Gesellschaft. Ihm obliegt die in § 76 Absatz 1 AktG angeordnete eigenverantwortliche Leitung. Er bleibt dem Eigeninteresse der abhängigen Gesellschaft verpflichtet. Hinsichtlich der praktischen Wirksamkeit dieser Kontrollfunktion sind allerdings starke Bedenken angebracht. Insbesondere personelle Verflechtungen zwischen herrschendem und beherrschtem Unternehmen können die Aufgabenwahrnehmung des Vorstands in Richtung eines einheitlichen Konzerninteresses und damit zur Vernachlässigung des Eigeninteresses der abhängigen Gesellschaft verzerren. Gleiches gilt für die Abhängigkeit des Vorstands vom Aufsichtsrat, die besteht, da der Vorstand vom Aufsichtsrat bestellt und abberufen wird. Als weiterer Punkt sind mögliche

220 Auf die mangelnde praktische Bedeutung hinweisend *Kropff*, in: MüKo zum AktG, § 315 AktG, Rdn. 6.

221 Gesetz zur Kontrolle und Transparenz im Unternehmensbereich (KonTraG) vom 27.4.1998, BGBl. I 1998, S. 786.

222 So auch *Mühle*, WpÜG, S. 389.

223 Begründung des Regierungsentwurfs für das AktG 1965, abgedruckt bei *Kropff*, Aktiengesetz, Vorbem. §§ 291 ff. AktG, S. 373; *Binnewies*, Konzerneingangskontrolle, S. 4; *Kübler*, Gesellschaftsrecht, S. 355; *Hommelhoff*, Gutachten für den 59. Deutschen Juristentag, G 49, 63.

Hoffnungen des Vorstands der abhängigen Gesellschaft auf eine Karriere im Gesamtkonzern zu nennen.[224]

(4) Kritik an der Tauglichkeit externer Kontrollmechanismen

Da die Funktionsfähigkeit interner Kontrollen durch Vorstand und Aufsichtsrat der abhängigen Gesellschaft nicht sicher gewährleistet ist, kommt der Prüfung des Abhängigkeitsberichts durch den Abschlussprüfer erhebliche Bedeutung zu. Auch wenn man eine unabhängige Prüfung unterstellt,[225] sind wesentliche Schwächen dieser externen Kontrolle erkennbar.

Wie der Vorstand bei der Aufstellung des Abhängigkeitsberichts, sieht sich auch der Abschlussprüfer dem Problem gegenüber, Nachteilszufügungen quantifizieren zu müssen.[226] Schon der Gesetzgeber wollte dem Abschlussprüfer einen Beurteilungsspielraum belassen.[227] Daher schreibt z.B. § 313 Absatz 1 Satz 2 Nr. 2 AktG hinsichtlich Rechtsgeschäften lediglich die Prüfung vor, ob die Leistung der abhängigen Gesellschaft nicht unangemessen hoch war. Maßgebend ist daher nur, ob die Gegenleistung bei vernünftiger Beurteilung noch vertretbar war.[228] Ähnliches gilt auch in Bezug auf Maßnahmen des Vorstandes (§ 313 Absatz 1 Satz 2 Nr. 3 AktG).[229] Der Prüfer wird mangels praktikabler Maßstäbe und eindeutiger Kriterien zur Beurteilung der Frage nach der Unvertretbarkeit einer Gegenleistung in den seltensten Fällen eine nicht mehr hinzunehmende Leistung feststellen. Er wird angesichts des weiten Beurteilungsspielraumes, was noch vertretbar ist, in den meisten Fällen zwangsläufig entscheiden, dass die Gegenleistung (noch) adäquat ist. Dementsprechend könnte der Vorstand der abhängigen Gesellschaft geneigt sein, den vom Prüfer voraussichtlich tolerierten Bewertungsspielraum im Sinne des Konzerninteresses auszuschöpfen.[230]

---

224 Ausführlich zu den verschiedenen Gesichtspunkten vgl. *Mühle*, WpÜG, S. 390 ff.

225 Gerade hinsichtlich dieser Unabhängigkeit der Prüfung herrscht oft Skepsis. Vgl. hierzu *Munscheck*, Die Übernahmeregelung, S. 75, der anmerkt, dass sich Abschlussprüfer in der Praxis primär als Dienstleister des Vorstandes verstehen.

226 *Kropff*, in: MüKo zum AktG, § 313 AktG, Rdn. 43; *Prantl*, Konzernbildung, S. 80.

227 Begründung des Regierungsentwurfs für das AktG 1965, abgedruckt bei *Kropff*, Aktiengesetz, § 313 AktG, S. 414.

228 *Kropff*, in: MüKo zum AktG, § 313 AktG, Rdn. 43.

229 *Kropff*, in: MüKo zum AktG, § 313 AktG, Rdn. 44.

230 *Prantl*, Konzernbildung, S. 81.

Ein weiterer Kritikpunkt besteht in der eingeschränkten Prüfungspflicht. Nach ganz h.M.[231] ist der Abschlussprüfer nicht gehalten, die Vollständigkeit der tatsächlichen Angaben des Berichts zu prüfen. Die Prüfung richtet sich primär auf die Richtigkeit der enthaltenen Angaben. Der Prüfer ist lediglich verpflichtet, Berichtslücken nachzugehen, die sich bei seiner Prüfung ergeben.[232] Er wäre mit der Aufgabe, die Vollständigkeit der Dokumentation zu prüfen, auch überfordert.[233] Im Ergebnis wird somit der Fähigkeit des Vorstands, den Abhängigkeitsbericht so geschickt zu formulieren, dass keinerlei Anhaltspunkte für nicht berichtete Nachteilszufügungen bestehen, entscheidende Bedeutung zukommen. Denn von ihr hängt die Aufdeckungswahrscheinlichkeit wesentlich ab.[234]

(5) Begrenzte Präventivwirkung der §§ 311 ff. AktG

Hommelhoff weist – beruhend auf Befragungen von Unternehmenspraktikern – darauf hin, dass Manager insbesondere an ihren Erfolgen gemessen würden. Die Vorstände der abhängigen Gesellschaften würden sich schon aus eigenen Karriereüberlegungen gegen alle für ihre Gesellschaft nachteiligen Konzernvorhaben sperren.[235] Diese Vorstellung versagt jedoch, wenn der Vorstand auf eine konzerninterne Karriere hofft, weil seine Loyalität dann eher dem Konzerninteresse gelten wird.[236] Zudem sind Praktikerbefragungen in diesem Bereich von geringer Aussagekraft, weil Gesetzesverstöße selten zugegeben werden.[237] Zwar wird hier eine gewisse Präventivwirkung der §§ 311 ff. AktG nicht bestritten. Im Ergebnis schützt das gesetzliche System jedoch nicht ausreichend vor der Gefahr, dass sich die Vorstände der abhängigen Gesellschaft über diese Regelungen hinwegsetzen. Anhaltspunkt hierfür ist die fehlende praktische Relevanz der Schadensersatzansprüche aus § 317 AktG.

---

231 Begründung des Regierungsentwurfs für das AktG 1965, abgedruckt bei *Kropff*, Aktiengesetz, § 313 AktG, S. 414; *Kropff*, in: MüKo zum AktG, § 313 AktG, Rdn. 56 ff.; *Hüffer*, Aktiengesetz, 5. Aufl., § 313 AktG, Rdn. 5; *Krieger*, in: Münch. Hdb. GesR IV, § 69, Rdn. 91.

232 *Hüffer*, Aktiengesetz, 5. Aufl., § 313 AktG, Rdn. 11; *Kropff*, in: MüKo zum AktG, § 313 AktG, Rdn. 57; *Krieger*, in: Münch. Hdb. GesR IV, § 69, Rdn. 91.

233 *Krause*, AG 1996, 209, 212; a.A. *Hommelhoff*, ZHR 1992, 295, 304 f.

234 *Munscheck*, Die Übernahmeregelung, S. 76; *Mühle*, WpÜG, S. 404.

235 *Hommelhoff*, Gutachten für den 59. Deutschen Juristentag, G 23.

236 *Altmeppen*, ZIP 1996, 693, 694.

237 In diesem Sinn auch *Heyder*, Der qualifizierte faktische Aktienkonzern, S. 94.

Zudem bringt auch *Hommelhoff* lediglich zum Ausdruck, dass bessere Lösungen nicht vorhanden sind.[238] Er behandelt die Frage, ob die §§ 311 ff. AktG „derartig vollständig und tiefgreifend" versagen, dass ein „revolutionärer Systemaustausch" zu rechtfertigen wäre. Die hier relevanten Interessen der Minderheitsaktionäre sind jedoch bereits früher betroffen, weil jeder Euro Gewinn, den die Gesellschaft wegen ihrer Abhängigkeit weniger erzielt, einen Schaden bedeutet[239] und den Wert ihrer Anteile beeinträchtigt.

(6) Minderheitenschutz im sog. qualifiziert faktischen Konzern

Das auf dem Prinzip des Einzelausgleichs beruhende gesetzliche System der §§ 311 ff. AktG geht davon aus, dass das herrschende Unternehmen Nachteile nur durch einzelne isolierbare und einer Nachteilsbewertung zugängliche Rechtsgeschäfte und Maßnahmen herbeiführt.[240] Hieraus wird gefolgert, dass sich die §§ 311 ff. AktG nur auf eine lockere (dezentrale) Konzernführung beziehen.[241] Eine breitflächige und intensive zentralisierte Konzernleitung i.S.e. „qualifiziert faktischen Konzerns" ist im Gesetz nicht vorgesehen und wird weitgehend für unzulässig und rechtswidrig gehalten.[242] Die Abgrenzung des qualifiziert faktischen vom einfachen faktischen Konzern ist entsprechend dem „Rechtsschutzansatz"[243] anhand der Frage vorzunehmen, ob das Schutzsystem

238 *Hommelhoff*, Gutachten für den 59. Deutschen Juristentag, G 20 ff.

239 So auch *Seydel*, Konzernbildungskontrolle, S. 47.

240 *Kropff*, in: MüKo zum AktG, Anh. § 317 AktG, Rdn. 1; *Krieger*, in: Münch. Hdb. GesR IV, § 69, Rdn. 113; *Lutter*, ZGR 1982, 244, 264 f.

241 Vgl. *Hüffer*, Aktiengesetz, 5. Aufl., § 311 AktG, Rdn. 2.

242 OLG Hamm ZIP 1986, 1554, 1555; *Kropff*, in: MüKo zum AktG, Anh. § 317 AktG, Rdn. 102 ff.; *Bayer*, in: MüKo zum AktG, § 18 AktG, Rdn. 14; *Krieger*, in: Münch. Hdb. GesR IV, § 69, Rdn. 113, 128; *K. Schmidt*, Gesellschaftsrecht, § 31 IV a; *Raiser*, Kapitalgesellschaften, § 53, Rdn. 53; *Heyder*, Der qualifizierte faktische Aktienkonzern, S. 101 f.; *Lutter*, ZGR 1982, 244, 265; *Emmerich/Sonnenschein/Habersack*, Konzernrecht, S. 439; *Hommelhoff*, Gutachten für den 59. Deutschen Juristentag, G 40 f.; *Seydel*, Konzernbildungskontrolle, S. 347 ff.; *Strohn*, Aktiengesellschaft, S. 138; a.A. *Decher*, DB 1990, 2005, 2006 f., der mit der aus Art. 9 Absatz 1 GG abgeleiteten Organisationsfreiheit argumentiert, aus der sich die Vermutung der rechtlichen Zulässigkeit ergebe. *Heyder* hält diesem Argument zu Recht entgegen, dass eine Organistionsfreiheit i.d.S. nur im Rahmen der Gesetze bestehe. Insbesondere seien § 76 Absatz 1 AktG und § 117 AktG zu beachten. Die Privilegierung der §§ 311 ff. AktG gilt bei qualifiziert faktischen Konzernen gerade nicht (vgl. *Heyder*, Der qualifizierte faktische Aktienkonzern, S. 102).

243 Begriff nach *Decher*, DB 1990, 2005, 2009. Den anderen wesentlichen Abgrenzungsansatz bezeichnet er als „Strukturansatz". Dabei wird mehr auf „objektiv feststellbare or-

der §§ 311 ff. AktG aufgrund der Intensität der Einflussnahme außer Kraft gesetzt und das Eigeninteresse der abhängigen Gesellschaft dadurch nachhaltig beeinträchtigt ist.[244] Nach *Raiser* „liegt ein qualifizierter faktischer Konzern immer dann vor, wenn eine isolierte Betrachtung und Bewertung einzelner konzernleitender Maßnahmen aus tatsächlichen Gründen nicht mehr möglich ist, weil der Einfluß des herrschenden Unternehmens zu dicht geworden ist oder zu einer Umgestaltung der abhängigen Gesellschaft oder Neuorientierung ihrer Unternehmenspolitik geführt hat".[245]

Eine derart intensive Einflussnahme kann nur durch den Abschluss eines Beherrschungsvertrages bzw. durch eine Eingliederung legitimiert werden.[246] Ohne eine entsprechende Legitimation wird der Minderheitenschutz grundsätzlich durch eine analoge Anwendung der Regelungen des Vertragskonzernrechts erreicht. Die Verlustausgleichspflicht des herrschenden Unternehmens in entsprechender Anwendung des § 302 AktG ist kaum mehr umstritten.[247] Den Minderheitsaktionären wird analog § 305 AktG das Recht eingeräumt, gegen Gewährung einer Abfindung aus der abhängigen Gesellschaft auszutreten.[248] Umstritten ist, ob den Minderheitsaktionären ein Ausgleichsanspruch analog § 304 AktG zusteht.[249]

---

ganisatorische Merkmale" abgestellt. Zu einer ausführlichen Darstellung der beiden Ansätze vgl. *Heyder*, Der qualifizierte faktische Aktienkonzern, S. 32 ff.

244 *Emmerich/Sonnenschein/Habersack*, Konzernrecht, S. 441; *Kropff*, in: MüKo zum AktG, Anh. § 317 AktG, Rdn. 44; *Krieger*, in: Münch. Hdb. GesR IV, § 69, Rdn. 117; *Lieb*, Abfindungsansprüche, S. 1151, 1153; *Raiser*, Kapitalgesellschaften, § 53, Rdn. 55; *Prantl*, Konzernbildung, S. 90; a.A. (Strukturansatz) vgl. *K. Schmidt*, Gesellschaftsrecht, § 31 IV b m.w.N.

245 *Raiser*, Kapitalgesellschaften, § 53, Rdn. 55.

246 *Emmerich/Sonnenschein/Habersack*, Konzernrecht, S. 439; *Kropff*, in: MüKo zum AktG, Anh. § 317 AktG, Rdn. 106; *Mülbert*, Aktiengesellschaft, Unternehmensgruppe und Kapitalmarkt, S. 492 f.; *Heyder*, Der qualifizierte faktische Aktienkonzern, S. 103 f.; a.A. *Raiser*, Kapitalgesellschaften, § 53, Rdn. 53, 59; *Binnewies*, Konzerneingangskontrolle, S. 362 ff.; letzere wollen entsprechend § 293 Absatz 1 AktG einen Hauptversammlungsbeschluss mit Dreiviertelmehrheit ausreichen lassen. Diese Ansicht ist abzulehnen, weil ansonsten die Möglichkeit bestünde, die Konzernführung entsprechend eines Vertragskonzerns zu legitimieren, ohne die gleichen Anforderungen beachten zu müssen. In diesem Sinn auch *Mühle*, WpÜG, S. 406 (dort Fn. 1998).

247 Vgl. *Raiser*, Kapitalgesellschaften, § 53, Rdn. 53, 63; *Kropff*, in: MüKo zum AktG, Anh. § 317 AktG, Rdn. 108 ff.; *Hüffer*, Aktiengesetz, 5. Aufl., § 302 AktG, Rdn. 7 ff.; *Krieger*, in: Münch. Hdb. GesR IV, § 69, Rdn. 113, 122; *Emmerich/Sonnenschein/Habersack*, Konzernrecht, S. 473 f.; a.A. *Koppensteiner*, in: KK zum AktG, Vorb. § 311 AktG, Rdn. 24.

248 *Raiser*, Kapitalgesellschaften, § 53, Rdn. 62; *Krieger*, in: Münch. Hdb. GesR IV, § 69, Rdn. 126; *Kropff*, in: MüKo zum AktG, Anh. § 317 AktG, Rdn. 122 f.; *Habersack*, in:

Im Rahmen qualifiziert faktischer Konzernverhältnisse bestehen somit einerseits die bereits dargestellten Schwächen des Minderheitenschutzes im Vertragskonzern. Andererseits ist zudem häufig die Anspruchsdurchsetzung problematisch, weil bei der Abgrenzung zwischen einfachen faktischen und qualifiziert faktischen Konzernverhältnissen wegen des fließenden Übergangs erhebliche Schwierigkeiten bestehen[250]. Gerade im Grenzbereich werden Aktionäre ihre Ansprüche nicht durchsetzen können. Das Modell des „qualifiziert faktischen Konzerns“ ist daher lediglich als Notlösung für besonders extreme Fälle geeignet.[251] Auch die Darlegungserleichterungen[252] helfen nicht über die Abgrenzungsprobleme hinweg.[253] Die Beweislast bleibt beim Kläger.[254] Die gleichen Bedenken bestehen hinsichtlich der Durchsetzbarkeit von Unterlassungs- bzw. Beseitigungsansprüchen.[255] Entsprechende Klageanträge sind der Problematik der Bestimmtheit (§ 253 Absatz 2 Nr. 2 ZPO) ausgesetzt.[256]

Emmerich/Habersack, Aktien- und GmbH-Konzernrecht, Anh. II § 318 AktG, Rdn. 37; *Lieb*, Abfindungsansprüche, S. 1151, 1152 weist allerdings darauf hin, dass die Gerichte bisher offenbar noch nicht bemüht worden seien.

249 Dagegen: *Koppensteiner*, in: KK zum AktG, Vorb. § 311 AktG, Rdn. 25; *Heyder*, Der qualifizierte faktische Aktienkonzern, S. 217; *Krieger*, in: Münch. Hdb. GesR IV, § 69, Rdn. 126; dafür: *Habersack*, in: Emmerich/Habersack, Aktien- und GmbH-Konzernrecht, Anh. II § 318 AktG, Rdn. 38; *Lieb*, Abfindungsansprüche, S. 1151, 1161 f.; *Kropff*, in: MüKo zum AktG, Anh. § 317 AktG, Rdn. 124 ff.

250 Vgl. *Herkenroth*, Konzernierungsprozesse, S. 70 f.

251 *Reul*, Die Pflicht zur Gleichbehandlung der Aktionäre, S. 292.

252 Hierzu *Habersack*, in: Emmerich/Habersack, Aktien- und GmbH-Konzernrecht, Anh. II § 318 AktG, Rdn. 26 f.; *Krieger*, in: Münch. Hdb. GesR IV, § 69, Rdn. 119.

253 So auch *Mühle*, WpÜG, S. 407 f.

254 *Habersack*, in: Emmerich/Habersack, Aktien- und GmbH-Konzernrecht, Anh. II § 318 AktG, Rdn. 26 f.

255 Nach ganz h.M. können sich die außenstehenden Aktionäre gegen „qualifiziert faktische Konzerne“ mit Abwehr- und Beseitigungsansprüchen zur Wehr setzen. Diese richten sich gegen das herrschende Unternehmen (§ 317 Absatz 1 Satz 1, Absatz 4, § 309 Absatz 4 AktG analog) und die abhängige Gesellschaft. Vgl. *Habersack*, in: Emmerich/Habersack, Aktien- und GmbH-Konzernrecht, Anh. II § 318 AktG, Rdn. 35 f.; *Kropff*, in: MüKo zum AktG, Anh. § 317 AktG, Rdn. 102 ff.; *Krieger*, in: Münch. Hdb. GesR IV, § 69, Rdn. 128.

256 *Seydel*, Konzernbildungskontrolle, S. 274 f., 287; *Krieger*, in: Münch. Hdb. GesR IV, § 69, Rdn. 128. Eine Feststellungsklage käme in Betracht, hat aber mangels Vollstreckbarkeit den Nachteil, dass die Minderheitsaktionäre auf eine freiwillige Befolgung angewiesen wären.

(7) Zwischenergebnis

Das Schutzsystem der §§ 311 ff. AktG gewährleistet keinen ausreichenden Schutz der Minderheiten im faktischen Konzern. Insbesondere birgt der Ermessensspielraum bei der Ermittlung und Quantifizierung der Nachteiligkeit bestimmter Maßnahmen und Rechtsgeschäfte durch den Vorstand ein erhebliches Gefahrenpotential für Minderheitsaktionäre. Auch ist die Einklagbarkeit von Schadensersatzansprüchen nur schwer möglich, da seitens der Aktionäre Informationsdefizite hinsichtlich konkreter nachteiliger Maßnahmen und Rechtsgeschäfte sowie bezüglich des Inhalts des Abhängigkeitsberichts bestehen. Einem effektiven Schutz durch unternehmensinterne Kontrollmechanismen stehen oftmals personelle Verflechtungen zwischen herrschendem und beherrschtem Unternehmen, Abhängigkeitsverhältnisse zwischen den Organen der Gesellschaft oder Karrierehoffnungen des Vorstands im Gesamtkonzern entgegen. Auch externe Kontrollen durch den Abschlussprüfer bieten keinen ausreichenden Schutz, da die weitgefassten gesetzlichen Beurteilungsspielräume im Zweifel die Annahme eines noch adäquaten Verhältnisses zwischen Leistung und Gegenleistung nahe legen. Hinsichtlich der Schutzmechanismen im sog. qualifiziert faktischen Konzern ist festzuhalten, dass sie den Schwächen des Minderheitenschutzes im Vertragskonzern ausgesetzt sind. Zudem ist die Durchsetzbarkeit von Ansprüchen der Aktionäre aufgrund bestehender Abgrenzungsschwierigkeiten zum faktischen Konzern erheblichen Bedenken ausgesetzt.

c) Zusammenfassung

Die bisherige Untersuchung hat gezeigt, dass die Effektivität des theoretischen Minderheitenschutzes im Konzern in der Praxis erheblicher Kritik ausgesetzt ist. Das deutsche Konzernrecht wird seiner Aufgabe, eine Lösung für das bestehende Konfliktpotential zu gewährleisten, nur unzureichend gerecht. Im Ergebnis sind daher Auswirkungen auf die Wertschätzung von Minderheitsanteilen nach erfolgreichen Übernahmen wahrscheinlich.

2. Weitere Ursachen der tendenziell geringeren Wertschätzung verbliebener Minderheitsanteile

a) Faktischer Verlust des Stimmrechts

Aufgrund der neuen Mehrheitsverhältnisse nach dem Erfolg einer Unternehmensübernahme können die Minderheitsaktionäre, trotz ihres rechtlich unverändert bestehenden Stimmrechts, faktisch keinerlei Einfluss mehr ausüben. Gab es nicht bereits vorher einen Aktionär, der die tatsächliche Kontrolle ausgeübt hat, wird das zuvor werthaltige Stimmrecht[257] der Minderheitsaktionäre wertlos werden.

b) Verteilung der Synergieeffekte

Als weiterer relevanter Gesichtspunkt hinsichtlich der Wertentwicklung von Minderheitsanteilen infolge einer Übernahme, ist die Verteilung der Synergieeffekte im Konzern zu nennen. Bei der Ermittlung des Angebotspreises berücksichtigt der Bieter regelmäßig auch erwartete Synergieeffekte. Diese sind deshalb meist – zumindest teilweise – im Angebotspreis enthalten. Soweit für einen Kontrollaktionär die Möglichkeit besteht, die Minderheit von den Synergien auszuschließen, wäre dies eine weitere denkbare Ursache für eine – verglichen mit dem Angebotspreis – negative Wertentwicklung von Minderheitsanteilen infolge eines zum Kontrollerwerb führenden öffentlichen Übernahmeangebots.

aa) Vertragskonzern und Mehrheitseingliederung

Im Vertrags- bzw. Eingliederungskonzern stellt sich die Verteilung künftiger Synergieeffekte als Problem der §§ 304, 305 und 320 b AktG dar. Die Rechtsprechung und weite Teile der Literatur gehen von einer sog. Stand-alone-Betrachtung[258] aus und lassen die Verbundeffekte gänzlich unberücksichtigt, weil die Bewertung gedanklich darauf beruhe, dass das Unternehmen ohne Verbund weitergeführt worden wäre.[259] Ausnahmen sind denkbar, „wenn solche Effekte im beherrschten Unternehmen bereits in der Form vorhanden sind, daß sie

257 „Die mit Stimmrechten einhergehende Möglichkeit zur Unternehmenskontrolle vor einer Übernahme besitzt mithin einen Wert, auch wenn keiner der Wertpapierinhaber diese ausüben und so private Vorteile konsumieren kann.“ Vgl. *Houben*, WM 2000, 1873, 1874.

258 Danach wird die Angemessenheit der Abfindung bzw. des Ausgleichs nach der bisherigen Ertragslage der Gesellschaft und ihren künftigen Ertragsaussichten ermittelt, die sie als unabhängiges, durch Beherrschungsvertrag nicht gebundenes Unternehmen gehabt hätte (vgl. BGH ZIP 1998, 690, 691).

259 BGH ZIP 1998, 690, 691; OLG Düsseldorf AG 2000, 323; BayObIG AG 1996, 127, 128; BayObIG AG 1996, 176, 177; *Hüffer*, Aktiengesetz, 5. Aufl., § 305 AktG, Rdn. 22; *Koppensteiner*, in: KK zum AktG, § 305 AktG, Rdn. 34; *Kropff*, in: MüKo zum AktG, § 305 AktG, Rdn. 82; *Emmerich/Sonnenschein/Habersack*, Konzernrecht, S. 344 f.; *Emmerich*, in: Emmerich/Habersack, Aktien- und GmbH-Konzernrecht, § 305 AktG, Rdn. 70 f.; *Mertens*, AG 1992, 321 ff.; *Kort*, ZGR 1999, 402, 415 ff.

sich bei Verbindung mit nahezu jedem anderen Unternehmen der Branche positiv und objektivierbar auswirken“ würden.[260]

Zwar mehren sich Stimmen, welche Synergieeffekte in die Bewertung einbeziehen wollen (sog. Verbundberücksichtigungsprinzip).[261] Einfluss auf die Marktbewertung der Minderheitsaktien wird jedoch aus praktischer Sicht lediglich die von der Rechtsprechung vertretene Ansicht haben. Für Minderheitsaktionäre ist somit weder bei einem Vertragskonzern noch bei einem Eingliederungskonzern eine Teilhabe an zukünftigen Synergien gewährleistet.

bb) Faktischer Konzern

Im Rahmen einer nur faktischen Konzernierung stellt sich die Problematik der Verteilung von Synergieeffekten in anderer Form dar. Fraglich ist hier, ob die beherrschte Gesellschaft, und damit nur mittelbar deren Minderheitsaktionäre, von den positiven aktuellen Synergieeffekten ausgeschlossen werden können. Zu unterscheiden ist diesbezüglich zwischen sog. passiven positiven Konzerneffekten und den Kostenersparnissen, die auf konkreten Maßnahmen der Zentralisierung beruhen.

(1) Konkrete Maßnahmen der Zentralisierung

Aus Kostengründen werden in Konzernen häufig Maßnahmen der Zentralisierung getroffen. Dabei werden z.B. das Finanzwesen, die Datenverarbeitung oder die Forschung und Entwicklung bei einem Unternehmen innerhalb des Konzerns zentral zusammengefasst. Im Falle der Nichtbeteiligung der abhängigen Gesellschaft an hieraus resultierenden Kostenersparnissen besteht ein ausgleichspflichtiger Nachteil i.S.v. § 311 Absatz 1 AktG.[262] Denn auch der Vorstand einer un-

260 BayOblG AG 1996, 176, 177; vgl. auch *Emmerich*, in: Emmerich/Habersack, Aktien- und GmbH-Konzernrecht, § 305 AktG, Rdn. 70, der als Beispiel steuerliche Verbundvorteile wie z.B. Verlustvorträge anführt.

261 *Großfeld*, Unternehmensbewertung, S. 118 f.; *Gansweid*, AG 1977, 334, 338 f.; *Prantl*, Konzernbildung, S. 107 f. und dort Fn. 202 m.w.N; *Raiser*, Kapitalgesellschaften, § 54, Rdn. 86; *Krieger*, in: Münch. Hdb. GesR IV, § 70, Rdn. 107; *Hüttemann*, ZHR 1998, 563, 586 ff.; *Fleischer*, ZGR 1997, 368, 370 ff., 399 f. m.w.N. für die verschiedenen Ansichten.

262 *Kropff*, in: MüKo zum AktG, § 311 AktG, Rdn. 209 f.; *Emmerich/Sonnenschein/Habersack*, Konzernrecht, S. 408; *Habersack*, in: Emmerich/Habersack, Aktien- und GmbH-Konzernrecht, § 311 AktG, Rdn. 49; *Mülbert*, Aktiengesellschaft, Unternehmensgruppe und Kapitalmarkt, S. 470; *Wiedemann/Fleischer*, JZ 2000, 159, 161; *Kiehne*, DB 1974, 321, 323.

abhängigen Gesellschaft würde einer Zentralisierung nur unter zwei Bedingungen zustimmen. Zum einen muss ihm der Zugriff auf die ausgegliederte Funktion weiterhin möglich bleiben. Zum anderen muss seine Gesellschaft an den erzielbaren Kostenvorteilen beteiligt werden. Ähnliches gilt auch für Steuerumlagen. Das herrschende Unternehmen darf lediglich seinen steuerlichen Mehraufwand in Rechnung stellen. Dagegen entstünde ein Nachteil i.S.v. § 311 AktG, wenn ein darüber hinausgehender fiktiver Steueraufwand der abhängigen Gesellschaft verlangt würde, den diese leisten müsste, wenn sie nicht Organgesellschaft wäre.[263]

(2) Passive positive Konzerneffekte

Als „passive Konzerneffekte" werden Auswirkungen auf die Vermögens- und Ertragslage der abhängigen Gesellschaft bezeichnet, die allein durch die Tatsache der Eingliederung in einen Unternehmensverbund hervorgerufen werden.[264] Zwar lässt sich nach *Kropff* aus den §§ 311 ff. AktG keine allgemeine Rechtspflicht des herrschenden Unternehmens herleiten, das abhängige Unternehmen entsprechend seines Anteils an einem solchen Konzernerfolg zu beteiligen.[265] Wegen zunehmender Relevanz von Treuepflichten herrschender Gesellschafter kann eine Pflicht zur angemessenen Beteiligung der abhängigen Gesellschaft am Konzernerfolg heute jedoch nicht mehr schlechthin abgelehnt werden.[266] Allerdings beschränkt *Kropff* eine solche Pflicht auf die Fälle, bei denen der Beitrag der abhängigen Gesellschaft zum „Kooperationserfolg" des Unternehmensverbunds „unverhältnismäßig groß und betriebswirtschaftlich isolierbar" ist. Es müsse der Billigkeit widersprechen, diesen Vorteil allein dem herrschenden Unternehmen zukommen zu lassen.

(3) Stellungnahme

Auch wenn die abhängige Gesellschaft im faktischen Konzern theoretisch an aktuellen Synergieeffekten zu beteiligen wäre, muss die praktische Durchsetzbarkeit entsprechender Ansprüche der abhängigen Gesellschaft gerade für Minder-

---

263 BGH NZG 1999, 658, 658 f.; *Emmerich/Sonnenschein/Habersack*, Konzernrecht, S. 408 f.

264 *Kropff*, Passive Konzernwirkungen, S. 1133, 1134; *Emmerich/Sonnenschein/Habersack*, Konzernrecht, S. 409; *Krieger*, in: Münch. Hdb. GesR IV, § 69, Rdn. 63.

265 *Kropff*, in: MüKo zum AktG, § 311 AktG, Rdn. 344.

266 *Kropff*, in: MüKo zum AktG, § 311 AktG, Rdn. 345; anders noch *ders.*, in: Geßler/Hefermehl/Eckardt/Kropff, Aktiengesetz, § 311 AktG, Rdn. 47.

heitsaktionäre äußerst skeptisch beurteilt werden. Hinsichtlich der positiven passiven Konzerneffekte hat *Kropff* bereits festgestellt, dass die Entscheidung stark vom Einzelfall und den noch klärungsbedürftigen Grenzen der Treuepflicht des Mehrheitsgesellschafters abhängt.[267] Bei näherer Betrachtung dürften lediglich Extremfälle erfasst sein. Ganz allgemein und somit auch hinsichtlich der Zentralisierung durch konkrete Einzelmaßnahmen treten aufgrund der Lösung über §§ 311 ff. AktG die bereits dargestellten Schwächen dieses gesetzlichen Systems – insbesondere das Informationsdefizit der Minderheitsaktionäre und der Ermessensspielraum bei der Nachteilsbewertung – zu Tage. Eine gerechte Verteilung der aktuellen Synergieeffekte ist daher auch im faktischen Konzern nicht gesichert.

c) Marktenge und Herausnahme aus einem Aktienindex

Nach einer Übernahme könnte die Wertentwicklung der betroffenen Gesellschaftsanteile zudem durch das Entstehen eines engen Marktes für die noch nicht vom neuen Mehrheitsaktionär gehaltenen Aktien und ggf. durch eine Herausnahme aus dem Aktienindex beeinträchtigt werden. Beides lässt die betreffende Aktie als Anlageobjekt tendenziell uninteressant werden. Indexgebundene Fonds können kein Geld mehr investieren und sind ggf. sogar zur Veräußerung gezwungen.

d) Gefahr eines „Going private“

Die Angebotsunterlage der INA bezüglich der Übernahme der FAG Kugelfischer lässt die Gefahr eines sog. „Going private“[268] als weiteren wertmindernden Aspekt nach einer Übernahme erkennen. In diesem Angebot wurde angekündigt, dass die INA auch einen Antrag auf Widerruf der Börsenzulassung (sog. delisting) in Erwägung zieht.[269] Der Begriff des „delisting“ wurde hier ausdrücklich

267 *Kropff*, in: MüKo zum AktG, § 311 AktG, Rdn. 345.

268 Der Begriff des „Going private“ ist als Gegenstück des „Going public“ zu verstehen und erfasst den Totalrückzug von der Börse. Beim „Going private“ wird das Ziel verfolgt, dass künftig überhaupt keine Aktien des betroffenen Unternehmens mehr an irgendeinem Finanzplatz notiert werden. Vgl. *Hamann*, in: Schäfer, § 43 BörsG, Rdn. 27; *Mülbert*, ZHR 2001, 104, 106; *Land/Hasselbach*, DB 2000, 557; *Steck*, AG 1998, 460; *Wirth/Arnold*, ZIP 2000, 111, 112; *Kleppe*, Rückzug von der Börse, S. 3 ff.

269 Angebotsunterlage der INA vom September 2001, S. 2, III., 4. Absatz, letzter Satz.

nur für das Antragsverfahren nach § 38 Absatz 4 BörsG n.F.[270] verwendet und muss aus Sicht der INA einschränkend i.S.e. vollständigen „delisting“ und damit als Unterfall eines „Going private“ verstanden werden.[271] Hiervon zu unterscheiden ist das ebenfalls zur Verfügung stehende sog. „kalte delisting“, bei dem der Rückzug vom Börsenhandel über gesellschaftsrechtliche Umstrukturierungen erreicht wird, die zum zwingenden Verlust der Börsenzulassung führen.[272] Mögliche Varianten eines kalten delisting sind die formwechselnde Umwandlung in eine nicht börsenfähige Rechtsform gem. §§ 190 ff., §§ 226, 228 ff., §§ 238 ff. UmwG,[273] die Verschmelzung auf eine nicht börsennotierte Gesellschaft gem. §§ 2 ff., §§ 60 ff. UmwG[274] sowie die Eingliederung in eine nicht börsennotierte Aktiengesellschaft nach §§ 319 ff. AktG.[275] Schließlich ist auch der Verkauf sämtlicher Einzelwirtschaftsgüter (asset deal) der notierten Gesellschaft mit anschließendem Auflösungsbeschluss gem. § 179 a Absatz 1 i.V.m. § 179 Absatz 2 Satz 1, § 262 Absatz 1 Nr. 2 AktG und Liquidation (übertragende Auflösung) ein möglicher Weg für einen Börsenrückzug.[276]

Unabhängig von der gewählten Methode, einen Börsenrückzug zu erreichen, werden die Interessen der Minderheitsaktionäre insbesondere im Hinblick auf die erschwerte Liquidierbarkeit der Anteile und die fehlende Marktpreisbildung durch die vollständige Beendigung des Börsenhandels beeinträchtigt.[277] Als wei-

---

270 Dieses Antragsverfahren gilt direkt für den Widerruf der Zulassung zur amtlichen Notierung. Über § 53 Absatz 2 BörsG n.F. gilt das Verfahren entsprechend auch für den Widerruf der Zulassung zur Notierung im geregelten Markt.

271 Das vollständige „delisting“ führt zu einem Totalrückzug. Möglich ist auch ein teilweises „delisting“ i.S.e. Rückzugs nur von einzelnen Börsenplätzen. Im Folgenden wird ausschließlich das vollständige „delisting“ behandelt.

272 Eingehend zum kalten delisting *de Vries*, Delisting, S. 125 ff.; *Land/Hasselbach*, DB 2000, 557, 559 ff.; *Steck*, AG 1998, 460, 462 ff.

273 Als Beispiele sind die Friedrich Grohe AG, die Rolf Benz AG und die SG Holding AG zu nennen, die in Kommanditgesellschaften umgewandelt wurden. Vgl. *Groß*, ZHR 2001, 141, 144.

274 *Land/Hasselbach*, DB 2000, 557, 559 und *Richard/Weinheimer*, BB 1999, 1613, 1615 bezeichnen die Verschmelzungsmethode als am häufigsten angewandte Technik zur Herbeiführung eines „Going private“.

275 *Mülbert*, ZHR 2001, 104, 105; *Land/Hasselbach*, DB 2000, 557 ff.; *Hamann*, in: Schäfer, § 43 BörsG, Rdn. 27; *Richard/Weinheimer*, BB 1999, 1613, 1615 f.; *Groß*, ZHR 2001, 141, 144.

276 *Land/Hasselbach*, DB 2000, 557, 558; *Mülbert*, ZHR 2001, 104, 105.

277 *Groß*, ZHR 2001, 141, 154; *Vollmer/Grupp*, ZGR 1995, 459, 474; *Steck*, AG 1998, 460, 461; *Schiessl*, AG 1999, 442, 452; *Kleppe*, Rückzug von der Börse, S. 71 f.

terer Nachteil kann sich der Wegfall der mit der Börsenzulassung verbundenen besonderen Publizitäts- und Verhaltenspflichten des BörsG und des WpHG auswirken. Dadurch verringern sich die verfügbaren Informationen über das Unternehmen.[278] Im Ergebnis entwickelt sich die betroffene Aktiengesellschaft durch ein „delisting" „von einer publikumsoffenen Gesellschaft mit börslichem Anteilshandel zur geschlossenen Gesellschaft zurück".[279] Mit einem vollständigen „delisting" ist somit die Gefahr einer negativen Veränderung der Marktbewertung verbunden.[280] Bei bestehender Unsicherheit über ein bevorstehendes „delisting", ist daher eine Vorwegnahme der negativen Wertentwicklung durch den Markt nicht auszuschließen.

Vor diesen Nachteilen sind die Minderheitsaktionäre auch nicht ausreichend durch die Pflicht zu Barabfindungs- bzw. Kaufangeboten geschützt. Ob eine derartige Pflicht im Rahmen des delisting in Form des Antragsverfahrens nach § 38 Absatz 4 BörsG n.F. überhaupt besteht, ist aufgrund der zum 26. März 2002 wirksam gewordenen Änderung des § 54 a BörsO FWB[281] äußerst zweifelhaft.[282] Der Schutz der Anleger steht gem. § 54 a Absatz 1 Satz 2 Nr. 2 BörsO FWB n.F. einem vollständigen delisting insbesondere dann nicht i.S.v. § 38 Absatz 4 Satz 2 BörsG n.F. entgegen, wenn den Anlegern nach Bekanntgabe der Widerrufsentscheidung ausreichend Zeit verbleibt, die vom Widerruf betroffenen Wertpapiere über die Börse zu veräußern.[283] Diese reine Fristenregelung kann nicht vor einem

278 *Hamann*, in: Schäfer, § 43 BörsG, Rdn. 28.

279 *Vollmer/Grupp*, ZGR 1995, 459, 472; vgl. auch *Land/Hasselbach*, DB 2000, 557, 558.

280 *Mülbert*, ZHR 2001, 104, 138. Nach *Streit*, ZIP 2002, 1279, 1280 dürfte schon die Ankündigung eines dilisting die Kurse fallen lassen.

281 Börsenordnung der Frankfurter Wertpapierbörse.

282 Die Frage hängt letztlich davon ab, ob § 54 a BörsO FWB wegen eines Verstoßes gegen § 38 Absatz 4 Satz 2 BörsG n.F. nichtig ist. In diesem Sinn eine Nichtigkeit befürwortend *Streit*, ZIP 2002, 1279, 1285 f.

283 Auch *Richard/Weinheimer*, Handbuch Going Private, S. 260 f. erwähnen diese entscheidende Änderung. § 54 a Absatz 1 Satz 2 Nr. 2 BörsO FWB a.F. sah noch vor, dass der Schutz der Anleger einem vollständigen „delisting" insbesondere dann nicht entgegensteht, wenn den außenstehenden Inhabern der Wertpapiere ein Kaufangebot unterbreitet wird. Der Kaufpreis musste in einem angemessenen Verhältnis zum höchsten Börsenpreis der letzten sechs Monate vor Stellung des Antrags stehen. Nach überwiegender Ansicht konnte das Angebot nicht nur von der Gesellschaft, sondern auch von einem Dritten – insbesondere dem Mehrheitsaktionär – abgegeben werden (vgl. *Mülbert*, ZHR 2001, 104, 118 f.; *Baumbach/Hopt*, Handelsgesetzbuch, § 43 BörsG, Rdn. 3; *Wirth/Arnold*, ZIP 2000, 111, 112; *Bungert*, BB 2000, 53, 54).

Kursverfall schützen, da der „Verkäuferwettlauf" zu einem erheblichen Angebotsüberhang führen wird.[284]

Bei der Verschmelzung einer börsennotierten Gesellschaft auf eine nicht börsennotierte Gesellschaft gleicher Rechtform – praktikabelste Methode eines kalten delisting – ist gem. § 29 Absatz 1 Satz 2 UmwG nur dann ein Barabfindungsangebot zu unterbreiten, wenn die Anteile an dem aufnehmenden Rechtsträger Verfügungsbeschränkungen unterworfen sind. Diese Vorschrift kann nicht analog auf den Fall einer eingeschränkten Handelbarkeit der erhaltenen Anteile mangels Börsennotierung angewendet werden.[285] Der direkte Anwendungsbereich erfasst mit „Verfügungsbeschränkungen" Regelungen, die sich auf die dingliche Wirksamkeit von Rechtsgeschäften auswirken.[286] Da die Aktien der aufnehmenden Gesellschaft frei übertragbar bleiben, fehlt es an der für eine Analogie erforderlichen „Ähnlichkeit der für die gesetzliche Wertung relevanten Aspekte".[287] Die Aktionäre der übertragenden Gesellschaft erhalten somit gem. § 2 i.V.m. § 5 Absatz 1 Nr. 2 UmwG grundsätzlich Anteile an der aufnehmenden Gesellschaft. Aus § 12 Absatz 2 Satz 1 UmwG ergibt sich, dass das Umtauschverhältnis angemessen sein muss. An dieser Angemessenheit setzen einige Stimmen in der Literatur an und wollen den – durch die eingeschränkte Veräußerbarkeit hervorgerufenen – Minderwert der neuen Anteile bei der Ermittlung des Umtauschverhältnisses berücksichtigen.[288] Zu Recht hält *Groß* entgegen, eine solch einseitig auf Seiten der Minderheitsaktionäre vorgenommene Berücksichtigung verkenne, dass die erschwerte Veräußerbarkeit auch die Aktien des Großaktionärs betrifft.[289] Zudem sei eine exakte Wertermittlung für den Umstand der Handelbarkeit sehr problematisch.

---

284 *Streit*, ZIP 2002, 1279, 1284 f.

285 *Steck*, AG 1998, 460, 465; *Grunewald*, in: Lutter, Umwandlungsgesetz, § 29 UmwG, Rdn. 9; *Groß*, ZHR 2001, 141, 160 f.; *Land/Hasselbach*, DB 2000, 557, 559; zweifelnd *Marsch-Barner*, in: Kallmeyer, Umwandlungsgesetz, § 29 UmwG, Rdn. 6; de lege ferenda: *Deutscher Anwaltverein e.V.*, NZG 2000, 802, 804.

286 *Grunewald*, in: Lutter, Umwandlungsgesetz, § 29 UmwG, Rdn. 3.

287 *Groß*, ZHR 2001, 141, 160.

288 *Steck*, AG 1998, 460, 464 ff.; *Richard/Weinheimer*, BB 1999, 1613, 1617.

289 *Groß*, ZHR 2001, 141, 161; ähnlich auch *Land/Hasselbach*, DB 2000, 557, 559 die allerdings lediglich auf das Fehlen einer gesetzlichen Grundlage hinweisen. Diese Argumentation verkennt, dass das Umwandlungsgesetz keinerlei Bestimmungen über die Art der vorzunehmenden Bewertung enthält.

Letztendlich kann auch die Möglichkeit eines „delisting" eine Unsicherheit erzeugen, die geeignet ist, den Marktwert der Aktie negativ zu beeinflussen. Hinsichtlich des Minderheitenschutzes erscheint das sog. „kalte delisting" in Form der Verschmelzung auf eine nicht börsennotierte Aktiengesellschaft als besonders gefährlich, weil den Anlegern u.U. keine Zeit verbleibt, ihre Wertpapiere wenigstens über die Börse zu veräußern.

F. Ergebnis

Im Rahmen öffentlicher Wertpapiererwerbs- und Übernahmeangebote bestehen unterschiedliche Interessen hinsichtlich der Transparenz der Beteiligung des Bieters an der Zielgesellschaft sowie des Annahmestandes. Den diesbezüglichen Interessen der Zielgesellschaft und ihrer Verwaltung, der aktuellen und potentiellen Gläubiger der Zielgesellschaft, des allgemeinen Anlegerpublikums sowie des Staates kann im Rahmen einer Interessenabwägung lediglich eine untergeordnete Bedeutung zugemessen werden. Sie sind allein nicht geeignet, die in § 23 Absatz 1 WpÜG vorgesehene Verpflichtung des Bieters zur regelmäßigen Veröffentlichung hinsichtlich seiner Beteiligung an der Zielgesellschaft sowie hinsichtlich des Annahmestandes zu rechtfertigen. Entscheidend sind vielmehr die Interessen der Angebotsadressaten und des Bieters, die zumindest bis zur Entscheidung über den Erfolg des öffentlichen Angebots gegensätzlich sind. Dieser Interessengegensatz resultiert aus der spieltheoretisch nachgewiesenen Tatsache, dass Angebotsadressaten in einem unregulierten Markt, der gewisse Benachteiligungen der Minderheitsaktionäre zulässt, starkem Verkaufs- bzw. Annahmedruck ausgesetzt sind. Auch wenn sie den Wert ihrer Aktien höher einschätzen als den Angebotspreis, werden risikoavers handelnde Wertpapierinhaber wahrscheinlich dennoch die Annahme erklären, weil sie die Gefahr scheuen, dass der Wert der Minderheitsanteile nach erfolgreicher Übernahme unter den Angebotspreis sinkt. Diese bestehende Gefahr wurde u.a. anhand der unzureichenden Effektivität des Minderheitenschutzes im deutschen Konzernrecht rechtlich belegt. Allerdings darf nicht unberücksichtigt bleiben, dass eine negative Wertentwicklung nicht zwingend ist. Insbesondere kann der Anteilswert auch weiterhin durch tatsächliche oder erwartete Zukäufe des Bieters positiv beeinflusst sein, solange dieser noch bestimmte Beteiligungsgrenzen erreichen bzw. überschreiten will. Im Ergebnis ist das Transparenzinteresse der Angebotsadressaten jedoch schutzwürdig, weil der im Rahmen öffentlicher Angebote auf ihnen lastende Annahme- bzw. Verkaufsdruck dringend vermieden werden muss, um einem Marktversagen entgegenzuwirken. Dennoch lässt sich hier noch nicht abschließend beurteilen, ob bzw. inwieweit das Transparenzinteresse der Angebotsadressaten die regelmäßigen Veröffentlichungs- bzw. Mitteilungspflichten des § 23 Absatz 1 WpÜG tatsächlich rechtfertigen kann. Entscheidend hierfür ist insbesondere auch die Frage der Eignung derartiger Veröffentlichungen zur Beseitigung des prisoner's dilemma. Darüber hinaus sind möglicherweise andere Lösungsansätze zur Beseitigung bzw. Abmilderung des prisoner's dilemma vorhanden, die zur Lösung ebenso bzw. besser geeignet sind, ohne in gleicher Weise und Intensität in die Rechtsposition des Bieters einzugreifen. Auf besondere Bedenken, hinsichtlich einer auf die gesamte Annahmefrist erstreckten Pflicht zur Veröffentlichung aktueller Annahmestände, wird noch einzugehen sein.[290]

290 Vgl. hierzu S. 97 ff.

3. Kapitel: Lösungsansätze zur Beseitigung bzw. Abmilderung des prisoner's dilemma

Als Grundlage für den weiteren Gang der Untersuchung werden im Folgenden die verschiedenen Lösungsansätze kritisch betrachtet, die zur Abmilderung bzw. Beseitigung des prisoner's dilemma im Rahmen öffentlicher Wertpapiererwerbs- und Übernahmeangebote diskutiert werden bzw. im deutschen Recht und anderen Rechtsordnungen Anwendung finden. In diesem Rahmen wird des Weiteren der Vorschlag eines de lege ferenda vorzusehenden Lösungsansatzes unterbreitet.

A. Aktien- bzw. konzernrechtlicher Ansatz

Ein Lösungsansatz, das prisoner's dilemma durch eine Verbesserung des Minderheitenschutzes im Konzern zu bekämpfen,[291] führt zu keinem zufriedenstellenden Ergebnis. Abgesehen von der Tatsache, dass eine Verbesserung des Schutzumfangs nicht in Sicht ist, wäre diese auch nicht ausreichend, um die Ursache des prisoner's dilemma zu beseitigen. Denn der Wert der Minderheitsbeteiligung kann infolge eines Kontrollerwerbs selbst bei Verbesserung des Schutzumfangs allein durch andere Faktoren beeinträchtigt sein. Anzuführen sind hier der faktische Verlust des Stimmrechts, die entstehende Marktenge sowie die eventuelle Herausnahme aus einem Aktienindex.[292] Darüber hinaus würde die Verbesserung des Minderheitenschutzes zu keinerlei Verbesserung der Kommunikations- und Koordinationsmöglichkeiten unter den Angebotsempfängern führen, die gerade Ursache für das prisoner's dilemma ist. Eine Abstimmung zwischen den Aktionären über die eventuelle Ablehnung des Angebots wird nicht im entferntesten ermöglicht. Das Risiko eines Verkaufs unterhalb des tatsächlichen Wertes (Preisrisiko) bliebe im Ergebnis unverändert bestehen.[293]

291 Vgl. *Weimar/Breuer*, BB 1991, 2309, 2310 (dort Fn. 7), nach denen bereits die damalige aktienrechtliche Gesetzeslage, die hinsichtlich des Minderheitenschutzes nicht besser war als heute, dem Gefangenendilemma vorbeugte.

292 Vgl. dazu S. 59 f. und 63.

293 *Witt*, Übernahmen von Aktiengesellschaften und Transparenz der Beteiligungsverhältnisse, S. 86.

B. Mindestannahmefrist und Verbesserung der Informationsgrundlage

Fraglich ist, ob ein Lösungsansatz, der dem Umstand entgegenwirkt, dass die Angebotsadressaten aufgrund mangelnder Information und durch eine zu kurz bemessene Annahmefrist gezwungen sind, auf weitgehend unsicherer Grundlage über das Angebot und damit über dessen Angemessenheit zu entscheiden,[294] ausreichen kann.

§ 16 Absatz 1 Satz 1 WpÜG legt hinsichtlich der Annahmefrist eine vierwöchige Mindestlaufzeit fest. Durch diese Mindestfrist besteht die erhöhte Möglichkeit von Konkurrenzangeboten anderer potentieller Interessenten. Bestünde auf dem Markt für Unternehmen ein vollkommener Nachfragewettbewerb, wäre ein Abbau des Entscheidungsdrucks hierdurch in der Tat möglich,[295] weil Bieterwettbewerbe die Angemessenheit des Kaufpreises garantieren würden. In der Realität werden derartige Unternehmensauktionen jedoch nicht generell durchgeführt,[296] da der Kreis an potentiellen Bietern aufgrund des hohen Bedarfs an finanziellen Mitteln beschränkt ist. Zudem erfordern derartige Angebote eine längere Phase der Planung und Unternehmensbewertung. Die in § 16 Absatz 1 Satz 1 WpÜG geregelte Frist von vier Wochen wird hierfür meist nicht ausreichen. Andererseits sollte die Mindestfrist auch nicht weiter ausgedehnt werden, weil ansonsten die Phase der Unsicherheit über den Erfolg des Angebots verlängert würde.[297] Auch die Zielgesellschaft soll möglichst kurz in ihrer Handlungsfähigkeit beschränkt werden (§ 3 Absatz 4 Satz 2 WpÜG). Im Ergebnis ist somit der auktionsfördernden Wirkung bezeichneter Mindestfristen eine geringe Bedeutung zuzumessen.[298]

---

294 Zu dieser Problematik vgl. *Knoll*, Die Übernahme, S. 78; *Otto*, DB Beilage 12/1988, 1, 4.

295 *Reul*, Übernahmeangebote, S. 11, 28; *Lüttmann*, Kontrollwechsel, S. 142; *Krause*, Das obligatorische Übernahmeangebot, S. 130.

296 *Reul*, Übernahmeangebote, S. 11, 28; *Lüttmann*, Kontrollwechsel, S. 40, 143, 188; *Krause*, Das obligatorische Übernahmeangebot, S. 130.

297 Auf europäischer Ebene wird sogar nur eine zweiwöchige Mindestfrist vorgeschlagen, vgl. Art. 7 Absatz 1 Satz 1 des Vorschlags für eine Richtlinie des Europäischen Parlaments und des Rates betreffend Übernahmeangebote vom 2.10.2002 – KOM (2002) 534 endg., abrufbar im Internet unter http://www.europa.eu.int/eur-lex/de.

298 *Witt*, Übernahmen von Aktiengesellschaften und Transparenz der Beteiligungsverhältnisse, S. 88 weist ergänzend darauf hin, dass aus den gleichen Gründen auch die Einräumung eines Rücktrittsrechts für den Fall des Auftretens eines Konkurrenzangebots nach bereits erfolgter Annahme, aber noch innerhalb der Annahmefrist, nicht zu einer

Primär soll durch die Festlegung einer Mindestlaufzeit gewährleistet werden, dass sich die Angebotsempfänger ausreichend über die Sachlage und die Angemessenheit des Angebots informieren können.[299] Während der Annahmefrist nehmen die verfügbaren Informationen über das Zielunternehmen automatisch zu. Das Übernahmeangebot lenkt die Aufmerksamkeit auf die Zielgesellschaft und verursacht i.d.R. eine Flut neuer Informationen.[300] Insbesondere die als wesentliche Informationsquelle der Angebotsempfänger gem. § 11 Absatz 1 Satz 1 WpÜG zu veröffentlichende Angebotsunterlage soll den Aktionären ein möglichst umfassendes Urteil über die Angemessenheit des gebotenen Preises ermöglichen.[301] Ein weiterer wesentlicher Faktor für die Würdigung des Angebots ist die in § 27 WpÜG geregelte Stellungnahme der Verwaltung der Zielgesellschaft, bei der jedoch auch der Interessenkonflikt, in dem sie sich befinden kann,[302] berücksichtigt werden muss. Zwar wird durch die Fülle der verschiedenen Informationen im Ergebnis eine wohlinformierte Entscheidung der Aktionäre ermöglicht.[303] Eine Beseitigung des prisoner's dilemma lässt sich jedoch durch noch so umfangreiche Informations- und Stellungnahmepflichten nicht erreichen.[304] Unterstellt man, die einzelnen Angebotsempfänger würden über identische Informationen verfügen, wäre dennoch in keiner Weise sichergestellt, dass diese Informationen auch einheitlich gewertet würden. Die Aktionäre sind somit weiterhin der Gefahr einer Fehleinschätzung ausgesetzt. Darüber hinaus kann nicht ausgeschlossen werden, dass einzelnen Aktionären weitergehende, möglicherweise abweichende Informationen zur Verfügung stehen.[305] Deshalb kann allenfalls von einer Abmilderung des prisoner's dilemma gesprochen werden.

Beseitigung des prisoner's dilemma führen kann. Ein solches Rücktrittsrecht ist in § 22 Absatz 3 WpÜG vorgesehen.

299 *Geibel*, in: Geibel/Süßmann, WpÜG, § 16 WpÜG, Rdn. 3; *Krause*, Das obligatorische Übernahmeangebot, S. 129.

300 Vgl. dazu S. 35.

301 *Geibel*, in: Geibel/Süßmann, WpÜG, § 11 WpÜG, Rdn. 1.

302 Vgl. dazu S. 16 f.

303 *Witt*, Übernahmen von Aktiengesellschaften und Transparenz der Beteiligungsverhältnisse, S. 94.

304 *Lüttmann*, Kontrollwechsel, S. 78, 211; *Witt*, Übernahmen von Aktiengesellschaften und Transparenz der Beteiligungsverhältnisse, S. 94, *ders.*, NZG 2000, 809, 813.

305 *Lüttmann*, Kontrollwechsel, S. 211; *Witt*, Übernahmen von Aktiengesellschaften und Transparenz der Beteiligungsverhältnisse, S. 94.

C. Generelles gesetzliches Rücktrittsrecht

In den USA wird den Aktionären während der Angebotsfrist ein generelles Rücktrittsrecht eingeräumt.[306] Allerdings kann eine derartige Regelung das prisoner's dilemma nicht beseitigen, weil das Koordinationsproblem zwischen den Aktionären lediglich auf einen Zeitpunkt unmittelbar vor Ablauf der Annahmefrist verschoben wird.[307] Es verbleibt somit für den einzelnen Angebotsadressaten die Unsicherheit, in welchem Ausmaß von dem Rücktrittsrecht Gebrauch gemacht wird.

D. Zulassung nicht durch Aktionäre autorisierter Abwehrmaßnahmen des Managements

Denkbar wäre es, eine Abmilderung des Gefangenendilemmas zu erreichen, indem man das Management der Zielgesellschaft mit der Interessenwahrnehmung der Aktionäre betraut und ihm die Möglichkeit gibt, unabhängig von den Aktionären, über die Ergreifung von Abwehrmaßnahmen zu entscheiden.[308] Das Management hätte die Aufgabe, über die Angemessenheit des Angebots zu wachen und sich bei – nach seiner Ansicht – unangemessenen Angeboten entsprechend zur Wehr zu setzen. Eine generelle Aussage über die Befürwortung bzw. Ablehnung von nicht durch die Aktionäre autorisierten Abwehrhandlungen kann im Rahmen dieser Arbeit nicht getroffen werden.[309] Im Zusammenhang mit der Abmilderung des Verkaufs- bzw. Annahmedrucks sprechen die besseren Argumente gegen eine Abkehr vom sog. Behinderungsverbot und damit gegen die Zulassung unautorisierter Abwehrmaßnahmen. Zum einen befindet sich die Ver-

---

306 Hierzu *Lüttmann*, Kontrollwechsel, S. 141; *Hutter/Lawrence*, Übernahmerecht in den USA, S. 95, 128.

307 *Lüttmann*, Kontrollwechsel, S. 143, 190; *Witt*, Übernahmen von Aktiengesellschaften und Transparenz der Beteiligungsverhältnisse, S. 88.

308 Für die Betrauung des Managements mit der Funktion eines Treuhänders der Aktionäre, vgl. *Oesterle*, Cornell Law Review 71 (1985) 53 - 95. In den USA werden dem Management der Zielgesellschaft bei Abwehrmaßnahmen relativ großzügige Möglichkeiten zugebilligt (*Mülbert/Birke*, WM 2001, 705 f., 717; *Reul*, Übernahmeangebote, S. 11, 28; *Krause*, Das obligatorische Übernahmeangebot, S. 130). Dies ist jedoch im Zusammenhang mit den US-amerikanischen Übernahmeregelungen zu sehen, die aggressiveres Bieterverhalten zulassen.

309 Nach derzeitiger Rechtslage eröffnet § 33 Absatz 1 Satz 2 Alt. 3 WpÜG – zumindest nach seinem Wortlaut – die Möglichkeit von Abwehrhandlungen, wenn der Aufsichtsrat zugestimmt hat. Diese äußerst umstrittene Regelung stellt eine Abkehr vom Behinderungsverbot dar.

waltung der Zielgesellschaft – wie bereits erwähnt[310] – in einem Interessenkonflikt. Das Management könnte, durch die Angst um die eigene Position geleitet, auch Übernahmeangebote bekämpfen, deren Gegenleistungen den Selbständigkeitswert der Zielgesellschaft überschreiten.[311] Nach *Mülbert/Birke* bildet die Annahme, dass das Management in einer feindlichen Übernahme als getreuer und selbstloser Vertreter der Aktionärsinteressen waltet, daher keine rationale Basis.[312] Zum anderen ist die Wirkung vieler Abwehrmaßnahmen für die Zielgesellschaft äußerst schädlich, weil hierdurch u.U. Unternehmensressourcen vernichtet werden.[313] Daher sollte das Management nicht unabhängig von den Aktionären über die Höhe der Gegenleistung verhandeln können, indem ihm die Möglichkeit von Abwehrmaßnahmen zur Hand gegeben wird.[314] Vielmehr ist nach einer Lösung zu suchen, die es den Aktionären ermöglicht, selbständig über die Höhe der Gegenleistung zu verhandeln. Die Rolle des Managements der Zielgesellschaft sollte sich somit auf objektive Stellungnahmen beschränken.

E. Mindestpreisregelungen

Durch die Mindestpreisregelungen in § 31 Absatz 1, 4 und 6 WpÜG[315] i.V.m. §§ 3 - 7 WpÜG-AngVO sollen Aktionäre vor unangemessenen Gegenleistungen geschützt werden. Während § 4 WpÜG-AngVO an den höchsten in Vorerwerben gewährten oder vereinbarten Preis innerhalb einer dreimonatigen Referenzzeit anknüpft,[316] erfasst § 5 Absatz 1 WpÜG-AngVO den gewichteten durchschnittli-

---

310 Vgl. dazu S. 16 f.

311 *Reul*, Übernahmeangebote, S. 11, 29; *Krause*, Das obligatorische Übernahmeangebot, S. 133.

312 *Mülbert/Birke*, WM 2001, 705, 714.

313 *Krause*, Das obligatorische Übernahmeangebot, S. 132, 214.

314 In diesem Sinne wird auf europäischer Ebene ein Behinderungsverbot vorgeschlagen, vgl. Art. 9 Absatz 1 - 4 des Vorschlags für eine Richtlinie des Europäischen Parlaments und des Rates betreffend Übernahmeangebote vom 2.10.2002 – KOM (2002) 534 endg., abrufbar im Internet unter http://www.europa.eu.int/eur-lex/de.

315 § 31 Absatz 5 WpÜG enthält zwar ebenfalls eine wesentliche Preisregelung, gehört jedoch nicht in den Zusammenhang des Entscheidungsdrucks. Denn geregelt werden dort Folgen von außerbörslichen Käufen in einem Zeitraum, der erst nach Ablauf der regulären Annahmefrist beginnt.

316 Insbesondere in Großbritannien ist in Rule 6.1 City Code on Takeovers and Mergers (City Code) eine vergleichbare Regelung vorgesehen. In Österreich beträgt der Referenzzeitraum hingegen zwölf Monate und es besteht die Möglichkeit eines Paketabschlags in Höhe von 15 % (§ 26 Absatz 1 ÜbG). In der Schweiz ist ebenfalls ein zwölfmonatiger Referenzzeitraum vorgesehen und sogar ein Abschlag in Höhe von 25 % zulässig (Art. 32 Absatz 4 BEHG).

chen Börsenkurs der letzten drei Monate vor Veröffentlichung der Entscheidung zur Abgabe eines Übernahmeangebots i.S.v. § 10 Absatz 1 Satz 1 WpÜG. Da es sich bei beiden Vorschriften um sog. „Minimumklauseln"[317] handelt, ist lediglich der jeweils höhere Wert relevant. Hinsichtlich der Berücksichtigung von Vorerwerben ist allerdings der kurze dreimonatige Referenzzeitraum zu kritisieren, weil die Regelung versagt, wenn die maßgeblichen Erwerbe vor diesem Zeitraum erfolgt sind.[318] Zudem ist bei außerbörslichen Erwerben (z.B. Paketerwerben) zwar an sich davon auszugehen, dass die Vertragsparteien frei von jeglichem Entscheidungsdruck eine angemessene Gegenleistung aushandeln. Zu Recht wird allerdings auch hier eine Anknüpfung des Angebotspreises an den Paketpreis nicht ohne Einschränkung für ausreichend gehalten, weil eine Vereinbarung von Schwarzzahlungen niemals ausgeschlossen werden könne.[319] Über die Börse durchgeführte Erwerbe könnten dagegen gerade unter Ausnutzung einer Unterbewertung erfolgt sein.[320] Aus dem letztgenannten Grund ist auch die Anknüpfung an einen gewichteten durchschnittlichen Börsenkurs eines bestimmten Referenzzeitraums zu kritisieren. Darüber hinaus versagt die Anpassungsregelung des § 31 Absatz 4 WpÜG, wenn zwischen der Veröffentlichung der Angebotsunterlage und der Veröffentlichung nach § 23 Absatz 1 Satz 1 Nr. 2 WpÜG keinerlei Anteilserwerbe erfolgen.[321]

Im Ergebnis eliminieren die aufgezeigten Mindestpreisregeln weder das Kommunikations- und Koordinationsproblem zwischen den Aktionären, noch das Preisrisiko. Sie bewirken deshalb bestenfalls eine Abmilderung[322] des Verkaufs- bzw. Annahmedrucks.

---

317 So *Mülbert*, ZIP 2001, 1221, 1223.

318 Dem Bieter wird eine Wartestrategie ermöglicht. Er kann sich entscheiden, wann er die Aktien kauft. Einerseits kann er nach dem Kauf mit seinem Übernahmeangebot warten (3 Monate und 1 Tag), damit er der Preisregelung nicht unterliegt. Andererseits könnte ihm auch ein rascher Aufkauf sinnvoll erscheinen. Vgl. *Kalss*, NZG 1999, 421, 426.

319 *Baums*, ZIP 1989, S. 1376, 1380; *Lüttmann*, Kontrollwechsel, S. 42; *Witt*, Übernahmen von Aktiengesellschaften und Transparenz der Beteiligungsverhältnisse, S. 89.

320 *Lüttmann*, Kontrollwechsel, S. 42; *Witt*, Übernahmen von Aktiengesellschaften und Transparenz der Beteiligungsverhältnisse, S. 89.

321 Vgl. auch *Lüttmann*, Kontrollwechsel, S. 74.

322 Vgl. auch *Mülbert/Birke*, WM 2001, 705, 714.

F. Transparenz hinsichtlich Beteiligungsentwicklung und Annahmestand

§ 23 Absatz 1 WpÜG folgt dem Vorschlag, die Entwicklung der Beteiligung des Bieters an der Zielgesellschaft und des Annahmestandes während des öffentlichen Angebotsverfahrens transparent zu machen. Aufgrund der mangelnden Kommunikations- und Koordinationsmöglichkeiten, wird auf diese Weise versucht, den angesprochenen Wertpapierinhabern – entsprechend dem in § 3 Absatz 2 WpÜG niedergelegten Transparenzgrundsatz – ausreichend Informationen zur Verfügung zu stellen, um ihnen eine qualifizierte Entscheidung über das Angebot zu ermöglichen. Die regelmäßigen sog. „Wasserstandsmeldungen" sollen primär den Angebotsempfängern, aber auch allgemein den am Kapitalmarkt Beteiligten, aktuelle Informationen über die voraussichtlichen Erfolgsaussichten[323] des Angebots verschaffen.[324] In der Angebotsunterlage hat der Bieter gem. § 11 Absatz 4 Nr. 2 WpÜG i.V.m. § 2 Nr. 5 WpÜG-AngVO die – im Zeitpunkt ihrer Veröffentlichung bestehende – Beteiligung an der Zielgesellschaft bekanntzugeben. Dagegen erfasst § 23 Absatz 1 Satz 1 WpÜG die sich im Laufe des Verfahrens verändernde Beteiligung und den aktuellen Annahmestand, jeweils unter Angabe der Wertpapier- und Stimmrechtsanteile. Dem zunächst unentschlossenen Wertpapierinhaber wird bei seiner Entscheidung eine Orientierung am bisherigen Erfolg des Angebots ermöglicht.[325] Teilweise wurde dieser Lösungsansatz sogar als einzige erfolgversprechende Möglichkeit zur Abmilderung

323 Auf die Erfolgsaussichten als entscheidungserhebliches Kriterium hinweisend, *Immenga*, SAG 1975, 89, 93; *ders.*, Öffentliche Übernahmeangebote, S. 11, 25; *Assmann/ Bozenhardt*, Übernahmeangebote, ZGR-Sonderheft 9, S. 1, 94 f.; *Bozenhardt*, Freiwillige Übernahmeangebote im deutschen Recht, S. 132, 135.

324 *Thun*, in: Geibel/Süßmann, WpÜG, § 23 WpÜG, Rdn. 1; Begr. RegE, BT-Drucks. 14/7034, S. 50, wonach § 23 Absatz 1 WpÜG während des öffentlichen Übernahmeverfahrens für Transparenz hinsichtlich der Beteiligung des Bieters, der mit ihm gemeinsam handelnden Personen und deren Tochtergesellschaften an der Zielgesellschaft sowie über den Stand der Annahmen sorgen soll. Primär richtet sich die vorgeschriebene Veröffentlichung an die Angebotsempfänger, um dem prisoner's dilemma entgegenzuwirken (*Steinmeyer/Häger*, WpÜG, § 23 WpÜG, Rdn. 1; *Witt*, NZG 2000, 809, 818 und dort Fn. 94). Zu Recht weist allerdings *Burgard*, WM 2000, 611, 612 darauf hin, dass die Veröffentlichungen auch für die Verwaltung der Zielgesellschaft und letztlich für alle Marktteilnehmer von Belang sind. Allerdings wird man das letztgenannte Informationsziel gegenüber der Information der Angebotsempfänger lediglich als sekundär bezeichnen können. Ebenso primär auf die Transparenz für die angesprochenen Wertpapierinhaber abstellend: *Liebscher*, ZIP 2001, 853, 865; *Strenger*, WM 2000, 952.

325 *Land*, DB 2001, 1707, 1713; *Witt*, Übernahmen von Aktiengesellschaften und Transparenz der Beteiligungsverhältnisse, S. 95; *Immenga*, SAG 1975, 89, 98 f.

des prisoner's dilemma bezeichnet.[326] Mit Veröffentlichung der erwähnten Informationen werde der Verkaufs- bzw. Annahmedruck wesentlich geringer.[327]

Problematisch ist dieser Lösungsansatz jedoch u.a.[328] deshalb, weil der bereits bestehende Trend, mit der Annahme bis zum Schluss der Annahmefrist abzuwarten, verstärkt wird.[329] Denn die hinsichtlich der Entscheidung zur Verfügung stehende Informationsgrundlage verbessert sich während der Annahmefrist laufend. Nimmt jedoch die für den Erfolg entscheidende Anzahl der Wertpapierinhaber das Angebot erst am Ende der Annahmefrist an, können andere Angebotsempfänger nicht mehr rechtzeitig informiert werden. Selbst im Zeitalter des Internets bleibt am Ende der Annahmefrist ein Zeitraum bestehen, der für eine Information aller Angebotsadressaten nicht mehr ausreicht.[330] Auf diese Weise entstünde am Ende der Frist erneut eine dem prisoner's dilemma entsprechende Situation. Seine Abmilderung würde damit relativiert. Diesem Ergebnis entsprechend wies bereits *Immenga* darauf hin, dass in der Verpflichtung zu kontinuierlicher Veröffentlichung zwar ein Weg zu sehen sei, die Verkaufsentscheidung unter Abschätzung des Angebotserfolgs zu ermöglichen. Allerdings ließen sich bei diesem Vorgehen Unsicherheiten nicht völlig vermeiden.[331]

Die bei Übernahmeangeboten geltende weitere Annahmefrist des § 16 Absatz 2 WpÜG (de lege lata) kann das Informationsmanko zwar in manchen Fällen aus-

326 *Witt*, Übernahmen von Aktiengesellschaften und Transparenz der Beteiligungsverhältnisse, S. 93 ff.; *ders.*, NZG 2000, 809, 819.

327 In diesem Sinn *Möllers*, in: KK zum WpÜG, § 23 WpÜG, Rdn. 11.

328 Zu spezieller Kritik in Bezug auf die regelmäßige Veröffentlichung des Annahmestandes (§ 23 Absatz 1 Satz 1 Alt. 2 WpÜG) vgl. auch S. 97 ff., 169 f.

329 Vgl. auch *Bozenhardt*, Freiwillige Übernahmeangebote im deutschen Recht, S. 140 (dort Fn. 193), der auf einen vom Bieter nicht erwünschten Verzögerungseffekt hinsichtlich des Annahmeverhaltens der Aktionäre hinweist.

330 Vgl. hierzu auch *Möllers*, in: KK zum WpÜG, § 23 WpÜG, Rdn. 12. Die Veröffentlichung in einem Börsenpflichtblatt gem. § 14 Absatz 3 Nr. 2 WpÜG ist wegen der Erscheinungsintervalle bei Printmedien für sofortige Informationen ohnehin kaum geeignet.

331 *Immenga*, SAG 1975, 89, 98 f.; eine andere Lösung sei die Aufrechterhaltung des Angebots über eine bestimmte Frist hinaus, nachdem der Eintritt einer Bedingung (= Erfolg des Angebots) feststeht. Eine solche Regelung sichere laut *Immenga* allein die volle Entscheidungsfreiheit der Aktionäre. Zu dieser Möglichkeit vgl. S. 83 f.

gleichen.[332] Das prisoner's dilemma wird jedoch auch hierdurch nicht generell ausgeschlossen.[333]

G. Regulierung des Entscheidungsprozesses als erfolgversprechenster Lösungsansatz

Da die Ursache des durch öffentliche Übernahmeangebote erzeugten Verkaufs- bzw. Annahmedrucks schwerpunktmäßig in dem Mangel an Kommunikations- und Koordinationsmöglichkeiten der Angebotsempfänger liegt, muss der Entscheidungsprozess selbst reguliert werden. Hierbei sind verschiedene Ansätze denkbar, die im Folgenden aufgezeigt werden sollen.

I. Zulassung einer unmittelbar zum Vertragsschluss führenden bedingten Annahme

Reul schlägt vor, den (unschlüssigen) Wertpapierinhabern zu ermöglichen, das Angebot mit unmittelbar zum Vertragsschluss führender Wirkung unter der Bedingung anzunehmen, dass der Bieter nach Ablauf der regulären Annahmefrist eine Kontrollposition[334] erreicht hat.[335] Hierdurch könnten sie vermeiden, im Falle eines Kontrollerwerbs seitens des Bieters, in einer unerwünschten Minderheitsposition zu verbleiben. Nur die unbedingten Annahmen entscheiden über den Erfolg bzw. Misserfolg des Angebots und damit gleichzeitig über den Eintritt der bezeichneten Bedingung. Auf diese Weise könnte die Entscheidungsfreiheit der Aktionäre wiederhergestellt werden, ohne zusätzliche Kosten zu verursachen.

Gegen diesen Lösungsansatz spricht allerdings § 150 Absatz 2 BGB.[336] Denn die unter einer Bedingung erfolgende Annahme ist als Ablehnung des ursprüngli-

332 In diesem Sinn auch *Möllers*, in: KK zum WpÜG, § 23 WpÜG, Rdn. 12.

333 Ausführlich hierzu vgl. S. 88 ff.

334 *Reul* will die Schwelle für das Erreichen einer Kontrollposition bei 33 1/3 % festlegen und weist als Begründung auf die Hauptversammlungswirklichkeit in Deutschland mit Präsenzen um die 60 % hin (*Reul*, Übernahmeangebote, S. 11, 29 f. und dort Fn. 87). Dem Gedanken des WpÜG folgend müsste man heute die Kontrollschwelle bei 30 % festlegen (§ 29 Absatz 2 WpÜG).

335 *Reul*, Übernahmeangebote, S. 11, 29 f.; auch *Krause*, WM 1996, 845, 848 spricht eine „bedingte Annahme" als Lösungsmöglichkeit an.

336 *Witt*, Übernahmen von Aktiengesellschaften und Transparenz der Beteiligungsverhältnisse, S. 92.

chen Angebots, verbunden mit einem neuen Angebot, zu werten. Eine unmittelbar zum Vertragsschluss führende Annahme erfordert hingegen eine vorbehaltlose Bejahung des Angebots.[337] Selbst wenn das Angebot des Bieters ebenfalls durch die Kontrollerlangung bedingt ist, führt eine – wie beschrieben – bedingte Annahme der Wertpapierinhaber nicht unmittelbar zum Vertragsschluss, weil die Bedingungen nicht identisch sind.[338] Während das Angebot des Bieters bindend sein soll, wenn ihm alle Wertpapierinhaber, die das Angebot angenommen haben, eine Kontrollposition vermitteln, knüpft die Bedingung der Wertpapierinhaber lediglich an die durch unbedingte Annahmen vermittelte Kontrolle an.

Die scheinbar gegen diesen Lösungsansatz sprechende Überlegung, dass eine Minderheit an veräußerungsbereiten Aktionären Verkaufs- bzw. Annahmedruck für alle anderen Anteilseigner erzeugen kann, die nicht in der zukünftig vom Bieter kontrollierten Gesellschaft verbleiben wollen,[339] überzeugt hingegen nicht. Im deutschen Recht ist diese Situation konsequent und bedeutet lediglich eine Gleichstellung von Übernahmen durch öffentliche Angebote und anderen Übernahmemethoden. Denn auch die Erlangung einer Kontrollposition außerhalb von öffentlichen Angeboten (z.B. durch Paketerwerb) bewirkt im Rahmen eines dann abzugebenden Pflichtangebotes i.S.v. § 35 Absatz 2 Satz 1 WpÜG einen Verkaufs- bzw. Annahmedruck auf die außenstehenden Aktionäre. Das deutsche Recht kennt keine Abstimmung über den Kontrollerwerb mit der Folge, dass die Kontrolle bei ablehnendem Ergebnis nicht erworben werden darf.[340] Abgesehen

337 *Heinrichs*, in: Palandt, Bürgerliches Gesetzbuch, § 148 BGB, Rdn. 1. Demjenigen, der ein Angebot abgibt, soll nicht der Wille des Annehmenden aufgezwungen werden können.

338 *Witt*, Übernahmen von Aktiengesellschaften und Transparenz der Beteiligungsverhältnisse, S. 92 f.

339 Beispiel zur Verdeutlichung: Der Bieter verfügt schon vor dem Übernahmeangebot über 25 % der Stimmrechte. Die Mehrheit der außenstehenden Aktionäre steht dem Angebot kritisch gegenüber. Durch unbedingte Annahmen gelingt es dem Bieter lediglich weitere 8 % der Stimmrechte zu erhalten. Da dadurch aber die Bedingung (Kontrollposition) der nur bedingt annehmenden kritischen Aktionäre eingetreten ist, kann das Angebot insgesamt ein durchschlagender Erfolg sein und sogar zu einer absoluten Mehrheit des Bieters führen. Eine Aktionärsminderheit, die – wie in dem gewählten Beispiel – lediglich 8 % der Stimmrechte hält, kann entscheidenden Einfluss auf den Entschluss einer Mehrheit außenstehender Aktionäre ausüben. Zu diesem Problem eines „faktischen Squeeze-Out" vgl. *Schneider/Burgard*, DB 2001, 963, 964 f.; unter dem Gesichtspunkt sog. „Dawn Raids" *Oechsler*, NZG 2001, 817, 825.

340 Anders z.B. im britischen Recht (vgl. S. 83 f., 85 f.).

von Ausnahmefällen[341] lässt sich insbesondere die Erforderlichkeit eines Hauptversammlungsbeschlusses bei Begründung der Abhängigkeit oder des Wechsels des herrschenden Unternehmens de lege lata nicht begründen.[342] Eine Abstimmung über den Kontrollerwerb bzw. -wechsel würde die freie Handelbarkeit von Aktien stark beeinträchtigen. Insbesondere könnte die Veräußerung von Kontrollbeteiligungen der Großaktionäre verhindert werden, mit der Folge einer Ungleichbehandlung im Vergleich zu anderen Aktionären. Das Pflichtangebot i.S.v. § 35 Absatz 2 Satz 1 WpÜG sichert lediglich eine günstigere Ausstiegsmöglichkeit, stellt jedoch keine Konzerneingangskontrolle in dem Sinne dar, dass es zum Kontrollerwerb einer Zustimmung der Aktionäre bedarf.[343]

Abgesehen von dem rechtlichen Hinderungsgrund (§ 150 Absatz 2 BGB), wäre das Ergebnis dieses Lösungsansatzes im Hinblick auf die Beseitigung des prisoner's dilemma jedoch positiv zu bewerten. Wertpapierinhaber, die das Angebot für angemessen halten und zu dem gebotenen Preis verkaufen wollen, würden eine unbedingte Annahme erklären, weil sie den Angebotspreis bei lediglich bedingter Annahme nur im Falle eines erfolgreichen, zum Kontrollerwerb führenden Angebots erhalten. Hinsichtlich der unschlüssigen Angebotsempfänger wird der Verkaufs- bzw. Annahmedruck beseitigt, der aus der Ungewissheit über einen möglichen Kontrollerwerb des Bieters resultiert. Gleichzeitig wird ein Eingriff in die Privatautonomie vermieden, da kein Aktionär an der Veräußerung gehindert wird, selbst wenn sich die Mehrheit zur Ablehnung oder nur bedingten

---

341 Zu diesen Ausnahmen zählt insbesondere die Vinkulierung von Namensaktien, wenn die Satzung gem. § 68 Absatz 2 Satz 3 AktG bestimmt, dass die Hauptversammlung über die Zustimmung zur Übertragung beschließt (*Kropff*, in: MüKo zum AktG, Vorbem. § 311 AktG, Rdn. 81 ff.). Darüber hinaus ist auch die satzungsrechtliche Verankerung von Wettbewerbsbeschränkungen für Unternehmeraktionäre zu erwähnen, deren Zulässigkeit jedoch umstritten ist (befürwortend: *Burgard*, Wettbewerbsverbot, S. 1033 ff.; ablehnend: *Kropff*, in: MüKo zum AktG, Vorbem. § 311 AktG, Rdn. 85 f.; *Seydel*, Konzernbildungskontrolle, S. 172 f.; *Binnewies*, Konzerneingangskontrolle, S. 340 ff., 348 f.).

342 *Mühle*, WpÜG, S. 423 f.; Die Notwendigkeit eines Hauptversammlungsbeschlusses wird insbesondere unter dem Gesichtspunkt der Treuepflicht diskutiert (*Kropff*, in: MüKo zum AktG, Vorbem. § 311 AktG, Rdn. 55 ff.). Darüber hinaus stellt sich die Frage, ob eine Konzerneingliederung als Änderung des Gesellschaftszwecks oder als Strukturänderung anzusehen ist. Vgl. ausführlich aber im Ergebnis ablehnend: *Kropff*, in: MüKo zum AktG, Vorbem. § 311 AktG, Rdn. 54; *Seydel*, Konzernbildungskontrolle, S. 231 ff., 266; *Heyder*, Der qualifizierte faktische Aktienkonzern, S. 118 ff.; *Mülbert*, Aktiengesellschaft, Unternehmensgruppe und Kapitalmarkt, S. 453 ff.; bejahend dagegen: *Schneider/Burgard*, DB 2001, 963, 969.

343 *Burgard*, Wettbewerbsverbot, S. 1033, 1045 f.

Annahme entscheidet.[344] Im Folgenden ist daher zu untersuchen, ob dieses Ergebnis durch andere – rechtlich zulässige – Gestaltungen erreicht werden kann.

II. Von einer Angebotsannahme unabhängige kollektive Entscheidung über den Erfolg bzw. Misserfolg des Angebots

Den Angebotsempfängern könnte, unabhängig von ihrer Angebotsannahme, die Möglichkeit gegeben werden, kollektiv über den Erfolg bzw. Misserfolg des Angebots zu entscheiden. Hierdurch würden sie in die Lage versetzt, sich ohne Risiko gegen das Übernahmeangebot aussprechen zu können. Im Ergebnis würde das Übernahmeangebot nur dann von einer Mehrheit befürwortet werden, wenn der gebotene Preis im Verhältnis zum Selbständigkeitswert der Zielgesellschaft angemessen ist.[345] Um die Verknüpfung des die Übernahme ablehnenden Votums mit dem daraus resultierenden Verbleib in der Gesellschaft aufzuheben, sind verschiedene Varianten vorstellbar.

1. Abstimmung über das Übernahmeangebot in einer Hauptversammlung

Zunächst besteht die Möglichkeit, gesetzlich vorzusehen[346], dass im Rahmen einer Hauptversammlung über das Übernahmeangebot abzustimmen ist.[347] Der Bieter dürfte nur dann eine kontrollierende Beteiligung erwerben, wenn sein Angebot mehrheitlich befürwortet wird. In diesem Fall können sich diejenigen Anteilseigner, die sich zunächst gegen das Angebot ausgesprochen haben, dennoch zur Angebotsannahme entschließen, um nicht in einer unerwünschten Minderheitsposition zu verbleiben. Der Vorteil der Abstimmung in einer Hauptver-

344 Selbst wenn die unbedingten Annahmen keine Kontrollposition herbeiführen, bleiben die dadurch zustandegekommenen Verträge wirksam. Etwas anderes gilt nur dann, wenn der Bieter das Angebot seinerseits unter die vertragliche Bedingung des Erreichens einer bestimmten Mindestbeteiligung gestellt hat. In diesem Fall müssen die Aktionäre akzeptieren, dass sie lediglich bei Eintritt dieser Bedingung an den Bieter verkaufen können. Dies entspricht jedoch dem vertraglich bedingten Angebot des Bieters, auf dessen Inhalt sich die Empfänger einstellen können.

345 *Bebchuk*, 17 Journal of Legal Studies 1988, 197, 222; *Lüttmann*, Kontrollwechsel, S. 42.

346 Nach derzeitiger Rechtslage hätte ein ablehnender Beschluss der Hauptversammlung rechtlich nicht die Wirkung, dass der Bieter sein Übernahmeangebot nicht durchführen darf. Zu in diesem Zusammenhang denkbaren Arten von Hauptversammlungsbeschlüssen, vgl. *Schneider/Burgard*, DB 2001, 963, 968.

347 *Bebchuk*, 98 Harvard Law Review 1985, 1673, 1757 ff.; *ders.*, The Pressure to Tender, S. 371, 382; *ders.*, 17 Journal of Legal Studies 1988, 197, 222 f.; *Lüttmann*, Kontrollwechsel, S. 43; *Witt*, Übernahmen von Aktiengesellschaften und Transparenz der Beteiligungsverhältnisse, S. 91; *Krause*, Das obligatorische Übernahmeangebot, S. 134.

sammlung wird darin gesehen, dass die angesprochenen Aktionäre weitergehende Informationen bezüglich des Übernahmeangebots erhalten können.[348] Darüber hinaus wird eine Diskussion zwischen den Aktionären ermöglicht.

Auch der Vorschlag eines Gesetzes zu öffentlichen Übernahmeangeboten von *Baums* aus dem Jahr 1997 sah in „§ 40 WpHG" eine solche Abstimmung der Hauptversammlung vor.[349] Die Hauptversammlung hatte über die Billigung des von dem Bieter beabsichtigten oder getätigten Erwerbs von mehr als 30 % der Stimmrechte zu entscheiden („§ 40 Absatz 1 WpHG"). Im Falle der Mißbilligung war vorgesehen, dass der Bieter künftig Stimmrechte aus mehr als 30 % der bestehenden Stimmrechte weder selbst noch durch einen anderen ausüben kann („§ 40 Absatz 4 Satz 1 WpHG"). Darüber hinaus war geregelt, dass das vom Bieter abgegebene Übernahmeangebot unwirksam wird („§ 40 Absatz 4 Satz 2 WpHG"). In der Literatur wird dieser Vorschlag jedoch zu Recht kritisch gesehen.[350]

Im Ergebnis dominieren die Nachteile eines Hauptversammlungsbeschlusses. Den Aktionären wird zweimaliges Handeln abverlangt. Zunächst haben sie in der Hauptversammlung für oder gegen die Durchführung des Angebots zu stimmen, um danach ggf. die Annahme oder Ablehnung des Angebots zu erklären.[351] Übernahmeprozesse werden unnötig in die Länge gezogen und verursachen höhere Kosten.[352] Selbst bei einer Verkürzung der Einberufungsfrist des § 123 Absatz 1 AktG wäre einige Zeit erforderlich, um die Hauptversammlung zu organisieren und durchzuführen. Darüber hinaus bestünde aufgrund der möglichen gerichtlichen Anfechtung des Abstimmungsergebnisses das Risiko eines unerträglichen Schwebezustandes.[353] Einen weiteren Unsicherheitsfaktor bildet die Höhe

348 *Lüttmann*, Kontrollwechsel, S. 217.

349 *Baums*, ZIP 1997, 1310, 1314; vgl. auch den nahezu wortlautidentischen § 40 des Fraktionsentwurfs (SPD) eines Gesetzes zur Regelung von Unternehmensübernahmen (Übernahmegesetz) BT-Drucks. 13/8164 vom 2.7.1997; ebenso befürwortend *Schneider/ Burgard*, DB 2001, 963, 968; *Kallmeyer*, AG 2000, 553, 554.

350 *Drygala*, ZIP 2001, 1861, 1864; *Baudisch*, AG 2001, 251, 254; *Schiessl*, AG 1999, 442, 451; *Hopt*, Weg zum deutschen Übernahmegesetz, S. 253, 269 f.

351 *Bebchuk*, 98 Harvard Law Review 1985, 1673, 1759; *ders.*, The Pressure to Tender, S. 371, 382.

352 *Bebchuk*, 98 Harvard Law Review 1985, 1673, 1758 f.; *ders.*, The Pressure to Tender, S. 371, 382; *Krause*, Das obligatorische Übernahmeangebot, S. 134; letzterer verweist ergänzend auf die aus der Verzögerung resultierenden Zwischenfinanzierungskosten des Bieters.

353 *Mülbert*, ZIP 2001, 1221, 1224.

der Hauptversammlungsbeteiligung, da insbesondere Kleinaktionäre davon ausgehen, dass ihre Stimme ohnehin nicht entscheidungserheblich ist.[354] Unklar ist zudem, ob der Bieter und mit ihm zusammenwirkende Personen im Rahmen einer solchen Abstimmung ebenfalls stimmberechtigt sind oder ob eine Abstimmung nur unter den außenstehenden Aktionären herbeigeführt werden soll.[355]

2. „approving/disapproving tender"

Als technisch einfachere Lösung kommt die – insbesondere in Großbritannien für Teilangebote vorgesehene – Durchführung eines „approving/disapproving tender" in Betracht.[356] Auch hierbei wäre es den Aktionären möglich, gesondert und unabhängig von der Angebotsannahme über die Durchführung des Übernahmeangebots zu entscheiden. Eine Erststimme entscheidet dabei über die Missbilligung bzw. Billigung des Angebots. Eine Zweitstimme auf demselben Formular dient der Entscheidung über die Annahme des Angebots. Die Angebotsadressaten können somit eine missbilligende Annahmeentscheidung treffen, indem sie sich zwar gegen den Kontrollwechsel aussprechen (Erststimme), das Angebot aber dennoch annehmen (Zweitstimme).[357] Ihre Annahme gilt dann praktisch für den Fall, dass das öffentliche Übernahmeangebot aufgrund einer mehrheitlichen Billigung (Erststimme) durchgeführt wird. Der Vorteil gegenüber einer Hauptversammlung liegt darin, dass die Entscheidungen in einem einzigen Wahlgang zusammengefasst sind. Der Übernahmeprozess wird beschleunigt und es entstehen geringere Kosten.[358] Auf Seiten der Aktionäre ist kein über die ohnehin notwendige Ausfüllung und Rücksendung des Entscheidungsformulars hinausgehender Aufwand erforderlich.[359] Hinsichtlich der Stimmberechtigung ist jedoch auch hier nicht klar, ob nur die außenstehenden Aktionä-

---

354 *Bebchuk*, 98 Harvard Law Review 1985, 1673, 1758; *Krause*, Das obligatorische Übernahmeangebot, S. 134 f.

355 Vgl. hierzu *Lüttmann*, Kontrollwechsel, S. 217 ff.; *Witt*, Übernahmen von Aktiengesellschaften und Transparenz der Beteiligungsverhältnisse, S. 91 f.; *Baums* sieht in seinem Vorschlag vor, dass der Bieter seine ihm zustehenden und zuzurechnenden Stimmrechte bei der Abstimmung weder selbst noch durch einen anderen ausüben kann *(Baums*, ZIP 1997, 1310, 1314, „§ 40 Absatz 2 WpHG"); den gleichen Ansatz diskutierend auch *Mülbert*, ZIP 2001, 1221, 1224.

356 Rule 36.5 City Code; vgl. auch *Bebchuk*, The Pressure to Tender, S. 371, 381 f.; *ders.*, 17 Journal of Legal Studies 1988, 197, 222.

357 *Krause*, Das obligatorische Übernahmeangebot, S. 135.

358 *Bebchuk*, The Pressure to Tender, S. 371, 382; *Krause*, Das obligatorische Übernahmeangebot, S. 135; *Lüttmann*, Kontrollwechsel, S. 55.

359 *Lüttmann*, Kontrollwechsel, S. 216.

re[360] oder auch der Bieter und mit ihm zusammenwirkende Aktionäre zu berücksichtigen sind.[361]

3. Mindestbeteiligung als gesetzliche Wirksamkeitsbedingung i.V.m. einer verlängerten Annahmefrist bei Bedingungseintritt

Eine dritte Gestaltungsvariante ist in Großbritannien für Gesamtübernahmeangebote realisiert. Diese sieht zwar keine direkte Abstimmung über den Kontrollwechsel vor, stellt sie aber dennoch sicher, indem die Angebote unter der gesetzlichen Bedingung des Erreichens einer Mehrheitsbeteiligung (über 50 % der Stimmrechte) stehen.[362] Gleichzeitig ist für den Fall des Bedingungseintritts eine Verlängerung der Annahmefrist vorgesehen.[363] Darüber hinaus wird den Aktionären, solange das Angebot noch im eben dargestellten Sinn bedingt ist, innerhalb einer bestimmten Frist ein Rücktrittsrecht eingeräumt.[364] *Witt* ist der Ansicht, diese Gesamtregelung schaffe eine Situation, die mit derjenigen eines generellen Rücktrittsrechts vergleichbar ist.[365] Das Koordinationsproblem werde nicht gelöst, sondern lediglich auf einen Zeitpunkt unmittelbar vor Erreichen einer Mehrheitsbeteiligung vertagt. Dabei verkennt er jedoch, dass nicht das Rücktrittsrecht, sondern die Verlängerung der Annahmefrist entscheidend ist. Aktionäre, die dem Angebot kritisch gegenüberstehen, können und werden sich erst entscheiden, wenn das Angebot durch Bedingungseintritt verbindlich wird. Die verlängerte Annahmefrist bietet die Möglichkeit, in sicherer Kenntnis eines Mehrheitserwerbs, über das Angebot zu entscheiden. Der Vergleich mit der Situation eines generellen Rücktrittsrechts ist verfehlt, weil das Rücktrittsrecht i.S.v. Rule 34 City Code nicht mehr besteht, sobald die beschriebene Bedingung eingetreten ist. Die dargestellte Lösung sichert somit allein die volle Entscheidungs-

---

360 So im britischen Recht (Rule 36.5 City Code); *Lüttmann*, Kontrollwechsel, S. 55 steht dieser Beschränkung auf die außenstehenden Aktionäre kritisch gegenüber, weil es dadurch möglich wird, dass eine Minderheit, nämlich die Mehrheit der außenstehenden Aktionäre, den Kontrollwechsel blockiert.

361 Vgl. hierzu *Lüttmann*, Kontrollwechsel, S. 55; *Witt*, Übernahmen von Aktiengesellschaften und Transparenz der Beteiligungsverhältnisse, S. 91 f.

362 Rule 10 City Code.

363 Rule 31.4 City Code. Auch das österreichische Recht sieht gem. §§ 19 Absatz 3, 22 Absatz 11 Satz 2 ÜbG eine Verbindung aus gesetzlicher Bedingung (Stimmrechtsmehrheit) und einer Verlängerung der Annahmefrist vor.

364 Rule 34 City Code.

365 *Witt*, Übernahmen von Aktiengesellschaften und Transparenz der Beteiligungsverhältnisse, S. 89.

freiheit der Aktionäre.[366] Da diese sich bereits von Beginn an auf eine verlängerte Annahmefrist einstellen können, besteht innerhalb der regulären Annahmefrist kein Annahmedruck.[367] Andererseits werden Angebotsempfänger, die mit dem Angebot zufrieden sind, die Annahme erklären, um den Übernahmeerfolg und damit die eigene Transaktion nicht zu gefährden. Weil das Erreichen einer Stimmrechtsmehrheit verlangt wird, sind bei dieser Lösung auch die Stimmrechte des Bieters selbst und der mit ihm zusammenwirkenden Aktionäre einzubeziehen. Dies führt zu einer echten Mehrheitsentscheidung aller stimmberechtigten Aktionäre der Gesellschaft über den Kontrollwechsel bzw. -erwerb.[368]

Zwar verzögert auch diese Lösung den Übernahmeprozess.[369] In Anbetracht der effektiven Bekämpfung des prisoner's dilemma wäre jedoch eine Fristverlängerung von lediglich zwei Wochen als verhältnismäßig anzusehen. Die gesetzliche Bedingung könnte auch an die niedriger liegende Kontrollschwelle angeknüpft werden.[370]

4. Stellungnahme

Alle drei vorgestellten Lösungsansätze simulieren die Entscheidung eines Alleineigentümers.[371] Die einzelnen Aktionäre können sich in einer Abstimmung – mit welchen Mehrheitsverhältnissen auch immer – gegen die Übernahme aussprechen und gemeinschaftlich den Verkauf von Aktien an den Bieter verhindern.[372] Gerade hieraus ergeben sich allerdings erhebliche Bedenken. Aktionäre,

366 So auch *Immenga*, SAG 1975, 89, 99; *ders.*, Öffentliche Übernahmeangebote, S. 11, 27; *Lüttmann*, Kontrollwechsel, S. 55 f., 216; *Krause*, Das obligatorische Übernahmeangebot, S. 135.

367 *Krause*, Das obligatorische Übernahmeangebot, S. 135.

368 *Lüttmann*, Kontrollwechsel, S. 56; *Schneider/Burgard* schlagen dagegen vor, Übernahmeangebote unter die gesetzliche Bedingung zu stellen, dass sie von der Mehrheit der freien Aktionäre angenommen werden (*Schneider/Burgard*, DB 2001, 963, 969).

369 *Krause*, Das obligatorische Übernahmeangebot, S. 135.

370 Übernahmeangebote stünden dadurch unter der gesetzlichen Bedingung des Kontrollerwerbs. Damit verbunden wäre eine Verlängerung der Annahmefrist, falls die gesetzliche Bedingung nach Ablauf der ursprünglichen Frist eingetreten ist.

371 Vgl. hierzu *Krause*, Das obligatorische Übernahmeangebot, S. 134; *Reul*, Übernahmeangebote, S. 11, 29.

372 Tritt die gesetzliche Wirksamkeitsbedingung nicht ein, bleiben auch die durch Angebotsannahmen zustandegekommenen Verträge unwirksam (vgl. *Mülbert*, ZIP 2001, 1221, 1224). Bei einem negativen Ergebnis der Abstimmung in einer Hauptversamm-

die das Angebot vorbehaltlos angenommen haben, sind einem faktischen Veräußerungsverbot ausgesetzt,[373] sofern die gesetzliche Bedingung nicht eintritt oder die Abstimmung mit einem negativen Ergebnis endet. *Witt* ist zu Recht der Ansicht, dass hierdurch übermäßig in die Privatautonomie der Aktionäre eingegriffen wird.[374] Aktionäre, die dem Bieter die Kontrollmehrheit verschaffen können und wollen, sollten daran nicht gehindert werden, zumal nach der derzeitigen Rechtslage in Deutschland auch der Kontrollerwerb durch Käufe außerhalb eines öffentlichen Angebots nicht verhindert werden kann[375]. Die insbesondere aus dem britischen Übernahmerecht hergeleiteten Lösungsvorschläge lassen sich daher nicht ohne weiteres in das deutsche Recht übertragen, weil hierdurch eine vom deutschen Gesetzgeber an keiner Stelle geregelte Abstimmung über den Kontrollerwerb eingeführt würde.[376]

In Großbritannien ist die Zulässigkeit eines die Kontrollschwelle überschreitenden Erwerbs umfassend beschränkt.[377] Rule 5.1 City Code bestimmt die grundsätzliche Unzulässigkeit des Erwerbs einer Beteiligung, durch die ein Erwerber insgesamt über mehr als 30 % der Stimmrechte verfügen würde.[378] Ein Überschreiten der 30 %-Schwelle löst i.d.R. ein Pflichtangebot nach Rule 9.1 City Code aus, dessen Besonderheit gegenüber dem Pflichtangebot i.S.v. § 35 Absatz 2 Satz 1 WpÜG darin liegt, dass es gem. Rule 9.3 (a) City Code ebenfalls unter der gesetzlichen Bedingung des Erreichens einer Mehrheitsbetei-

---

lung oder im Wege eines approving/disapproving tender darf der Bieter keine kontrollierende Beteiligung erwerben.

373 *Krause*, Das obligatorische Übernahmeangebot, S. 134; *Reul*, Übernahmeangebote, S. 11, 29.

374 *Witt*, Übernahmen von Aktiengesellschaften und Transparenz der Beteiligungsverhältnisse, S. 92.

375 Vgl. hierzu bereits S. 78 f.

376 *Krause* befürwortet hingegen eine solche Abstimmung. Er will die Wirksamkeit eines negativen Votums durch ein partielles Stimmverbot unterstützen, soweit der Bieter durch Anteilserwerbe eine über der Kontrollschwelle liegende Beteiligung erworben hat (*Krause*, Das obligatorische Übernahmeangebot, S. 137, 214). Ähnlich *Baums*, ZIP 1997, 1310, 1314 im Rahmen einer vorgeschlagenen Abstimmung durch die Hauptversammlung (vgl. bereits S. 81). Ebenso *Schneider/Burgard*, DB 2001, 963, 968; *Kallmeyer*, AG 2000, 553, 554. Einen Sonderbeschluss der Aktionäre ablehnend: *Dryga-la*, ZIP 2001, 1861, 1864.

377 Ausführlich hierzu *Gower/Prentice/Pettet*, Gower's Principles of modern Company Law, S. 718 f.

378 Die Ausnahmen sind insbesondere in Rule 5.2 City Code geregelt (genauer hierzu vgl. *Lüttmann*, Kontrollwechsel, S. 52 f.).

ligung (über 50 % der Stimmrechte) steht. Tritt die Bedingung nicht ein, bleibt es hinsichtlich des die 30 %-Schwelle überschreitenden Beteiligungserwerbs bei der nach Rule 5.1 City Code vorgesehenen Unzulässigkeit.[379] Im Ergebnis gewährleistet das britische Recht also einen umfassenden Konzerneingangsschutz im Sinne einer Abstimmung über den Kontrollerwerb.

Auch das österreichische Recht sieht für öffentliche Übernahmeangebote gem. § 22 Absatz 11 Satz 2 ÜbG eine gesetzliche Bedingung vor, die im wesentlichen derjenigen des britischen Rechts entspricht.[380] Verfügen der Bieter und mit ihm gemeinsam vorgehende Rechtsträger nach Ablauf der Annahmefrist nicht über mehr als 50 % der Stimmrechte, gilt das Angebot als nicht gestellt, die Annahmeerklärungen sind somit gegenstandslos.[381] Allerdings hat der österreichische Gesetzgeber diese Regelung übernommen, ohne auf eine Abstimmung der verschiedenen den Kontrollerwerb normierenden Vorschriften zu achten. Wie im deutschen Recht können nämlich Aktionäre auch in Österreich einen Kontrollerwerb außerhalb von Übernahmeangeboten in keiner Weise verhindern. Ein solcher führt lediglich nach § 22 Absatz 1 ÜbG zur Pflicht, ein Angebot abzugeben. Anders als in Großbritannien muss aber ein Pflichtangebot i.S.v. § 22 Absatz 1 ÜbG gem. § 22 Absatz 10 ÜbG ohne Bedingungen abgegeben werden. Der Bieter darf die Wirksamkeit dieses Pflichtangebots also nicht daran knüpfen, dass es ihm gelingt eine bestimmte Mindestbeteiligung zu erreichen. Die in § 22 Absatz 11 Satz 2 ÜbG vorgesehene gesetzliche Bedingung ist somit nicht konsequent. Sie führt zu einer Ungleichbehandlung von Kontrollerwerben durch öffentliche Übernahmeangebote und anderen Methoden des Kontrollerwerbs (z.B. außerbörslicher Paketerwerb). Nach den Erläuterungen zur Regierungsvorlage[382] soll diese Bedingung verhindern, dass der Bieter mit z.B. 40 % zwar die faktische Kontrolle über die Zielgesellschaft erreicht, er aber planmäßig einen so niedrigen Preis ansetzt, dass die Mehrheit der Aktionäre nicht annimmt.[383] Der

---

379 Note 4 on Rule 5.2 City Code.

380 *Bydlinski/Winner*, ÖBA 1998, 913, 923 (dort Fn. 80) verweisen direkt auf Rule 10 City Code. Neben dieser gesetzlichen Wirksamkeitsbedingung ist in § 19 Absatz 3 ÜbG eine weitere Annahmefrist von 10 Börsentagen geregelt, die ab Bekanntgabe des während der regulären Annahmefrist zustandegekommenen Ergebnisses zu laufen beginnt.

381 *Huber/Löber*, Übernahmegesetz, § 22 ÜbG, Rdn. 88; *Bydlinski/Winner*, ÖBA 1998, 913, 923 sprechen in diesem Fall von einem gescheiterten Angebot.

382 Zu § 22 Absatz 11 ÜbG; abgedruckt bei *Huber/Löber*, Übernahmegesetz, § 22 ÜbG, S. 137 f.

383 Vgl. auch *Bydlinski/Winner*, ÖBA 1998, 913, 923; *Kalss*, NZG 1999, 421, 425; *Stockenhuber*, RIW 1999, 752, 755 (dort Fn. 19).

Bieter soll also von vornherein dazu angehalten werden, den Angebotspreis so attraktiv zu bemessen, dass er mindestens die einfache Mehrheit erreicht.[384] Dieses für die gesetzliche Bedingung vorgebrachte Argument ist zwar nicht von der Hand zu weisen, kann jedoch das dadurch verursachte faktische Veräußerungsverbot nicht rechtfertigen. Es ist kein Grund ersichtlich, weshalb durch Beteiligungserwerbe außerhalb von Übernahmeangeboten eine 40 %-Beteiligung ohne Verhinderungsmöglichkeit der Aktionäre erworben werden darf, durch ein Übernahmeangebot hingegen nicht.

Im Ergebnis sind die vorgestellten drei Lösungen zumindest für Deutschland abzulehnen. Dies steht im Einklang mit den Richtlinienvorschlägen auf europäischer Ebene. Auch diese sehen für Beteiligungserwerbe, die über die Kontrollschwelle hinausgehen, keine Beschränkungen vor.[385] Letztendlich ist daher nach einer Lösung zu suchen, die ein faktisches Veräußerungsverbot vermeidet.

III. Weitere Annahmefrist bei Erreichen der Kontrollschwelle (§ 29 Absatz 2 WpÜG) bzw. einer vorgesehenen höheren Mindestbeteiligung

Die Gestaltung eines Lösungsansatzes sollte vom Ergebnis her dem Ansatz einer Zulassung unmittelbar zum Vertragsschluss führender, durch den Kontrollerwerb bedingter Annahmeerklärungen entsprechen.[386] Gleichzeitig darf ein solcher Ansatz jedoch nicht den gleichen rechtlichen Bedenken ausgesetzt sein. Zu untersuchen ist daher, ob eine solche Gestaltung zur Beseitigung bzw. Abmilderung des Verkaufs- bzw. Annahmedrucks möglicherweise bereits in § 16 Absatz 2 WpÜG angelegt ist.[387] *Fleischer/Kalss* ziehen beispielsweise die Sinnhaftigkeit der regelmäßigen Veröffentlichungspflicht des § 23 Absatz 1 WpÜG in Zweifel, weil § 16 Absatz 2 WpÜG dem prisoner's dilemma bereits weithin abhelfe.[388]

---

384 *Stockenhuber*, RIW 1999, 752, 755 (dort Fn. 19).

385 So bereits *Krause*, Das obligatorische Übernahmeangebot, S. 137.

386 Ausführlich zu diesem Lösungsansatz vgl. S. 77 ff.

387 *Mülbert*, ZIP 2001, 1221, 1223 sieht in § 16 Absatz 2 WpÜG das rechtstechnische Mittel für die Wahrung der Entscheidungsfreiheit der Angebotsempfänger; ebenso *Krause*, NJW 2002, 705, 708; *Drygala*, ZIP 2001, 1861, 1864 (dort Fn. 49); *Liebscher*, ZIP 2001, 853, 865. Letzterer spricht von einer weiteren Abmilderung des auf den Aktionären lastenden Entscheidungsdrucks.

388 *Fleischer/Kalss*, WpÜG, S. 23, 94.

1. Regelungsinhalt und -zweck des § 16 Absatz 2 WpÜG

Im Rahmen von Übernahmeangeboten[389] gewährt § 16 Absatz 2 WpÜG den Wertpapierinhabern eine zweiwöchige gesetzliche Zusatzfrist (weitere Annahmefrist). Während dieser Frist können sich diejenigen Aktionäre, die das Angebot noch nicht angenommen haben, in Kenntnis des in der regulären Annahmefrist zustandegekommenen Ergebnisses (§ 23 Absatz 1 Satz 1 Nr. 2 WpÜG) für eine Annahme des Angebots entscheiden (sog. „Zaunkönigregelung“).[390] Der Gesetzgeber wollte mit dieser Regelung dem prisoner's dilemma entgegenwirken.[391]

2. Schwäche des § 16 Absatz 2 WpÜG

Wenngleich der Gesetzgeber bei der Vorschrift des § 16 Absatz 2 WpÜG vor Augen hatte, Angebotsadressaten aus dem prisoner's dilemma zu befreien, ist ihm dies nicht für alle Fälle gelungen. Aus dem Wortlaut von § 16 Absatz 2 Satz 1 und 2 WpÜG und der objektiv[392] zu beurteilenden Definition eines Übernahmeangebots in § 29 Absatz 1 WpÜG ergibt sich, dass die weitere Annahmefrist nicht ausschließlich auf Fälle beschränkt ist, bei denen der Bieter nach Ablauf der regulären Annahmefrist die tatsächliche oder zumindest die vermutete (§ 29 Absatz 2 WpÜG) Kontrolle über die Zielgesellschaft erlangt hat.[393] Zu einer weiteren Annahmefrist kommt es gem. § 16 Absatz 2 Satz 2 WpÜG nur dann

389 § 16 Absatz 2 WpÜG gilt nach derzeitiger Rechtslage entsprechend seinem klaren Wortlaut ausschließlich bei Übernahmeangeboten. In Bezug auf Pflichtangebote ist die Anwendung des § 16 Absatz 2 WpÜG gem. § 39 WpÜG ausgeschlossen. Die Vorschrift ist insofern systematisch falsch eingeordnet, weil sie im Zusammenhang mit Vorschriften geregelt ist, die für sämtliche in den Anwendungsbereich des WpÜG fallende Angebote gelten (vgl. *Schüppen*, WPg 2001, 958, 965).

390 *Geibel*, in: Geibel/Süßmann, WpÜG, § 16 WpÜG, Rdn. 2, 24; *Mülbert*, ZIP 2001, 1221, 1223, 1124 f.

391 Begr. RegE, BT-Drucks. 14/7034, S. 46; *Schüppen*, WPg 2001, 958, 966; *Hasselbach*, in: KK zum WpÜG, § 16 WpÜG, Rdn. 31.

392 *Riehmer*, in: Haarmann/Riehmer/Schüppen, Öffentliche Übernahmeangebote, § 29 WpÜG, Rdn. 20.

393 *Hasselbach*, in: KK zum WpÜG, § 16 WpÜG, Rdn. 34; *Möllers*, in: KK zum WpÜG, § 23 WpÜG, Rdn. 14 ff.; *Mühle*, WpÜG, S. 431; jedenfalls nach dem Gesetzeswortlaut ebenso *Geibel*, in: Geibel/Süßmann, WpÜG, § 16 WpÜG, Rdn. 32; von diesem Ergebnis ausgehend auch *Witt*, NZG 2000, 809, 817; *Schüppen*, WPg 2001, 958, 966; hinsichtlich der fehlenden Beschränkung auf die vermutete Kontrollschwelle a.A. *Steinmeyer/Häger*, WpÜG, § 16 WpÜG, Rdn. 5, § 29 WpÜG, Rdn. 12 ff. (ausführlich hierzu vgl. S. 89, Fn. 396).

nicht, wenn der Bieter die Wirksamkeit seines Angebots von vornherein vom Erwerb einer bestimmten Mindestbeteiligung abhängig gemacht hat, und diese nach Ablauf der regulären Annahmefrist nicht erreicht wurde. Sie wird somit in Einzelfällen auch dann ausgelöst, wenn die genannten Beteiligungsschwellen nicht erreicht wurden.

Die Gesetzesbegründung zu § 16 Absatz 2 WpÜG ist insofern missverständlich, als sie den Aktionären (nur) in den Fällen eine weitere Annahmefrist einräumen will, in denen das Angebot „erfolgreich" ist.[394] Die Bezugnahme auf den „Erfolg" eines Übernahmeangebots suggeriert, dass eine weitere Annahmefrist lediglich dann ausgelöst wird, wenn der Bieter im Ergebnis eine Kontrollposition i.S.v. § 29 Absatz 2 WpÜG erreicht hat. Tatsächlich ist ein Übernahmeangebot jedoch immer dann als erfolgreich zu bezeichnen, wenn aus ihm auch nur ein einzelner, wirksamer Kauf- bzw. Tauschvertrag hervorgeht. Dies ergibt sich auch aus der Begründung zu § 31 Absatz 4 WpÜG. Hiernach ist ein Übernahmeangebot aus Sicht des Gesetzgebers nur dann als gescheitert anzusehen, wenn den Angebotsadressaten mangels wirksamer Verträge endgültig keinerlei Ansprüche auf eine Gegenleistung zustehen.[395] Ein Übernahmeangebot kann somit auch dann erfolgreich i.S.d. Gesetzgebers sein, wenn keine Kontrolle erlangt wurde. Entscheidend ist allein, ob das Angebot – wie z.B. bei einem unbedingten Übernahmeangebot – dennoch wirksam bleibt. Da § 29 Absatz 1 WpÜG lediglich darauf abgestellt, ob das Angebot auf den Erwerb der Kontrolle gerichtet ist, geht der Charakter eines Übernahmeangebots nicht verloren, wenn die Kontrollschwelle letztlich nicht erreicht wird.[396]

---

394 Begr. RegE, BT-Drucks. 14/7034, S. 46; ebenso *Liebscher*, ZIP 2001, 853, 865.

395 Begr. RegE, BT-Drucks. 14/7034, S. 56.

396 *Geibel*, in: Geibel/Süßmann, WpÜG, § 16 WpÜG, Rdn. 32; *Süßmann*, in: Geibel/Süßmann, WpÜG, § 29 WpÜG, Rdn. 5; a.A. *Steinmeyer/Häger*, WpÜG, § 29 WpÜG, Rdn. 12 ff., nach denen ein Übernahmeangebot voraussetzt, dass der Bieter sein Angebot vom Erreichen einer Mindestbeteiligung oder Mindestanzahl von Wertpapieren abhängig macht, bei der die (vermutete) Kontrollschwelle i.S.d. § 29 Absatz 2 WpÜG gegeben ist. Diese Ansicht ist jedoch strikt abzulehnen, weil sie i.E. ohne entsprechende Anhaltspunkte davon ausgeht, dass der deutsche Gesetzgeber die bereits aus anderen Ländern geläufige Regelung einer gesetzlichen Wirksamkeitsbedingung (hier: Erreichen der Kontrollschwelle) unbewusst vergessen hat. Über einen Umweg wird versucht, das gleiche Ergebnis herbeizuführen. Insbesondere die Argumentation mit dem Sinngehalt des § 26 Absatz 1 WpÜG übersieht, dass laufend neue Angebote mit sukzessiv erhöhter Gegenleistung schon unter dem Gesichtspunkt der Nachbesserungspflicht des § 31 Absatz 5 WpÜG unterbleiben werden.

Im Regelfall des durch das Erreichen einer Mehrheitsbeteiligung (über 50 %)[397] bedingten Angebots, kann ein prisoner's dilemma in der weiteren Annahmefrist nicht mehr bestehen[398] und wird daher durch § 16 Absatz 2 WpÜG bereits innerhalb der regulären Annahmefrist beseitigt. Aufgrund der Vorschrift des § 16 Absatz 2 Satz 2 WpÜG wird eine weitere Annahmefrist in diesen Fällen nur und immer dann ausgelöst, wenn die vorgesehene Mindestschwelle und somit die tatsächliche Kontrolle nach Ablauf der regulären Annahmefrist erreicht wurde. Bleibt der Bedingungseintritt aus, ist das gesamte Angebot unwirksam, mit der Folge, dass unerwünschte Minderheitspositionen nicht entstehen können. Auf die lediglich zu einer Kontrollvermutung führende 30 %-Schwelle des § 29 Absatz 2 WpÜG kann insoweit nicht abgestellt werden, da hinsichtlich des prisoner's dilemma allein die tatsächliche Kontrolle entscheidend ist. Diese tatsächliche Kontrolle ist erst bei der bezeichneten Mehrheitsbeteiligung mit Sicherheit gegeben.

Kann die weitere Annahmefrist hingegen unabhängig davon ausgelöst werden, ob der Bieter nach der regulären Annahmefrist die tatsächliche Kontrolle erworben hat, ist das prisoner's dilemma durch § 16 Absatz 2 WpÜG nicht beseitigt. Dies gilt zum einen, wenn das Übernahmeangebot vom Erreichen einer Mindestbeteiligung abhängig gemacht wird, die das Entstehen tatsächlicher Kontrolle nicht zwingend sicherstellt (Beteiligung $\leq$ 50 %). Wird diese Schwelle erreicht, gelingt es dem Bieter jedoch nicht gleichzeitig, die tatsächliche Kontrolle zu erhalten, besteht die Unsicherheit für die Angebotsadressaten in der weiteren Annahmefrist fort.[399] Zum anderen trifft dies auf Übernahmeangebote zu, die keine Mindestbeteiligung als Wirksamkeitsbedingung enthalten.[400] Nach dem Gesetzeswortlaut wird die weitere Annahmefrist hier auch dann gewährt, wenn der tatsächliche oder vermutete Kontrollerwerb misslingt.[401] Es kommt somit erschwerend hinzu, dass keinerlei Anreiz für eine Annahme innerhalb der regulären Annahmefrist existiert, weil sich die Angebotsadressaten einer weiteren Annahmefrist sicher sein können. In beiden Fällen kann sich § 16 Absatz 2 WpÜG zum Nachteil der Angebotsadressaten auswirken. Die Entstehung bzw. das Fortbeste-

---

397 *Möllers*, in: KK zum WpÜG, § 23 WpÜG, Rdn. 14 stellt dagegen auf eine Beteiligung von mindestens 50 % ab. Eine Beteiligung von genau 50 % stellt jedoch keine tatsächliche Kontrolle sicher.

398 *Schröder*, in: Haarmann/Riehmer/Schüppen, Öffentliche Übernahmeangebote, § 23 WpÜG, Rdn. 31; *Möllers*, in: KK zum WpÜG, § 23 WpÜG, Rdn. 14; *Hasselbach*, in: KK zum WpÜG, § 16 WpÜG, Rdn. 32.

399 In diesem Sinn auch *Möllers*, in: KK zum WpÜG, § 23 WpÜG, Rdn. 15.

400 So auch *Möllers*, in: KK zum WpÜG, § 23 WpÜG, Rdn. 15.

401 *Geibel*, in: Geibel/Süßmann, WpÜG, § 16 WpÜG, Rdn. 32.

hen eines Verkaufs- bzw. Annahmedrucks in der weiteren Annahmefrist ist nicht auszuschließen. Die eigentlich bezweckte Abmilderung bzw. Beseitigung verkehrt sich in diesen Fällen in ihr Gegenteil.[402]

3. Beseitigung der Schwäche des § 16 Absatz 2 WpÜG (de lege ferenda)

a) Ablehnung gesetzlich bedingter Übernahmeangebote

Mühle äußerte bereits die Ansicht, dass die weitere Annahmefrist zur Beseitigung der angesprochenen Schwäche des § 16 Absatz 2 WpÜG kraft Gesetzes unter die Bedingung des Erreichens der „Kontrolle" gestellt werden müsse. „Nur wenn der Bieter innerhalb der eigentlichen Annahmefrist die Kontrolle erlangt, darf die weitere Annahmefrist ausgelöst werden."[403] Allerdings zeigen die Ausführungen von *Mühle* und die von ihr als Beispiel herangezogenen Regelungen des § 22 Absatz 11 ÜbG (Österreich) und Rule 10 City Code (Großbritannien), dass sie entgegen ihrer Äußerung, nicht nur die weitere Annahmefrist unter die Bedingung des Kontrollerwerbs stellen will, sondern das gesamte Angebot des Bieters. Eine solche Lösung ist aufgrund der bereits dargestellten Nachteile[404] abzulehnen.

b) Kontrollerwerb als Bedingung für die Auslösung einer weiteren Annahmefrist

Richtigerweise ist lediglich die Auslösung der weiteren Annahmefrist unter die Bedingung des Kontrollerwerbs zu stellen, weil hierdurch ein faktisches Veräußerungsverbot vermieden wird. Hat der Bieter sein Angebot nicht durch das Erreichen einer bestimmten Mindestbeteiligung bedingt, bleiben die durch Annahmeerklärungen zustandegekommenen Verträge wirksam, selbst wenn ein Kontrollerwerb des Bieters nach Ablauf der (regulären) Annahmefrist letztendlich ausbleibt. Nach *Geibel* ist § 16 Absatz 2 Satz 1 WpÜG angesichts des evidenten Wertungswiderspruchs entsprechend teleologisch zu reduzieren.[405] Diese Ansicht

---

402 Ähnlich auch *Geibel*, in: Geibel/Süßmann, WpÜG, § 16 WpÜG, Rdn. 33; *Geibel/Süßmann*, BKR 2002, 52, 61; *Möllers*, in: KK zum WpÜG, § 23 WpÜG, Rdn. 15; missverständlich dagegen *Hasselbach*, in: KK zum WpÜG, § 16 WpÜG, Rdn. 34.

403 *Mühle*, WpÜG, S. 431.

404 Vgl. hierzu S. 84 ff.

405 *Geibel*, in: Geibel/Süßmann, WpÜG, § 16 WpÜG, Rdn. 33; ebenso *Geibel/Süßmann*, BKR 2002, 52, 61.

ist jedoch abzulehnen.[406] § 16 Absatz 2 WpÜG gewährt den Angebotsadressaten eine zusätzliche Entscheidungsmöglichkeit, die ihnen de lege lata nicht entgegen dem klaren Wortlaut der Vorschrift genommen werden kann, weil sie sich im Zweifel auf diese Möglichkeit verlassen. Eine Änderung bleibt somit de lege ferenda dem Gesetzgeber vorbehalten.

Im Folgenden soll die detaillierte Ausgestaltung der de lege ferenda vorzusehenden fristauslösenden Bedingung erörtert werden. Dabei ist zu klären, ob auf die vermutete Kontrollschwelle des § 29 Absatz 2 WpÜG oder auf die tatsächliche Kontrolle abzustellen ist.

aa) Ablehnung einer Anknüpfung an die tatsächliche Kontrolle

Durch eine Einschränkung der weiteren Annahmefrist auf Fälle, bei denen der Bieter nach Ablauf der (regulären) Annahmefrist die tatsächliche Kontrolle erreicht hat, würde das prisoner's dilemma vollständig beseitigt. Einer solchen Gestaltung steht jedoch der Umstand entgegen, dass ein tatsächlicher Kontrollerwerb nicht rechtssicher festgestellt werden kann, da er insbesondere von variablen Hauptversammlungspräsenzen abhängig ist. Zudem würde sich eine solche Regelung nicht in das gesetzliche System der Pflichtangebote einfügen. Denn sofern die weitere Annahmefrist trotz Überschreitung der 30 %-Schwelle mangels Erwerb der tatsächlichen Kontrolle nicht ausgelöst würde, wäre ein Pflichtangebot nach derzeitiger Rechtslage selbst bei späterer Aufstockung der Beteiligung nicht mehr vorgesehen.

bb) Anknüpfung an die Kontrollschwelle des § 29 Absatz 2 WpÜG

Richtig wäre es, die weitere Annahmefrist de lege ferenda auf die Fälle zu beschränken, bei denen die durch § 29 Absatz 2 WpÜG definierte Kontrollschwelle (30 % der Stimmrechte) nach Ablauf der (regulären) Annahmefrist erreicht bzw. überschritten wurde. Der Gesetzgeber sollte in einem neuen § 16 Absatz 2 Satz 3 WpÜG die Regelung aufnehmen, dass Satz 1 ferner nicht gilt, wenn der Bieter nach Ablauf der Annahmefrist keine Kontrolle i.S.v. § 29 Absatz 2 WpÜG über

406 In diesem Sinn auch *Hasselbach*, in: KK zum WpÜG, § 16 WpÜG, Rdn. 34; als Praxisbeispiel vgl. Übernahmeversuch „Deutsche Balaton AG/Beta Systems Software AG" vom 20. März 2002, bei dem eine weitere Annahmefrist gewährt wurde, obwohl nach der regulären Annahmefrist lediglich eine Beteiligung in Höhe von 3,37 % erreicht wurde (Bekanntmachung der Deutsche Balaton AG gem. § 23 Absatz 1 Satz 1 Nr. 2 WpÜG vom 25. April 2002 unter http://www.dbbh.de/betasystems/bekanntmachung; abgerufen am 5.5.2002).

die Zielgesellschaft erlangt hat. In Fällen, in denen der Bieter die Wirksamkeit seines Angebots unter die Bedingung des Erreichens einer höheren Mindestbeteiligung stellt, wird die weitere Annahmefrist ohnehin nur im Falle des Bedingungseintritts ausgelöst, da das Angebot ansonsten seine Wirksamkeit verliert.

(1) Bedenken hinsichtlich der Anknüpfung an § 29 Absatz 2 WpÜG

Die hier vorgeschlagene Gestaltung beseitigt das prisoner's dilemma lediglich für die überwiegende Anzahl der Fälle, da die Kontrollschwelle des § 29 Absatz 2 WpÜG unter Berücksichtigung von Erfahrungswerten festgelegt wurde und deshalb zwar regelmäßig, jedoch nicht zwingend dem Erwerb der tatsächlichen Kontrolle entspricht. In Einzelfällen bleibt das prisoner's dilemma bestehen. Ein solcher Fall ist gegeben, wenn der Bieter sein Angebot von dem Erreichen einer zwischen 30 % und 50 % der Stimmrechte vermittelnden Mindestbeteiligung abhängig gemacht hat, diese Bedingung eingetreten ist, er aber dennoch – aus welchen Gründen auch immer – keine tatsächliche Kontrolle erreicht hat. Ein zweiter Problemfall kann entstehen, wenn der Bieter sein Angebot ohne Bedingung abgibt bzw. die Bedingung unter der 30 %-Schwelle liegt. Hat der Bieter nämlich über 30 % der Stimmrechte erreicht, wird die weitere Annahmefrist unabhängig vom Erwerb der tatsächlichen Kontrolle ausgelöst.

(2) Relativierung der aufgezeigten Bedenken

Das prisoner's dilemma wird durch die vorgeschlagene Lösung in der Regel beseitigt. Hinsichtlich verbleibender Problemfälle ist zu berücksichtigen, dass dem Bieter ohnehin die Möglichkeit offen steht, ein weiteres neues Angebot mit den gleichen Bedingung abzugeben. Auch auf diese Weise würde der Verkaufs- bzw. Annahmedruck erneut ausgelöst.

Zudem ist die Beteiligung in den angesprochenen Fällen bereits so hoch (über 30 % der Stimmrechte), dass eine spätere Aufstockung kein Pflichtangebot mehr auslöst. Die weitere Annahmefrist tritt daher lediglich an die Stelle eines Pflichtangebots. Ein solches könnte ebenfalls unabhängig vom Erwerb der tatsächlichen Kontrolle abgegeben werden, da eine Befreiung lediglich auf Antrag des Bieters vorgesehen ist (§ 37 Absatz 1 WpÜG). Ein de lege ferenda durch die generalisierende Schwelle des § 29 Absatz 2 WpÜG eingeschränkter § 16 Absatz 2 WpÜG würde sich in das derzeitige gesetzliche System einfügen. Eine Befreiungsmöglichkeit entsprechend § 37 WpÜG ist in § 16 Absatz 2 WpÜG nicht vorzusehen, weil der Bieter aufgrund seines vorausgehenden Vollangebots in keiner Weise schutzwürdig ist.

4. Vergleich mit dem Lösungsansatz einer Zulassung unmittelbar zum Vertragsschluss führender bedingter Angebotsannahmen

Vergleicht man die hier vorgeschlagene Lösung mit dem Lösungsansatz einer Zulassung unmittelbar zum Vertragsschluss führender, durch den Kontrollerwerb bedingter, Angebotsannahmen der Angebotsempfänger[407], so zeigt sich im Ergebnis eine Übereinstimmung. Die unschlüssigen Angebotsempfänger bleiben bei der Ermittlung des Erfolgs bzw. Misserfolgs des Angebots außen vor. Bei dem vorgeschlagenen Lösungsansatz über § 16 Absatz 2 WpÜG bleiben sie außer Betracht, weil sie das Angebot noch nicht in der regulären Annahmefrist angenommen haben. Im Fall der bedingten Annahme entscheiden nur die unbedingten Annahmen über den Erfolg des Angebots. Im Rahmen beider Lösungsansätze haben die Wertpapierinhaber somit die Möglichkeit, das Angebot im Falle des Kontrollerwerbs durch den Bieter anzunehmen. Der Unterschied liegt lediglich in der rechtlichen Konstruktion und den zeitlichen Aspekten. Während die Angebotsempfänger bei einer bedingten Annahme innerhalb der regulären Annahmefrist eine Entscheidung für den hypothetischen Fall des Kontrollerwerbs treffen müssen, können die Aktionäre bei einer Lösung über § 16 Absatz 2 WpÜG innerhalb einer anschließenden weiteren Annahmefrist, in Kenntnis des nun sicher bevorstehenden Kontrollwechsels bzw. der Entstehung einer Kontrollsituation, entscheiden. Darüber hinaus vermeiden beide Lösungsansätze ein faktisches Veräußerungsverbot. Auch der erzeugte Anreiz für bereits entschlossene Aktionäre hinsichtlich einer unbedingten Annahme bzw. einer Annahme in der regulären Annahmefrist ist identisch, weil ansonsten das Risiko bestünde, den angebotenen Preis nicht erhalten zu können. Die Lösungsansätze sind im Ergebnis nahezu gleichwertig. Der Variante über § 16 Absatz 2 WpÜG ist jedoch zuzugestehen, dass ihr keine rechtlichen Hindernisse entgegenstehen.

H. Ergebnis

Die zur Abmilderung bzw. Beseitigung des prisoner's dilemma im Rahmen öffentlicher Wertpapiererwerbs- und Übernahmeangebote diskutierten bzw. im deutschen Recht und anderen Rechtsordnungen angewendeten Lösungsansätze sind größtenteils unzureichend, um das bestehende Kommunikations- und Koordinationsproblem zwischen den Aktionären zu beseitigen. Dies gilt insbesondere auch für den Lösungsansatz, der – wie § 23 Absatz 1 Satz 1 WpÜG – Transparenz hinsichtlich der Beteiligungsentwicklung des Bieters und des Annahmestandes sicherstellen soll. Der bereits bestehende Trend, mit der Annahme des

407 Vgl. hierzu S. 77 ff.

Angebots bis zum Schluss der Annahmefrist abzuwarten, würde hierdurch verstärkt. Selbst im Zeitalter des Internets bleibt am Ende der Annahmefrist ein Zeitraum bestehen, der für eine Information aller Angebotsadressaten nicht mehr ausreicht.

Als erfolgversprechenster Weg zur Lösung des prisoner's dilemma stellt sich die Regulierung des Entscheidungsprozesses selbst dar. Der in diesem Zusammenhang angesprochenen, positiv zu beurteilenden Zulassung von unmittelbar zum Vertragsschluss führenden Angebotsannahmen, die durch das Erreichen einer Kontrollmehrheit bedingt sind, steht § 150 Absatz 2 BGB entgegen. Auch die dargestellten Gestaltungen, die eine von der Angebotsannahme unabhängige kollektive Entscheidung über den Erfolg bzw. Misserfolg des Angebots gewährleisten, sind aufgrund der hiermit verbundenen Gefahr eines faktischen Veräußerungsverbots, mit dem derzeitigen deutschen Rechtssystem nicht in Einklang zu bringen, obwohl sie das prisoner's dilemma beseitigen würden. Im Ergebnis wird daher vorgeschlagen, den Entscheidungsprozess derart zu regulieren, dass den Aktionären in einer weiteren Annahmefrist die Möglichkeit gegeben wird, das Angebot im Falle des Kontrollerwerbs seitens des Bieters anzunehmen. Aufbauend auf der bestehenden Regelung des § 16 Absatz 2 WpÜG ist dieser Lösungsansatz de lege ferenda dahingehend weiterzuentwickeln, dass die weitere Annahmefrist lediglich in den Fällen ausgelöst wird, in denen der Bieter die Kontrolle i.S.v. § 29 Absatz 2 WpÜG erreicht hat. Hierdurch wird die Zwangssituation, in der sich die Angebotsadressaten befinden, zumindest für die Mehrzahl der Fälle beseitigt. Da das prisoner's dilemma hierbei aufgrund der generalisierenden Kontrollschwelle des § 29 Absatz 2 WpÜG in vereinzelten Fällen möglich bleibt, könnten Veröffentlichungen i.S.v. § 23 Absatz 1 Satz 1 Nr. 1 WpÜG als ergänzender Schutz dienen. Ob und inwiefern diese Veröffentlichungspflicht de lege ferenda abgeändert werden sollte, ist nach eingehender Untersuchung der de lege lata bestehenden Rechtslage zu entscheiden. Insbesondere hinsichtlich der Pflicht zur regelmäßigen Veröffentlichung des Annahmestandes, die sich auf die gesamte Annahmefrist erstreckt, könnten erhebliche Bedenken bestehen.

4. Kapitel: Bedenken hinsichtlich einer Verpflichtung des Bieters zu regelmäßiger Veröffentlichung des Annahmestandes während der gesamten Annahmefrist (§ 23 Absatz 1 Satz 1 Nr. 1 WpÜG)

A. Übergeordnete kapitalmarktrechtliche Erwägungen

I. Gefahr der Behinderung von effizienten Übernahmen durch Zwang zu sog. „Nullmeldungen"

Der Pflicht des Bieters zu regelmäßiger Veröffentlichung des Annahmestandes während der gesamten Annahmefrist stehen übergeordnete kapitalmarktrechtliche Erwägungen entgegen, weil hieraus erhebliche Auswirkungen auf den Erfolg bzw. Misserfolg eines Angebots resultieren können.[408] Der Trend zu sog. „last-minute"-Entscheidungen wird verstärkt, weil sich die Informationsgrundlage bis zum Ende der Annahmefrist laufend verbessert. Bieter sind gezwungen, die hieraus folgende niedrige Annahmequote in der Frühphase des Angebots zu veröffentlichen. Der psychologische Effekt solcher hier als „Nullmeldungen" bezeichneter Veröffentlichungen auf die Angebotsempfänger ist dabei nicht zu unterschätzen.[409] Da der Anschein eines nicht erfolgreich verlaufenden Angebotsverfahrens erweckt wird, könnte sich die von den einzelnen Aktionären zu treffende Entscheidung in Richtung „Ablehnung des Angebots" verschieben, ohne dass dies auf objektiven, für die Bewertung eines Angebots maßgeblichen, Kriterien beruht.[410] Die Möglichkeit der Behinderung von effizienten Übernahmen ist sehr bedenklich, weil sie die Internationalisierung und Konkurrenzfähigkeit unseres Kapitalmarktes gefährdet und einem allokationseffizienten[411] Mechanismus

---

408 Vgl. auch *Riehmer/Schröder*, BB Beilage 5/2001, S. 1, 15 f., deren Bedenken sich auf §§ 21 ff. WpHG und § 23 Absatz 1 Satz 1 Nr. 1 WpÜG beziehen.

409 Vgl. auch *Riehmer/Schröder*, NZG 2000, 820, 823; ähnlich *Geibel*, in: Geibel/Süßmann, WpÜG, § 16 WpÜG, Rdn. 27.

410 *Assmann/Bozenhardt*, Übernahmeangebote, ZGR-Sonderheft 9, S. 1, 98 (dort Fn. 509) haben bereits darauf hingewiesen, dass die laufende Veröffentlichung der Annahmequote zu unerwünschtem Entscheidungsverhalten der Aktionäre führen kann, weil sie die Entwicklung der Annahmeerklärungen missdeuten könnten; ebenso *Schröder*, in: Haarmann/Riehmer/Schüppen, Öffentliche Übernahmeangebote, § 23 WpÜG, Rdn. 26. Nach *Deutscher Anwaltverein e.V.*, NZG 2001,1003, 1005 ist die in § 23 Absatz 1 Satz 1 Nr. 1 WpÜG vorgesehene wöchentliche Veröffentlichungspflicht geeignet, Kapitalmarktteilnehmer im Hinblick auf den wahrscheinlichen Erfolg bzw. Misserfolg des Angebots fehlzuleiten.

411 Zu diesem Begriff vgl. S. 3 (dort Fn. 7).

entgegensteht. Diese Bedenken sind insbesondere vor dem Hintergrund zu sehen, dass der Gesetzgeber mit dem WpÜG lediglich einen Rechtsrahmen für ein faires und transparentes Verfahren zur Verfügung stellen wollte. Eine Überregulierung sowie eine Verlangsamung des Strukturwandels durch einseitige Erschwerung von Unternehmensübernahmen sollte an sich vermieden werden.[412] Nach *Witt* steht unsere Rechtsordnung Übernahmen gesellschafts- und kapitalmarktrechtlich neutral gegenüber.[413] Transparenzpflichten können und sollen keinesfalls als Bremse gegen Übernahmeversuche wirken.[414] Letzterer Aussage muss hinsichtlich einer Pflicht zu regelmäßiger Veröffentlichung der Annahmestände insofern widersprochen werden, als sie wie dargestellt durchaus geeignet ist, effiziente Übernahmen zu behindern.[415]

Riehmer/Schröder erwägen daher, Meldepflichten nach §§ 21 ff. WpHG während der Laufzeit eines Übernahmeangebots generell zu suspendieren. Der Schutzzweck der §§ 21 ff. WpHG, heimliche Paketbildungen zu verhindern,[416] würde nicht tangiert,[417] weil der Wille des Bieters zum Beteiligungserwerb bereits ab Veröffentlichung der Entscheidung zur Abgabe eines Angebots (§ 10 Absatz 1 Satz 1 WpÜG) bekannt ist. Zudem hält sich die Unsicherheit in Bezug auf die Annahmequote – jedenfalls in zeitlicher Hinsicht – in Grenzen, da sich der Hauptteil der Annahmeerklärungen und damit der maßgebliche Zeitraum regelmäßig auf die letzten Tage vor Ablauf der Annahmefrist konzentriert.

---

412 Begr. RegE, BT-Drucks. 14/7034, S. 27.

413 *Witt*, Übernahmen von Aktiengesellschaften und Transparenz der Beteiligungsverhältnisse, S. 71; vgl. auch *Klein*, NJW 1997, 2085, 2089 und *Stoll*, BB 1989, 301, 305 nach denen Übernahmen nicht verhindert, sondern transparent gemacht werden sollen. Letztere äußern jedoch in keiner Weise die Notwendigkeit regelmäßiger Veröffentlichung des Annahmestandes.

414 *Witt*, Übernahmen von Aktiengesellschaften und Transparenz der Beteiligungsverhältnisse, S. 72; ähnlich *Junge*, Anzeigepflichten und Publizität, S. 473, 482 f.; auch letzterer äußert allerdings in keiner Weise die Notwendigkeit regelmäßiger Veröffentlichung des Annahmestandes.

415 A.A. wohl *Witt*, Übernahmen von Aktiengesellschaften und Transparenz der Beteiligungsverhältnisse, S. 95; *ders.*, NZG 2000, 809, 810 f., 816 ff., der unter Transparenz des Verfahrens auch die Pflicht zu regelmäßiger Veröffentlichung der Annahmestände versteht; ohne nähere Begründung ebenso *Burgard*, WM 2000, 611, 616.

416 Ausführlich zum Regelungszweck *Schneider*, in: Assmann/Schneider, Wertpapierhandelsgesetz, Vor § 21 WpHG, Rdn. 12 ff.; vgl. auch S. 227 f.

417 *Riehmer/Schröder*, BB Beilage 5/2001, S. 1, 16.

Riehmer/Schröder erstrecken ihre Kritik gleichermaßen auf die Regelung des § 23 Absatz 1 Satz 1 Nr. 1 WpÜG.[418]

Richtiger dürfte allerdings eine differenzierte Betrachtung sein. Von der Veröffentlichung der Beteiligungsveränderungen[419] (§ 23 Absatz 1 Satz 1 Alt. 1 WpÜG) geht keine behindernde Wirkung aus. Die bloße Nichterhöhung der Beteiligung während der Annahmefrist bietet den Aktionären keinen Anhaltspunkt, von einem Misserfolg der Übernahme auszugehen, weil sich deren Erfolg allein aufgrund der eingehenden Annahmeerklärungen ergeben kann. Sie ist deshalb nicht geeignet, die Entscheidung der Aktionäre zu beeinflussen. Aufgrund der Ausgestaltung des WpÜG werden sich während der Annahmefrist ohnehin regelmäßig nur sehr begrenzte Beteiligungsveränderungen auf Seiten des Bieters ergeben. Denn der Bieter kann nur schwer Parallelkäufe über die Börse tätigen, ohne den Kurs zu beeinflussen und sein eigenes Angebot dadurch uninteressant erscheinen zu lassen. Auch außerbörsliche Parallelerwerbe werden wegen der Angebotspreisanpassung nach § 31 Absatz 4 WpÜG eher die Ausnahme sein, da der Bieter keine höhere Gegenleistung anbieten wird. Einer Veröffentlichung bezüglich der Beteiligungsveränderungen steht somit zumindest in Bezug auf die hier behandelten Aspekte nichts entgegen.[420] Problematisch ist allein die regelmäßige Veröffentlichungspflicht hinsichtlich der Annahmequote, weil der Bieter in der Frühphase zu, auf den Angebotserfolg negativ wirkenden, sog. „Nullmeldungen" gezwungen sein kann.

Auch wenn die übernahmehindernde Wirkung ausschließlich von der Pflicht zur Veröffentlichung von Annahmeständen ausgeht, sollten die in § 23 Absatz 1 Satz 1 Nr. 1 WpÜG vorgesehenen „Wasserstandsmeldungen" de lege ferenda insgesamt auf die letzte Woche vor Ablauf der Annahmefrist beschränkt werden.[421] Hierdurch würde hinsichtlich des Annahmestandes der Zwang zu „Nullmeldungen" in der Frühphase öffentlicher Angebote vermieden. Vor dem Hintergrund einer Vereinfachung des Verfahrens und aufgrund der geringeren Bedeutung von Beteiligungsveränderungen im Rahmen der „Wasserstandsmeldungen", ist auch diesbezüglich eine Beschränkung der Information konsequent.

---

418 *Riehmer/Schröder*, BB Beilage 5/2001, S. 1, 16.

419 Gemeint sind hier Beteiligungsveränderungen, die nicht auf der Annahme des öffentlichen Angebots beruhen.

420 Bereits nach *Assmann/Bozenhardt*, Übernahmeangebote, ZGR-Sonderheft 9, S. 1, 97 gehört insbesondere der Erwerb von Aktien außerhalb des Angebotsverfahrens zu den Umständen, über die der Bieter während der Laufzeit des Angebots unverzüglich zu berichten hat.

421 Im Ergebnis ebenso *Deutscher Anwaltverein e. V.*, NZG 2001,1003, 1005.

II. Darstellung anhand des Beispiels „Barilla/Kamps“

Die behindernde Wirkung des Zwangs zu Veröffentlichungen der Annahmequote in der Frühphase des Angebots lässt sich an der Übernahme der Kamps AG durch die Finba Bakery Europe AG (Barilla) erkennen. Die erste nach § 23 Absatz 1 Satz 1 Nr. 1 WpÜG erfolgende Pflichtveröffentlichung vom 1. Juni 2002 enthielt im ersten Absatz die Information, dass das Angebot bis zum 31. Mai 2002 (17:30 Uhr) für insgesamt 5.624 Kamps-Aktien angenommen wurde. Dies entsprach lediglich einem Anteil in Höhe von ca. 0,01 % der Stimmrechte.[422] Dieser hier als „Nullmeldung“ bezeichneten Information folgte in einem zweiten Absatz der detaillierte Hinweis, dass der Finba Bakery Europe AG zudem bereits Stimmrechte aus insgesamt 12.042.176 Kamps-Aktien zuzurechnen waren.[423] Die betreffenden Aktien wurden von mit dem Bieter gemeinsam handelnden Personen (§ 2 Absatz 5 WpÜG) gehalten. Der diesbezügliche Stimmrechtsanteil in Höhe von 14,5445 % wurde gem. § 30 Absatz 2 WpÜG zugerechnet. In einem dritten Absatz wurden die Zahlen der beiden vorhergehenden Absätze zu einem Gesamtposten in Höhe von 12.047.800 Kamps-Aktien (entsprechend 14,55 % der Stimmrechte) addiert.

In der Folgezeit sah man sich anscheinend gezwungen, weitere „Nullmeldungen“ hinsichtlich der Annahmequote dringend zu vermeiden, um den Übernahmeerfolg nicht zu gefährden. Das Angebot wurde deshalb, ohne dass dies für die Öffentlichkeit und die angesprochenen Aktionäre ersichtlich war, auch von gemeinsam mit dem Bieter handelnden Personen angenommen,[424] so dass sich die Annahmequote (Absatz 1 der folgenden Bekanntmachungen) erhöhte und der Anschein eines erfolgreichen Verfahrensablaufs erweckt wurde. Gleichzeitig blieb der zweite Absatz der folgenden Bekanntmachungen stets unverändert (Stimmrechtszurechnung in Höhe von 14,5445 %), da die Annahmeerklärungen rechtlich nichts an der Eigentümerstellung der gemeinsam handelnden Personen und

---

422 Absatz 1 der gem. § 23 Absatz 1 Satz 1 Nr. 1 WpÜG erfolgten Bekanntmachung der Finba Bakery Europe AG (Barilla) vom 1. Juni 2002 (http://www.barilla.com/kamps-angebot; abgerufen am 1.7.2002).

423 Absatz 2 der gem. § 23 Absatz 1 Satz 1 Nr. 1 WpÜG erfolgten Bekanntmachung der Finba Bakery Europe AG vom 1. Juni 2002 (http://www.barilla.com/kamps-angebot; abgerufen am 1.7.2002).

424 Absatz 2, letzter Satz der gem. § 23 Absatz 1 Satz 1 Nr. 2 WpÜG erfolgten Bekanntmachung der Finba Bakery Europe AG vom 5. Juli 2002 (http://www.barilla.com/kamps-angebot; abgerufen am 7.7.2002). Das gleiche Ergebnis ergab auch eine telefonische Auskunft der Deutschen Bank AG (den Bieter begleitendes Wertpapierdienstleistungsunternehmen) vom 1. Juli 2002.

damit an der Stimmrechtszurechnung änderten. Die Stimmrechte aus Aktien, bezüglich derer gemeinsam handelnde Personen das Angebot angenommen hatten, waren somit doppelt erfasst.[425] Deshalb hat Barilla in der Folge bewusst[426] auf die Zusammenrechnung der nach § 30 Absatz 2 WpÜG zuzurechnenden Stimmrechte und der sich aus Angebotsannahmen ergebenden Stimmrechte verzichtet. Es liegt nahe, dass Barilla die Anzahl der Annahmen bewusst hat, um nicht weiterhin extrem niedrige Annahmestände veröffentlichen zu müssen und damit den Erfolg des Übernahmeangebots zu gefährden.[427]

III. Keine vergleichbare Gefahr bei dem Lösungsansatz des de lege ferenda eingeschränkten § 16 Absatz 2 WpÜG

Eine Anwendung des vorgeschlagenen Lösungsansatzes über den de lege ferenda eingeschränkten § 16 Absatz 2 WpÜG[428] erzeugt dagegen nicht die gleiche übernahmehindernde Wirkung. Das Spekulieren auf eine weitere Annahmefrist ist stets mit einem Risiko behaftet ist,[429] da möglicherweise keine weitere Annahmefrist zur Verfügung steht, weil der Bieter die Kontrollschwelle des § 29 Absatz 2 WpÜG bzw. die ggf. höhere von ihm als Bedingung vorgesehene Mindestbeteiligung nach Ablauf der (regulären) Annahmefrist nicht erreicht hat. Angebotsadressaten, die nicht in der regulären Annahmefrist annehmen, laufen daher Gefahr, ihre Beteiligung nicht mehr zu den Konditionen des Angebots an den Bieter veräußern zu können. Dieses Risiko wird deshalb dazu führen, dass Aktionäre, die den Anteilswert für den Fall des Misslingens der Übernahme niedriger

---

425 Diese doppelte Erfassung lässt sich an der gem. § 23 Absatz 1 Satz 1 Nr. 1 WpÜG erfolgten Bekanntmachung der Finba Bakery Europe AG vom 29. Juni 2002 erkennen (http://www.barilla.com/kamps-angebot; abgerufen am 1.7.2002). Bei Zusammenrechnung des Annahmestandes (87,2 % der Stimmrechte) und der Stimmrechte aus von gemeinsam handelnden Personen gehaltenen Aktien (14,5445 % der Stimmrechte) würde sich eine Summe in Höhe von 101,7445 % der Stimmrechte ergeben. Die doppelte Erfassung von Stimmrechten ist offensichtlich.

426 Information der Deutschen Bank AG vom 1. Juli 2002 (vgl. S. 100, Fn. 424).

427 Zur Behandlung eines in die Irre führenden doppelten Ausweises von Stimmrechten im Rahmen des § 23 Absatz 1 WpÜG vgl. ausführlich S. 170 ff.

428 Vgl. hierzu S. 91 ff.

429 Zu diesem Risiko im Zusammenhang mit § 16 Absatz 2 Satz 2 WpÜG, vgl. *Geibel*, in: Geibel/Süßmann, Wertpapiererwerbs- und Übernahmegesetz, § 16 WpÜG, Rdn. 26; *Liebscher*, ZIP 2001, 853, 865.

einschätzen als den Angebotspreis, ihre Annahme bereits während der regulären Angebotsfrist erklären.[430]

B. Kein zivil- bzw. gesellschaftsrechtlicher Zwang zur laufenden Information über Annahmestände

Vor Erlass des WpÜG wurden Informationspflichten des Bieters im Rahmen öffentlicher Angebote teilweise aus dem allgemeinen Rechtsinstitut der culpa in contrahendo hergeleitet.[431] Aus heutiger Sicht ergibt sich bereits aus dem Gesetz, dass die Angebotsunterlage ein rechtsgeschäftliches Angebot i.S.v. § 145 BGB darstellt, weil eine öffentliche Aufforderung zur Abgabe von Angeboten (invitatio ad offerendum) gem. § 17 WpÜG unzulässig ist und somit ausscheidet.[432] Mit einem rechtsgeschäftlichen Angebot wird auch das erforderliche vorvertragliche Vertrauensverhältnis begründet. Der fehlende persönliche Kontakt zwischen Bieter und den angesprochenen Wertpapierinhabern steht angesichts dieser rechtlichen Qualifikation der Angebotsunterlage und dem damit bereits eingeleiteten rechtsgeschäftlichen Kontakt (§ 311 Absatz 2 Nr. 1 BGB), einer Anwendung der Regeln der culpa in contrahendo nicht entgegen.[433] Im Ergebnis gehen *Assmann/Bozenhardt* hinsichtlich der Informationspflichten davon aus, dass der Bieter gegenüber Aktionären der Zielgesellschaft „zur vollständigen und richtigen Information über alle wesentlichen preis- und erfolgsrelevanten Umstände“ ver-

430 *Riehmer/Schröder*, NZG 2000, 820, 822 f. sehen hingegen die Gefahr, dass bis zum Ende der regulären Annahmefrist nur eine sehr begrenzte Anzahl an Annahmeerklärungen abgegeben wird, weil sich viele Aktionäre auf die Möglichkeit der Annahme in der weiteren Annahmefrist verlassen könnten. Sie beziehen sich jedoch auf § 16 Absatz 2 WpÜG in seiner derzeitigen, nicht eingeschränkten Fassung; ähnlich *Geibel*, in: Geibel/Süßmann, WpÜG, § 16 WpÜG, Rdn. 27.

431 *Assmann/Bozenhardt*, Übernahmeangebote, ZGR-Sonderheft 9, S. 1, 75 ff., 94 (dort Fn. 489). Dem steht nicht entgegen, dass der informationsunterlegene Transaktionspartner bei Übernahmeangeboten anders als im Regelfall ein Verkäufer ist. Aufklärungspflichten treffen Käufer und Verkäufer grundsätzlich gleichermaßen (a.a.O., S. 1, 76 m.w.N.). Vgl. auch *Witt*, NZG 2000, 809, 814; *Möllers*, in: KK zum WpÜG, § 23 WpÜG, Rdn. 23; *Heinsius*, Übernahmeangebote, S. 35, 49.

432 Insbesondere auch nach *Riehmer/Schröder*, BB Beilage 5/2001, S. 1, 8 handelt es sich bei der Veröffentlichung der Angebotsunterlage um die zivilrechtliche Abgabe des Angebots.

433 So auch bereits *Assmann/Bozenhardt*, Übernahmeangebote, ZGR-Sonderheft 9, S. 1, 76 f.; ebenso *Witt*, NZG 2000, 809, 814.; wohl auch *Steinmeyer/Häger*, WpÜG, § 12 WpÜG, Rdn. 45; auf die hier vertretene Ansicht hinweisend *Renner*, in: Haarmann/Riehmer/Schüppen, Öffentliche Übernahmeangebote, § 12 WpÜG, Rdn. 2.

pflichtet ist.[434] Anders als der Erwerb von Aktien außerhalb des Angebotsverfahrens,[435] ist allerdings der aktuelle Annahmestand von dieser Informationspflicht nicht erfasst. „Es mag sich zwar hierbei um Daten handeln, die für den endgültigen Erfolg des Angebots eine gewisse Aussagekraft besitzen; gleichwohl gehören sie nicht zu jenen Angaben, die zur Beurteilung der Angebotsbedingungen und den daraus resultierenden Erfolgschancen des Angebots erforderlich und deshalb vom Bieter kraft einer diesbezüglichen Rechtspflicht offenzulegen sind."[436] Als Begründung wird zu Recht darauf hingewiesen, dass regelmäßige Veröffentlichungen der Annahmequote ein unerwünschtes Entscheidungsverhalten der Aktionäre verursachen können, weil sie die Entwicklung der Annahmeerklärungen missdeuten könnten. Deshalb vertraten *Assmann/Bozenhardt* schon früher die Ansicht, dass die Statuierung einer solchen Veröffentlichungspflicht zumindest der gesetzgeberischen Entscheidung vorbehalten bleiben müsse.[437]

Darüber hinaus wurde versucht, die Informationspflichten des Bieters aus der mitgliedschaftlichen Treuepflicht des Aktionärs herzuleiten.[438] *Assmann/Bozenhardt* kritisieren, dass hierbei diejenigen Bieter nicht erfasst würden, die bislang entweder gar keine bzw. nur eine geringe Beteiligung an der Zielgesellschaft erworben haben.[439] Diese Anwendungslücke würde jedoch durch die Anerkennung vormitgliedschaftlicher Treubindungen vermieden.[440] „Der Schutz durch vormitgliedschaftliche Treuebindungen bilde das Korrelat zu den Einwirkungsgefahren, die von einer zukünftigen Gesellschafterstellung ausgehen könnten."[441] Vom geforderten Informationsumfang unterscheidet sich der Ansatz über

434 *Assmann/Bozenhardt*, Übernahmeangebote, ZGR-Sonderheft 9, S. 1, 95.

435 Hierzu *Assmann/Bozenhardt*, Übernahmeangebote, ZGR-Sonderheft 9, S. 1, 97.

436 *Assmann/Bozenhardt*, Übernahmeangebote, ZGR-Sonderheft 9, S. 1, 98; a.A. anscheinend *Burgard*, Offenlegung von Beteiligungen, S. 183.

437 *Assmann/Bozenhardt*, Übernahmeangebote, ZGR-Sonderheft 9, S. 1, 98 (dort Fn. 509); vgl. auch *Witt*, NZG 2000, 809, 814 (dort Fn. 53); *Weber*, Vormitgliedschaftliche Treubindungen, S. 376.

438 Vgl. hierzu *Witt*, NZG 2000, 809, 814; *Möllers*, in: KK zum WpÜG, § 23 WpÜG, Rdn. 23.

439 *Assmann/Bozenhardt*, Übernahmeangebote, ZGR-Sonderheft 9, S. 1, 73.

440 Bei derartigen Treubindungen ist eine noch fehlende Beteiligung bzw. eine noch geringe Beteiligung des Bieters nicht von Relevanz, weil sie sich an dem (angestrebten) künftigen Mitgliedschaftsstatus orientieren. Vgl. *Weber*, Vormitgliedschaftliche Treubindungen, S. 236, 377 f.

441 *Berding*, WM 2002, 1149, 1152.

die Treuepflicht jedoch kaum von der Lösung über das Rechtsinstitut der culpa in contrahendo.[442] Eine Verpflichtung des Bieters zu regelmäßiger Veröffentlichung des Annahmestandes lässt sich deshalb auch hieraus nicht herleiten.[443]

Im Ergebnis bleibt festzuhalten, dass sich die Pflicht des Bieters zu regelmäßiger Veröffentlichung des Annahmestandes nicht zwingend aus dem Zivil- bzw. Gesellschaftsrecht ergibt.

C. Keine regelmäßige Veröffentlichungspflicht hinsichtlich des Annahmestandes nach europäischen Richtlinienvorschlägen

Auf europäischer Ebene wird seit vielen Jahren daran gearbeitet, das Übernahmeangebote betreffende Recht der Mitgliedstaaten durch eine europäische Übernahmerichtlinie zu harmonisieren. Zwar sind bisher alle diesbezüglichen Anläufe letztendlich gescheitert.[444] Vorliegend soll jedoch lediglich gezeigt werden, dass keiner der in diesem Zusammenhang erarbeiteten Richtlinienvorschläge regelmäßige Veröffentlichungspflichten des Bieters hinsichtlich des Annahmestandes vorsah. Denn diese Tatsache kann als Anhaltspunkt für die fehlende Notwendigkeit diesbezüglicher Veröffentlichungen gewertet werden.

I. Richtlinienvorschlag von 1989

Im Jahre 1989 legte die Europäische Kommission einen EG-Richtlinienvorschlag vor, der die Mitgliedstaaten der Europäischen Gemeinschaft zur Harmonisierung veranlassen sollte.[445] Dieser Vorschlag enthielt zwar in Art. 17 Absatz 1 eine

---

442 *Weber*, Vormitgliedschaftliche Treubindungen, S. 425 (dort Fn. 211).

443 Vgl. *Witt*, NZG 2000, 809, 814. Danach bleibt eine Regelung dem Gesetzgeber überlassen. Im Umkehrschluß kann gefolgert werden, dass sich eine Pflicht zu regelmäßiger Veröffentlichung der Annahmequote nicht aus den angesprochenen Rechtsinstituten bzw. Prinzipien herleiten lässt.

444 Eine ausführliche Darstellung der diesbezüglichen historischen Entwicklung auf dem Gebiet des Gesellschaftsrechts über Übernahmeangebote würde den Rahmen der Arbeit sprengen; auf die ausführlichen Erörterungen von *Mühle*, WpÜG, S. 28 ff. m.w.N.; *Zinser*, Übernahmeangebote, S. 55 ff. m.w.N.; *Zehetmeier-Müller*, in: Geibel/Süßmann, WpÜG, Einleitung, Rdn. 13 ff. m.w.N. sei jedoch verwiesen.

445 Amtlicher Richtlinienvorschlag für eine dreizehnte Richtlinie des Rates auf dem Gebiet des Gesellschaftsrechts über Übernahmeangebote vom 19.1.1989 – KOM (88) 823 endg., ABl. EG Nr. C 64 vom 14.3.1989, S. 8 ff.; auch abgedruckt in: BT-Drucks. 11/4338; BR-Drucks. 136/89; ZIP 1989, 606, 675; *Fleischer/Kalss*, WpÜG, S. 935 ff.; vgl. *Assmann/Bozenhardt*, Übernahmeangebote, ZGR-Sonderheft 9, S. 1, 3; *Baums*, ZIP 1989, S. 1376 ff.; *Reul*, Die Pflicht zur Gleichbehandlung der Aktionäre, S. 10 ff.

Regelung, die sich ausdrücklich mit Annahmeerklärungen befasste. Hiernach war jedoch der Bieter während der gesamten Laufzeit der Annahmefrist lediglich verpflichtet, auf Anfrage der zuständigen Aufsichtsbehörde jederzeit Auskunft über die Anzahl der bis dahin eingegangenen Annahmen zu erteilen. Da keine anschließende Veröffentlichung durch die Aufsichtsbehörde vorgesehen war, handelte es sich nicht um eine auf den jeweiligen Annahmestand bezogene Transparenzvorschrift.[446] Die Regelung verkörperte lediglich ein Informationsrecht der Aufsichtsbehörde.[447] Dieses sollte ihr ermöglichen, Übersicht über den Stand des Annahmeverfahrens zu erhalten, um den ihr zugewiesenen Aufgaben, insbesondere der Kontrolle der Vorgänge[448], nachkommen zu können.

II. Richtlinienvorschläge von 1990, 1996 und 1997, gemeinsamer Standpunkt vom 19.6.2000, gemeinsamer Text einer Richtlinie vom 6.6.2001 sowie Richtlinienvorschlag von 2002

Weder die Richtlinienvorschläge von 1990[449], 1996[450] und 1997[451], noch der gemeinsame Standpunkt vom 19.6.2000[452], der gemeinsame Text einer Richtlinie vom 6.6.2001 (Luxemburger Vermittlungskompromiss)[453] oder der Richtlinien-

446 So bereits *Burgard*, Offenlegung von Beteiligungen, S. 183, der die angesprochene Regelung jedoch kritisch sah. Er forderte darüber hinausgehend eine Information der Öffentlichkeit, um den Angebotsempfängern die Beurteilung der Erfolgsaussichten des Übernahmeangebots zu ermöglichen.

447 Auf die korrespondierende Informationspflicht des Bieters hinweisend *Peltzer*, Übernahmeangebote, ZGR-Sonderheft 9, S. 179, 224.

448 *Burgard*, Offenlegung von Beteiligungen, S. 182.

449 Geänderter Vorschlag für eine dreizehnte Richtlinie des Rates auf dem Gebiet des Gesellschaftsrechts über Übernahmeangebote vom 10.9.1990 – KOM (90) 416 endg., ABl. EG Nr. C 240 vom 29.9.1990, S. 7 ff.; auch abgedruckt in: *Lutter*, Europäisches Unternehmensrecht, S. 288 ff.; *Fleischer/Kalss*, WpÜG, S. 946 ff.

450 Vorschlag für eine dreizehnte Richtlinie des Europäischen Parlamentes und des Rates auf dem Gebiet des Gesellschaftsrechts über Übernahmeangebote vom 7.2.1996 – KOM (95) 655 endg., ABl. EG Nr. C 162 vom 6.6.1996, S. 5 ff.; auch abgedruckt in: BR-Drucks. 162/96; AG 1996, 217 ff.; *Fleischer/Kalss*, WpÜG, S. 977 ff.

451 Geänderter Vorschlag für eine dreizehnte Richtlinie des Europäischen Parlamentes und des Rates auf dem Gebiet des Gesellschaftsrechts über Übernahmeangebote vom 10.11.1997 – KOM (97) 565 endg., ABl. EG Nr. C 378 vom 13.12.1997, S. 10 ff.; auch abgedruckt in ZIP 1997, 2173 ff.

452 Abgedruckt bei *Pötzsch/Möller*, WM 2000, Sonderbeilage Nr. 2, S. 1, 32 ff. und *Fleischer/Kalss*, WpÜG, S. 995 ff.

453 Gemeinsamer Text einer Richtlinie des Europäischen Parlamentes und des Rates auf dem Gebiet des Gesellschaftsrechts betreffend Übernahmeangebote, gebilligt vom Ver-

vorschlag von 2002[454] enthalten eine Pflicht des Bieters, regelmäßig über den Stand der erfolgten Annahmen zu informieren. Art. 6 Absatz 5 des Richtlinienvorschlags 2002 verpflichtet die Mitgliedstaaten lediglich sicherzustellen, dass die Parteien des Angebots den Aufsichtsorganen ihres jeweiligen Mitgliedstaates auf Anfrage jederzeit alle ihnen zur Verfügung stehenden Informationen über das Angebot übermitteln, die für die Wahrnehmung der Aufgaben des Aufsichtsorgans notwendig sind.[455] Zwar wäre es durchaus denkbar, dass zu diesen Informationen auch die jeweiligen Annahmestände gehören. Dies kann jedoch offen bleiben, weil die dem Aufsichtsorgan lediglich auf Anfrage erteilte Information nicht veröffentlicht werden muss und somit keine Transparenz entsteht.[456] Die Informationen sollen auch hier lediglich der Aufgabenwahrnehmung des Aufsichtsorgans dienen. In Art. 12 lit. d) des Richtlinienvorschlags 2002 ist lediglich die Bekanntmachung des Ergebnisses des Angebots vorgeschrieben.

D. Europarechtliche Schranken übernahmehindernder Regelungen

Im Folgenden ist zu untersuchen, ob der national vorgeschriebenen Pflicht des Bieters zur regelmäßigen Veröffentlichung des Annahmestandes, die sich wie § 23 Absatz 1 Satz 1 Nr. 1 WpÜG auf die gesamte Annahmefrist erstreckt, europäische Grundfreiheiten entgegenstehen könnten. Erwerbe einer Gesellschaftsbeteiligung, die auf die Kontrolle über ein Unternehmen gerichtet sind, unterfallen einerseits dem Anwendungsbereich der Niederlassungsfreiheit (Art. 43 ff. EG), andererseits ist gleichzeitig die Kapitalverkehrsfreiheit (Art. 56 ff. EG) betroffen.[457] Niederlassungs- und Kapitalverkehrsfreiheit schließen sich hinsichtlich

---

mittlungsausschuss i.S.d. Art. 251 Absatz 4 EG, Dok. Nr. C5-0221/2001 vom 6.6.2001 (abgedruckt in ZIP 2001, 1123 ff.); zum Verlauf des Vermittlungsverfahrens *Neye*, ZIP 2001, 1120, 1121f.

454 Vorschlag für eine Richtlinie des Europäischen Parlaments und des Rates betreffend Übernahmeangebote vom 2.10.2002 – KOM (2002) 534 endg., abrufbar im Internet unter http://www.europa.eu.int/eur-lex/de.

455 Hervorzuheben ist die objektive Formulierung („notwendig sind"). Im Gegensatz hierzu stellte Art. 6 Absatz 4 in der Fassung des Richtlinienvorschlags 1996 auf die subjektive Betrachtung des Aufsichtsorgans ab („(...) alle verfügbaren Informationen über das Angebot mitteilen, die das Aufsichtsorgan zur Erfüllung seiner Aufgaben als notwendig erachtet.").

456 Vgl. hierzu *Witt*, Übernahmen von Aktiengesellschaften und Transparenz der Beteiligungsverhältnisse, S. 136 f.; *ders.*, NZG 2000, 809, 816.

457 Zu diesem Nebeneinander vgl. ausführlich EuGH 4.6.2002 C-503/99, NJW 2002, 2303 ff., Rdn. 36 ff., 58 ff. (Goldene Aktie I – Energieversorgung Belgien); EuGH 4.6.2002 C-483/99, NJW 2002, 2305 f., Rdn. 35 ff., 55 f. (Goldene Aktie II – Energie-

derartiger Erwerbe nicht gegenseitig aus, sondern finden nebeneinander Anwendung.

I. Beschränkung der Niederlassungs- und Kapitalverkehrsfreiheit

Wie bereits gezeigt, kann sich eine auf die gesamte Annahmefrist erstreckte Verpflichtung des Bieters zu regelmäßiger Veröffentlichung des Annahmestandes, aufgrund der psychologisch nicht zu unterschätzenden Wirkung sog. „Nullmeldungen", behindernd auf den Erfolg von Übernahmeangeboten auswirken.[458] Diese Behinderung des Kontrollerwerbs an Unternehmen bedeutet eine unterschiedslose, nichtdiskriminierende Beschränkung der Niederlassungs- und Kapitalverkehrsfreiheit. Es stellt sich somit die Frage, ob eine derartige Beschränkung europarechtlich zulässig ist.

II. Vereinbarkeit der Beschränkung mit Europarecht

Die gemeinschaftsrechtlichen Schranken derartiger Beschränkungen ergeben sich aus der ursprünglich zur Warenverkehrsfreiheit entwickelten und seit langer Zeit auch auf die anderen Grundfreiheiten übertragenen Cassis-de-Dijon-Judikatur[459] des EuGH.[460] Beschränkungen der Niederlassungs- bzw. Kapitalverkehrsfreiheit sind lediglich dann europarechtlich zulässig, wenn sie aus den in Art. 46 Absatz 1 EG bzw. in Art. 58 Absatz 1 EG genannten Gründen oder durch zwingende Gründe des Allgemeininteresses gerechtfertigt sind. Ferner ist die beschränkende Regelung nur gerechtfertigt, wenn sie geeignet ist, die Verwirklichung des mit ihr verfolgten Ziels zu gewährleisten, und nicht über das hinausgeht, was zur Erreichung dieses Ziels erforderlich ist, so dass sie dem Kriterium der Verhältnismäßigkeit entspricht.[461]

---

versorgung Frankreich); *Troberg*, in: Groeben/Thiesing/Ehlermann, EU-/EG- Vertrag, Art. 52, Rdn. 11 f.; *Mülbert*, ZIP 2001, 1221, 1225.

458 Vgl. dazu S. 97 ff.

459 EuGH 20.2.1979, Slg. 1979, 649 (Cassis de Dijon). Für einen aktuellen Überblick vgl. *Jarass*, EuR 2000, 705, 718 f.

460 *Mülbert*, ZIP 2001, 1221, 1225.

461 EuGH 4.6.2002 C-503/99, NJW 2002, 2303 ff., Rdn. 45, 59 (Goldene Aktie I – Energieversorgung Belgien); EuGH 4.6.2002 C-483/99, NJW 2002, 2305 f., Rdn. 45 (Goldene Aktie II – Energieversorgung Frankreich); EuGH 30.11.1995, Slg. 1995, I - 4186 ff., Rdn. 37 (Gebhard); vgl. auch *Geiger*, EUV/EUG, Art. 43 EGV, Rdn. 15.

Das Ziel der Beseitigung des prisoner's dilemma ist im vorliegenden Zusammenhang als zwingender Grund des Allgemeininteresses anzuerkennen, weil die Beseitigung des Verkaufs- bzw. Annahmedrucks erforderlich ist, um eine ausgeglichene Verhandlungssituation zwischen den Parteien eines öffentlichen Angebots und damit einen allokationseffizienten[462] Mechanismus zu gewährleisten. Dennoch bestehen Bedenken hinsichtlich einer regelmäßigen Veröffentlichungspflicht des Bieters in Bezug auf den Annahmestand, die sich auf die gesamte Annahmefrist erstreckt. Zwar ist eine derartige Pflicht dazu geeignet, das prisoner's dilemma zumindest abzumildern. Jedoch ist zweifelhaft, ob sie sich auf die gesamte Annahmefrist erstrecken darf. Denn die Kombination aus der vorgeschlagenen Lösung über den de lege ferenda eingeschränkten § 16 Absatz 2 WpÜG und einer auf die letzte Woche der Annahmefrist beschränkten Veröffentlichungspflicht i.S.v. § 23 Absatz 1 Satz 1 Nr. 1 WpÜG, könnte geringere übernahmehindernde Wirkung[463] entfalten. Im Ergebnis dürfte die de lege lata bestehende Regelung des § 23 Absatz 1 Satz 1 Nr. 1 WpÜG allerdings gerade noch hinnehmbar sein. Im Interesse der Rechtssicherheit und der Abmilderung des Eingriffs sollte sie jedoch de lege ferenda auf die letzte Woche der Annahmefrist beschränkt werden.

E. Untersuchung der Rechtsordnungen anderer europäischer Länder

Um die Erforderlichkeit der Verpflichtung des Bieters zu regelmäßiger Veröffentlichung des Annahmestandes beurteilen zu können, sind die Rechtsordnungen anderer europäischer Länder hinsichtlich einer derartigen Verpflichtung und der Lösung des prisoner's dilemma zu untersuchen. In diese Betrachtung werden die Länder Österreich, Schweiz und Italien einbezogen, weil hier jeweils in letzter Zeit gesetzliche Regelungen hinsichtlich Unternehmensübernahmen durch öffentliche Angebote in Kraft getreten sind. Aufgrund der erheblichen Erfahrungswerte[464] auf dem Gebiet öffentlicher Angebote, wird zudem die Regelung in Großbritannien einbezogen.

462 Zum Begriff vgl. S. 3 (dort Fn. 7).

463 Zur geringeren übernahmehindernden Wirkung des de lege ferenda eingeschränkten § 16 Absatz 2 WpÜG vgl. S. 101 f.

464 Darauf hinweisend *Senn*, SZW 1993, 227, 229; *Monti*, Vorschlag für eine Richtlinie über Übernahmeangebote, S. 15, 16.

I. Österreich

In Österreich gilt seit dem 1.1.1999 das Übernahmegesetz[465] (ÜbG). Dieses soll die Rahmenbedingungen des österreichischen Kapitalmarkts stärken und die Regelung von Unternehmensübernahmen an internationale Standards heranführen.[466] Zuvor waren Fragen des Takeover-Rechts weder spezialgesetzlich noch auf freiwilliger Basis geregelt.[467] Daneben existiert das Börsegesetz (BörseG) 1989[468], das auch die für das Übernahmerecht relevanten allgemeinen börsenrechtlichen Publizitätspflichten (Ad-hoc-Publizität, Beteiligungspublizität) normiert und das Insiderverbot regelt.[469]

1. Keine dem § 23 Absatz 1 Satz 1 Nr. 1 WpÜG entsprechende Regelung

Im Folgenden ist das österreichische Recht auf Vorschriften zu untersuchen, die während der Annahmefrist öffentlicher Angebote eine regelmäßige Veröffentlichungspflicht hinsichtlich des Annahmestandes vorsehen könnten.

a) §§ 91 ff. BörseG

§§ 91 ff. BörseG regeln – vergleichbar mit §§ 21 ff. WpHG – Mitteilungs- und Veröffentlichungspflichten bei Änderungen bedeutender Beteiligungen an dort näher bezeichneten Aktiengesellschaften.[470] Nach § 91 Absatz 1 Satz 1 BörseG hat der Erwerber oder Veräußerer einer Beteiligung innerhalb von sieben Tagen die BWA[471], das Börsenunternehmen und die betroffene Gesellschaft über den nach der Transaktion gehalten Anteil an Stimmrechten zu unterrichten, wenn als Folge bestimmte Stimmrechtsgrenzwerte[472] erreicht, über- oder unterschritten werden. Zur Veröffentlichung ist gem. § 93 Absatz 1 Satz 1 BörseG die betroffene Aktiengesellschaft innerhalb von neun Kalendertagen, nachdem sie von der

---

465 BGBl. I 1998/127 i.d.F. BGBl. I 1999/189, BGBl. I 2001/98 (abrufbar unter http://www.takeover.at).

466 *Roth/Zinser*, EWS 2000, 233; *Bydlinski/Winner*, ÖBA 1998, 913.

467 *Zwissler*, AG 1999, 411.

468 BGBl. I 1989/555 i.d.F. BGBl. I 2001/2.

469 *Kalss*, NZG 1999, 421.

470 Nach *Kalss*, NZG 1999, 421, 426 (dort Fn. 67) soll hierdurch das geheime Aufkaufen bedeutender Beteiligungen transparent gemacht werden.

471 Bundeswertpapieraufsicht; seit 1.4.2002 Aufgabenwahrnehmung durch die Finanzmarktaufsicht (FMA).

472 5, 10, 15, 20, 25, 30, 35, 40, 45, 50, 75 und 90 Prozent.

Veränderung Kenntnis erlangt hat, verpflichtet. Aufgrund der Zweistufigkeit des Verfahrens hat die Veröffentlichung somit lediglich in einem Zeitrahmen von maximal 16 Tagen zu erfolgen. Eine zeitnahe bzw. rechtzeitige Information der Öffentlichkeit ist gerade in der regelmäßig entscheidenden Schlussphase öffentlicher Übernahmeangebote nicht gewährleistet.

Die vorliegend geschilderte Melde- bzw. Veröffentlichungspflicht wird jedoch im Rahmen freiwilliger Angebote, nach deren Inhalt der Bieter zusammen mit gemeinsam vorgehenden Rechtsträgern eine kontrollierende Beteiligung erlangen könnte, während der regulären Annahmefrist nicht durch die erfolgten Angebotsannahmen ausgelöst. Dies gilt unabhängig von der rechtlichen Ausgestaltung des Angebots. Denn nach § 22 Absatz 11 Satz 2 ÜbG sind derartige Angebote bereits kraft Gesetzes dadurch bedingt, dass der Bieter und mit ihm gemeinsam vorgehende Rechtsträger nach Ablauf der Angebotsfrist über mehr als 50 vom Hundert der auf die ständig stimmberechtigten Aktionäre entfallenden Stimmrechte verfügen. Somit ist es dem Bieter während der regulären Annahmefrist nicht möglich dingliches Eigentum an den von Annahmeerklärungen erfassten Aktien zu erwerben. Dies schließt insbesondere auch eine Zurechnung von Stimmrechten aus Aktien gem. § 92 Nr. 7 BörseG aus, weil dies erfordern würde, dass der Meldepflichtige auf Grund einer förmlichen Vereinbarung den dinglichen Eigentumsübergang durch einseitige Willenserklärung herbeiführen kann. Dies ist dem Bieter im Rahmen vorgenannter Angebote, aufgrund der gesetzlichen Bedingung nicht innerhalb der regulären Annahmefrist möglich.

b) § 16 Absatz 5 ÜbG

Gem. § 16 Absatz 5 Satz 1 ÜbG haben alle am Ausgang des Übernahmeangebots besonders interessierten Rechtsträger[473] der Übernahmekommission den Erwerb und die Veräußerung von Beteiligungspapieren der Zielgesellschaft und von Optionen, die solche Beteiligungspapiere zum Gegenstand haben, unverzüglich bekanntzugeben. Zur Wahrung des in § 3 Nr. 4 ÜbG enthaltenen Grundsatzes der Vermeidung von Marktverzerrungen wird damit die Verhinderung sowohl von Manipulationen des Übernahmeausgangs als auch der Ausnutzung von Insiderin-

---

473 Die diesbezüglich in § 16 Absatz 5 Satz 3 ÜbG enthaltene Aufzählung ist nach *Huber/Löber*, Übernahmegesetz, § 16 ÜbG, Rdn. 52 nicht abschließend („insbesondere"). Die Aufzählung erfasst den Bieter, alle mit ihm gemeinsam vorgehenden Rechtsträger, die Zielgesellschaft und die mit ihr gem. § 228 Absatz 3 HGB (Österreich) konzernmäßig verbundenen Unternehmen, Mitglieder der Verwaltungsorgane dieser Unternehmen, Berater der genannten Unternehmen und Aktionäre die über stimmberechtigte Aktien im Umfang von mindestens zwei vom Hundert des Grundkapitals verfügen.

formationen bezweckt.[474] Während der Kreis besonders interessierter Rechtsträger erheblich über den Adressatenkreis des § 23 WpÜG hinausgeht, ist § 16 Absatz 5 ÜbG in zwei wesentlichen Punkten bedeutend enger. Zum einen ist lediglich eine Bekanntmachung an die Übernahmekommission vorgeschrieben, die mangels Publizität keine Transparenz für Angebotsadressaten und sonstige Marktteilnehmer herbeiführt.[475] Die vorgesehenen Meldepflichten zielen demnach nicht auf die Sicherstellung einer besseren Markttransparenz ab. Vielmehr soll die Übernahmekommission jederzeit über die mit den erfassten Wertpapieren getätigten Transaktionen informiert sein, um zur Überwachung des Marktes beitragen und insbesondere Kursmanipulationen vorbeugen sowie die Gleichbehandlung der Aktionäre sicherstellen zu können.[476] Zum anderen ergibt sich aus § 16 Absatz 5 ÜbG gerade keine Meldepflicht des Bieters in Bezug auf bereits erfolgte Angebotsannahmen,[477] weil sich der Bieter hinsichtlich des Zugangs dieser Erklärungen in einer lediglich passiven Rolle befindet, so dass von ihm diesbezüglich weder die Gefahr einer Manipulation des Übernahmeausgangs noch einer Ausnützung seines etwaigen Insiderwissens ausgehen kann.[478] Die Richtigkeit dieses Ergebnisses ergibt sich auch aus der praktischen Überlegung, dass der Bieter ansonsten jede einzelne Annahmeerklärung offenzulegen hätte, weil sie jeweils verschiedene Geschäftsabschlüsse darstellen.

---

474 Erläuterungen zur Regierungsvorlage, zu § 16 Absatz 5 ÜbG; abgedruckt bei *Huber/Löber*, Übernahmegesetz, § 16 ÜbG, S. 102; vgl. auch *Hausmaninger/Herbst*, Übernahmegesetz, § 16 ÜbG, Rdn. 15; *Möllers*, in: KK zum WpÜG, § 23 WpÜG, Rdn. 39.

475 *Huber/Löber*, Übernahmegesetz, § 16 ÜbG, Rdn. 49; *Möllers*, in: KK zum WpÜG, § 23 WpÜG, Rdn. 39; widersprüchlich *Schröder*, in: Haarmann/Riehmer/Schüppen, Öffentliche Übernahmeangebote, § 23 WpÜG, Rdn. 10, der von einer Vorschrift über die Veröffentlichung der Beteiligungsquote spricht, jedoch lediglich auf die Bekanntmachungspflicht gegenüber der Übernahmekommission verweist.

476 Vgl. *Hausmaninger/Herbst*, Übernahmegesetz, § 16 ÜbG, Rdn. 16; *Huber/Löber*, Übernahmegesetz, § 16 ÜbG, Rdn. 49 fordern hingegen, de lege ferenda in einer Verordnung der Übernahmekommission i.S.v. § 16 Absatz 5 Satz 4 ÜbG eine Veröffentlichung der Transaktionen zu regeln.

477 In diesem Sinn auch – jedoch ohne Begründung – *Schröder*, in: Haarmann/Riehmer/Schüppen, Öffentliche Übernahmeangebote, § 23 WpÜG, Rdn. 10; *Möllers*, in: KK zum WpÜG, § 23 WpÜG, Rdn. 39.

478 Dagegen soll der Übernahmekommission nach *Huber/Löber*, Übernahmegesetz, § 16 ÜbG, Rdn. 51 in Fällen der Veräußerung auch die Annahme des laufenden Angebots gesondert bekanntzugeben sein. Verpflichtet wäre der das Angebot annehmende Aktionär, vorausgesetzt er gehört zu den am Ausgang des Übernahmeangebots besonders interessierten Rechtsträgern i.S.v. § 16 Absatz 5 ÜbG. Diese Ansicht lässt sich damit rechtfertigen, dass der Aktionär bei seiner Annahme aktiv tätig wird und deshalb eine Kontrolle durch die Übernahmekommission geboten ist.

c) § 19 Absatz 2 ÜbG

§ 19 Absatz 2 ÜbG sieht lediglich die unverzügliche Veröffentlichung des Ergebnisses von Übernahmeangeboten durch den Bieter nach Ablauf der Angebotsfrist vor. Ggf. hat er auch das Scheitern bekanntzugeben.[479] Dies entspricht § 23 Absatz 1 Satz 1 Nr. 2 WpÜG.

d) Zwischenergebnis

Sowohl den Vorschriften des Übernahmegesetzes als auch den Regelungen des Börsegesetzes ist keine Pflicht zur regelmäßigen Veröffentlichung des Annahmestandes während des Verfahrens öffentlicher Angebote zu entnehmen. Eine diesbezüglich dem § 23 Absatz 1 Satz 1 Nr. 1 WpÜG entsprechende Regelung ist im Ergebnis im österreichischen Recht nicht vorhanden.[480]

2. Mindestbeteiligung als gesetzliche Wirksamkeitsbedingung von Übernahmeangeboten i.V.m. einer verlängerten Annahmefrist bei Bedingungseintritt

Statt auf umfangreiche Transparenzvorschriften, stützt sich der österreichische Gesetzgeber bei der Bekämpfung des prisoner's dilemma im Rahmen öffentlicher Angebote im wesentlichen auf die Statuierung einer an die reguläre Annahmefrist und die Ergebnisveröffentlichung (§ 19 Absatz 2 ÜbG) anschließenden Nachfrist. Im Falle von – in diesem Zusammenhang besonders interessierenden – freiwilligen Übernahmeangeboten, ist diese Nachfrist mit einer vorgeschalteten gesetzlichen Wirksamkeitsbedingung des Angebots kombiniert.

Die gesetzliche Wirksamkeitsbedingung für freiwillige Angebote, nach deren Inhalt der Bieter zusammen mit gemeinsam vorgehenden Rechtsträgern eine kontrollierende Beteiligung erlangen könnte, ist in § 22 Absatz 11 Satz 2 ÜbG geregelt. Hiernach müssen der Bieter und mit ihm gemeinsam vorgehende Rechtsträger nach Ablauf der regulären Angebotsfrist über mehr als 50 Prozent der auf die ständig stimmberechtigten Aktionäre entfallenden Stimmrechte verfügen.

§ 19 Absatz 3 ÜbG sieht nach der Bekanntmachung des Angebotsergebnisses eine Verlängerung der Angebotsfrist um zehn Börsentage für diejenigen Inhaber von Beteiligungspapieren vor, die das Angebot bisher noch nicht angenommen

479 *Zwissler*, AG 1999, 411, 415.

480 In gleicher Weise feststellend *Witt*, NZG 2000, 809, 816; *Möllers*, in: KK zum WpÜG, § 23 WpÜG, Rdn. 39.

haben.[481] Erfasst sind zum einen Pflichtangebote i.S.d. § 22 Absatz 1 ÜbG. Zum anderen aber auch freiwillige Angebote, nach deren Inhalt der Bieter zusammen mit gemeinsam vorgehenden Rechtsträgern eine kontrollierende Beteiligung erlangen könnte (§ 22 Absatz 11 ÜbG), sowie freiwillige Angebote, die das Erreichen einer gewissen Mindestbeteiligung als Bedingung enthalten.[482] In den beiden zuletzt genannten Fällen wird die Frist des § 19 Absatz 3 ÜbG lediglich dann ausgelöst, wenn die (gesetzliche) Bedingung nach Ablauf der regulären Annahmefrist erfüllt ist.[483]

3. Zusammenfassende Bewertung der österreichischen Regelungen

Zwar sichert die österreichische Regelung allein die volle Entscheidungsfreiheit der Aktionäre.[484] Sie ist jedoch erheblicher Kritik ausgesetzt, die sich zum einen aus der Möglichkeit eines faktischen Veräußerungsverbots für Aktionäre ergibt[485] und sich zum anderen auf landesspezifische systematische Bedenken stützt[486]. Trotz dieser Kritik, lässt sich jedoch aus dem Verzicht auf eine Statuierung regelmäßiger Veröffentlichungspflichten des Bieters hinsichtlich der Annahmequote schließen, dass es an deren Erforderlichkeit fehlt, sofern das prisoner's dilemma auf andere Weise beseitigt werden kann. Der Verzicht auf regelmäßige Veröffentlichungen des Bieters führt zu einer Kostenersparnis auf Seiten des Bieters, da das Übernahmeverfahren vereinfacht wird.

II. Großbritannien

In Großbritannien bildet der erstmals 1968[487] veröffentlichte City Code on Takeovers and Mergers (City Code) das zentrale Regelungswerk für Unternehmensübernahmen. Hierbei handelt es sich um einen Verhaltenskodex zur Selbstkon-

---

481 Erläuterungen zur Regierungsvorlage, zu § 19 Absatz 3 ÜbG; abgedruckt bei *Huber/Löber*, Übernahmegesetz, § 19 ÜbG, S. 118.

482 Im Vergleich zu § 16 Absatz 2 WpÜG ergibt sich insgesamt ein abweichender Anwendungsbereich, da sich § 16 Absatz 2 WpÜG ausdrücklich nur auf Übernahmeangebote bezieht. Dies entspricht lediglich den Fällen des § 22 Absatz 11 Satz 1 ÜbG. Auf diese Fälle soll sich die Betrachtung im vorliegenden Zusammenhang beschränken.

483 In diesem Sinn auch *Kalss*, NZG 1999, 421, 430.

484 Vgl. hierzu ausführlich S. 83 f.

485 Vgl. hierzu ausführlich S. 84 f.

486 Vgl. hierzu ausführlich S. 86 f.

487 Seit dieser Zeit sind mehrfach Änderungen erfolgt. Die aktuelle Fassung ist im Internet abrufbar unter http://www.thetakeoverpanel.org.uk.

trolle der britischen Finanzwirtschaft, dem allerdings keine Gesetzeskraft zukommt.[488] Inhaltlich gliedert sich der City Code in zehn allgemeine Prinzipien (General Principles) und 38 Regeln (Rules). Während die General Principles weit und allgemein formulierte Zielvorstellungen enthalten, stellen die Rules detaillierte, die General Principles konkretisierende Verfahrensvorschriften auf.[489] Unabhängig von der Abgabe eines Übernahmeangebots sind auch im Companies Act 1985 (i.d.F. des sec. 134 Companies Act 1989) Transparenzvorschriften in Bezug auf Beteiligungsveränderungen enthalten.

1. Keine dem § 23 Absatz 1 Satz 1 Nr. 1 WpÜG entsprechende Regelung

Die vorgenannten Regelungen sind im Folgenden auf Vorschriften zu untersuchen, die während der Annahmefrist öffentlicher Angebote eine regelmäßige Veröffentlichungspflicht hinsichtlich des Annahmestandes vorsehen könnten.

a) Sec. 198 bis 220 Companies Act 1985

Sec. 198 bis 220 Companies Act 1985 sehen Mitteilungspflichten hinsichtlich des Erwerbs (oder der Veräußerung) einer Beteiligung in Höhe von 3 % oder mehr der Stimmrechte sowie bei jeder Erhöhung (oder entsprechenden Ermäßigung) über einen weiteren vollen Prozentpunkt hinaus vor.[490] Diese Mitteilung hat innerhalb von zwei Geschäftstagen gegenüber dem Verwaltungsrat der betroffenen Gesellschaft zu erfolgen. Weder der Aktionär noch die Gesellschaft sind allerdings zur Unterrichtung der Öffentlichkeit und der Börse verpflichtet.[491] Darüber hinaus sind im Rahmen öffentlicher Angebote erfolgende Annahmeerklärungen regelmäßig ohnehin nicht geeignet, die vorliegend betrachtete Mittei-

488 Zu einer ausführlicheren Darstellung vgl. *Zinser*, Übernahmeangebote, S. 86 ff.; nach *Habersack/Meyer*, ZIP 1997, 2141, 2144 f. ist der City Code nicht lediglich eine reine Verhaltensempfehlung, sondern infolge seiner Einbettung in vor allem berufsständischen Vorschriften, jedenfalls mittelbar verbindlich. Die Einhaltung der Regelungen wird durch eine private Selbstverwaltungseinrichtung überwacht, das sog. Panel on Takeovers and Mergers. Zur Zusammensetzung, der Organisation und den Aufgaben dieser Einrichtung vgl. *Zinser*, Übernahmeangebote, S. 67 ff.

489 In diesem Sinn auch *Zinser*, Übernahmeangebote, S. 101.

490 Vgl. auch *Schröder*, in: Haarmann/Riehmer/Schüppen, Öffentliche Übernahmeangebote, § 23 WpÜG, Rdn. 12; *Witt*, Übernahmen von Aktiengesellschaften und Transparenz der Beteiligungsverhältnisse, S. 126; *ders.*, NZG 2000, 809, 816 (dort Fn. 79).

491 So auch *Witt*, Übernahmen von Aktiengesellschaften und Transparenz der Beteiligungsverhältnisse, S. 126. Bei der Gesellschaft wird lediglich ein Register geführt, in welches die Leitungsorgane, Mitarbeiter sowie alle Aktionäre der Gesellschaft Einblick haben.

lungspflicht auszulösen. Dies ergibt sich bereits aus dem Normzweck, heimliche Paketbildungen zu vermeiden,[492] weil die Erwerbsabsicht des Bieters bereits offengelegt ist und insbesondere die angesprochenen Aktionäre wissen, dass eine Kontrollprämie gerechtfertigt ist.[493]

b) Rule 8 City Code

Rule 8 City Code ist diejenige Vorschrift, die der im Vergleich hierzu stark vereinfachten[494] Regelung des § 16 Absatz 5 ÜbG (Österreich) zugrunde liegt. Abgeschlossene Geschäfte in relevanten Wertpapieren sind bis zum Mittag des nachfolgenden Geschäftstages[495] dem Panel on Takeovers and Mergers, der Börse sowie der Öffentlichkeit[496] mitzuteilen.[497] Während der Adressatenkreis der Norm dem des § 16 Absatz 5 ÜbG ähnelt, liegt der wesentliche Unterschied in der hier vorgesehenen Veröffentlichung. Der Zweck dieser Vorschrift ist dennoch ebenso darin zu sehen, sowohl Manipulationen des Übernahmeausgangs als auch die Ausnutzung von Insiderinformationen zu verhindern.[498] Aus den bereits im Rahmen des § 16 Absatz 5 ÜbG angesprochenen Gründen ergibt sich auch aus Rule 8 City Code keine laufende Meldepflicht des Bieters in Bezug auf bereits erfolgte Angebotsannahmen.[499]

c) Rule 17.1 City Code

Lediglich Rule 17.1 City Code befasst sich ausdrücklich mit der Veröffentlichung des Annahmestandes („announcement of acceptance levels"). *Witt* ist der Ansicht, diese Vorschrift stelle „eine regelmäßige Information der Aktionäre

---

492 *Burgard*, Offenlegung von Beteiligungen, S. 177.

493 Entscheidend für die Rechtfertigung der Kontrollprämie ist die vom Bieter im Rahmen des Angebots angestrebte Gesamtbeteiligung an der Zielgesellschaft. Bei erfolgreichen Übernahmeangeboten erhält der Bieter insgesamt ein die Kontrolle vermittelndes Beteiligungspaket. Der Unterschied zum Kontrollerwerb durch Pakethandel liegt lediglich in der Vielzahl von Vertragspartnern.

494 So die Erläuterungen zur Regierungsvorlage, zu § 16 Absatz 5 ÜbG (Österreich); abgedruckt bei *Huber/Löber*, Übernahmegesetz, § 16 ÜbG, S. 102.

495 Note No. 3 on Rule 8 City Code.

496 Note No. 4 (a) on Rule 8 City Code.

497 *Gower/Prentice/Pettet*, Gower's Principles of modern Company Law, S. 719 (dort Fn. 99); *Thomas*, Company Law for Accountants, S. 415.

498 Ähnlich auch *Möllers*, in: KK zum WpÜG, § 23 WpÜG, Rdn. 38.

499 Vgl. hierzu im Rahmen des § 16 Absatz 5 ÜbG, S. 111.

über den Stand der Dinge während eines Übernahmeangebots" sicher.[500] Mit dieser Erkenntnis argumentiert er sogar für die von ihm vertretene Erforderlichkeit regelmäßiger Informationen über die Annahmequote. Rule 17.1 City Code sieht jedoch entsprechend ihrem klaren Wortlaut gerade keine regelmäßige Information vor.[501] Zwar fordert sie inhaltlich die Veröffentlichung des Annahmestandes (Rule 17.1 lit. a), des Beteiligungsstandes vor Beginn der Annahmefrist (Rule 17.1 lit. b) und der Anzahl der während der Annahmefrist erworbenen Aktien (Rule 17.1 lit. c). Jedoch werden lediglich bestimmte Zeitpunkte und Ereignisse genannt, die zu einer Veröffentlichung bis spätestens 8 Uhr (morgens) des nächsten Geschäftstages verpflichten. So ist der Bieter erst nach Ablauf der Annahmefrist zur Veröffentlichung verpflichtet. Gleiches gilt, falls das Angebot in Bezug auf die erforderliche Anzahl der Annahmen unbedingt wird (Bedingungseintritt) oder – wenn möglich – auf eine solche Bedingung verzichtet wird. Darüber hinaus besteht diese Pflicht auch nach einer Ausdehnung der Annahmefrist oder einer sonstigen Angebotsänderung.[502] Rule 17.1 City Code bleibt somit weit hinter den nach § 23 Absatz 1 Satz 1 Nr. 1 WpÜG vorgeschriebenen wöchentlichen bzw. täglichen Veröffentlichungen zurück.[503] Im Rahmen von Übernahmeangeboten, die gem. Rule 10 City Code stets zwingend gesetzlich bedingt sind, hat eine Veröffentlichung der Annahmequote – abgesehen von Angebotsänderungen bzw. Fristverlängerungen – frühestens nach Eintritt der Bedingung und damit bei Überschreitung der Schwelle von 50 % der Stimmrechte zu erfolgen. Somit besteht nach dieser Regelung auch nicht die Problematik eines Zwangs zur Veröffentlichung sog. „Nullmeldungen" in der Frühphase des Angebots und der damit einhergehenden psychologischen Wirkung auf die Angebotsempfänger.

d) Zwischenergebnis

Wie schon das österreichische Recht, enthält auch das britische Recht keine dem § 23 Absatz 1 Satz 1 Nr. 1 WpÜG entsprechende Regelung.[504] Insbesondere ist

---

500 *Witt*, NZG 2000, 809, 816; ebenso *Assmann/Bozenhardt*, Übernahmeangebote, ZGR-Sonderheft 9, S. 1, 98, (dort Fn. 508); *Steinmeyer/Häger*, WpÜG, § 23 WpÜG, Rdn. 1 (dort Fn. 1).

501 So auch *Schröder*, in: Haarmann/Riehmer/Schüppen, Öffentliche Übernahmeangebote, § 23 WpÜG, Rdn. 12.

502 Zu den einzelnen Auslösungstatbeständen vgl. auch *Schröder*, in: Haarmann/Riehmer/Schüppen, Öffentliche Übernahmeangebote, § 23 WpÜG, Rdn. 12.

503 So auch *Deutscher Anwaltverein e.V.*, NZG 2001, 420, 426; ähnlich *Möllers*, in: KK zum WpÜG, § 23 WpÜG, Rdn. 38.

504 So auch *Deutscher Anwaltverein e.V.*, NZG 2001, 420, 426; *Möllers*, in: KK zum WpÜG, § 23 WpÜG, Rdn. 38; *Schröder*, in: Haarmann/Riehmer/Schüppen, Öffentliche

während der Annahmefrist keine regelmäßige Veröffentlichung hinsichtlich der Annahmestände vorgesehen.

2. Lösungsansätze des britischen Rechts zur Beseitigung des prisoner's dilemma

Das britische Recht beschreitet zur Beseitigung des prisoner's dilemma zwei unterschiedliche Wege je nachdem, ob ein Gesamt- oder ein Teilangebot vorliegt. Gesamtangebote stehen gem. Rule 10 City Code – wie bereits dargestellt[505] – unter der gesetzlichen Wirksamkeitsbedingung einer Mindestbeteiligung (über 50 % der Stimmrechte). Gleichzeitig sieht Rule 31.4 City Code eine Verlängerung der Annahmefrist für den Fall vor, dass diese Bedingung nach Ablauf der regulären Annahmefrist erfüllt ist. Bei Teilangeboten, durch die 30 % und mehr der Stimmrechte erreicht werden können, sieht Rule 36.5 City Code hingegen die Durchführung des bereits dargestellten „approving/disapproving tender" vor.[506]

3. Zusammenfassende Bewertung der Regelungen in Großbritannien

Die beiden angesprochenen Lösungsansätze sind zwar geeignet, das prisoner's dilemma zu beseitigen. Bedenken ergeben sich wie bei der österreichischen Regelung jedoch dahingehend, dass beide Lösungsansätze zu einem faktischen Veräußerungsverbot für Aktionäre führen können.[507] Anders als in Deutschland und Österreich sind diese Gestaltungen in Großbritannien allerdings durchaus konsequent. Denn das britische Recht hat sich für einen umfassenden Konzerneingangsschutz i.S.e. Abstimmung über den Kontrollerwerb entschieden. Eine solche Abstimmung wird nicht nur für öffentliche Übernahmeangebote, sondern auch bei anderen Übernahmemethoden gewährleistet.[508] Aus dem Verzicht des britischen Rechts auf die Statuierung regelmäßiger Veröffentlichungspflichten des Bieters hinsichtlich des Annahmestandes folgt, dass hierfür kein zwingendes Erfordernis besteht. Ausreichend ist vielmehr auch die Information der Ange-

---

Übernahmeangebote, § 23 WpÜG, Rdn. 12; a.A. *Witt*, NZG 2000, 809, 816; *Assmann/Bozenhardt*, Übernahmeangebote, ZGR-Sonderheft 9, S. 1, 98 (dort Fn. 508); *Steinmeyer/Häger*, WpÜG, § 23 WpÜG, Rdn. 1 (dort Fn. 1); letztere Ansicht verkennt allerdings den tatsächlichen Inhalt der Rule 17.1 City Code.

505 Ausführlich zu diesem Lösungsansatz vgl. S. 83 f., 85 f.

506 Ausführlich zu diesem Lösungsansatz vgl. S. 82 f.

507 Vgl. hierzu S. 84 f.

508 Vgl. hierzu S. 85 f.

botsempfänger zu einem späteren Zeitpunkt, sofern sie danach weiterhin die Möglichkeit haben, das Angebot anzunehmen.

III. Schweiz

In der Schweiz sind die im vorliegenden Zusammenhang relevanten Regelungen vorwiegend im Bundesgesetz über die Börsen und den Effektenhandel (BEHG)[509] enthalten, das nach Maßgabe eines entsprechenden Beschlusses des Bundesrates stufenweise in Kraft trat. Ein erstes Regelungspaket, welches die Regelungsgebiete Börsen und Effektenhandel (mitsamt der zugehörigen Ausführungsbestimmung) enthielt, gilt seit dem 1. Februar 1997. Erst ca. ein Jahr später (1. Januar 1998) wurden dann Bestimmungen über Offenlegungspflichten und öffentliche Kaufangebote in Kraft gesetzt.[510] Das BEHG, das als Rahmengesetz mit nur geringer Regelungstiefe ausgestaltet wurde,[511] ist in hohem Maße ausfüllungsbedürftig und räumt den Verordnungsgebern erheblichen Entscheidungsspielraum ein. Die wichtigsten dieser vorliegend relevanten Normen sind die Verordnung der Eidgenössischen Bankenkommission über die Börsen und den Effektenhandel (BEHV-EBK) vom 25. Juni 1997 und die Verordnung der Übernahmekommission über öffentliche Kaufangebote (UEV-UEK) vom 21. Juli 1997.[512]

1. Keine dem § 23 Absatz 1 Satz 1 Nr. 1 WpÜG entsprechende Regelung

Die relevanten Normen des schweizerischen Rechts sind im Folgenden dahingehend zu untersuchen, ob sie eine Pflicht des Bieters zu regelmäßiger Veröffentlichung der Annahmestände während der Annahmefrist öffentlicher Angebote enthalten.

---

509 Bundesgesetz über die Börsen und den Effektenhandel vom 24.3.1995, BBl. 1993 I 1369 (in aktueller Fassung abrufbar unter http://www.copa.ch).

510 *Meier-Schatz*, ZBB 1997, 325, 326; *Schuster/Rudolf*, Übernahmerecht in der Schweiz, S. 41, 56, 59.

511 *Watter*, in: Vogt/Watter, Kommentar zum Schweizerischen Kapitalmarktrecht, Art. 1 BEHG, Rdn. 15; *Meier-Schatz*, ZBB 1997, 325, 326 f.; *ders.*, Offenlegung von Beteiligungen/Öffentliche Kaufangebote, S. 93, 95; *Schuster/Rudolf*, Übernahmerecht in der Schweiz, S. 41, 60.

512 Verordnungen abrufbar unter http://www.copa.ch.

a) Art. 20, 21 BEHG

Art. 20, 21 BEHG enthalten eine den §§ 21 ff. WpHG ähnliche Regelung, welche die Offenlegung von Beteiligungen betrifft. Die vorgesehenen Melde- und Veröffentlichungspflichten orientieren sich an der Richtlinie des Rates der Europäischen Gemeinschaften vom 12. Dezember 1988 über die bei Erwerb und Veräußerung einer bedeutenden Beteiligung an einer börsennotierten Gesellschaft zu veröffentlichenden Informationen (Transparenzrichtlinie[513]).[514] Gem. Art. 20 Absatz 1 BEHG löst das Erreichen, Über- oder Unterschreiten bestimmter Stimmrechtsgrenzwerte[515] Meldepflichten des betreffenden Erwerbers bzw. Veräußerers gegenüber der Gesellschaft, an der die Beteiligung besteht, und gegenüber den Börsen, an denen die Beteiligungspapiere zum Handel zugelassen sind, aus. Art. 21 BEHG normiert die Pflicht der betroffenen Gesellschaft, die ihr mitgeteilte Veränderung bei den Stimmrechten zu veröffentlichen. Dieses Regelwerk zielt darauf ab, Markttransparenz herzustellen und (kurs- bzw. anlegerentscheidrelevante) Informationsvorsprünge zu reduzieren.[516] Darüber hinaus sollen Übernahmen präventiv aufgedeckt sowie verdeckte Übernahmen durch schrittweise und heimliche Zukäufe verhindert werden.[517]

---

513 Richtlinie 88/627/EWG; ABl. EG Nr. L 348/62 vom 17.12.1988.

514 *Senn*, SZW 1993, 227; *Cereghetti*, Offenlegung von Unternehmensbeteiligungen im schweizerischen Recht, S. 272.

515 5, 10, 20, 33 1/3, 50 oder 66 2/3 Prozent.

516 *Meier-Schatz*, ZBB 1997, 325, 336; *ders.*, Offenlegung von Beteiligungen/Öffentliche Kaufangebote, S. 93, 96; *Lyk*, SZW 1995, 281, 283. Zur diesbezüglichen Kurs- bzw. Anlegerentscheidrelevanz vgl. auch *Weber*, in: Vogt/Watter, Kommentar zum Schweizerischen Kapitalmarktrecht, Art. 20 BEHG, Rdn. 5; *Senn*, SZW 1993, 227; *Cereghetti*, Offenlegung von Unternehmensbeteiligungen im schweizerischen Recht, S. 272. Die Kursrelevanz kann insbesondere darauf gestützt werden, dass allein die Identität eines bedeutenden Aktionärs ein Investitionskriterium darstellen kann, weil es wesentlich ist, wer in welchem Umfang Einfluss auf die Gesellschaft ausüben kann.

517 *Weber*, in: Vogt/Watter, Kommentar zum Schweizerischen Kapitalmarktrecht, Art. 20 BEHG, Rdn. 7; *Schuster/Rudolf*, Übernahmerecht in der Schweiz, S. 41, 70; *Meier-Schatz*, ZBB 1997, 325, 336; *ders.*, Offenlegung von Beteiligungen/Öffentliche Kaufangebote, S. 93, 97; *Cereghetti*, Offenlegung von Unternehmensbeteiligungen im schweizerischen Recht, S. 238, 242 f., 273; letzterer bezeichnet die Verhinderung geheimer Kontrollübernahmen sogar als Hauptziel. Diese seien unerwünscht, weil der geheim vorgehende Aufkäufer die fehlende Information der Anleger ausnutze, um sie gegeneinander auszuspielen und auf diese Weise die Unternehmenskontrolle günstig zu erwerben.

Die Art. 20, 21 BEHG finden allerdings in der Praxis keine Anwendung auf die während der Annahmefrist erfolgenden Annahmeerklärungen.[518] Die Meldepflicht entsteht zwar gem. Art. 10 Absatz 1 BEHV-EBK an sich bereits mit Begründung des Anspruchs auf Erwerb oder Veräußerung von Beteiligungspapieren. Ausschlaggebend ist somit der Abschluss des schuldrechtlichen Verpflichtungsgeschäfts,[519] nicht hingegen das dingliche Verfügungsgeschäft (Eigentumsübertragung)[520]. Die Nichtanwendung auf Annahmen im Rahmen eines öffentlichen Angebots, die zumindest zum Abschluss eines – wenn auch i.d.R. bedingten – Verpflichtungsgeschäfts führen, wird jedoch damit begründet, dass die angedienten Beteiligungspapiere zwar in den Machtbereich des Bieters fallen, die regelmäßig vorgesehenen Bedingungen, unter denen die Angebote stehen, jedoch Ausnahmen von der Offenlegungspflicht rechtfertigen. Diese Begründung überzeugt allerdings aus zwei Gründen nicht.

Zwar können Wirksamkeitsbedingungen des Verpflichtungsgeschäfts gem. Art. 20 Absatz 1 lit. c) BEHV-EBK Ausnahmen und Erleichterungen von der Meldepflicht rechtfertigen. Allerdings wäre hierfür ein förmliches Gesuch des Bieters erforderlich (Art. 20 Absatz 3 BEHV-EBK), über welches die Offenlegungsstelle der entsprechenden Börse zu entscheiden hätte (Art. 22 Absatz 1 Satz 1 BEHV-EBK).[521] Das Erfordernis eines solchen Gesuchs des Bieters hinsichtlich der Annahmeerklärungen wird jedoch von der Offenlegungsstelle verneint.[522] Darüber hinaus versagt die dargestellte Begründung im Rahmen unbedingter Angebote. Es handelt sich daher weniger um eine Ausnahme i.S.v. Art. 20 Absatz 1 lit. c) BEHV-EBK, als vielmehr um eine teleologische Reduktion der Offenlegungsvorschriften. Ein Vorrang der in Art. 31 BEHG vorgesehenen Meldepflicht ist schon wegen des abweichenden Normzwecks[523] abzulehnen. Eine teleologische Reduktion der Art. 20, 21 BEHG kann auf den Normzweck

---

518 Dies ergab u.a. eine Anfrage bei der schweizerischen Übernahmekommission und der Offenlegungsstelle (Zürich) vom 24. April 2002. Hierbei wurde eine laufende Information über den Stand der Annahmeerklärungen sogar als nicht erforderlich und kostenintensiv bezeichnet.

519 *Weber*, in: Vogt/Watter, Kommentar zum Schweizerischen Kapitalmarktrecht, Art. 20 BEHG, Rdn. 104; *Schuster/Rudolf*, Übernahmerecht in der Schweiz, S. 41, 71.

520 *Meier-Schatz*, ZBB 1997, 325, 338.

521 *Meier-Schatz*, ZBB 1997, 325, 338. Ob eine Bedingung Ausnahmen rechtfertigt, richtet sich nach der Wahrscheinlichkeit ihrer Erfüllung (vgl. *Weber*, in: Vogt/Watter, Kommentar zum Schweizerischen Kapitalmarktrecht, Art. 20 BEHG, Rdn. 101 f.).

522 Ergebnis einer Anfrage bei der Offenlegungsstelle (Zürich) vom 24. April 2002.

523 Vgl. hierzu S. 121 f.

gestützt werden, verdeckte Übernahmen durch schrittweise und heimliche Zukäufe zu verhindern. Denn bei öffentlichen Übernahmeangeboten wurde die Übernahmeabsicht des Bieters bereits veröffentlicht. Insbesondere die angesprochenen Aktionäre wissen, dass eine Kontrollprämie gerechtfertigt ist.

Von diesem Ergebnis abgesehen, eröffnet das zweigliedrige Veröffentlichungsverfahren einen Zeitrahmen von bis zu sechs Börsentagen.[524] Schon aus diesem Grund könnten Art. 20 f. BEHG den Regelungszweck des § 23 Absatz 1 Satz 1 Nr. 1 WpÜG, zeitnahe Information der Wertpapierinhaber sicherzustellen, insbesondere in der entscheidenden Endphase eines Angebots nicht gewährleisten.

b) Art. 31 BEHG

Art. 31 Absatz 1 BEHG unterwirft den Anbieter und Personen, die direkt, indirekt oder in gemeinsamer Absprache mit Dritten über eine Beteiligung von mindestens 5 Prozent der Stimmrechte der Zielgesellschaft verfügen, einer gegenüber Art. 20 BEHG verschärften Meldepflicht.[525] Gleiches gilt für Personen, die in vorbezeichneter Weise an einer anderen Gesellschaft beteiligt sind, deren Beteiligungspapiere zum Tausch angeboten werden. Insbesondere der Bieter und Dritte, die mit ihm in gemeinsamer Absprache handeln, müssen in der Zeit zwischen Veröffentlichung des Angebots und dem Ende der Nachfrist jeden Erwerb oder Verkauf von Beteiligungspapieren der Zielgesellschaft bzw. der zum Tausch angebotenen Titel einer anderen Gesellschaft gegenüber der Übernahmekommission und den Börsen melden (Art. 31 Absatz 1 BEHG i.V.m. Art. 37 Absatz 1, 3 UEV-UEK). Gem. Art. 41 UEV-UEK müssen diese Meldungen bis spätestens 12 Uhr des der Transaktion folgenden Börsentags eintreffen. Zweck der Meldepflicht ist es, der Übernahmekommission und den Börsen während der gesamten Angebotsdauer Informationen hinsichtlich sämtlicher Transaktionen, welche die Meldepflichtigen mit Beteiligungspapieren der Zielgesellschaft oder mit allfällig zum Tausch angebotenen Titeln einer anderen Gesellschaft tätigen, zu verschaffen.[526] Der Markt soll im Interesse eines fairen Ablaufs des Verfahrens öffentlicher Übernahmeangebote überwacht werden können,[527] um sowohl

524 Vgl. Art. 18 Absatz 1 und 2 BEHV-EBK.

525 *Schiltknecht*, in: Vogt/Watter, Kommentar zum Schweizerischen Kapitalmarktrecht, Art. 31 BEHG, Rdn. 2; *Meier-Schatz*, ZBB 1997, 325, 340; *Schuster/Rudolf*, Übernahmerecht in der Schweiz, S. 41, 63.

526 *Schiltknecht*, in: Vogt/Watter, Kommentar zum Schweizerischen Kapitalmarktrecht, Art. 31 BEHG, Rdn. 1.

527 *Schiltknecht*, in: Vogt/Watter, Kommentar zum Schweizerischen Kapitalmarktrecht, Art. 31 BEHG, Rdn. 5.

Manipulationen des Übernahmeausgangs als auch die Ausnutzung von Insiderinformationen zu verhindern und zugleich die Gleichbehandlung der Aktionäre sicherzustellen. Wegen dieses Gesetzeszwecks ist grundsätzlich auch keine Veröffentlichung der meldepflichtigen Transaktionen vorgesehen.[528] Es handelt sich auch nicht um eine regelmäßige Mitteilungspflicht, vielmehr ist sie von entsprechenden Erwerbstatbeständen abhängig.[529]

Abgesehen von der regelmäßig fehlenden Veröffentlichung, wird die Meldepflicht i.S.v. Art. 31 BEHG ohnehin nicht durch Annahmeerklärungen im Rahmen öffentlicher Übernahmeangebote ausgelöst.[530] Zwar ist die schuldrechtliche Begründung eines Anspruchs auf Erwerb oder Veräußerung von Aktien auch hier der Hauptfall einer Auslösung der Meldepflicht (Art. 39 UEV-UEK i.V.m. Art. 10 Absatz 1 BEHV-EBK),[531] so dass die zumindest zu Verpflichtungsgeschäften führenden Annnahmeerklärungen grundsätzlich ausreichen könnten. In der Praxis versteht man unter den zu meldenden Transaktionen jedoch lediglich Erwerbe bzw. Veräußerungen außerhalb des öffentlichen Übernahmeangebots (z.B. Handel an der Börse und Paketerwerbe).[532] Zur Begründung sei auch hier auf die Ausführungen zu § 16 Absatz 5 ÜbG (Österreich) verwiesen.[533]

c) Art. 27 Absatz 1 BEHG i.V.m. Art. 43 UEV-UEK

Nach Art. 27 Absatz 1 BEHG hat der Bieter nach Ablauf der regulären Annahmefrist lediglich das Zwischenergebnis des öffentlichen Kaufangebots zu veröffentlichen. Diese Regelung entspricht § 23 Absatz 1 Satz 1 Nr. 2 WpÜG. Die Veröffentlichung hat am ersten Börsentag nach Ablauf der Angebotsfrist zu erfolgen (Art. 43 Absatz 1 UEV-UEK). Weil eine abschließende Auswertung des Angebots so kurz nach dessen Ablauf nicht in jedem Fall möglich ist, genügt je-

528 *Meier-Schatz*, Offenlegung von Beteiligungen/Öffentliche Kaufangebote, S. 93, 124; i.E. ebenso *Möllers*, in: KK zum WpÜG, § 23 WpÜG, Rdn. 41. Eine Veröffentlichung kann nach Art. 42 Absatz 1 UEV-UEK nur ausnahmsweise aufgrund des Lauterkeitsprinzips bei einem kursrelevanten Einfluss verlangt werden (vgl. *Schiltknecht*, in: Vogt/Watter, Kommentar zum Schweizerischen Kapitalmarktrecht, Art. 31 BEHG, Rdn. 18).

529 In diesem Sinn auch *Möllers*, in: KK zum WpÜG, § 23 WpÜG, Rdn. 42.

530 Ebenso – jedoch ohne Begründung – *Schröder*, in: Haarmann/Riehmer/Schüppen, Öffentliche Übernahmeangebote, § 23 WpÜG, Rdn. 11.

531 *Schiltknecht*, in: Vogt/Watter, Kommentar zum Schweizerischen Kapitalmarktrecht, Art. 31 BEHG, Rdn. 12.

532 Ergebnis einer Anfrage bei der schweizerischen Übernahmekommission vom 24. April 2002.

533 Vgl. S. 111.

doch zunächst ein provisorisches Zwischenergebnis.[534] Spätestens vier Börsentage nach Ablauf der Angebotsfrist muss das endgültige Zwischenergebnis veröffentlicht werden (Art. 43 Absatz 2 UEV-UEK).

d) Zwischenergebnis

Wie die bisher betrachteten Rechtsordnungen enthält auch das schweizerische Recht im Ergebnis keine dem § 23 Absatz 1 Satz 1 Nr. 1 WpÜG entsprechende Regelung.[535] Insbesondere besteht keine Pflicht des Bieters zu regelmäßiger Veröffentlichung der Annahmestände.

2. Lösungsansatz über die Regelung einer Nachfrist

Der schweizerische Gesetzgeber versucht die Zwangssituation der Aktionäre im Rahmen öffentlicher Angebote schwerpunktmäßig durch die Statuierung einer Nachfrist zu lösen. In Art. 27 Absatz 2 BEHG i.V.m. Art. 14 Absatz 5 UEV-UEK ist eine Verlängerung der Annahmefrist für diejenigen Aktionäre geregelt, die das Angebot nicht in der regulären Annahmefrist angenommen haben. Dies gilt sowohl für unbedingte (Art. 14 Absatz 5 Satz 2 UEV-UEK) als auch für bedingte Angebote. Bei letzteren jedoch nur, wenn die Bedingung erfüllt ist oder der Bieter in zulässiger Weise auf die Bedingung verzichtet. Die Verlängerung ist, falls der Bieter keine solche Bedingung vorgesehen hat, von dem Erreichen der Kontrollschwelle unabhängig.[536] Die Angebote stehen weder selbst unter der gesetzlichen Wirksamkeitsbedingung des Kontrollerwerbs, noch ist für die Auslösung der Nachfrist eine derartige Bedingung geregelt.[537]

3. Zusammenfassende Bewertung der schweizerischen Regelungen

Das Problem des prisoner's dilemma wird durch die schweizerischen Regelungen zur Nachfrist nur unzureichend gelöst. Im Detail sei diesbezüglich auf die vergleichbaren Schwächen der de lege lata vorgesehenen Regelung des § 16 Ab-

---

534 *Tschäni/Oertle*, in: Vogt/Watter, Kommentar zum Schweizerischen Kapitalmarktrecht, Art. 27 BEHG, Rdn. 2.

535 Ebenso *Schröder*, in: Haarmann/Riehmer/Schüppen, Öffentliche Übernahmeangebote, § 23 WpÜG, Rdn. 11; ähnlich auch *Möllers*, in: KK zum WpÜG, § 23 WpÜG, Rdn. 42.

536 Anders anscheinend *Möllers*, in: KK zum WpÜG, § 23 WpÜG, Rdn. 42, nach dem eine Nachfrist nur bei erfolgreicher Übernahme garantiert ist.

537 Dieses Ergebnis wurde am 24. April 2002 im Rahmen einer Anfrage bei der schweizerischen Übernahmekommission bestätigt.

satz 2 WpÜG verwiesen.[538] Trotz der Kritik ist festzuhalten, dass die Schweiz auf die Statuierung regelmäßiger Veröffentlichungspflichten des Bieters hinsichtlich der Annahmequote verzichtet, weil eine derartige Pflicht nicht für erforderlich gehalten wird.

IV. Italien

Der italienische Gesetzgeber hat das Übernahmerecht mit Wirkung zum 1.7.1998 völlig neu geregelt.[539] Öffentliche Übernahmeangebote sind seitdem Regelungsgegenstand des Testo Unico delle disposizioni in materia di intermediazione finanziaria (T.U.)[540], dem Einheitsgesetz für Finanzierungsvermittlung. Der T.U. selbst enthält in seinen Art. 102 - 112 lediglich Grundprinzipien und Leitsätze des Übernahmerechts.[541] Ergänzende und präzisierende Detailregelungen sind in einer Ausführungsverordnung (Regolamento Emittenti; R.E.)[542] der Commissione Nationale per le Società e la Borsa (CONSOB[543]) enthalten.[544]

Hinsichtlich der in diesem Zusammenhang interessierenden Offenlegung von Beteiligungsverhältnissen enthält das italienische Recht umfangreiche Regelungen. Art. 120 Absatz 2 T.U. i.V.m. Art. 117 ff. R.E. regeln Offenlegungspflichten hinsichtlich bedeutender Beteiligungen und setzen die Transparenzrichtli-

---

538 Vgl. S. 88 f.

539 Zu einem diesbezüglichen Überblick vgl. *Schmid*, AG 1999, 402 ff.; *Diemer/Hasselbach*, NZG 2000, 824 ff.; *Hommelhoff/Witt*, RIW 2001, 561 ff.

540 Börsengesetz vom 24. Februar 1998, Nr. 58/1998 (Decreto legislativo 24 febbraio 1998, n. 58: „Testo Unico delle disposizioni in materia di intermediazione finanziaria, ai sensi degli articoli 8 e 21 della legge 6 febbraio 1996, n. 52"); über die Internet-Homepage der CONSOB in italienischer und englischer Sprache abrufbar (http://www.consob.it).

541 *Diemer/Hasselbach*, NZG 2000, 824. Während die Art. 102 - 104 T.U. für alle öffentlichen Angebote, Aufforderungen zur Abgabe von Angeboten oder Werbemitteilungen jeglicher Form gelten, die auf den Erwerb oder den Tausch von Finanzinstrumenten gerichtet sind, regeln die Art. 105 - 112 T.U. ausschließlich Pflichtangebote.

542 Bei der aktuellsten Fassung handelt es sich um die CONSOB-Verordnung (R.E.) n. 11971/1999, abgeändert durch die CONSOB-Beschlüsse n. 12745 vom 6. April 2000, n. 13086 vom 18. April 2001, n. 13106 vom 3. Mai 2001, n. 13130 vom 22. Mai 2001, n. 13605 vom 5. Juni 2002 sowie n. 13616 vom 12. Juni 2002; über die Internet-Homepage der CONSOB in italienischer und englischer Sprache abrufbar (http://www.consob.it).

543 Es handelt sich hierbei um die staatliche Börsenaufsichtsbehörde.

544 *Hommelhoff/Witt*, RIW 2001, 561, 562; *Schmid*, AG 1999, 402, 403.

nie[545] um.[546] Den Vorschriften des § 16 Absatz 5 ÜbG (Österreich), der Rule 8 City Code (Großbritannien) und des Art. 31 BEHG (Schweiz) entspricht Art. 103 Absatz 4 lit. b) T.U. i.V.m. Art. 41 Absatz 2 lit. b) R.E.. Anders als die bereits betrachteten Rechtsordnungen sieht das italienische Recht allerdings auch eine hinsichtlich der regelmäßigen Veröffentlichung des Annahmestandes öffentlicher Angebote mit § 23 Absatz 1 Satz 1 Nr. 1 WpÜG vergleichbare Regelung vor, die ausdrücklich derartige Veröffentlichungen vorschreibt. Auf die detaillierte Erörterung der zuvor genannten Vorschriften wird daher im Folgenden verzichtet.

1. Art. 103 Absatz 4 lit. b) T.U. i.V.m. Art. 41 Absatz 2 lit. c) R.E.

Art. 103 Absatz 4 lit. b) T.U. i.V.m. Art. 41 Absatz 2 lit. c) R.E. sehen im Rahmen öffentlicher Angebote, die sich auf börsennotierte Finanzinstrumente[547] beziehen, ausdrücklich die Verpflichtung zu regelmäßigen (täglichen) Veröffentlichungen des Annahmestandes vor.[548] Insoweit ist die Regelung mit § 23 Absatz 1 Satz 1 Nr. 1 WpÜG vergleichbar. Empfänger der Mitteilung sind auch hier die Aufsichtsbehörde CONSOB sowie der öffentliche Kapitalmarkt.[549] Der Adressatenkreis des Art. 41 Absatz 2 lit. c) R.E. ist hingegen weiter gefasst. Verpflichtet werden neben dem Bieter auch Personen, die zur Sammlung von Annahmeerklärungen bestimmt wurden.[550]

2. Verzicht auf andere Lösungsansätze

Das italienische Recht verzichtet auf andere Lösungsansätze hinsichtlich der Beseitigung des prisoner's dilemma. Insbesondere ist weder eine weitere Annahme-

545 Richtlinie 88/627/EWG; ABl. EG Nr. L 348/62 vom 17.12.1988.

546 Diese Vorschriften ansprechend *Diemer/Hasselbach*, NZG 2000, 824, 826.

547 Der Begriff der Finanzinstrumente ist in Art. 1 Absatz 2 T.U. definiert. Insbesondere Aktien sind gem. Art. 1 Absatz 2 lit. a) T.U. von diesem Begriff umfasst.

548 Vgl. auch *Möllers*, in: KK zum WpÜG, § 23 WpÜG, Rdn. 43; *Diemer/Hasselbach*, NZG 2000, 824, 827. Art. 41 Absatz 2 lit. c) R.E. erfasst jedoch ausdrücklich nur den Annahmestand. Die Mitteilungspflicht bezüglich erworbener Anteile ist hingegen in Art. 41 Absatz 2 lit. b) R.E. niedergelegt.

549 In diesem Sinn auch *Diemer/Hasselbach*, NZG 2000, 824, 827; *Möllers*, in: KK zum WpÜG, § 23 WpÜG, Rdn. 43. Die tägliche Unterrichtung wird durch die Borsa Italia S.p.A. sichergestellt (vgl. *Schmid*, AG 1999, 402, 406).

550 Vgl. auch *Möllers*, in: KK zum WpÜG, § 23 WpÜG, Rdn. 43. Gemeint sind hier im wesentlichen eingeschaltete Wertpapiergesellschaften (vgl. *Schmid*, AG 1999, 402, 406).

frist i.S.d. § 16 Absatz 2 WpÜG vorgesehen,[551] noch stehen die Angebote unter der gesetzlichen Bedingung des Erreichens einer bestimmten Mindestbeteiligung. Skeptischen Angebotsempfängern wird somit nicht die Möglichkeit eingeräumt, ihre Entscheidung über das Angebot zunächst risikolos zurückzustellen.

3. Zusammenfassende Bewertung der italienischen Regelungen

Der Versuch des italienischen Rechts, das prisoner's dilemma schwerpunktmäßig über die Statuierung von Veröffentlichungspflichten hinsichtlich der Anzahl bereits erfolgter Annahmeerklärungen zu beseitigen, ist den gleichen Bedenken ausgesetzt, wie die isoliert betrachtete Vorschrift des § 23 Absatz 1 Satz 1 Nr. 1 WpÜG.[552] Durch die von Anfang an vorgesehene tägliche Veröffentlichung besteht die Problematik des Zwangs zu sog. „Nullmeldungen" in der Frühphase öffentlicher Angebote sogar verstärkt. Zusätzlich ist zu berücksichtigen, dass die durch sog. „last-minute"-Entscheidungen entstehende Informationslücke in keiner Weise durch eine weitere Annahmefrist abgemildert wird. Zwar enthält das italienische Recht eine, hinsichtlich der Veröffentlichung von Annahmeständen, mit § 23 Absatz 1 Satz 1 Nr. 1 WpÜG vergleichbare Regelung. Im Ergebnis kann dies jedoch nicht über die dargestellten Bedenken gegen eine regelmäßige Veröffentlichung des Annahmestandes während der gesamten Annahmefrist hinweghelfen.

F. Ergebnis

Es hat sich gezeigt, dass Bedenken hinsichtlich der in § 23 Absatz 1 Satz 1 Nr. 1 WpÜG vorgesehenen Pflicht zur regelmäßigen Veröffentlichung des Annahmestandes berechtigt sind, soweit sich diese Pflicht auf die gesamte Annahmefrist erstreckt. Insbesondere aus der übernahmehindernden Wirkung sog. „Nullmeldungen" in der Frühphase öffentlicher Angebote ergibt sich ein bedeutendes öffentliches Interesse, einen sich über die gesamte Annahmefrist erstreckenden Zwang zur regelmäßigen Veröffentlichung des Annahmestandes zu vermeiden, weil ansonsten die Allokationseffizienz des Übernahmemarktes gestört würde. Auch liegt es im berechtigten Interesse möglicher Bieter, dass effiziente Über-

---

551 Art. 44 Absatz 8 Satz 2 R.E. enthält lediglich eine Spezialregelung für den Fall vorhandener Konkurrenzangebote. Angebotsempfängern, die Konkurrenzangebote angenommen haben, wird die Möglichkeit eingeräumt, das obsiegende Angebot anzunehmen. Dieses Recht besteht an den fünf auf die Veröffentlichung der Ergebnisse des obsiegenden Angebots folgenden Börsentagen.

552 Vgl. hierzu ausführlich S. 75 ff., 97 ff.

nahmen nicht durch eine derartige Verpflichtung behindert werden. Regelmäßige Veröffentlichungen würden ein unerwünschtes Entscheidungsverhalten der Aktionäre verursachen, falls sie die Entwicklung der Annahmestände falsch deuten. Darüber hinaus ergibt sich aus dem Zivil- bzw. Gesellschaftsrecht keine regelmäßige Informationspflicht hinsichtlich des aktuellen Annahmestandes.

Keine Vorgaben bezüglich regelmäßiger Veröffentlichungspflichten des Bieters enthalten zudem die europäischen Richtlinienvorschläge auf dem Gebiet der Übernahmeangebote. Mit Blick auf die betroffenen europäischen Grundfreiheiten der Niederlassungs- und Kapitalverkehrsfreiheit, unter deren Berücksichtigung sich die de lege lata vorgesehene Regelung des § 23 Absatz 1 Satz 1 Nr. 1 WpÜG im Grenzbereich des gerade noch zulässigen Regelungsinhalts befindet, ist dies sogar konsequent. Auch die Rechtsordnungen anderer europäischer Länder verzichten größtenteils auf eine derartige Verpflichtung des Bieters und versuchen das prisoner's dilemma stattdessen auf andere Weise zu lösen.

Im Ergebnis lässt sich aus der Gesamtheit der dargestellten Gesichtspunkte folgern, dass de lege ferenda eine Einschränkung des § 23 Absatz 1 Satz 1 Nr. 1 WpÜG dahingehend geboten ist, dass sich die Veröffentlichungspflicht zumindest hinsichtlich des Annahmestandes nicht über die gesamte Annahmefrist öffentlicher Angebote erstreckt. Im Interesse der Verfahrensvereinfachung wird daher vorgeschlagen, die „Wasserstandsmeldungen" des § 23 Absatz 1 Satz 1 Nr. 1 WpÜG insgesamt auf die letzte Woche vor Ablauf der Annahmefrist zu begrenzen,[553] da auf diese Weise die bedenklichen „Nullmeldungen" während der Frühphase öffentlicher Angebote vermieden werden. Gleichzeitig resultiert aus dieser Beschränkung kein Verstoß gegen das Transparenzgebot des § 3 Absatz 2 WpÜG. Denn auch hier können sich aus berechtigten Geheimhaltungsinteressen des Bieters Einschränkungen des Informationsbedürfnisses der Angebotsadressaten ergeben. Die von § 3 Absatz 2 WpÜG geforderte „Kenntnis der Sachlage" kann nicht dazu führen, dass die Angebotsempfänger uneingeschränkt auf den Kenntnisstand des Bieters gebracht werden müssen.[554]

553 Ebenso *Deutscher Anwaltverein e.V.*, NZG 2001,1003, 1005.

554 So auch *Steinmeyer/Häger*, WpÜG, § 3 WpÜG, Rdn. 11.

5. Kapitel: Darstellung des § 23 WpÜG und Einordnung in das vertriebs- und kapitalmarktrechtliche Informationsmodell

A. Mitteilungs- und Veröffentlichungspflichten nach § 23 Absatz 1 WpÜG

I. Anwendungsbereich des § 23 Absatz 1 WpÜG

1. Persönlicher Anwendungsbereich

Nach dem klaren Wortlaut regelt § 23 Absatz 1 WpÜG allein Mitteilungs- und Veröffentlichungspflichten des Bieters. Gem. § 2 Absatz 4 WpÜG sind Bieter natürliche oder juristische Personen oder Personengesellschaften, die allein oder gemeinsam mit anderen Personen (Bietergemeinschaft) ein Angebot abgeben, ein solches beabsichtigen oder zur Abgabe verpflichtet sind. Unerheblich ist, ob der Wohn- bzw. Gesellschaftssitz des Bieters in Deutschland liegt.[555] Bereits die Definition des § 2 Absatz 4 WpÜG zeigt, dass eine rein formelle Betrachtung geboten ist. Bei freiwilligen Wertpapiererwerbs- und Übernahmeangeboten ist deshalb dasjenige Rechtssubjekt Bieter i.S.d. § 23 Absatz 1 WpÜG, welches das Angebot abgegeben hat.[556] Die formelle Betrachtung ist auch im Rahmen von Pflichtangeboten heranzuziehen.[557] Bieter ist hier, wer zur Abgabe eines Ange-

555 Dies ergibt sich im Umkehrschluss aus § 2 Absatz 3 WpÜG, wonach der Sitz der Zielgesellschaft ausdrücklich im Inland liegen muss.

556 A.A. *Steinmeyer/Häger*, WpÜG, § 2 WpÜG, Rdn. 9, die eine rein formelle Betrachtung ablehnen und neben demjenigen, der das Angebot abgegeben hat, auch dasjenige Rechtssubjekt als Bieter ansehen, von dem die Entscheidung zur Angebotsabgabe wirtschaftlich ausgeht (materielle Betrachtung). Diese Unterscheidung wirkt sich insbesondere aus, wenn für die Angebotsabgabe Tochterunternehmen (§ 2 Absatz 6 WpÜG) zwischengeschaltet werden, weil dann neben dem Tochterunternehmen auch das Mutterunternehmen als Bieter anzusehen wäre. Argumentiert wird mit § 35 Absatz 3 WpÜG. Denn bei rein formeller Betrachtung könnten erfolgreiche Übernahmeangebote des Tochterunternehmens – entgegen dessen Regelungszweck – aufgrund der Stimmrechtszurechung (§ 30 Absatz 1 Satz 1 Nr. 1 WpÜG) Pflichtangebote des Mutterunternehmens auslösen. Dieses Argument bezieht sich jedoch zum einen nicht auf freiwillige Wertpapiererwerbsangebote. Zum anderen ist es deshalb abzulehnen, weil § 35 Absatz 3 WpÜG gerade nicht davon spricht, dass gerade der Bieter die Kontrolle auf Grund eines Übernahmeangebots erworben haben muss. Vielmehr sind auch gemeinsam handelnde Personen (z.B. Mutterunternehmen), denen Stimmrechte nach § 30 Absatz 2 WpÜG zugerechnet werden, von einem Pflichtangebot befreit, wenn sie die Kontrolle über die Zielgesellschaft aufgrund des Übernahmeangebots eines anderen erworben haben.

557 Diesbezüglich ebenso *Steinmeyer/Häger*, WpÜG, § 2 WpÜG, Rdn. 10.

bots verpflichtet ist. Dieser Personenkreis ergibt sich direkt aus § 35 Absatz 2 Satz 1 WpÜG. Wegen der Zurechnungsvorschrift des § 30 WpÜG können gerade bei Pflichtangeboten auch mehrere Rechtssubjekte zwingend Bieter sein.[558] Ist die Bietereigenschaft bei mehreren Rechtssubjekten zwingend oder freiwillig vorhanden, handelt es sich um Bietergemeinschaften. Jedes Mitglied hat grds. die den Bieter treffenden Verpflichtungen des WpÜG zu erfüllen.[559] Es besteht jedoch die Möglichkeit der Stellvertretung.[560]

2. Sachlicher Anwendungsbereich

§ 23 Absatz 1 WpÜG gilt für sämtliche dem WpÜG unterfallende Angebotsarten (§§ 34, 39 WpÜG).[561] Lediglich § 23 Absatz 1 Satz 1 Nr. 3 WpÜG findet nur im Rahmen von Übernahmeangeboten Anwendung, weil er an die weitere Annahmefrist anknüpft, die nach dem klaren Wortlaut des § 16 Absatz 2 Satz 1 WpÜG auf Übernahmeangebote beschränkt ist.

Hinsichtlich freiwilliger Wertpapiererwerbsangebote wird die Ansicht vertreten, die Pflicht zur Abgabe von „Wasserstandsmeldungen" stelle eine Überregulierung dar.[562] Insbesondere seien die Pflichten des § 23 Absatz 1 Satz 1 Nr. 1 WpÜG nicht durch den Normzweck, dem prisoner's dilemma entgegenzuwirken, gerechtfertigt, weil bei freiwilligen Wertpapiererwerbsangeboten keine Befürchtung bestehe, einem neuen Kontrollinhaber ausgesetzt zu sein. Konsequenz dieser Ansicht ist eine mögliche teleologische Reduktion des § 23 Absatz 1 WpÜG[563] bzw. der Vorschlag einer Übernahme des § 23 Absatz 1 WpÜG in den Abschnitt 4 des WpÜG für Übernahmeangebote (de lege ferenda)[564].

---

558 *Schüppen*, in: Haarmann/Riehmer/Schüppen, Öffentliche Übernahmeangebote, § 2 WpÜG, Rdn. 32; *Angerer*, in: Geibel/Süßmann, WpÜG, § 2 WpÜG, Rdn. 16.

559 Begr. RegE, BT-Drucks. 14/7034, S. 34.

560 *Angerer*, in: Geibel/Süßmann, WpÜG, § 2 WpÜG, Rdn. 16; Begr. RegE, BT-Drucks. 14/7034, S. 34.

561 Der Diskussionsentwurf zum Übernahmegesetz (DiskE-ÜG) beschränkte sich hingegen noch auf Pflichtangebote und freiwillige Angebote zum Zweck eines Erwerbs der Kontrolle (Übernahmeangebote). Die Erweiterung betrifft freiwillige Wertpapiererwerbsangebote (zu dieser Angebotsart vgl. S. 6).

562 *Deutscher Anwaltverein e.V.*, NZG 2001, 420, 426; *ders.*, NZG 2001, 1003, 1005; *Schröder*, in: Haarmann/Riehmer/Schüppen, Öffentliche Übernahmeangebote, § 23 WpÜG, Rdn. 2 ff.

563 Vgl. *Schröder*, in: Haarmann/Riehmer/Schüppen, Öffentliche Übernahmeangebote, § 23 WpÜG, Rdn. 6, im Ergebnis jedoch ablehnend.

564 *Deutscher Anwaltverein e.V.*, NZG 2001, 420, 426; *ders.*, NZG 2001, 1003, 1005.

Wenn man wie der Gesetzgeber von der grundsätzlichen Erforderlichkeit regelmäßiger Veröffentlichungen i.S.d. § 23 Absatz 1 Satz 1 Nr. 1 WpÜG zur Abmilderung des prisoner's dilemma ausgeht, ist diese Ansicht abzulehnen. Sie unterstellt, dass tatsächliche Kontrollübergänge durch die aufgrund von Erfahrungswerten festgelegte Schwelle des § 29 Absatz 2 WpÜG (30 % der Stimmrechte) stets korrekt widergespiegelt werden. In diesem Fall könnte allerdings auch bei Pflichtangeboten keine Gefahr des prisoner's dilemma bestehen. Richtig ist jedoch, dass die Schwelle des § 29 Absatz 2 WpÜG bewusst und in zulässiger Weise[565] generalisierend und typisierend festgelegt wurde, um die Mehrzahl der Fälle unter Berücksichtigung der hinsichtlich Hauptversammlungspräsenzen bestehenden Erfahrungswerte korrekt zu erfassen.[566] Für eine tatsächliche Kontrolle werden 30 % aber nicht immer ausreichen, wobei jedoch andererseits in vielen Fällen auch ein geringerer Stimmrechtsanteil zu einer relativ stabilen Versammlungsmehrheit verhelfen kann.[567] Zwar geht die generelle Anwendung des § 23 Absatz 1 WpÜG auf sämtliche Angebotsarten des WpÜG in einigen Fällen über das bezweckte Ziel hinaus. Anders lässt sich jedoch nicht sicherstellen, dass „Wasserstandsmeldungen" stets erfolgen, sofern die Gefahren des prisoner's dilemma existieren. Zu überlegen ist deshalb lediglich, ob die Anwendung des § 23 Absatz 1 Satz 1 Nr. 1 WpÜG ausscheidet, wenn ein prisoner's dilemma definitiv nicht besteht, weil der nach §§ 29 f. WpÜG zu berechnende Stimmrechtsanteil des Bieters an der Zielgesellschaft zum Zeitpunkt der Veröffentlichung der Angebotsunterlage bereits über 50 % beträgt. Gleiches könnte für den Fall gelten, dass das Angebot auf eine Beteiligungsquote gerichtet ist, die lediglich ein Stimmrechtsanteil unterhalb von 20 % repräsentiert, weil dann ein Kontrollwechsel nahezu ausgeschlossen ist. Letztendlich ist jedoch auch eine so verstandene teleologische Reduktion des § 23 Absatz 1 WpÜG abzulehnen. Obwohl dem Gesetzgeber die Bedenken hinsichtlich des sachlichen Anwendungsbereichs

565 BVerfGE 84, 348, 359 f.

566 *Süßmann*, in: Geibel/Süßmann, WpÜG, § 29 WpÜG, Rdn. 14; auf die einhergehende Planungssicherheit hinweisend *Zinser*, ZRP 2001, 363, 366; *ders.*, NZG 2001, 391, 396; *ders.*, NZG 2000, 573, 578; *Pötzsch/Möller*, WM 2000, Sonderbeilage Nr. 2, S. 1, 17; *Houben*, WM 2000, 1873, 1879; Begr. RegE, BT-Drucks. 14/7034, S. 53; kritisch zur generalisierten Kontrollschwelle *Mülbert*, ZIP 2001, 1221, 1225 ff.; *Archner*, Kreditwesen 2001, 999, 1000; *Liebscher*, ZIP 2001, 853, 858.

567 *Schüppen*, WPg 2001, 958, 966; zu Hinweisen auf derartige Fälle vgl. *Mülbert*, ZIP 2001, 1221, 1225 f.; *Archner*, Kreditwesen 2001, 999, 1000 verweist auf den Umstand, dass die tatsächliche Kontrollschwelle aufgrund der niedrigen Hauptversammlungspräsenzen bei einer Vielzahl der DAX-30-Unternehmen sogar unterhalb der vom Gesetzgeber festgelegten 30 Prozentschwelle liegt.

bewusst waren,[568] wurde der Wortlaut des § 23 Absatz 1 WpÜG im Gesetzgebungsverfahren weder geändert, noch wurde in der Gesetzesbegründung auf eine Einschränkung eingegangen. Vielmehr spricht die systematische Stellung des § 23 Absatz 1 WpÜG und der abweichende Wortlaut des § 23 Absatz 2 WpÜG, der ausdrücklich nur für Übernahme- und Pflichtangebote gilt, dafür, dass sich der Gesetzgeber bewusst für die Erstreckung des Anwendungsbereichs auf sämtliche Angebotsarten entschieden hat.[569] De lege ferenda wäre die vorgeschlagene Einschränkung jedoch sinnvoll und wünschenswert.

II. Inhalt der Veröffentlichungen und Mitteilungen

Der sprachlich schwer zu erfassende Wortlaut des § 23 Absatz 1 Satz 1 WpÜG enthält zunächst eine Zweiteilung hinsichtlich der gebotenen Informationen.[570] Zum einen wird der Bieter verpflichtet, bestimmte Angaben zu den ihm, den mit ihm gemeinsam handelnden Personen und deren Tochterunternehmen zustehenden Beteiligungen an der Zielgesellschaft, einschließlich der ihm zustehenden und nach § 30 WpÜG zuzurechnenden Stimmrechtsanteile, offenzulegen (§ 23 Absatz 1 Satz 1 Alt. 1 WpÜG). Zum anderen müssen die Veröffentlichungen und Mitteilungen Angaben zu den Beteiligungen enthalten, die sich aus Annahmeerklärungen ergeben könnten, die dem Bieter im Rahmen des Angebots zugegangenen sind (§ 23 Absatz 1 Satz 1 Alt. 2 WpÜG). Letzteres soll die Akzeptanz des Angebots darstellen.[571]

1. § 23 Absatz 1 Satz 1 Alt. 1 WpÜG (Beteiligung)

Die nach § 23 Absatz 1 Satz 1 Alt. 1 WpÜG vorgeschriebenen Beteiligungsangaben lassen sich in vier verschiedene Informationsblöcke aufteilen.[572] Anzugeben ist die Anzahl der dem Bieter, mit ihm gemeinsam handelnden Personen und deren Tochterunternehmen zustehenden Wertpapiere der Zielgesell-

568 Vgl. *Deutscher Anwaltverein e.V.*, NZG 2001, 420, 426; *ders.*, NZG 2001, 1003, 1005.

569 *Schröder*, in: Haarmann/Riehmer/Schüppen, Öffentliche Übernahmeangebote, § 23 WpÜG, Rdn. 6.

570 *Assmann*, AG 2002, 114, 121 (dort Fn. 44); *Möllers*, in: KK zum WpÜG, § 23 WpÜG, Rdn. 47; *Schröder*, in: Haarmann/Riehmer/Schüppen, Öffentliche Übernahmeangebote, § 23 WpÜG, Rdn. 14; *Thun*, in: Geibel/Süßmann, WpÜG, § 23 WpÜG, Rdn. 8; *Steinmeyer/Häger*, WpÜG, § 23 WpÜG, Rdn. 3.

571 Begr. RegE, BT-Drucks. 14/7034, S. 50.

572 So auch *Möllers*, in: KK zum WpÜG, § 23 WpÜG, Rdn. 49; ähnlich *Assmann*, AG 2002, 114, 121.

schaft (Var. 1), die sich hieraus ergebende Höhe der Wertpapieranteile (Var. 2), die dem Bieter zustehenden Stimmrechtsanteile (Var. 3) und schließlich die ihm nach § 30 WpÜG zuzurechnenden Stimmrechtsanteile (Var. 4).

a) Anzahl der zustehenden Wertpapiere (§ 23 Absatz 1 Satz 1 Alt. 1 Var. 1 WpÜG)

aa) Anzahl der „Wertpapiere"

Nachdem § 25 Absatz 1 DiskE-ÜG lediglich von Aktien- und Stimmrechtsanteilen sprach, bezieht sich § 23 Absatz 1 Satz 1 Alt. 1 WpÜG auf den weiteren Begriff des Wertpapiers und erfasst somit sämtliche Wertpapiere der Zielgesellschaft i.S.d. § 2 Absatz 2 WpÜG[573]. Eine Begrenzung auf Wertpapiere, die Gegenstand des Angebots sind, ist nicht vorgesehen. Vielmehr soll den Angebotsempfängern ein vollständiges Bild über die Beteiligungsverhältnisse vermittelt werden.[574] Bezieht sich das Angebot etwa lediglich auf Stammaktien, muss der Bieter auch Informationen über die von ihm gehaltenen Vorzugsaktien und sonstige die Zielgesellschaft betreffende Wertpapiere i.S.d. § 2 Absatz 2 WpÜG veröffentlichen.[575] Die Anzahl ist für jede Wertpapierart getrennt und unter Spezifikation der betreffenden Wertpapiere anzugeben,[576] weil die enthaltene Information ansonsten an Aussagekraft verlieren und ein vollständiges Bild über die Beteiligungsverhältnisse nicht mehr gewährleisten würde.

bb) „Zustehende" Wertpapiere

Fraglich ist, ob sich aus den Begriffen „gehaltenen Wertpapiere" (§ 2 Nr. 5 WpÜG-AngVO) bzw. „zustehenden Wertpapiere" (§ 23 Absatz 1 Satz 1 Alt. 1 Var. 1 WpÜG) ein rechtlicher Unterschied ergibt.

---

573 Zu § 2 Absatz 2 WpÜG vgl. S. 4 f.

574 Begr. RegE, BT-Drucks. 14/7034, S. 50; *Schröder*, in: Haarmann/Riehmer/Schüppen, Öffentliche Übernahmeangebote, § 23 WpÜG, Rdn. 22; *Steinmeyer/Häger*, WpÜG, § 23 WpÜG, Rdn. 3 f.; *Thun*, in: Geibel/Süßmann, WpÜG, § 23 WpÜG, Rdn. 9.

575 In diesem Sinn auch *Thun*, in: Geibel/Süßmann, WpÜG, § 23 WpÜG, Rdn. 9; auf stimmrechtslose Vorzugsaktien hinweisend auch *Möllers*, in: KK zum WpÜG, § 23 WpÜG, Rdn. 48.

576 In diesem Sinn auch *Schröder*, in: Haarmann/Riehmer/Schüppen, Öffentliche Übernahmeangebote, § 23 WpÜG, Rdn. 23; *Thun*, in: Geibel/Süßmann, WpÜG, § 23 WpÜG, Rdn. 12; nicht eindeutig hingegen *Steinmeyer/Häger*, WpÜG, § 23 WpÜG, Rdn. 4.

Der allgemeine Wortsinn und die Terminologie des WpÜG sprechen dafür, dass jedenfalls das „Halten" von Wertpapieren i.S.e. dinglichen Eigentümerstellung zu verstehen ist. Beispielsweise stellt § 20 Absatz 2 Nr. 1 WpÜG darauf ab, dass bestimmte Personen Wertpapiere halten oder zu halten beabsichtigen. Letztere Alternative ist gerade dann relevant, sofern ein Erwerb noch nicht erfolgt ist.[577] Wertpapiere werden demnach gehalten, sobald sie dinglich erworben wurden. Auch *Geibel* diskutiert im Rahmen des § 2 Nr. 5 WpÜG-AngVO, ob die Zurechnungstatbestände des § 30 WpÜG gelten, die sich an sich nur auf Stimmrechtszurechnung beziehen. Im Ergebnis wird dies jedoch zu Recht abgelehnt, weil Zurechnungstatbestände nicht die Eigentumsverhältnisse widerspiegeln, sondern lediglich Ausdruck des Einflussbereichs des Bieters sind, so dass die uneingeschränkte Anwendung auch auf „gehaltene" Wertpapiere, ein unzutreffendes Bild über die Eigentumsverhältnisse an der Zielgesellschaft vermitteln würde.[578]

Der in § 23 Absatz 1 Satz 1 Alt. 1 Var. 1 WpÜG verwendete Begriff der „zustehenden Wertpapiere" wird weder definiert, noch enthält die Gesetzesbegründung eine diesbezügliche Begriffserläuterung. Denkbar wäre es, dem Begriff einen eigenständigen Sinngehalt zukommen zu lassen, indem nicht nur dinglich zustehende Wertpapiere erfasst werden, sondern auch Wertpapiere, deren Stimmrechte nach § 30 WpÜG zuzurechnen sind.[579] Hierfür spricht insbesondere, dass der Gesetzgeber den Begriff der „zustehenden Wertpapiere" trotz geäußerter Kritik[580] im Gesetzgebungsverfahren beibehalten hat. Überzeugender ist es jedoch, einen eigenständigen Sinngehalt abzulehnen und eine dem Begriff „gehaltene Wertpapiere" entsprechende dingliche Auslegung zu befürworten.[581] Wollte man Wertpapiere einbeziehen, deren Stimmrechte zuzurechnen sind, würde man Wertpapiere, die ein Stimmrecht gewähren und solche, die kein solches enthalten, ohne rechtfertigenden Grund verschieden behandeln. Für eine rein dingliche Betrachtung spricht auch die kumulative Aufzählung des Bieters, der mit ihm gemeinsam handelnden Personen und deren Tochterunternehmen, weil eine Berücksichtigung von Zurechnungen zu Mehrfacherfassungen führen würde. Dieser

---

577 *Vogel*, in: Haarmann/Riehmer/Schüppen, Öffentliche Übernahmeangebote, § 20 WpÜG, Rdn. 10.

578 So auch *Geibel*, in: Geibel/Süßmann, WpÜG, § 11 WpÜG, Rdn. 65.

579 So *Schröder*, in: Haarmann/Riehmer/Schüppen, Öffentliche Übernahmeangebote, § 23 WpÜG, Rdn. 16.

580 Vgl. *Witt*, NZG 2000, 809, 817.

581 Ebenso auf dingliches Eigentum abstellend *Möllers*, in: KK zum WpÜG, § 23 WpÜG, Rdn. 51; vgl. auch *Mielke*, in: Beckmann/Kersting/Mielke, Übernahmerecht, S. 77, Rdn. B 175.

Umstand resultiert aus der Vorschrift des § 30 WpÜG, deren Zurechnungsketten im Ergebnis immer zum Bieter führen.[582] Entscheidend dürfte jedoch der Wortlaut des § 23 Absatz 1 Satz 1 Alt. 1 Var. 3 und 4 WpÜG sein, der im Rahmen der Stimmrechtsanteile gerade zwischen „zustehenden" (Var. 3) und „zuzurechnenden" (Var. 4) differenziert. Es ist auch durchaus sinnvoll, auf der einen Seite die tatsächlichen Eigentumsverhältnisse an den Wertpapieren darzustellen und im Rahmen der Stimmrechte zusätzlich Zurechnungen und damit Stimmrechtseinflüsse des Bieters zu berücksichtigen. Der Gesetzgeber hat den möglichen Unterschied der Begrifflichkeiten „gehaltene" bzw. „zustehende" m.E. nicht erkannt.

cc) Dreiteilung: Bieter, mit ihm gemeinsam handelnde Personen und deren Tochterunternehmen

Nach § 23 Absatz 1 Satz 1 Alt. 1 Var. 1 WpÜG muss der Bieter die Anzahl der Wertpapiere, die ihm selbst zustehen, veröffentlichen und der BAFin mitteilen. Anzugeben ist zudem die Anzahl der Wertpapiere, die den mit dem Bieter gemeinsam handelnden Personen i.S.v. § 2 Absatz 5 WpÜG[583] und deren Tochterunternehmen i.S.v. § 2 Absatz 6 WpÜG[584] zustehen. Teilweise wird die Meinung vertreten, dass hinsichtlich der bezeichneten Personen ein getrennter Ausweis dieser Angaben nicht erforderlich wäre, weil die Formulierung „jeweiligen" in § 23 Absatz 1 Satz 1 WpÜG lediglich im Hinblick auf verschiedene Wertpapiere zu verstehen sei.[585]

Dem Gesetzestext kann eine solche Beschränkung jedoch nicht entnommen werden. Vielmehr kann sich die Formulierung „jeweiligen" auch auf alle einzelnen Angaben des § 23 Absatz 1 Satz 1 Alt. 1 Var. 1 WpÜG beziehen. Eine solche Auslegung wird einerseits vom Normzweck, größtmögliche Transparenz zu erhalten, gestützt. Zum anderen fehlen gegensätzliche Hinweise in der Entstehungsgeschichte sowie in der Gesetzesbegründung des § 23 WpÜG. Die tatsäch-

---

582 Genauer vgl. S. 145 f.

583 Ausführlich zum Begriff der gemeinsam handelnden Person, vgl. Begr. RegE, BT-Drucks. 14/7034, S. 34; *Angerer*, in: Geibel/Süßmann, WpÜG, § 2 WpÜG, Rdn. 17 ff.; *Steinmeyer/Häger*, WpÜG, § 2 WpÜG, Rdn. 13 ff.; *Schüppen*, in: Haarmann/Riehmer/Schüppen, Öffentliche Übernahmeangebote, § 2 WpÜG, Rdn. 34 ff.

584 Insofern ist § 23 Absatz 1 Satz 1 WpÜG weiter als § 25 Absatz 1 DiskE-ÜG; ausführlich zum Begriff des Tochterunternehmens, vgl. Begr. RegE, BT-Drucks. 14/7034, S. 34 f.; *Angerer*, in: Geibel/Süßmann, WpÜG, § 2 WpÜG, Rdn. 33 ff.; *Steinmeyer/Häger*, WpÜG, § 2 WpÜG, Rdn. 20 ff.; *Schüppen*, in: Haarmann/Riehmer/Schüppen, Öffentliche Übernahmeangebote, § 2 WpÜG, Rdn. 37 f.

585 *Thun*, in: Geibel/Süßmann, WpÜG, § 23 WpÜG, Rdn. 12.

liche Beteiligungssituation wird für den Angebotsempfänger erst durch eine Aufteilung besser nachvollziehbar und transparenter.[586] Für dieses Ergebnis spricht entscheidend, dass sich insbesondere freiwillige öffentliche Übernahmeangebote i.d.R. an alle vom Bieter verschiedenen Inhaber entsprechender Wertpapiere und damit auch an mit dem Bieter gemeinsam handelnde Personen und deren Tochterunternehmen richten müssen.[587] Deshalb ist die Information über die Wertpapiere, die noch nicht dem Bieter gehören, von größter Bedeutung.[588] Während aus Gründen der Übersichtlichkeit zusätzlich eine zusammengefasste Darstellung erfolgen sollte, ist sogar eine weitergehende Aufschlüsselung zu fordern. Statt einer bloßen Dreiteilung, ist vielmehr die Beteiligung eines jeden Rechtssubjektes, das unter die drei genannten Gruppen fällt und dem die Eigenschaft eines Wertpapierinhabers zukommt, einzeln anzugeben.[589] Erst auf diese Weise werden die tatsächlichen Eigentumsverhältnisse an der Zielgesellschaft klar erkennbar. Die relevanten Rechtssubjekte sind gem. § 11 Absatz 4 Nr. 2 WpÜG i.V.m. § 2 Nr. 1 WpÜG-AngVO bereits aus der Angebotsunterlage ersichtlich. Bei diesbezüglichen Änderungen ist die Aktualisierungspflicht[590] des Bieters zu berücksichtigen.

b) Höhe der jeweiligen Wertpapieranteile (§ 23 Absatz 1 Satz 1 Alt. 1 Var. 2 WpÜG)

aa) Herleitung der Relevanz von Wertpapieranteilen

Der Wortlaut des § 23 Absatz 1 Satz 1 Alt. 1 WpÜG differenziert zum einen zwischen der „Anzahl sämtlicher (...) zustehenden Wertpapiere" (Var. 1) und der „Höhe der jeweiligen Anteile" (Var. 2). Daraus ergibt sich nicht eindeutig, was mit dem Begriff „Anteile" gemeint ist. An anderer Stelle spricht

586 So auch *Möllers*, in: KK zum WpÜG, § 23 WpÜG, Rdn. 65; eine solche Aufschlüsselung befürwortend wohl auch *Steinmeyer/Häger*, WpÜG, § 23 WpÜG, Rdn. 4.

587 *Steinmeyer/Häger*, WpÜG, § 29 WpÜG, Rdn. 20. Hiernach ist das Übernahmeangebot grundsätzlich an alle Aktionäre der Zielgesellschaft zu richten. „Hiervon sind auch solche Aktionäre erfasst, deren Stimmrechte dem Bieter nach § 30 zuzurechnen sind."

588 Zum Sonderproblem der Angebotsannahme durch Personen, deren Stimmrechte dem Bieter bereits gem. § 30 WpÜG zuzurechnen waren, vgl. ausführlich S. 171 ff.

589 Diese weitere Aufgliederung entspricht dem tatsächlichen Vorgehen bei den Angeboten „Barilla/Kamps" vom 25. Mai 2002 (vgl. Bekanntmachungen unter http://www.barilla.com/kamps-angebot; abgerufen am 30.6.2002) und „OgilvyOne worldwide/Concept! AG" vom 23. Februar 2002 (vgl. Bekanntmachungen unter http://www.kirchhoff.de/ogilvy-concept-angebot; abgerufen am 13.4.2002).

590 Genauer zur Aktualisierungspflicht vgl. S. 246 f.

§ 23 Absatz 1 Satz 1 Alt. 1 WpÜG ausdrücklich von „Stimmrechtsanteilen“ (Var. 3 und 4).

Nach der Gesetzesbegründung soll der Bieter verpflichtet werden, die aktuelle Höhe des Wertpapier- und Stimmrechtsbestands an der Zielgesellschaft mitzuteilen und zu veröffentlichen.[591] Dies spricht dafür, dass der Gesetzgeber den Bieter durch Verwendung des Begriffs „Anteile“ verpflichten wollte, zusätzlich zu der „Anzahl“ der Wertpapiere und den „Stimmrechtsanteilen“, auch Angaben hinsichtlich der jeweiligen Wertpapieranteile zu machen.[592] Da sich der Begriff der „Anteile“ auf sämtliche Wertpapiere bezieht und die Stimmrechtsanteile gesondert anzugeben sind, können lediglich die jeweiligen Wertpapieranteile gemeint sein. Nur diese Auslegung schafft ein übereinstimmendes System zwischen § 23 Absatz 1 Satz 1 Alt. 1 WpÜG und § 23 Absatz 1 Satz 1 Alt. 2 WpÜG, denn letztere differenziert ausdrücklich zwischen den Begriffen „Wertpapieranteile“ und „Stimmrechtsanteile“. Diese Unterscheidung ist zudem sinnvoll, weil erhebliche Abweichungen zwischen der Höhe der Wertpapieranteile und der Stimmrechtsanteile auftreten können.[593]

bb) Aufschlüsselung und Berechnung

Auch die Wertpapieranteile sind entsprechend § 23 Absatz 1 Satz 1 Alt. 1 Var. 1 WpÜG für jede Wertpapierart getrennt und unter Spezifikation der betreffenden Wertpapiere anzugeben. Darüber hinaus hat die gleiche personelle Aufschlüsselung mit anschließender zusammengefasster Darstellung zu erfolgen.[594] Hinsichtlich der Wertpapieranteilsberechnung ist die jeweils dinglich gehaltene[595] Wertpapieranzahl einer Art als Teilmenge (= Zähler) zur jeweiligen Gesamtmenge (= Nenner) ins Verhältnis zu setzen. Die Gesamtmenge bezeichnet die im maßgeblichen Zeitpunkt der jeweiligen Mitteilung und Veröffentlichung existierende Gesamtzahl der jeweiligen Wertpapiere der Zielgesellschaft. Zwar wäre es in Anlehnung an § 16 Absatz 2 Satz 2 AktG denkbar, eigene Wertpapiere der Zielgesellschaft hinsichtlich der Gesamtmenge in Abzug zu bringen. Dem steht je-

591 Begr. RegE, BT-Drucks. 14/7034, S. 50.

592 Im Ergebnis ebenso *Schröder*, in: Haarmann/Riehmer/Schüppen, Öffentliche Übernahmeangebote, § 23 WpÜG, Rdn. 23; *Möllers*, in: KK zum WpÜG, § 23 WpÜG, Rdn. 54; *Thun*, in: Geibel/Süßmann, WpÜG, § 23 WpÜG, Rdn. 12; *Assmann*, AG 2002, 114, 121; letzterer verwendet den Begriff der „Beteiligungsquoten“.

593 Vgl. hierzu auch *Möllers*, in: KK zum WpÜG, § 23 WpÜG, Rdn. 54.

594 Vgl. hierzu S. 135 f.

595 Vgl. hierzu S. 133 ff.

doch der Sinn und Zweck der Regelung, die aktuelle Höhe des Wertpapierbestands an der Zielgesellschaft zu zeigen, entgegen. Anders als bei § 16 Absatz 2 AktG ist im Rahmen des § 23 Absatz 1 Satz 1 Alt. 1 Var. 2 WpÜG gerade nicht die genaue Angabe der Kapitalanteile, sondern die Angabe der jeweiligen Wertpapieranteile gefordert, die zwar häufig, aber nicht zwingend mit den Kapitalanteilen identisch sind. Im Ergebnis sollen sowohl der Aktionär als auch der Markt für jede Wertpapiergattung erkennen können, wie viele Wertpapiere der Bieter bereits auf sich vereinigt und welchen Anteil diese Zahl an der Gesamtzahl der jeweiligen Gattung darstellt.[596]

c) Höhe des dem Bieter („ihm") zustehenden Stimmrechtsanteils (§ 23 Absatz 1 Satz 1 Alt. 1 Var. 3 WpÜG)

Stimmrechtsanteile bilden hinsichtlich der Beurteilung von Erfolgsaussichten öffentlicher Übernahmeangebote die entscheidende Messzahl, weil sie – wie sich auch aus § 29 Absatz 2 WpÜG ergibt – die Kontrolle über eine Gesellschaft widerspiegeln. In Abgrenzung zu den dem Bieter nach § 30 WpÜG zuzurechnenden Stimmrechtsanteilen[597] (§ 23 Absatz 1 Satz 1 Alt. 1 Var. 4 WpÜG) ergeben sich die „ihm"[598] zustehenden Stimmrechtsanteile der Var. 3 ausschließlich aus ihm i.S.v. § 23 Absatz 1 Satz 1 Alt. 1 Var. 1 WpÜG zustehenden Wertpapieren, d.h. aus im Eigentum[599] des Bieters stehenden Wertpapieren.

596 So auch *Thun*, in: Geibel/Süßmann, WpÜG, § 23 WpÜG, Rdn. 12.

597 Zwar stellt *Witt*, NZG 2000, 809, 817 richtig dar, dass Stimmrechtsanteile logischerweise nicht zugleich zustehen und zugerechnet werden können. Jedoch ist seine Ansicht hinsichtlich der diesbezüglich geforderten Wortlautänderung abzulehnen. Die Formulierung „zustehenden und (...) zuzurechnenden" muss nicht durch „zustehenden oder (...) zuzurechnenden" ersetzt werden. Das Wort „und" ist nicht in dem Sinne zu verstehen, dass der Gesetzgeber meint, zustehende Stimmrechtsanteile könnten gleichzeitig zuzurechnende Stimmrechtsanteile sein. Vielmehr handelt es sich um eine abgekürzte Formulierung, die die Pflicht des Bieters bezeichnet, einerseits die ihm zustehenden Stimmrechtsanteile „und" andererseits die ihm zuzurechnenden Stimmrechtsanteile anzugeben.

598 Zur diesbezüglich abweichenden Formulierung des § 2 Nr. 5 WpÜG-AngVO, der sich mit der Angabe der von „diesen" gehaltenen Stimmrechtsanteile nicht nur auf den Bieter beschränkt, sondern auch Stimmrechtsanteile der mit dem Bieter gemeinsam handelnden Personen und ihrer Tochterunternehmen erfasst, vgl. ausführlich S. 145 ff.

599 Vgl. S. 133 ff.

aa) Keine Angabe hinsichtlich der Stimmrechtsanzahl

Gem. § 23 Absatz 1 Satz 1 Alt. 1 Var. 3 WpÜG ist die prozentuale Höhe des dem Bieter zustehenden Stimmrechtsanteils mitzuteilen und zu veröffentlichen. Eine kumulative Angabe hinsichtlich der Anzahl der Stimmrechte fordert das Gesetz nicht.[600] Zwar ist der diesbezügliche Wortlaut des § 23 Absatz 1 Satz 1 Alt. 1 WpÜG hinsichtlich der Angabe der Stimmrechtsanteile (Var. 3 und 4) nicht eindeutig. Denn die Verknüpfung durch das Wort „und" vor den Stimmrechtsanteilen könnte sich auch auf die in § 23 Absatz 1 Satz 1 Alt. 1 Var. 1 WpÜG genannte „Anzahl" beziehen, so dass Angaben über die Anzahl der Stimmrechte erforderlich wären.[601] Die grammatikalische Auslegung spricht jedoch dafür, dass sich das Wort „und" lediglich auf die „Höhe" des § 23 Absatz 1 Satz 1 Alt. 1 Var. 2 WpÜG und nicht auf die im Satzbau entferntere „Anzahl" bezieht.[602] Dieses Ergebnis wird durch die Parallelvorschrift des § 2 Nr. 5 WpÜG-AngVO bestätigt, weil hier eindeutig lediglich Angaben hinsichtlich der Höhe der Stimmrechtsanteile gefordert werden.[603] Die hier vertretene Auslegung liegt auch deshalb nahe, weil das Gesetz nur von Stimmrechtsanteilen spricht und nicht von Stimmrechten. Nur letztere könnten jedoch als Anzahl angegeben werden. Stimmrechtsanteile werden hingegen in ihrer prozentualen Höhe ausgedrückt. Letztendlich bildet die Höhe des Stimmrechtsanteils auch eine ausreichende Grundlage zur Beurteilung der Erfolgsaussichten einer Übernahme.[604] Das Ergebnis entspricht der hinsichtlich des Parallelproblems im Rahmen der §§ 21, 22 WpHG vorzugswürdigen Ansicht[605] und praktischen Anwendung[606].

---

600 In diesem Sinn auch *Möllers*, in: KK zum WpÜG, § 23 WpÜG, Rdn. 66 f.; i.E. wohl ebenso *Assmann*, AG 2002, 114, 121; *Schröder*, in: Haarmann/Riehmer/Schüppen, Öffentliche Übernahmeangebote, § 23 WpÜG, Rdn. 23.

601 Eine derartige Auslegung nahelegend *Steinmeyer/Häger*, WpÜG, § 23 WpÜG, Rdn. 5, die in ihrer Überschrift auf „Anzahl und Höhe der zustehenden oder zuzurechnenden Stimmrechte" abstellen; zu § 25 Absatz 1 DiskE-ÜG eine solche Erweiterung – jedoch im Wege einer Wortlautänderung – fordernd *Witt*, NZG 2000, 809, 817.

602 In diesem Sinn auch *Möllers*, in: KK zum WpÜG, § 23 WpÜG, Rdn. 67.

603 Anders noch § 12 Absatz 2 Satz 3 Nr. 6 DiskE-ÜG, bei dem sich „Anzahl und Höhe" auch auf die Stimmrechtsanteile bezog.

604 In diesem Sinn auch *Möllers*, in: KK zum WpÜG, § 23 WpÜG, Rdn. 67.

605 Hiernach muss die Höhe des Stimmrechtsanteils lediglich in Prozentzahlen genannt werden. Vgl. *Hüffer*, Aktiengesetz, 5. Aufl., Anh. § 22 AktG, § 21 WpHG, Rdn. 9; *Nottmeier/Schäfer*, AG 1997, 87, 92; *Bayer*, in: MüKo zum AktG, § 22 AktG Anh., § 21 WpHG, Rdn. 32; *Falkenhagen*, WM 1995, 1005 (dort Fn. 4); a.A. *Schneider*, in: Assmann/Schneider, Wertpapierhandelsgesetz, § 21 WpHG, Rdn. 77 f.; *Opitz*, in: Schäfer, § 21 WpHG, Rdn. 34; *Kümpel*, Bank- und Kapitalmarktrecht, S. 1874, Rdn. 16.337,

Für die prozentuale Angabe der Höhe des Stimmrechtsanteils ist ein auf zwei[607] Stellen hinter dem Komma gerundeter Ausweis genügend, es sei denn, dass es gerade auf die dritte oder eine weitere Stelle ankommt (z.B. 50,0001 %).[608] Die freiwillige kumulative Angabe des prozentualen Stimmrechtsanteils und der Stimmrechtsanzahl ist selbstverständlich zulässig.[609]

bb) Berechnung des prozentualen Stimmrechtsanteils

Die prozentuale Stimmrechtsquote ist nach dem Verhältnis der Stimmrechte des Bieters (Teilmenge = Zähler) zur Gesamtzahl aller in Bezug auf die betroffene Zielgesellschaft zu berücksichtigenden Stimmrechte (Gesamtmenge = Nenner) zu berechnen.[610] Wie bei den §§ 21 ff. WpHG können sich Probleme hinsichtlich der Frage ergeben, welche Stimmrechte zur Teilmenge bzw. Gesamtmenge zu zählen sind. Wegen der ähnlichen Interessenlage ist es gerechtfertigt, die zu §§ 21 ff. WpHG hinsichtlich der Stimmrechtsquotenberechnung entwickelten Grundsätze zu übertragen. Nach diesen kommt es nicht auf die Stimmrechte an, die ausgeübt werden können (konkrete Betrachtungsweise)[611]. Vielmehr ist es ausreichend, wenn das Stimmrecht grundsätzlich besteht, mag es auch im Einzelfall nicht ausübbar sein (abstrakte Betrachtungsweise).[612] Nur diese abstrakte Betrachtungsweise führt zu praktikablen Ergebnissen, da andernfalls weder der Bieter noch die Aktionäre der Zielgesellschaft die Aufteilung der insgesamt vorhan-

---

die sowohl die Angabe des prozentualen Stimmrechtsanteils als auch die Angabe der Zahl der Stimmrechte für erforderlich halten.

606 *Opitz*, in: Schäfer, § 21 WpHG, Rdn. 34 weist darauf hin, dass das Bundesaufsichtsamt die Angabe der prozentualen Quote für ausreichend hält, weil die Angabe der Stimmenzahl irreführen könnte.

607 *Falkenhagen*, WM 1995, 1005 (dort Fn. 4) will bei §§ 21 ff. WpHG sogar eine Stelle hinter dem Komma genügen lassen.

608 In diesem Sinn auch *Hüffer*, Aktiengesetz, 5. Aufl., Anh. § 22 AktG, § 21 WpHG, Rdn. 9 im Rahmen der §§ 21 ff. WpHG; ebenso *Bayer*, in: MüKo zum AktG, § 22 AktG Anh., § 21 WpHG, Rdn. 32.

609 So auch *Nottmeier/Schäfer*, AG 1997, 87, 92 im Rahmen der §§ 21 ff. WpHG.

610 *Riehmer*, in: Haarmann/Riehmer/Schüppen, Öffentliche Übernahmeangebote, § 29 WpÜG, Rdn. 36; *Süßmann*, in: Geibel/Süßmann, WpÜG, § 29 WpÜG, Rdn. 22; *Steinmeyer/Häger*, WpÜG, § 29 WpÜG, Rdn. 38.

611 So aber im Rahmen des § 16 Absatz 3 AktG.

612 *Schneider*, in: Assmann/Schneider, Wertpapierhandelsgesetz, § 21 WpHG, Rdn. 22; ähnlich Begr. RegE, BT-Drucks. 14/7034, S. 53; *Riehmer*, in: Haarmann/Riehmer/Schüppen, Öffentliche Übernahmeangebote, § 29 WpÜG, Rdn. 38.

denen Stimmrechtsmacht verlässlich beurteilen könnten.[613] Hinsichtlich ausgewählter Problemfälle ergibt sich folgendes Bild.

(1) Mehrfach- bzw. Höchststimmrechte

Zwar hat der Gesetzgeber § 12 Absatz 2 Satz 2 AktG im Rahmen des KonTraG[614] gestrichen. Bestehende Mehrfachstimmrechte wurden jedoch nicht abgeschafft. Für sie gilt § 5 Absatz 1 - 6 EGAktG.[615] Nach allgemeiner Meinung ist die gemäß der Gesellschaftssatzung tatsächlich bestehende Stimmanzahl bei Teil- und Gesamtmenge zu berücksichtigen.[616]

Auf die Behandlung von statutarischen Stimmrechtsbeschränkungen i.S.v. § 134 Absatz 1 Satz 2 AktG (Höchststimmrechte) muss hingegen im Rahmen des § 23 WpÜG nicht eingegangen werden, da die Zielgesellschaft im Anwendungsbereich des WpÜG zwingend i.S.d. § 3 Absatz 2 AktG[617] börsennotiert ist. Nach der Änderung des § 134 Absatz 1 Satz 2 AktG durch das KonTraG sind jedoch derartige Stimmrechtsbeschränkungen lediglich bei nichtbörsennotierten Gesellschaften möglich. Auch nach der Übergangsregelung des § 5 Absatz 7 EGAktG konnten bestehende Höchststimmrechte bei börsennotierten Gesellschaften nur bis zum 1. Juni 2000 fortgelten.[618]

---

613 Vgl. *Bayer*, in: MüKo zum AktG, § 22 AktG Anh., § 21 WpHG, Rdn. 18; auf das Bedürfnis klarer und für den Markt erkennbarer Vorgaben hinweisend auch Begr. RegE, BT-Drucks. 14/7034, S. 53.

614 Gesetz zur Kontrolle und Transparenz im Unternehmensbereich vom 27.4.1998, BGBl. I 1998, S. 786.

615 Generell erlöschen noch bestehende Mehrstimmrechte gem. § 5 Absatz 1 Satz 1 EGAktG am 1. Juni 2003, sofern deren Fortgeltung nicht in der Hauptversammlung ohne Beteiligung des Mehrstimmrechtsinhabers beschlossen wurde.

616 *Süßmann*, in: Geibel/Süßmann, WpÜG, § 29 WpÜG, Rdn. 25; *Assmann*, in: Lutter/Scheffler/Schneider, Handbuch der Konzernfinanzierung, § 12, Rdn. 69; *Schneider*, in: Assmann/Schneider, Wertpapierhandelsgesetz, § 21 WpHG, Rdn. 26 f.; *Bayer*, in: MüKo zum AktG, § 22 AktG Anh., § 21 WpHG, Rdn. 21 f.; *Opitz*, in: Schäfer, § 21 WpHG, Rdn. 15; *Nottmeier/Schäfer*, AG 1997, 87, 92; *Hüffer*, Aktiengesetz, 5. Aufl., Anh. § 22 AktG, § 21 WpHG, Rdn. 6; *Burgard*, BB 1995, 2069, 2070; *Falkenhagen*, WM 1995, 1005, 1008.

617 Zum Inhalt der Legaldefinition des § 3 Absatz 2 AktG vgl. *Hüffer*, Aktiengesetz, 5. Aufl., § 3 AktG, Rdn. 6.

618 *Hüffer*, Aktiengesetz, 5. Aufl., § 134 AktG, Rdn. 4.

(2) Stimmrechtslose Vorzugsaktien

Stimmrechtslose Vorzugsaktien sind regelmäßig weder in die Teil- noch in die Gesamtmenge einzubeziehen. Sie sind jedoch uneingeschränkt zu berücksichtigen, wenn der Vorzug zwei Jahre rückständig und nicht insgesamt nachgezahlt ist, weil dann das Stimmrecht gem. § 140 Absatz 2 AktG vollständig auflebt.[619]

(3) Stimmrechte aus eigenen Aktien der Zielgesellschaft

Der Zielgesellschaft stehen gem. § 71 b AktG keine Rechte aus eigenen Aktien zu. Gleiches gilt nach § 71 d Satz 4 AktG i.V.m. § 71 b AktG für Aktien, die durch ein abhängiges oder im Mehrheitsbesitz der Zielgesellschaft stehendes Unternehmen gehalten werden (§ 71 d Satz 2 Alt. 1 AktG). Ausreichend ist auch, dass ein Dritter die Aktien für Rechnung der Zielgesellschaft (§ 71 d Satz 1 AktG) bzw. eines abhängigen oder im Mehrheitsbesitz der Zielgesellschaft stehenden Unternehmens (§ 71 d Satz 2 Alt. 2 AktG) hält. Im Rahmen des § 23 Absatz 1 Satz 1 WpÜG ist regelmäßig lediglich die Frage einer Berücksichtigung bei der Gesamtmenge von Bedeutung, da eine Einbeziehung in die Teilmenge nur für den seltenen Fall in Betracht kommt, dass die Zielgesellschaft selbst als Bieter auftritt, um eigene Aktien zu erwerben. Die abstrakte Betrachtungsweise gebietet es, entsprechend der im Rahmen der §§ 21 ff. WpHG herrschenden Ansicht, eigene bzw. gem. § 71 d AktG gleichgestellte Aktien der Zielgesellschaft bei der Gesamtmenge der Stimmrechte (= Nenner) zu berücksichtigen und somit entgegen §§ 16 Absatz 3 Satz 2 AktG, 290 Absatz 4 Satz 2 HGB nicht in Abzug zu bringen.[620] Dies ist zwar im Hinblick auf die Transparenz der tatsächlichen Stimmrechtsmacht unerfreulich, sinkende Hauptversammlungspräsenzen entfal-

---

619 *Süßmann*, in: Geibel/Süßmann, WpÜG, § 29 WpÜG, Rdn. 24; *Steinmeyer/Häger*, WpÜG, § 29 WpÜG, Rdn. 35, 38; *Riehmer*, in: Haarmann/Riehmer/Schüppen, Öffentliche Übernahmeangebote, § 29 WpÜG, Rdn. 39 f.; *Hüffer*, Aktiengesetz, 5. Aufl., Anh. § 22 AktG, § 21 WpHG, Rdn. 6; *Schneider*, in: Assmann/Schneider, Wertpapierhandelsgesetz, § 21 WpHG, Rdn. 28 ff.; *Bayer*, in: MüKo zum AktG, § 22 AktG Anh., § 21 WpHG, Rdn. 23; *Opitz*, in: Schäfer, § 21 WpHG, Rdn. 16; *Burgard*, BB 1995, 2069, 2070; kritisch zu dieser Ausnahme hingegen *Happ*, JZ 1994, 240, 244; *Diekmann*, DZWir 1994, 13, 18.

620 Vgl. Begr. RegE, BT-Drucks. 14/7034, S. 53; *Süßmann*, in: Geibel/Süßmann, WpÜG, § 29 WpÜG, Rdn. 29; *Riehmer*, in: Haarmann/Riehmer/Schüppen, Öffentliche Übernahmeangebote, § 29 WpÜG, Rdn. 38; *Schneider*, in: Assmann/Schneider, Wertpapierhandelsgesetz, § 21 WpHG, Rdn. 34; *Burgard*, BB 1995, 2069, 2071; *Bayer*, in: MüKo zum AktG, § 22 AktG Anh., § 21 WpHG, Rdn. 20; *Opitz*, in: Schäfer, § 21 WpHG, Rdn. 18; *Falkenhagen*, WM 1995, 1005, 1008; a.A. *Fleischer/Körber*, BB 2001, 2589, 2593 f.

ten jedoch die gleiche Wirkung.[621] Zudem ist es dem Bieter nicht zumutbar bzw. u.U. unmöglich, sich über den jeweils aktuellen Bestand an eigenen Aktien der Zielgesellschaft auf dem Laufenden zu halten.[622]

(4) Nach § 28 WpHG ruhende und gem. § 136 AktG ausgeschlossene Stimmrechte

Da § 23 Absatz 1 Satz 1 WpÜG wie auch § 21 WpHG eine abstrakte Betrachtung erfordern und nicht allein auf ausübbare Stimmrechte abstellen, sind die nach § 28 WpHG ruhenden Stimmrechte bei der Berechnung sowohl der Gesamt- als auch der Teilmenge zu berücksichtigen.[623] Für dieses Ergebnis spricht, dass die Mitteilungs- bzw. Veröffentlichungspflicht ansonsten davon abhinge, ob der (Bieter-) Aktionär seinen Pflichten aus §§ 21 ff. WpHG nachgekommen ist.[624] Dem Bieter ist es darüber hinaus unmöglich, zu erkennen, wessen Stimmrechte nach § 28 WpHG ruhen. Da sich Stimmverbote i.S.v. § 136 AktG lediglich auf einzelne Beschlussgegenstände beschränken und das Stimmrecht im Übrigen unberührt lassen, bleiben auch diese unberücksichtigt.[625]

(5) Kapitalerhöhungen

Gerade im Rahmen des § 23 Absatz 1 Satz 1 WpÜG könnten auch Kapitalerhöhungen von Bedeutung sein, weil sie der Abwehr öffentlicher Übernahmeangebote dienen[626]. Grundsätzlich entstehen die Stimmrechte der neuen Aktien mit der Eintragung der Kapitalerhöhungsdurchführung in das Handelsregister.[627] Mit diesem Ereignis ändert sich die Gesamtmenge der Stimmrechte.[628] Der Einfluss

621 Vgl. auch *Burgard*, BB 1995, 2069, 2071.

622 In diesem Sinn auch *Falkenhagen*, WM 1995, 1005, 1008; ähnlich *Schneider*, in: Assmann/Schneider, Wertpapierhandelsgesetz, § 21 WpHG, Rdn. 34.

623 *Süßmann*, in: Geibel/Süßmann, WpÜG, § 29 WpÜG, Rdn. 30; *Steinmeyer/Häger*, WpÜG, § 29 WpÜG, Rdn. 37, 41; *Burgard*, BB 1995, 2069, 2071; *Opitz*, in: Schäfer, § 21 WpHG, Rdn. 18; *Schneider*, in: Assmann/Schneider, Wertpapierhandelsgesetz, § 21 WpHG, Rdn. 35.

624 *Burgard*, BB 1995, 2069, 2071.

625 *Steinmeyer/Häger*, WpÜG, § 29 WpÜG, Rdn. 37, 41; *Schneider*, in: Assmann/Schneider, Wertpapierhandelsgesetz, § 21 WpHG, Rdn. 38; *Burgard*, BB 1995, 2069, 2071.

626 *Schwennicke*, in: Geibel/Süßmann, WpÜG, § 33 WpÜG, Rdn. 21 f.; *Röh*, in: Haarmann/Riehmer/Schüppen, Öffentliche Übernahmeangebote, § 33 WpÜG, Rdn. 79 ff.

627 *Krieger*, in: Münch. Hdb. GesR IV, § 56, Rdn. 113.

628 *Schneider*, in: Assmann/Schneider, Wertpapierhandelsgesetz, § 21 WpHG, Rdn. 24.

auf die Teilmenge hängt hingegen davon ab, ob dem betreffenden Aktionär ein Bezugsrecht zusteht und er dieses ausübt. Besonderheiten ergeben sich hinsichtlich bedingter Kapitalerhöhungen (§§ 192 ff. AktG) z.B. über Wandelschuldverschreibungen und Optionsanleihen, weil sich hier die Wirksamkeit und somit die Entstehung der Stimmrechte gem. § 200 AktG nach dem Zeitpunkt der Ausgabe der Bezugsaktien richtet. „Dies hat zur Folge, daß sich bei bedingten Kapitalerhöhungen der Stimmrechtsanteil aller Aktionäre sukzessive verändert und mithin bei jeder Ausgabe neu zu berechnen ist.“[629] Der konkrete Umfang ausgegebener Bezugsaktien wird gem. § 201 Absatz 1 AktG allerdings erst durch die deklaratorische Eintragung in das Handelsregister publik, die innerhalb eines Monats nach Ende des Geschäftsjahres zu erfolgen hat. Angesichts der zeitlich begrenzten Angebotsfrist, ist es dem Bieter jedoch zumutbar, sich um eine regelmäßige Information durch die Zielgesellschaft zu bemühen. Im Ergebnis hat der Bieter die ausgegebenen Bezugsaktien bei Teil- und Gesamtmenge zu berücksichtigen, sobald er von deren Ausgabe Kenntnis erlangt.

d) Höhe der dem Bieter („ihm“) nach § 30 WpÜG zuzurechnenden Stimmrechtsanteile (§ 23 Absatz 1 Satz 1 Alt. 1 Var. 4 WpÜG)

Gem. § 23 Absatz 1 Satz 1 Alt. 1 Var. 4 WpÜG hat der Bieter die prozentuale Höhe[630] der Stimmrechtsanteile, die ihm nach § 30 WpÜG zuzurechnen sind, anzugeben. Diese Angabe ist sinnvoll, weil zuzurechnende Stimmrechte die Kontrollsituation beeinflussen und daher diesbezügliche Transparenz geboten ist.[631] Die betreffenden Stimmrechtsanteile sind in vollem Umfang zuzurechnen, unabhängig von den Tatsachen, auf denen die Zurechnung beruht.[632] Hinsichtlich der Berechnung der Stimmrechtsanteile sei auf die Ausführungen zu § 23 Absatz 1 Satz 1 Alt. 1 Var. 3 WpÜG verwiesen.[633]

629 *Burgard*, BB 1995, 2069, 2071.

630 Vgl. ausführlich S. 139 f.

631 So auch *Möllers*, in: KK zum WpÜG, § 23 WpÜG, Rdn. 56.

632 *Pötzsch/Möller*, WM 2000, Sonderbeilage Nr. 2, S. 1, 18; vgl. auch die Klarstellung des Gesetzgebers in § 30 Absatz 1 Satz 3 WpÜG für den Fall der Stimmrechtszurechnung aus Aktien, die Tochterunternehmen gehören (§ 30 Absatz 1 Satz 1 Nr. 1 WpÜG).

633 Vgl. S. 140 ff.

aa) Die Formulierung „ihm (…) zuzurechnenden“ als Konsequenz einer einfachen und verständlichen Darstellung

Auffällig ist die abweichende Formulierung des § 2 Nr. 5 WpÜG-AngVO. Diese, den vorgeschriebenen Inhalt der Angebotsunterlage betreffende, Vorschrift verlangt die Angabe der „Höhe der von *diesen* gehaltenen Stimmrechtsanteile unter Angabe der *ihnen* jeweils nach § 30 des Wertpapiererwerbs- und Übernahmegesetzes zuzurechnenden Stimmrechtsanteile getrennt für jeden Zurechnungstatbestand“. Die Wörter „ihnen“ und „diesen“ beziehen sich auf den Bieter, mit ihm gemeinsam handelnde Personen und deren Tochterunternehmen. Im Gegensatz dazu spricht § 23 Absatz 1 Satz 1 Alt. 1 Var. 3 und 4 WpÜG von der „Höhe (…) der *ihm* zustehenden und nach § 30 zuzurechnenden Stimmrechtsanteile“ und bezieht sich damit ausschließlich auf den Bieter selbst. Neben dem Stimmrechtsanteil, der sich aus im Eigentum des Bieters[634] stehenden Aktien ergibt (§ 23 Absatz 1 Satz 1 Alt. 1 Var. 3 WpÜG), sind nach dem Wortlaut des § 23 Absatz 1 Satz 1 Alt. 1 Var. 4 WpÜG lediglich solche Stimmrechtsanteile anzugeben, die dem Bieter selbst nach § 30 WpÜG zuzurechnen sind. Zum Teil wird in der Verwendung des Wortes „ihm“ eine Schwäche des Gesetzes gesehen, weil über den Bieter hinaus auch auf gemeinsam mit ihm handelnde Personen und deren Tochterunternehmen abgestellt werden müsse. Das Wort „ihm“ sei deshalb durch das Wort „ihnen“ zu ersetzen.[635]

Dieser Ansicht ist lediglich insofern zuzustimmen, als sichergestellt sein muss, dass die nach § 23 Absatz 1 Satz 1 Alt. 1 Var. 3 und 4 WpÜG anzugebenden Positionen auch die den gemeinsam handelnden Personen sowie deren Tochterunternehmen zustehenden sowie die ihnen zuzurechnenden Stimmrechtsanteile enthalten. Ein diesbezüglich gegenüber § 2 Nr. 5 WpÜG-AngVO eingeschränkter Ausweis wäre nicht zu rechtfertigen, weil das Kontrollpotential des Bieters auch durch Stimmrechtsanteile dieser Personengruppen erhöht wird und sie deshalb für die Beurteilung der Erfolgsaussichten der Angebote von Bedeutung sind. Eine Änderung des Wortlauts ist jedoch nicht erforderlich. Ein Blick auf § 30 WpÜG zeigt, dass die vermeintliche Lücke durch umfangreiche Zurechnungsketten, an deren Ende allein der Bieter steht, geschlossen ist. Die Stimmrechte der mit dem Bieter gemeinsam handelnden Personen sind über § 30 Absatz 2 Satz 1 Hs. 1 WpÜG erfasst, wonach dem Bieter die Stimmrechte von Drit-

634 Missverständlich *Schröder*, in: Haarmann/Riehmer/Schüppen, Öffentliche Übernahmeangebote, § 23 WpÜG, Rdn. 15, der von Veröffentlichung der dem Bieter „bzw. den weiteren Genannten zustehenden Stimmrechtsanteile“ spricht.

635 So *Witt*, NZG 2000, 809, 817 zu § 25 Absatz 1 DiskE-ÜG.

ten zuzurechnen sind, mit denen er oder sein Tochterunternehmen sein Verhalten in Bezug auf die Zielgesellschaft abgestimmt hat.[636] Über die Verweisung des § 30 Absatz 2 Satz 2 WpÜG auf § 30 Absatz 1 WpÜG sind bei dieser Zurechnung auch Stimmrechte enthalten, die den gemeinsam handelnden Personen selbst bei Anwendung des § 30 Absatz 1 WpÜG zuzurechnen sind. Umfasst sind nach § 30 Absatz 2 Satz 2 i.V.m. Absatz 1 Satz 1 Nr. 1 WpÜG insbesondere die Stimmrechte von Tochterunternehmen der mit dem Bieter gemeinsam handelnden Personen, zu denen über § 30 Absatz 1 Satz 2 WpÜG auch den Tochterunternehmen nach § 30 Absatz 1 Satz 1 Nr. 2 - 6 WpÜG zuzurechnende Stimmrechte gehören. Durch diese umfangreichen Zurechnungsketten[637] sind alle auf den ersten Anschein nicht erfassten Stimmrechtsanteile in der nach § 23 Absatz 1 Satz 1 Alt. 1 Var. 4 WpÜG vorgeschriebenen Position enthalten.

Ein Grund für die voneinander abweichenden Regelungen des § 23 Absatz 1 Satz 1 Alt. 1 Var. 3 und 4 WpÜG und des § 2 Nr. 5 WpÜG-AngVO lässt sich der Gesetzesbegründung nicht entnehmen. Die Systematik des § 2 Nr. 5 WpÜG-AngVO führt jedoch zu einer mehrfachen Erfassung derselben Stimmrechtsanteile. Die Situation entspricht derjenigen bei den §§ 21 ff. WpHG.[638] Möglicherweise entstehenden Verwirrungen wird durch die jeweils nach Zurechnungstatbeständen getrennte[639] Angabe entgegengewirkt.[640] Im Ergebnis ist der nach § 2 Nr. 5 WpÜG-AngVO vorgeschriebene Ausweis zwar komplizierter, kann je-

636 Zum Gleichlauf dieser Formulierung mit der nahezu identischen, in Einzelheiten sogar etwas engeren Definition der gemeinsam handelnden Person (§ 2 Absatz 5 WpÜG), vgl. *Riehmer*, in: Haarmann/Riehmer/Schüppen, Öffentliche Übernahmeangebote, § 30 WpÜG, Rdn. 58; *Oechsler*, NZG 2001, 817, 819; *Süßmann*, in: Geibel/Süßmann, WpÜG, § 30 WpÜG, Rdn. 26; *Steinmeyer/Häger*, WpÜG, § 30 WpÜG, Rdn. 44; Begr. RegE, BT-Drucks. 14/7034, S. 54 mit „ergänzendem" Verweis auf die Begründung zu § 2 Absatz 5 WpÜG.

637 Darüber hinaus könnte es sinnvoll sein, eine noch umfassendere Kettenzurechnung zu regeln. Voraussetzung müsste dabei sein, dass bereits Einfluss auf die Ausübung der Stimmrechte genommen werden kann, die den in den einzelnen Zurechnungstatbeständen genannten Dritten zugerechnet werden. Demnach wäre eine Stimmrechtzurechnung hinsichtlich solcher Stimmrechte geboten, die einem Treuhänder (§ 30 Absatz 1 Satz 1 Nr. 2 WpÜG) zugerechnet werden (vgl. hierzu *Witt*, AG 2001, 233, 240).

638 *Geibel*, in: Geibel/Süßmann, WpÜG, § 11 WpÜG, Rdn. 66; zu Mehrfacherfassungen im Rahmen der §§ 21 ff. WpHG, vgl. *Bayer*, in: MüKo zum AktG, § 22 AktG Anh., § 22 WpHG, Rdn. 3; *Nottmeier/Schäfer*, AG 1997, 87, 93.

639 Entsprechend der Regelung des § 22 Absatz 4 WpHG n.F.

640 *Bayer*, in: MüKo zum AktG, § 22 AktG Anh., § 22 WpHG, Rdn. 4.

doch die genauen Beteiligungsverhältnisse besser darstellen[641]. Eine derart detaillierte Darstellung kann in der Angebotsunterlage als geboten erachtet werden, weil sie der umfassenden Information der Angebotsempfänger dient. Anders ist dies jedoch hinsichtlich der regelmäßigen „Wasserstandsmeldungen" zu beurteilen. Diese sollten kurz, übersichtlich und aussagekräftig die Erfolgsaussichten des Angebots darstellen. Für diesen Zweck ist es ausreichend und sogar sinnvoll das Stimmpotential des Bieters lediglich durch die Positionen ihm zustehender sowie ihm zuzurechnender Stimmrechtsanteile auszuweisen. Die Ersetzung des Wortes „ihm" durch das Wort „ihnen" würde lediglich zu Überschneidungen bzw. Mehrfacherfassung von Stimmrechten und damit zur Gefahr von Missverständnissen führen.

bb) Keine Aufschlüsselung nach Personen und Zurechnungstatbeständen

Der Wortlaut des § 23 Absatz 1 Satz 1 Alt. 3 und 4 WpÜG legt einen getrennten Ausweis der beiden Positionen des dem Bieter zustehenden Stimmrechtsanteils und der ihm zuzurechnenden Stimmrechtsanteile nahe.[642] Eine personelle Dreiteilung bzw. eine noch weitergehende Aufschlüsselung ist dagegen wegen der eindeutigen Verwendung des allein auf den Bieter bezogenen Wortes „ihm" nicht zu fordern.[643]

Denkbar wäre es, hinsichtlich des Postens der dem Bieter zuzurechnenden Stimmrechtsanteile (§ 23 Absatz 1 Satz 1 Alt. 1 Var. 4 WpÜG) einen nach den einzelnen Zurechnungstatbeständen des § 30 WpÜG getrennten Ausweis zu verlangen. Eine vergleichende Betrachtung zeigt allerdings, dass der Gesetzgeber eine solche Aufschlüsselung lediglich in § 22 Absatz 4 WpHG n.F., in § 35 Absatz 1 Satz 3 WpÜG sowie in § 2 Nr. 5 WpÜG-AngVO ausdrücklich vorgesehen hat. Bei der im Zusammenhang mit der Veröffentlichung von Pflichtangebote auslösenden Kontrollerwerben stehenden Bestimmung des § 35 Absatz 1 Satz 3 WpÜG erklärt sich der vorgesehene, nach Zurechnungstatbeständen getrennte Ausweis aus der Parallelität zu §§ 21 ff. WpHG. Die aufgrund des Sachzusammenhangs im WpÜG geregelte Veröffentlichung nach § 35 Absatz 1 WpÜG ist im Ergebnis wie die Aufnahme einer 30 %-Schwelle in § 21 Absatz 1 WpHG zu

641 *Bayer*, in: MüKo zum AktG, § 22 AktG Anh., § 22 WpHG, Rdn. 3 f. weist darauf hin, dass Mehrfachmeldungen i.V.m. der vorgeschriebenen Aufschlüsselung zu einer besseren Unterrichtung der Marktteilnehmer führen.

642 Unklar *Thun*, in: Geibel/Süßmann, WpÜG, § 23 WpÜG, Rdn. 12.

643 In diesem Sinn auch *Möllers*, in: KK zum WpÜG, § 23 WpÜG, Rdn. 68.

sehen.[644] Der Inhalt der Veröffentlichung ist daher entsprechend den §§ 21 ff. WpHG geregelt worden. Die BAFin soll sowohl durch den in § 22 Absatz 4 WpHG n.F. als auch durch den in § 35 Absatz 1 Satz 3 WpÜG vorgesehenen getrennten Ausweis die Möglichkeit erhalten, verschiedene bei ihr eingehende Daten abgleichen und auf ihre Richtigkeit überprüfen zu können.[645] Der gem. § 2 Nr. 5 WpÜG-AngVO vorgeschriebene getrennte Ausweis in der Angebotsunterlage rechtfertigt sich hingegen aus der gebotenen detaillierteren, jedoch zu Mehrfacherfassungen von Stimmrechtsanteilen führenden Regelung[646]. Die Aufschlüsselung wirkt hier möglichen Missverständnissen entgegen.

Im Ergebnis ist das Erfordernis eines nach Zurechnungstatbeständen getrennten Ausweises im Rahmen der Position des § 23 Absatz 1 Satz 1 Alt. 1 Var. 4 WpÜG abzulehnen.[647] Schon das Fehlen einer ausdrücklichen gesetzlichen Normierung spricht hier im Umkehrschluss gegen das Bestehen der gesetzgeberischen Intention, einen getrennten Ausweis für erforderlich zu halten. Da das Stimmpotential des Bieters und damit die Erfolgsaussichten des Angebots auch ohne den nach Zurechnungstatbeständen getrennten Ausweis ausreichend dargestellt werden,[648] ist ein solcher Ausweis nicht erforderlich, um die nötige Transparenz zu erzielen. Auch ist es nicht nötig, der BAFin im Rahmen des § 23 Absatz 1 WpÜG einen Abgleich mit anderen Meldungen zu ermöglichen, weil sich diese Vorschrift nur an den Bieter richtet. Andere Personen sind lediglich nach den §§ 21 ff. WpHG mitteilungspflichtig, die keine vergleichbare Regelmäßigkeit der Information gewährleisten.

cc) Verweis des § 23 Absatz 1 Satz 2 WpÜG auf § 31 Absatz 6 WpÜG

(1) Modifikation der Zurechnungsvorschrift des § 30 Absatz 1 Satz 1 Nr. 5 WpÜG

Über die in § 23 Absatz 1 Satz 2 WpÜG vorgesehene entsprechende Anwendung des § 31 Absatz 6 WpÜG werden auch Vereinbarungen erfasst, auf Grund derer

644 Diesen Zusammenhang ansprechend *Witt*, AG 2001, 233, 241.

645 Vgl. zu diesem Zweck Begr. RegE zum Zweiten Finanzmarktförderungsgesetz, BT-Drucks. 12/6679, S. 54.

646 Vgl. dazu S. 146 f.

647 *Thun*, in: Geibel/Süßmann, WpÜG, § 23 WpÜG, Rdn. 13 f.; *Schröder*, in: Haarmann/Riehmer/Schüppen, Öffentliche Übernahmeangebote, § 23 WpÜG (dort Fn. 16); *Möllers*, in: KK zum WpÜG, § 23 WpÜG, Rdn. 69.

648 So auch *Thun*, in: Geibel/Süßmann, WpÜG, § 23 WpÜG, Rdn. 13.

die Übereignung von Aktien verlangt werden kann (erwerbsgleiche Vereinbarungen i.S.d. § 31 Absatz 6 Satz 1 WpÜG). Fraglich ist, wie dieser – im DiskE-ÜG nicht enthaltene – Verweis zu verstehen ist. Denkbar wäre es, diese Anordnung auf sämtliche Bestandteile der Regelung des § 23 Absatz 1 Satz 1 WpÜG und somit auch auf die Positionen des § 23 Absatz 1 Satz 1 Alt. 1 Var. 1 und 2 WpÜG zu beziehen. So sieht *Thun* darin generell die Klarstellung, dass die Veröffentlichung auch diejenigen Wertpapiere einzubeziehen hat, die der Bieter, mit ihm gemeinsam handelnde Personen oder deren Tochterunternehmen zwar noch nicht dinglich erworben haben, für die jedoch Vereinbarungen vorliegen, auf Grund derer die Übereignung verlangt werden kann.[649]

Gegen eine derart weite Auslegung spricht allerdings, dass die Verweisung des § 23 Absatz 1 Satz 2 WpÜG hinsichtlich sämtlicher Bestandteile des § 23 Absatz 1 Satz 1 WpÜG nicht verständlich wäre. So hätte sie in Bezug auf § 23 Absatz 1 Satz 1 Alt. 2 WpÜG keinerlei Auswirkung, weil die geforderten Angaben über die Angebotsakzeptanz[650] unabhängig von der rechtlichen Gestaltung der durch Angebotsannahmen zustande gekommenen Verträge erfolgen müssen. Entscheidend ist jedoch, dass § 31 Absatz 6 Satz 1 WpÜG von Vereinbarungen spricht, die dem dinglichen „Erwerb" gleichgestellt sind. § 23 Absatz 1 Satz 1 WpÜG stellt jedoch – im Gegensatz zu § 23 Absatz 2 Satz 1 WpÜG und § 31 Absatz 3 - 5 WpÜG – an keiner Stelle seines Tatbestands auf einen „Erwerb" ab, sondern enthält lediglich die Wörter „zustehenden" bzw. „zuzurechnenden". Auf den dinglichen „Erwerb" stellt vielmehr nur § 30 Absatz 1 Satz 1 Nr. 5 WpÜG ab, der ausschließlich im Rahmen des § 23 Absatz 1 Satz 1 Alt. 1 Var. 4 WpÜG anzuwenden ist. § 30 Absatz 1 Satz 1 Nr. 5 WpÜG sieht eine Stimmrechtszurechnung beim Bieter vor, wenn er allein durch eine Willenserklärung dingliches Eigentum an Aktien erwerben kann. Gleiches gilt, wenn diese Möglichkeit für gemeinsam mit dem Bieter handelnde Personen (§ 30 Absatz 2 Satz 1 und 2 WpÜG i.V.m. § 30 Absatz 1 Satz 1 Nr. 5 WpÜG) oder ihre Tochterunternehmen (§ 30 Absatz 2 Satz 1 und 2 WpÜG i.V.m. § 30 Absatz 1 Satz 2 WpÜG i.V.m. § 30 Absatz 1 Satz 1 Nr. 5 WpÜG) besteht. Dementsprechend ist die Verweisung des § 23 Absatz 1 Satz 2 WpÜG auf § 31 Absatz 6 WpÜG ausschließlich auf die Position der dem Bieter zuzurechnenden Stimmrechte (§ 23 Absatz 1 Satz 1 Alt. 1 Var. 4 WpÜG) zu beziehen.[651]

---

649 *Thun*, in: Geibel/Süßmann, WpÜG, § 23 WpÜG, Rdn. 15.

650 Ausführlich zur Angebotsakzeptanz (§ 23 Absatz 1 Satz 1 Alt. 2 WpÜG) vgl. S. 158 ff.

651 So ausdrücklich auch *Steinmeyer/Häger*, WpÜG, § 23 WpÜG, Rdn. 5; *Möllers*, in: KK zum WpÜG, § 23 WpÜG, Rdn. 56; ebenso *Schröder*, in: Haarmann/Riehmer/Schüppen, Öffentliche Übernahmeangebote, § 23 WpÜG, Rdn. 16, 19. Auch letzterer geht lediglich

Im Ergebnis modifiziert die Verweisung § 30 Absatz 1 Satz 1 Nr. 5 WpÜG dahingehend, dass eine Zurechnung bereits erfolgt, wenn für den Bieter, eine mit ihm gemeinsam handelnde Person oder deren Tochterunternehmen die Möglichkeit besteht, allein durch eine Willenserklärung eine erwerbsgleiche Vereinbarung i.S.v. § 31 Absatz 6 Satz 1 WpÜG zu schließen.[652] Diese Erweiterung ist gerechtfertigt, weil aufgrund einer bindenden schuldrechtlichen erwerbsgleichen Vereinbarung eine Übereignung verlangt werden kann. Anders als bei § 22 Absatz 1 Satz 1 Nr. 5 WpHG n.F. und § 30 Absatz 1 Satz 1 Nr. 5 WpÜG in seinem unmittelbaren Anwendungsbereich, ist die jederzeitige Möglichkeit eines Stimmrechtseinflusses im Rahmen des § 23 Absatz 1 Satz 1 WpÜG nicht das entscheidende Kriterium. Insbesondere § 23 Absatz 1 Satz 1 Alt. 2 WpÜG zeigt, dass vielmehr die potentielle spätere Beteiligung des Bieters dargestellt werden soll, um eine Grundlage zur Beurteilung der Erfolgsaussichten öffentlicher Angebote zur Verfügung zu stellen. Die Richtigkeit der hier vertretenen Auslegung wird zum einen durch die Gesetzesbegründung zu § 30 Absatz 1 Satz 1 Nr. 5 WpÜG bekräftigt.[653] Zm anderen ließe sich im Rahmen einer weiten Auslegung, die auch den Begriff „zustehenden" erfassen würde, nicht erklären, weshalb schuldrechtliche Vereinbarungen lediglich dem dinglichen Erwerb gleichgestellt werden können, eine Gleichstellung mit einer möglichen dinglichen Veräußerung des Bieters bzw. gleichgestellter Personen jedoch nicht vorgesehen ist. Die Anwendung des § 31 Absatz 6 WpÜG erfolgt entsprechend, weil hier erwerbsglei-

---

unter der Überschrift „Zuzurechnende Stimmrechte" auf die Vorschrift des § 31 Absatz 6 WpÜG ein. Da er jedoch – entgegen der hier vertretenen Ansicht – unter „zustehende" Wertpapiere auch solche einbezieht, deren Stimmrechte dem Bieter zuzurechnen sind, wirkt sich die Verweisung nach *Schröder* auch auf die Positionen des § 23 Absatz 1 Satz 1 Alt. 1 Var. 1 und 2 WpÜG aus.

652 *Steinmeyer/Häger*, WpÜG, § 23 WpÜG, Rdn. 5 stellen dagegen für die Zurechnung nach dem modifizierten § 30 Absatz 1 Satz 1 Nr. 5 WpÜG auf bereits bestehende schuldrechtliche erwerbsgleiche Vereinbarungen ab. Dies verkennt jedoch die Systematik dieser Zurechnungsvorschrift. Natürlich führen bestehende erwerbsgleiche Vereinbarungen erst recht zur Zurechnung, eine solche kann jedoch auch schon in einem früheren Stadium vorzunehmen sein. Im Ergebnis entspricht dies der im Rahmen des § 22 Absatz 1 Nr. 6 WpHG a.F. teilweise vertretenen weiten Tatbestandsauslegung (vgl. hierzu *Schneider*, in: Assmann/Schneider, Wertpapierhandelsgesetz, § 22 WpHG, Rdn. 95 ff.; *ders.*, AG 1997, 81, 83 f.; *Bayer*, in: MüKo zum AktG, § 22 AktG Anh., § 22 WpHG, Rdn. 32 ff.; *Burgard*, BB 1995, 2069, 2076; *Assmann*, in: Lutter/Scheffler/Schneider, Handbuch der Konzernfinanzierung, § 12, Rdn. 81 ff.; *Hüffer*, Aktiengesetz, 4. Aufl., Anh. § 22, § 22 WpHG, Rdn. 5).

653 „An den Stellen, an denen schuldrechtliche Grundgeschäfte dem Eigentumserwerb gleichgestellt werden, ist dies im Gesetz ausdrücklich angeordnet (§ 31 Abs. 6, § 23 Abs. 1 Satz 2, Abs. 2 Satz 2)." (Begr. RegE, BT-Drucks. 14/7034, S. 54).

che Vereinbarungen nicht Erwerben i.S.d. § 31 Absatz 3 - 5 WpÜG, sondern Erwerben i.S.d. § 30 Absatz 1 Satz 1 Nr. 5 WpÜG gleichgestellt sind.

(2) § 31 Absatz 6 WpÜG in seinem unmittelbaren Anwendungsbereich

In seinem unmittelbaren Anwendungsbereich dient § 31 Absatz 6 WpÜG dem Zweck, Umgehungen der in § 31 Absatz 3 - 5 WpÜG enthaltenen gesetzlichen Mindestanforderungen an die Gegenleistung zu vermeiden.[654] Während § 31 Absatz 3 - 5 WpÜG mit dem Begriff „Erwerb" auf die dingliche Übertragung des Aktieneigentums abstellt, enthält § 31 Absatz 6 Satz 1 WpÜG eine pauschale Gleichstellung von Vereinbarungen, auf Grund derer die Übereignung von Aktien verlangt werden kann. „Durch die Gleichstellung wird verhindert, dass der Bieter durch ein Hinausschieben des Erfüllungszeitpunkts und damit des Wirksamwerdens des dinglichen Übertragungsakts die Berücksichtigung solcher Erwerbe beeinflussen kann. Dementsprechend kommt es auch nicht darauf an, ob der Anspruch auf Übertragung der Aktien bereits fällig oder durchsetzbar ist."[655] Die Formulierung des § 31 Absatz 6 Satz 1 WpÜG erinnert im Grundsatz an § 20 Absatz 2 Nr. 1 AktG. Allerdings ist zusätzlich das Erfordernis einer „Vereinbarung" enthalten. Dadurch soll zum Ausdruck kommen, dass die Rechtsfolgen des § 31 Absatz 3 - 5 WpÜG lediglich gerechtfertigt sind, wenn die eventuelle Erwerbsbereitschaft des Bieters bzw. gleichgestellter Personen in einer Willenserklärung kundgetan wurde. Als Fälle erwerbsgleicher Vereinbarungen führt der Gesetzgeber einerseits Kauf- und Tauschverträge an. Anderseits nennt er auch den Abschluss von Optionsgeschäften, die zum Bezug von Aktien berechtigen.[656] Letzteres erfasst insbesondere sog. Call-Optionen, deren Ausübung noch ausstehen darf, weil wegen der bezweckten Umgehungsvermeidung schon der Abschluss des Optionsgeschäfts gleichgestellt wird.[657] Zwar besteht vor der Ausübung solcher Optionen noch kein Übereignungsanspruch. Ihr Inhaber kann einen solchen jedoch durch eine eigene Willenserklärung herbeiführen.

Der Begriff des „Optionsrechts", der im BGB nicht allgemein geregelt ist, erfasst die Befugnis, durch einseitige Willenserklärung unmittelbar ein inhaltlich bereits

654 Begr. RegE, BT-Drucks. 14/7034, S. 57.

655 *Steinmeyer/Häger*, WpÜG, § 31 WpÜG, Rdn. 83; vgl. hierzu auch Begr. RegE, BT-Drucks. 14/7034, S. 57.

656 Begr. RegE, BT-Drucks. 14/7034, S. 57.

657 *Thun*, in: Geibel/Süßmann, WpÜG, § 31 WpÜG, Rdn. 67; *Haarmann*, in: Haarmann/Riehmer/Schüppen, Öffentliche Übernahmeangebote, § 31 WpÜG, Rdn. 159.

fixiertes Vertragsverhältnis herbeizuführen bzw. zu verlängern.[658] Die Möglichkeiten der Begründung eines solchen Optionsrechts sind verschieden.[659] Einerseits kann es aus einem inhaltlich hinreichend bestimmten bindenden schuldrechtlichen Vertragsangebot mit längerfristiger Annahmefrist resultieren, das nur noch der Annahme bedarf.[660] Eine solche einseitig vermittelte Rechtsposition rechtfertigt jedoch wegen der von § 31 Absatz 6 Satz 1 WpÜG geforderten Vereinbarung keine Gleichstellung.[661] Erfasst werden hingegen Optionsrechte, die auf einer vertraglichen Grundlage bestehen. Sie resultieren entweder aus dem Abschluss eines Optionsvertrages, der ein bindendes Angebot des Optionsverpflichteten zum Abschluss eines inhaltlich bestimmten Vertrages und gleichzeitig die Bedingungen, unter denen der Optionsbegünstigte sein Gestaltungsrecht geltend machen kann, enthält. Schließlich kann sich das Optionsrecht auch aus dem Abschluss eines potestativ durch die Ausübung des Optionsrechts bedingten Hauptvertrages ergeben. Ob der Bieter bzw. gleichgestellte Personen zudem durch eine einseitige Willenserklärung jederzeit Eigentum an den Aktien erwerben können, ist unerheblich.[662]

Auch der Erwerb von Wandelanleihen[663] und Optionsanleihen[664] wird von § 31 Absatz 6 Satz 1 WpÜG erfasst.[665] Der Begriff der „Vereinbarung" ist insoweit entsprechend dem Normzweck weit auszulegen. Es muss ausreichen, dass der Bieter oder gleichgestellte Personen ihre auf Aktien gerichtete eventuelle Erwerbsbereitschaft durch eine Willenserklärung kundgetan haben, sofern als Folge ein Anspruch auf Übereignung von Aktien besteht bzw. durch eine weitere einseitige Willenserklärung herbeigeführt werden kann.

658 *Kramer*, in: MüKo zum BGB, Vor § 145 BGB, Rdn. 50.

659 Ausführlich *Kramer*, in: MüKo zum BGB, Vor § 145 BGB, Rdn. 52 ff.

660 Teilweise wird jedoch begrifflich zwischen schuldrechtlich bindenden Angeboten und Optionen unterschieden, vgl. insbesondere *Schneider*, in: Assmann/Schneider, Wertpapierhandelsgesetz, § 22 WpHG, Rdn. 104.

661 Hieraus ergibt sich ein nicht zu unterschätzendes Umgehungspotential hinsichtlich der in § 31 Absatz 3 - 5 WpÜG enthaltenen gesetzlichen Mindestanforderungen an die Gegenleistung.

662 *Steinmeyer/Häger*, WpÜG, § 31 WpÜG, Rdn. 84.

663 Zum Begriff vgl. *Hüffer*, Aktiengesetz, 5. Aufl., § 221 AktG, Rdn. 4 f.

664 Zum Begriff vgl. *Hüffer*, Aktiengesetz, 5. Aufl., § 221 AktG, Rdn. 6 f.

665 *Haarmann*, in: Haarmann/Riehmer/Schüppen, Öffentliche Übernahmeangebote, § 31 WpÜG, Rdn. 160.

Aus § 31 Absatz 6 Satz 2 WpÜG i.V.m. der Regierungsbegründung[666] ergibt sich, dass weder die Ausübung eines gesetzlichen Bezugsrechts auf Grund einer Erhöhung des Grundkapitals der Zielgesellschaft noch der später daraus resultierende Aktienerwerb als Erwerb i.S.v. § 31 Absatz 3 - 5 WpÜG anzusehen ist.[667] Dies gilt insbesondere auch für auf den Erwerb von Wandel- und Optionsanleihen gerichtete gesetzliche Bezugsrechte (§ 221 Absatz 4 Satz 1 AktG) auf Grund einer Erhöhung des Grundkapitals[668] der Zielgesellschaft. Maßgebliche Motivation für diese Vorschrift ist die Erwägung, dass durch die Ausübung dieser gesetzlichen Bezugsrechte lediglich ermöglicht wird, bestehende Beteiligungsverhältnisse beizubehalten.[669] Sonstige Bezugsrechte, wie etwa auf den Erwerb von eigenen Aktien der Zielgesellschaft, sind von dieser Ausnahme nicht erfasst,[670] weil sie nicht aus einer Kapitalerhöhung hervorgehen. Auch hinsichtlich hinzuerworbener Bezugsrechte greift § 31 Absatz 6 Satz 2 WpÜG nicht ein, da es sich nicht um gesetzliche Bezugsrechte gerade des Bieters bzw. gleichgestellter Personen handelt.[671] Diesbezüglich führt schon der Erwerb der Bezugsrechte gem. § 31 Absatz 6 Satz 1 WpÜG zu einer Gleichstellung mit dem Aktienerwerb i.S.d. § 31 Absatz 3 - 5 WpÜG.[672]

---

666 Begr. RegE, BT-Drucks. 14/7034, S. 57.

667 *Steinmeyer/Häger*, WpÜG, § 31 WpÜG, Rdn. 85 stellen entgegen dem eindeutigen Wortlaut des § 31 Absatz 6 Satz 2 WpÜG nicht auf die Ausübung des Bezugsrechts, sondern ausschließlich auf den daraus resultierenden Aktienerwerb ab.

668 Zu den verschiedenen Möglichkeiten vgl. *Hüffer*, Aktiengesetz, 5. Aufl., § 221 AktG, Rdn. 57 ff.: Zweckmäßig und darauf zugeschnitten ist eine bedingte Kapitalerhöhung i.S.v. §§ 192 ff. AktG. Allerdings können die Aktien theoretisch auch durch eine reguläre Kapitalerhöhung gem. § 182 AktG oder durch genehmigtes Kapital gem. § 202 AktG zur Verfügung gestellt werden. Allerdings muss bei letzteren Alternativen das gesetzliche Bezugsrecht aus der Kapitalerhöhung (nicht das auf die Wandel- und Optionsanleihen bezogene Bezugsrecht nach § 221 Absatz 4 Satz 1 AktG) ausgeschlossen werden, um die Umtausch- und Bezugsrechte bedienen zu können. Eine weitere Möglichkeit besteht theoretisch darin, die aus Wandel- und Optionsanleihen bestehenden Verpflichtungen aus Beständen an eigenen Aktien zu erfüllen. Da letzteres keine Kapitalerhöhung darstellt, wäre die Ausnahme des § 31 Absatz 6 Satz 2 WpÜG nicht einschlägig.

669 Begr. RegE, BT-Drucks. 14/7034, S. 57; *Steinmeyer/Häger*, WpÜG, § 31 WpÜG, Rdn. 85; *Thun*, in: Geibel/Süßmann, WpÜG, § 31 WpÜG, Rdn. 71; *Haarmann*, in: Haarmann/Riehmer/Schüppen, Öffentliche Übernahmeangebote, § 31 WpÜG, Rdn. 165.

670 Ähnlich *Thun*, in: Geibel/Süßmann, WpÜG, § 31 WpÜG, Rdn. 71.

671 *Thun*, in: Geibel/Süßmann, WpÜG, § 31 WpÜG, Rdn. 72; *Haarmann*, in: Haarmann/Riehmer/Schüppen, Öffentliche Übernahmeangebote, § 31 WpÜG, Rdn. 165.

672 Zur Argumentation vgl. den bereits behandelten Erwerb von Wandel- und Optionsanleihen, S. 152.

Von § 31 Absatz 6 WpÜG erfasste erwerbsgleiche Vereinbarungen können zwar einen hinausgeschobenen Erfüllungszeitpunkt enthalten. Auch die erfassten Optionen müssen nicht jederzeit ausgeübt werden können.[673] Wie bei § 20 Absatz 2 Nr. 1 AktG kann jedoch nicht auf die Wirksamkeit verzichtet werden.[674] Aufschiebende Wirksamkeitsbedingungen stehen der nach § 31 Absatz 6 Satz 1 WpÜG vorgesehenen Gleichstellung mit dinglichen Aktienerwerben entgegen,[675] weil eine Übereignung dann gerade nicht verlangt werden kann. Die Rechtsfolgen des § 31 Absatz 3 - 5 WpÜG sind nicht gerechtfertigt, weil ungewiss ist, ob überhaupt jemals ein wirksamer Übereignungsanspruch besteht. Eine Ausnahme bilden Potestativbedingungen, deren Eintritt vom Willen des Bieters bzw. gleichgestellter Personen abhängig sind.

(3) Gebotene Besonderheiten im Rahmen der entsprechenden Anwendung des § 31 Absatz 6 WpÜG

Im Rahmen des nach § 23 Absatz 1 Satz 2 WpÜG i.V.m. § 31 Absatz 6 WpÜG modifizierten § 30 Absatz 1 Satz 1 Nr. 5 WpÜG ist zu beachten, dass eine Zurechnung bereits erfolgt, wenn für den Bieter, eine mit ihm gemeinsam handelnde Person oder deren Tochterunternehmen die Möglichkeit besteht, allein durch eine Willenserklärung eine erwerbsgleiche Vereinbarung i.S.v. § 31 Absatz 6 Satz 1 WpÜG wirksam zu schließen.[676] Im Unterschied zu § 31 Absatz 6 WpÜG in seinem unmittelbaren Anwendungsbereich, kommt es deshalb nicht darauf an, dass der Bieter bzw. gleichgestellte Personen ihre eventuelle Erwerbsbereitschaft bereits in einer Willenserklärung kundgetan haben. Entscheidend ist lediglich, dass sie allein durch eigene Willenserklärungen einen wirksamen auf Aktien gerichteten Übereignungsanspruch herbeiführen können. Dieser Unterschied rechtfertigt sich aus dem unterschiedlichen Normzweck. Denn im Rahmen des § 23 Absatz 1 Satz 1 Alt. 1 Var. 4 WpÜG soll allein das mögliche Stimm-

---

673 *Haarmann*, in: Haarmann/Riehmer/Schüppen, Öffentliche Übernahmeangebote, § 31 WpÜG, Rdn. 161.

674 Eine Zurechnung nach § 20 Absatz 2 Nr. 1 AktG erfordert wirksame schuldrechtliche Verträge (vgl. *Emmerich*, in: Emmerich/Habersack, Aktien- und GmbH-Konzernrecht, § 20 AktG, Rdn. 23; *Emmerich/Sonnenschein/Habersack*, Konzernrecht, S. 93; *Krieger*, in: Münch. Hdb. GesR IV, § 68, Rdn. 114).

675 A.A. wohl *Haarmann*, in: Haarmann/Riehmer/Schüppen, Öffentliche Übernahmeangebote, § 31 WpÜG, Rdn. 161, nach dem die Bedingtheit von Ansprüchen nicht zur Einschränkung des § 31 Absatz 6 WpÜG führe; ebenso *Kremer/Oesterhaus*, in: KK zum WpÜG, § 31 WpÜG, Rdn. 95. Entgegen dieser Ansicht ergibt sich dies jedoch nicht aus dem Wortlaut der Vorschrift.

676 Vgl. bereits S. 150 f.

potential des Bieters dargestellt werden. Auswirkungen auf die Höhe der Gegenleistung, die lediglich nach entsprechenden Willenserklärungen des Bieters bzw. gleichgestellter Personen gerechtfertigt wären, sind nicht geregelt. Über die von § 31 Absatz 6 WpÜG direkt erfassten Optionsrechte hinaus genügen deshalb hinsichtlich der Zurechnung auch einseitig verschaffte Optionsrechte aus inhaltlich hinreichend bestimmten bindenden schuldrechtlichen Vertragsangeboten mit längerfristiger Annahmefrist.

Eine Stimmrechtszurechnung ist jedoch nur möglich, sofern die Aktien und die damit verbundenen Stimmrechte bereits existieren. Dies rechtfertigt sich aus der bereits dargestellten Berechnungsmethode des Stimmrechtsanteils (prozentuale Stimmrechtsquote), nach der die Stimmrechte des Bieters (Teilmenge = Zähler) zur Gesamtzahl aller in Bezug auf die betroffene Zielgesellschaft zu berücksichtigenden Stimmrechte (Gesamtmenge = Nenner) ins Verhältnis zu setzen sind.[677] Bei der Frage nach diesbezüglichen Auswirkungen von Kapitalerhöhungen wurde gezeigt, dass sich sowohl die Gesamt- als auch die Teilmenge erst mit dem Entstehen der aus neuen Aktien stammenden Stimmrechte ändern können.[678] Optionen sowie Options- bzw. Wandelanleihen können keine Stimmrechtszurechnung erzeugen, wenn sie auf den Bezug von künftigen, derzeit noch nicht existierenden neuen Aktien, gerichtet sind. Auch gesetzliche Bezugsrechte aus Kapitalerhöhungen können deshalb nicht zu einer Stimmrechtszurechnung führen. Die Verweisung des § 23 Absatz 1 Satz 2 WpÜG auf den gesamten § 31 Absatz 6 WpÜG hat somit hinsichtlich § 31 Absatz 6 Satz 2 WpÜG keine Bedeutung. Die möglichen zukünftigen Auswirkungen der hiernach nicht zur Stimmrechtszurechnung führenden Optionsrechte auf die Beteiligung des Bieters und gleichgestellter Personen sind ausreichend durch die Positionen des § 23 Absatz 1 Satz 1 Alt. 1 Var. 1 und 2 WpÜG ersichtlich, in denen die Eigentumsverhältnisse an sämtlichen Wertpapieren i.S.v. § 2 Absatz 2 WpÜG dargestellt werden.

e) Organisations- und Informationseinholungspflichten des Bieters

Teilweise wird die Ansicht vertreten, die Verpflichtung des Bieters zur Veröffentlichung bzw. Mitteilung der Angaben gem. § 23 Absatz 1 Satz 1 Alt. 1 Var. 1 - 4 WpÜG werfe erhebliche Probleme in praktischer Hinsicht auf.[679] Zwar

---

677 Vgl. S. 140 f.

678 Vgl. S. 143 f.

679 *Schröder*, in: Haarmann/Riehmer/Schüppen, Öffentliche Übernahmeangebote, § 23 WpÜG, Rdn. 27.

sei der Bieter bezüglich der unmittelbar durch ihn selbst gehaltenen Wertpapiere jederzeit informiert. Eine verlässliche, taggenaue Feststellung hinsichtlich der seinen Tochterunternehmen, sonstigen mit ihm gemeinsam handelnden Personen und deren Tochterunternehmen zustehenden Wertpapiere und insbesondere der dem Bieter nach § 30 WpÜG zuzurechnenden Stimmrechte gestalte sich jedoch erheblich schwieriger.

Hinsichtlich des § 23 Absatz 1 Satz 1 Alt. 1 WpÜG sind diese Bedenken übertrieben. Wie bereits angesprochen, unterliegen die hiernach anzugebenden Positionen – unter Ausklammerung der Problematik einer Stimmrechtszurechnung durch Annahme des öffentlichen Angebots[680] – während der Annahmefrist jedenfalls i.d.R. keiner starken Veränderung.[681] Den Angaben zur Angebotsakzeptanz (§ 23 Absatz 1 Satz 1 Alt. 2 WpÜG) kommt hingegen regelmäßig wesentlich größere Bedeutung zu. Zudem verfügt der Bieter in vielen Zurechnungsfällen schon aufgrund der Tatbestandsvoraussetzungen einzelner Zurechnungstatbestände über die Informationen, die eine Zurechnung begründen.[682] Dies gilt für die Zurechnungstatbestände des § 30 Absatz 1 Satz 1 Nr. 2 - 6 WpÜG. In gleicher Weise sind die Tochterunternehmen des Bieters über die gem. § 30 Absatz 1 Satz 2 WpÜG i.V.m. § 30 Absatz 1 Satz 1 Nr. 2 - 6 WpÜG zuzurechnenden Stimmrechte informiert. Ebenso besteht diese Kenntnis bei den sonstigen gemeinsam handelnden Personen bzw. bei deren Tochterunternehmen für die nach § 30 Absatz 2 Satz 1 und 2 WpÜG i.V.m. § 30 Absatz 1 Satz 1 Nr. 2 - 6 WpÜG (gemeinsam handelnde Personen) bzw. gem. § 30 Absatz 2 Satz 1 und 2 WpÜG i.V.m. § 30 Absatz 1 Satz 2 WpÜG i.V.m. § 30 Absatz 1 Satz 1 Nr. 2 - 6 WpÜG (Tochterunternehmen der gemeinsam handelnden Personen) zuzurechnenden Stimmrechte.

Die von *Schröder* angesprochene Problematik beschränkt sich somit allein auf ein Informationsdefizit, das durch Auskünfte der Tochterunternehmen des Bieters, der sonstigen gemeinsam mit dem Bieter handelnden Personen und deren Tochterunternehmen gelöst werden kann. In Anbetracht der zeitlich beschränkten Annahmefrist und des Normzwecks, Transparenz herbeizuführen, ergibt die Veröffentlichungs- bzw. Mitteilungspflicht des § 23 Absatz 1 Satz 1 Alt. 1 WpÜG lediglich einen Sinn, wenn hiermit für den Bieter entsprechende Pflichten zur ordnungsgemäßen Organisation und Informationsverschaffung verbunden

---

680 Genauer hierzu S. 176.

681 Vgl. hierzu S. 99.

682 So auch *Schneider*, Offenlegungspflichten nach §§ 21 ff. WpHG, S. 565, 572.

sind.[683] Es ist daher gerechtfertigt, vom Bieter die Implementierung eines Informationssystems zu verlangen, das einen zeitnahen Informationsfluss sicherstellt. Zumindest in der letzten Angebotswoche, während der der Bieter zur täglichen Veröffentlichung verpflichtet ist, muss ein taggleicher Informationsfluss sichergestellt sein.[684] Dies gilt umso mehr als sich das Informationsbedürfnis auf die bereits angesprochenen drei Personengruppen beschränkt.

Damit der Bieter seiner Meldepflicht nachkommen kann, bedarf es eines entsprechenden Auskunftsanspruchs. Bezüglich der eigenen Tochterunternehmen des Bieters wird ein solcher Anspruch einem aus § 294 Absatz 3 Satz 2 HGB und § 10 a Absatz 9 KWG hergeleiteten allgemeinen Rechtsgrundsatz entnommen werden können. Der Bieter darf hiernach entsprechende Auskünfte von Tochterunternehmen verlangen, wenn dem Mutterunternehmen öffentlich-rechtliche Pflichten auferlegt sind, die ohne diese Angaben nicht erfüllt werden können.[685] Dieser Gedanke lässt sich auch auf umgekehrte Fälle übertragen, bei denen das Tochterunternehmen Bieter ist und Auskünfte von übergeordneten Konzernunternehmen benötigt. Hinsichtlich der sonstigen gemeinsam mit dem Bieter handelnden Personen folgt ein solcher Auskunftsanspruch aus den zwischen diesen und dem Bieter bestehenden besonderen rechtlichen Beziehungen.[686] Gegenüber deren Tochterunternehmen bestehen hingegen mangels Rechtsbeziehung keine eigenen Auskunftsansprüche des Bieters. Diesbezügliche Informationen erhält der Bieter jedoch über die mit ihm gemeinsam handelnden Personen, die ihrerseits verpflichtet sind, taggleiche Auskünfte von ihren Tochterunternehmen einzuholen, um ihren eigenen Pflichten gegenüber dem Bieter nachkommen zu können.

---

683 Im Rahmen der §§ 21 ff. WpHG vgl. *Schneider*, Offenlegungspflichten nach §§ 21 ff. WpHG, S. 565, 572 ff.; *ders.*, in: Assmann/Schneider, Wertpapierhandelsgesetz, § 21 WpHG, Rdn. 92 f., § 22 WpHG, Rdn. 12 ff.; *Burgard*, BB 1995, 2069, 2070.

684 Ebenso *Schneider*, in: Assmann/Schneider, Wertpapierhandelsgesetz, § 21 WpHG, Rdn. 93, § 22 WpHG, Rdn. 13 bezüglich einer Zurechnung der Stimmrechte von kontrollierten Unternehmen nach § 22 Absatz 1 Nr. 2 WpHG a.F.; *Burgard*, BB 1995, 2069, 2070 stellt hingegen auf den nächsten Arbeitstag ab.

685 Ebenso *Schneider*, Offenlegungspflichten nach §§ 21 ff. WpHG, S. 565, 573 bezüglich einer Zurechnung der Stimmrechte von kontrollierten Unternehmen nach § 22 Absatz 1 Nr. 2 WpHG a.F.; *ders.*, in: Assmann/Schneider, Wertpapierhandelsgesetz, § 22 WpHG, Rdn. 14.

686 Vgl. *Schneider*, in: Assmann/Schneider, Wertpapierhandelsgesetz, § 22 WpHG, Rdn. 14.

2. § 23 Absatz 1 Satz 1 Alt. 2 WpÜG (Angebotsakzeptanz)

a) Inhalt und Reichweite des § 23 Absatz 1 Satz 1 Alt. 2 WpÜG

Um einen Überblick über die Akzeptanz des Angebots zu vermitteln, müssen die Veröffentlichungen bzw. Mitteilungen Angaben zu den Beteiligungen enthalten, die sich aus den dem Bieter im Rahmen des Angebots zugegangenen Annahmeerklärungen ergeben könnten (§ 23 Absatz 1 Satz 1 Alt. 2 WpÜG). Im Gegensatz zu § 23 Absatz 1 Satz 1 Alt. 1 WpÜG können sich diese Angaben lediglich auf solche Wertpapiere beziehen, die Gegenstand des konkreten Angebots sind.[687] Inhaltlich haben die Meldungen die Anzahl der Wertpapiere aus den Annahmeerklärungen (§ 23 Absatz 1 Satz 1 Alt. 2 Var. 1 WpÜG), die Höhe der entsprechenden Wertpapieranteile (§ 23 Absatz 1 Satz 1 Alt. 2 Var. 2 WpÜG) und die Stimmrechtsanteile (§ 23 Absatz 1 Satz 1 Alt. 2 Var. 3 WpÜG) zu enthalten.[688] Die Angaben zu § 23 Absatz 1 Satz 1 Alt. 2 Var. 1 und 2 WpÜG müssen für jede einzelne Wertpapiergattung getrennt erfolgen, sofern sich das Angebot auf mehrere Wertpapiergattungen bezieht.

b) „Zugang“ der Annahmeerklärungen

Nach dem Wortlaut des § 23 Absatz 1 Satz 1 Alt. 2 WpÜG hat der Bieter die bezeichneten Positionen insoweit anzugeben, als sie sich aus den „ihm zugegangenen“ Annahmeerklärungen ergeben. Da § 25 Absatz 1 DiskE-ÜG keine solche Einschränkung enthielt, ist deren Bedeutung zu untersuchen. Weder dem Gesetzeswortlaut noch der Gesetzesbegründung lassen sich Anhaltspunkte hinsichtlich einer Auslegung entnehmen.

aa) Ablehnung einer Auslegung entsprechend § 130 Absatz 1 Satz 1 BGB

(1) Zugang i.S.d. § 130 Absatz 1 Satz 1 BGB

Da es sich bei den zumindest auf Kauf- bzw. Tauschverträge[689] gerichteten Annahmeerklärungen regelmäßig um verkörperte, einseitige, empfangsbedürftige

---

687 *Thun*, in: Geibel/Süßmann, WpÜG, § 23 WpÜG, Rdn. 10; *Assmann*, AG 2002, 114, 121 (dort Fn. 44); *Möllers*, in: KK zum WpÜG, § 23 WpÜG, Rdn. 48; *Schröder*, in: Haarmann/Riehmer/Schüppen, Öffentliche Übernahmeangebote, § 23 WpÜG, Rdn. 24.

688 Hinsichtlich der Auslegung dieser Positionen sei auf die Ausführungen zu § 23 Absatz 1 Satz 1 Alt. 1 WpÜG verwiesen.

689 *Geibel/Süßmann*, BKR 2002, 52, 57; ähnlich *Möllers*, in: KK zum WpÜG, § 23 WpÜG, Rdn. 59.

Willenserklärungen unter Abwesenden handelt, liegt eine dem § 130 Absatz 1 Satz 1 BGB entsprechende Auslegung des Zugangserfordernisses[690] nahe. Obwohl der Zugangsbegriff im BGB nicht gesetzlich definiert ist, sind die Voraussetzungen weitgehend geklärt. Das Merkmal „Zugang" soll eine gerechte Verteilung des Übermittlungsrisikos zwischen dem Erklärenden und dem Empfänger gewährleisten.[691] Die Annahmeerklärungen gehen dem Bieter i.S.d. § 130 Absatz 1 Satz 1 BGB zu, wenn sie derart in seinen Machtbereich gelangen, dass für ihn die Möglichkeit der Kenntnisnahme besteht und die Kenntnisnahme nach allgemeiner Verkehrsanschauung zu erwarten ist.[692] Probleme hinsichtlich der Ermittlung des Zugangszeitpunkts i.S.v. § 130 Absatz 1 Satz 1 BGB ergeben sich aus der Tatsache, dass die Annahmeerklärungen regelmäßig nicht bei den Bietern, sondern bei verschiedenen Depotbanken der Angebotsempfänger eingehen[693]. Der Zugangszeitpunkt müsste somit für jede Annahmeerklärung gesondert ermittelt werden, wobei die Umstände des Einzelfalls zu unterschiedlichen Beurteilungen führen könnten. Hierbei ist insbesondere die Einordnung der verschiedenen Banken unter die Begriffe „Erklärungsbote", „Empfangsbote" bzw. „Empfangsvertreter" von Bedeutung.

(2) Einordnung der Banken unter die Begriffe „Erklärungsbote", „Empfangsbote" bzw. „Empfangsvertreter"

Der Zeitpunkt des Erklärungszugangs i.S.d. § 130 Absatz 1 Satz 1 BGB ist von der Einordnung der einbezogenen Banken als „Erklärungsbote", „Empfangsbote" bzw. „Empfangsvertreter" abhängig. Da Erklärungsboten nicht dem Machtbereich des Empfängers (Bieter) zuzurechnen sind, ist ein Zugang i.S.v. § 130 Absatz 1 Satz 1 BGB erst dann gegeben, wenn die betreffende Willenserklärung derart weitergeleitet wurde, dass sie sich im Machtbereich des Empfängers befindet und seine Kenntnisnahme sowohl möglich als auch nach allgemeiner Verkehrsanschauung zu erwarten ist. Empfangsboten werden hingegen als personifi-

690 Vgl. auch *Möllers*, in: KK zum WpÜG, § 23 WpÜG, Rdn. 60.

691 *Hefermehl*, in: Soergel, Bürgerliches Gesetzbuch, § 130 BGB, Rdn. 8.

692 So die h.M., vgl. BGH NJW 1983, 929, 930; BGH NJW 1977, 194; *Einsele*, in: MüKo zum BGB, § 130 BGB, Rdn. 16 m.w.N.; *Heinrichs*, in: Palandt, Bürgerliches Gesetzbuch, § 130 BGB, Rdn. 5.

693 *Schröder*, in: Haarmann/Riehmer/Schüppen, Öffentliche Übernahmeangebote, § 23 WpÜG, Rdn. 28. Die Verwendung der Depotbanken als Einlaufstelle für Annahmeerklärungen entspricht der geübten Praxis, weil sich nur auf diese Weise kontrollieren lässt, ob der annehmende Aktionär die von seiner Erklärung erfassten Aktien tatsächlich in seinem Depot hält.

zierte Empfangseinrichtungen verstanden.[694] Die Erklärungen gehen in dem Zeitpunkt zu, in dem nach regelmäßigem Verlauf der Dinge mit einer Weiterleitung an den Adressaten zu rechnen ist.[695] Der Zugang bei dem Adressaten erfolgt lediglich dann bereits mit Entgegennahme der Erklärung durch den Empfangsboten, wenn dieser die Erklärung in dessen räumlichem Machtbereich entgegennimmt, weil in diesem Fall ein Vergleich mit einem Briefkasten gerechtfertigt ist. Andernfalls muss zur Bestimmung des Zugangszeitpunkts die Zeit hinzugerechnet werden, die der Bote bei sachgerechter Ausübung seiner Empfangsbotenfunktion für die Weiterleitung der Erklärung normalerweise benötigen würde. Demgegenüber sind Empfangsvertreter als Repräsentanten des Empfängers anzusehen, so dass der Tatbestand des Zugangs bei ihnen selbst erfüllt werden kann.[696]Auf die Weiterleitung an den Vertretenen kommt es nicht an.[697]

Bei der Einordnung der regelmäßig in das Angebotsverfahren einbezogenen Banken ist zwischen dem vom Bieter eingeschalteten, das gesamte Angebotsverfahren begleitenden, Wertpapierdienstleistungsunternehmen und den einzelnen Depotbanken der Angebotsadressaten zu unterscheiden. Hinsichtlich des eingeschalteten Wertpapierdienstleistungsunternehmens sprechen die besseren Argumente für die Qualifizierung als Empfangsvertreter des Bieters.[698] Denn der Bieter hat sich das entsprechende Unternehmen für das Angebotsverfahren selbst ausgesucht. Er allein bestimmt, ob und welches Unternehmen er beauftragt. Diese Unternehmen sind regelmäßig direkt in die Ermittlung der Angebotsakzeptanz einbezogen. Bei ihnen laufen die entsprechenden Informationen zusammen. Im Zweifel kann deshalb davon ausgegangen werden, dass der Bieter dem entsprechenden Wertpapierdienstleistungsunternehmen zumindest eine konkludente Vollmacht zur Entgegennahme von Annahmeerklärungen erteilt hat.

Allerdings ist das Annahmeverfahren aus praktischen Gründen regelmäßig derart ausgestaltet, dass die Annahmeerklärungen über die Depotbanken der Angebotsadressaten eingehen. Zwischen dem Bieter und den einzelnen Depotbanken bestehen hinsichtlich des Annahmeverfahrens meist keinerlei Rechtsbeziehungen. Ob es sich bei den einzelnen Depotbanken letztendlich um Erklärungsboten der Angebotsadressaten oder um Empfangsboten bzw. Empfangsvertreter des Bieters

694 BGH NJW-RR 89, 757, 758; *Einsele*, in: MüKo zum BGB, § 130 BGB, Rdn. 25.

695 BGH NJW-RR 89, 757, 758; *Heinrichs*, in: Palandt, Bürgerliches Gesetzbuch, § 130 BGB, Rdn. 9; *Einsele*, in: MüKo zum BGB, § 130 BGB, Rdn. 25.

696 *Einsele*, in: MüKo zum BGB, § 130 BGB, Rdn. 27.

697 *Heinrichs*, in: Palandt, Bürgerliches Gesetzbuch, § 130 BGB, Rdn. 8.

698 Vgl. auch *Möllers*, in: KK zum WpÜG, § 23 WpÜG, Rdn. 60.

handelt, kann nicht generell beantwortet werden. Denn diese Einordnung ist von der konkreten, objektiven Ausgestaltung der Angebotsunterlage im Einzelfall abhängig.

(3) Gefahr im Rahmen des § 23 Absatz 1 Satz 1 Alt. 2 WpÜG Unmögliches zu verlangen

Handelt es sich bei den Depotbanken im Einzelfall um Empfangsboten oder Empfangsvertreter des Bieters, können die Zeitpunkte des Zugangs der Annahmeerklärungen i.S.v. § 130 Absatz 1 Satz 1 BGB und der möglichen tatsächlichen Kenntnisnahme durch den Bieter bzw. durch das von ihm beauftragte Wertpapierdienstleistungsunternehmen auseinanderfallen. Für die Empfangsvertretung gilt, dass ein Zugang unmittelbar mit Eingang der Erklärung bei der Depotbank vorliegt, der Bieter aber zu diesem Zeitpunkt davon noch keine Kenntnis hat. Im Falle des Empfangsboten resultiert diese Divergenz daraus, dass die Annahmeerklärungen bereits mit Eingang bei der Depotbank als im Machtbereich des Empfängers befindlich angesehen werden, und für den Zugang ein weiterer fester Zeitraum hinzuzurechnen ist, innerhalb dessen eine Weiterleitung unter normalen Umständen zu erwarten ist. Der Bieter hat dabei keinerlei Möglichkeiten, die Einhaltung dieser als normal angesehenen Zeitspanne sicherzustellen,[699] weil er keinen Einfluss auf die einzelnen Depotbanken hat. Zudem besteht Rechtsunsicherheit hinsichtlich des vom Einzelfall abhängigen Zeitraums, den die Depotbanken bei sachgerechter Ausübung ihrer Empfangsbotenfunktion für die Weiterleitung der Annahmeerklärungen normalerweise benötigen. Zwar müsste im Regelfall ein Zeitraum von zwei Arbeitstagen ausreichen.[700] Allerdings ist z.B. bei ausländischen Depotbanken ein längerer Zeitraum anzusetzen.[701]

Die Auslegung des in § 23 Absatz 1 Satz 1 Alt. 2 WpÜG enthaltenen Zugangserfordernisses i.S.d. § 130 Absatz 1 Satz 1 BGB würde im Ergebnis dazu führen,

699 Nur scheinbar a.A. *Möllers*, in: KK zum WpÜG, § 23 WpÜG, Rdn. 75, 77. Bei näherer Betrachtung stellt *Möllers* jedoch nicht auf die einzelnen Depotbanken, sondern auf das vom Bieter beauftragte Wertpapierdienstleistungsunternehmen ab.

700 Ähnlich *Riehmer/Schröder*, NZG 2000, 820, 823 nach denen die Auszählung der abgegebenen Annahmeerklärungen mindestens einen Zeitraum von 1 - 2 Tagen in Anspruch nimmt.

701 Zur komplizierten Erfassung der Annahmeerklärungen bei grenzüberschreitenden Angeboten vgl. *Schröder*, in: Haarmann/Riehmer/Schüppen, Öffentliche Übernahmeangebote, § 23 WpÜG, Rdn. 29; *Riehmer/Schröder*, BB Beilage 5/2001, S. 1, 14.

dass vom Bieter in den bezeichneten Fällen Unmögliches verlangt würde.[702] Denn er kann die Anzahl der ihm bereits nach § 130 Absatz 1 Satz 1 BGB zugegangenen Annahmeerklärungen unmöglich selbst bestimmen. Eine Auslegung des in § 23 Absatz 1 Satz 1 Alt. 2 WpÜG enthaltenen Zugangserfordernisses i.S.d. § 130 Absatz 1 Satz 1 BGB ist deshalb abzulehnen.

bb) Auslegung des Zugangserfordernisses

Bei der Auslegung des in § 23 Absatz 1 Satz 1 Alt. 2 WpÜG enthaltenen Zugangserfordernisses ist von der mit dieser Regelung bezweckten Transparenz hinsichtlich der Angebotsakzeptanz auszugehen. Gleichzeitig ist zu vermeiden, dass dem Bieter unerfüllbare Pflichten auferlegt werden. Deshalb müssen Annahmeerklärungen in den nach § 23 Absatz 1 Satz 1 Alt. 2 WpÜG erfolgenden Veröffentlichungen bzw. Mitteilungen erfasst werden, sobald deren Wirksamkeit aus der Sicht des Bieters bzw. des von ihm beauftragten Wertpapierdienstleistungsunternehmens erkennbar ist. Vom Bieter ist dabei aber zu verlangen, dass er das Angebotsverfahren unter Einsatz zumutbarer technischer Möglichkeiten derart organisiert[703], dass er möglichst zeitnah über die bei Depotbanken eingehenden Annahmeerklärungen informiert wird. Diese Informationsmöglichkeit muss sich nicht auf die Identität der konkreten Vertragspartner erstrecken, weil § 23 Absatz 1 Satz 1 Alt. 2 WpÜG lediglich der quotenmäßigen Information der Angebotsadressaten und sonstiger am Kapitalmarkt beteiligter Personen dient. Stellt der Bieter eine solche Organisation sicher, kann von ihm nicht mehr verlangt werden, als sämtliche für ihn mit angemessener Sorgfalt zum jeweiligen Stichtag erkennbare wirksame Annahmeerklärungen in seine Veröffentlichungen einzubeziehen.

cc) Vorschlag einer praktikablen und transparenten Organisation des Annahmeverfahrens

Wie eine derartige Organisation des Annahmeverfahrens gewährleistet ist, zeigt ein Verfahren, das sich bereits während der noch kurzen Geltung des WpÜG herausgebildet hat.[704] Dieses Verfahren sei hier anhand des Übernahmebeispiels

702 Zur Gefahr Unmögliches zu verlangen vgl. auch *Schröder*, in: Haarmann/Riehmer/Schüppen, Öffentliche Übernahmeangebote, § 23 WpÜG, Rdn. 30.

703 Zu Organisationspflichten zur Sicherstellung der öffentlich-rechtlichen Pflichten aus §§ 21 ff. WpHG vgl. *Schneider*, in: Assmann/Schneider, Wertpapierhandelsgesetz, § 21 WpHG, Rdn. 71, 92.

704 Vgl. Übernahmeangebote „OgilvyOne worldwide/Concept! AG“ vom 23. Februar 2002 (http://www.kirchhoff.de/ogilvy-concept-angebot; abgerufen am 5.3.2002), „Texas In-

„Barilla/Kamps“ dargestellt. Die Angebotsunterlage legte fest, dass das Angebot lediglich dadurch angenommen werden konnte, dass die Kamps-Aktionäre ihre Annahme innerhalb der Annahmefrist gegenüber ihrer „depotführenden Bank“ erklärten. Gleichzeitig mussten sie aber ihre Depotbank anweisen, die Umbuchung der in ihrem Depot befindlichen Kamps-Aktie, für die sie das Angebot annehmen wollten, in eine neue, näher bezeichnete Wertpapier-Kenn-Nummer bei dem Zentralverwahrer Clearstream Banking AG zu veranlassen.[705] Zudem war vorgesehen, dass die Annahmeerklärungen erst mit der angesprochenen Umbuchung wirksam wurden. Statt auf den Zugang der Annahmeerklärungen bei dem Bieter (§ 130 Absatz 1 Satz 1 BGB), wurde somit allein auf den Zugang bei der jeweiligen Depotbank und die nachfolgenden Umbuchungen abgestellt.[706] Um alle bis zum Ende der Annahmefrist (28. Juni 2002 12:00 Uhr) bei den Depotbanken eingegangenen Annahmeerklärungen in das Ergebnis des Angebots einbeziehen zu können, wurde die Umbuchung als rechtzeitig fingiert („gilt (...) als rechtzeitig erfolgt“), sofern sie bis zum 2. Juli 2002 17:30 Uhr bewirkt wurde.[707] Die genannten Umbuchungen erfolgen im System der Clearstream Banking AG. Der Vorgang vollzieht sich rein elektronisch über das sog. CASCADE-System[708], an das die einzelnen Depotbanken angeschlossen sind. Nach der Eingabe durch die jeweilige Depotbank erfolgt die Umbuchung innerhalb von Sekunden und ermöglicht dem Bieter eine klare Identifikation der betroffenen Wertpapiere und damit eine unproblematische Feststellung der auf einen bestimmten Zeitpunkt bezogenen Angebotsakzeptanz[709]. Um dem Bieter eine Information über die erfolgten Umbuchungen hinsichtlich ihm nicht gehörender

---

struments Inc./Condat AG“ vom 3. April 2002 (http://www.texasinstruments.de; abgerufen am 10.4.2002), „Barilla/Kamps“ vom 25. Mai 2002 (http://www.barilla.com/kamps-angebot; abgerufen am 1.6.2002) und „Deutsche Bahn/Stinnes AG“ vom 7. August 2002 (http://www.bahn.de/stinnes-angebot; abgerufen am 14.8.2002).

705 Angebotsunterlage der Finba Bakery Europe AG (Barilla) vom 25. Mai 2002, S. 20, 8.1, Absatz 1, (a) und (b).

706 § 130 BGB weist keinen zwingenden Charakter auf. Vgl. *Einsele*, in: MüKo zum BGB, § 130 BGB, Rdn. 12; *Heinrichs*, in: Palandt, Bürgerliches Gesetzbuch, § 130 BGB, Rdn. 19; *Hefermehl*, in: Soergel, Bürgerliches Gesetzbuch, § 130 BGB, Rdn. 7.

707 Angebotsunterlage der Finba Bakery Europe AG vom 25. Mai 2002, S. 20 f., 8.1, Absatz 3. Im Gegensatz hierzu enthielt die Angebotsunterlage der OgilvyOne worldwide GmbH und Co. KG vom 23. Februar 2002 keine solche Fiktion. Sowohl die Annahmen als auch die Umbuchungen mussten innerhalb der Annahmefrist erfolgen. Dies hatte jedoch zur Folge, dass die Aktionäre die Annahmefrist nicht voll ausschöpfen konnten, ohne dass sie dem Risiko einer nicht mehr rechtzeitigen Umbuchung ausgesetzt waren.

708 Hierzu in anderem Zusammenhang, vgl. *Riehmer/Schröder*, BB Beilage 5/2001, S. 1, 15.

709 *Riehmer/Schröder*, BB Beilage 5/2001, S. 1, 7; *Burgard*, WM 2000, 611, 612 f.

Aktien zu ermöglichen, wiesen die annehmenden Kamps-Aktionäre u.a. ihre Depotbank sowie die Clearstream Banking AG an und ermächtigten dieselben zur börsentäglichen Mitteilung an die Bietergesellschaft und das von ihr beauftragte Wertpapierdienstleistungsunternehmen. Diese Mitteilungen sollten die Anzahl der im Konto der Depotbank bei der Clearstream Banking AG unter der neuen und alten Wertpapier-Kenn-Nummer eingebuchten Kamps-Aktien darstellen.[710] Im Ergebnis bietet dieses Annahmeverfahren dem Bieter die Möglichkeit, sich jederzeit über den genauen Stand wirksamer Annahmeerklärungen zu informieren und diesen in seine Veröffentlichungen und Mitteilungen einzubeziehen. Gleichzeitig führt die Bindung an eine elektronisch herbeizuführende Umbuchung – jedenfalls im Normalfall – zu einer zügigen Erfassung der Annahmeerklärungen und ist daher auch unter dem Gesichtspunkt einer zeitnahen Transparenz des Annahmestandes zu begrüßen. Denn die Umbuchung kann schneller und einfacher erfolgen, als die Weiterleitung der Annahmeerklärungen an den Bieter bzw. das von diesem beauftragte Wertpapierdienstleistungsunternehmen.

Im Rahmen öffentlicher Angebotsverfahren, die eine sukzessive Übereignung schon während der Annahmefrist vorsehen,[711] vereinfacht sich das dargestellte Verfahren. Die Deutsche Balaton AG verzichtete beispielsweise im Rahmen ihres Angebots an die Aktionäre der Beta Systems Software AG auf die Umbuchung in eine neue Wertpapier-Kenn-Nummer. Stattdessen war vorgesehen, dass die Annahme dieses Übernahmeangebots erst mit Einreichung bzw. Zurverfügungstellung der Aktien auf dem bei der Westfalenbank AG geführten Treuhanddepot der Deutsche Balaton AG wirksam wurde.[712] Letzteres erfolgt ebenfalls durch eine elektronische Umbuchung der Aktien. Da die Deutsche Balaton AG hinsichtlich des aktuellen Standes ihres Treuhanddepots informationsberechtigt war, konnte auch auf eine Ermächtigung der Depotbanken und der Clearstream Banking AG zur börsentäglichen Information des Bieters verzichtet werden.

---

710 Angebotsunterlage der Finba Bakery Europe AG vom 25. Mai 2002, S. 22, 8.2, Absatz 1, (c). Die Mitteilungen der Clearstream Banking AG muss man sich als Kontoauszüge vorstellen, die sich auf einen konkreten Zeitpunkt beziehen.

711 Solche sukzessiven Übereignungen sind i.d.R. lediglich bei unbedingten Angeboten vorgesehen.

712 Angebotsunterlage der Deutsche Balaton AG vom 20. März 2002, S. 4, X., Absatz 2 (http://www.dbbh.de/betasystems; abgerufen am 28.3.2002).

dd) Zumutbarkeit der Verfahrensimplementierung

Die Implementierung des beschriebenen Annahmeverfahrens ist dem Bieter zumutbar. Um seinen Verpflichtungen aus § 23 Absatz 1 Satz 1 Alt. 2 WpÜG nachkommen zu können, muss er ohnehin ein System bereitstellen, welches ihm ermöglicht, bei Anwendung angemessener Sorgfalt und unter Einsatz zumutbarer technischer Möglichkeiten die zweifelsfrei feststellbare Anzahl eingegangener Annahmeerklärungen zum jeweilig maßgeblichen Zeitpunkt zu veröffentlichen.[713] Der Aufwand des dargestellten Systems hält sich in zumutbaren Grenzen. Vergleichbare Verfahrensgestaltungen, die dem Zweck dienten, den Bieter jederzeit über den Stand des Übernahmekampfes zu informieren, wurden schon vor Geltung des WpÜG gewählt.[714]

c) Rücktrittserklärungen der Angebotsadressaten

aa) Rücktrittsrechte

Das WpÜG sieht für bestimmte Konstellationen ein gesetzliches Rücktrittsrecht der Wertpapierinhaber vor, die das Angebot angenommen haben. Gem. § 22 Absatz 3 WpÜG besteht ein derartiges Rücktrittsrecht, wenn während der Annahmefrist ein Konkurrenzangebot eines Dritten abgegeben wird. Den Angebotsadressaten wird die Möglichkeit gewährt, anstelle des ursprünglichen Angebots das konkurrierende, möglicherweise bessere Angebot anzunehmen.[715] Nach dem Wortlaut ist entscheidend, dass der ursprüngliche Vertragsschluss vor der Veröffentlichung des konkurrierenden Angebots erfolgte. Unter Berücksichtigung des Sinn und Zwecks der Vorschrift, ist dies jedoch dahingehend zu verstehen, dass die Abgabe der ursprünglichen Annahmeerklärung vor der Veröffentlichung der konkurrierenden Angebotsunterlage liegen muss.[716] Das Rücktrittsrecht kann lediglich dann ausgeschlossen sein, wenn der Angebotsempfänger das konkurrierende Angebot bereits bei seiner ursprünglichen Entscheidung einbeziehen

713 *Schröder*, in: Haarmann/Riehmer/Schüppen, Öffentliche Übernahmeangebote, § 23 WpÜG, Rdn. 30 beschränkt die Veröffentlichungspflicht des Bieters auf die mit angemessener Sorgfalt unter Einsatz der zumutbaren technischen Möglichkeiten zum jeweiligen Stichtag zweifelsfrei feststellbare Anzahl eingegangener Annahmeerklärungen.

714 *Burgard*, WM 2000, 611, 612 f. im Zusammenhang mit dem Übernahmebeispiel „Mannesmann/Vodafone". Gleiches gilt auch für den Fall „INA/FAG Kugelfischer".

715 Begr. RegE, BT-Drucks. 14/7034, S. 50.

716 Vgl. auch *Steinmeyer/Häger*, WpÜG, § 22 WpÜG, Rdn. 14.

konnte. Ein weiteres gesetzliches Rücktrittsrecht gewährt § 21 Absatz 4 WpÜG bei Änderungen des Angebots i.S.d. § 21 Absatz 1 WpÜG. Hierdurch soll sämtlichen Angebotsadressaten ermöglicht werden, das geänderte Angebot anzunehmen. Dieses Rücktrittsrecht gilt somit nur, sofern das ursprüngliche Angebot vor der Veröffentlichung der Änderung angenommen wurde. Richtigerweise ist auch hier auf die Abgabe der Annahmeerklärung abzustellen.[717]

Darüber hinaus kann der Bieter auch vertragliche Rücktrittsrechte der Angebotsadressaten regeln. Sofern er es für verzichtbar hält, die Wertpapierinhaber an ihre Annahmeerklärungen zu binden, kann er beispielsweise vorsehen, dass sie ihre Annahmeerklärung während der Annahmefrist jederzeit zurücknehmen können. Eine derartige Gestaltung hat den Vorteil, dass hierdurch eine frühzeitige Annahme des Angebots unterstützt wird.[718] Dieser Aspekt ist unter dem Gesichtspunkt regelmäßig ohnehin schon niedriger Annahmequoten in der Frühphase öffentlicher Angebote und des Zwangs zu deren Veröffentlichung besonders wichtig und wird m.E. dazu führen, dass die Bieter zukünftig, sofern sie an einer hohen Annahmequote interessiert sind, entsprechende vertragliche Rücktrittsrechte vorsehen werden.[719]

bb) Berücksichtigung im Rahmen des § 23 Absatz 1 Satz 1 Alt. 2 WpÜG

Um dem Sinn und Zweck des § 23 Absatz 1 Satz 1 Alt. 2 WpÜG gerecht zu werden, einen Überblick über die Akzeptanz des Angebots zu vermitteln[720], müssen in den Veröffentlichungen bzw. Mitteilungen auch Rücktrittserklärungen der Wertpapierinhaber berücksichtigt werden.[721] Diesbezügliche Bedenken könnten sich lediglich aus dem Ordnungswidrigkeitscharakter des § 23 Absatz 1 WpÜG (§ 60 Absatz 1 Nr. 1 lit. b WpÜG) und dem hieraus resultierenden Analogieverbot des Art. 103 Absatz 2 GG und des § 3 OWiG ergeben. Die Be-

---

717 Vgl. auch *Steinmeyer/Häger*, WpÜG, § 21 WpÜG, Rdn. 35.

718 *Riehmer/Schröder*, BB Beilage 5/2001, S. 1, 6 sind zu Recht der Ansicht, dass insbesondere die Bindung an die einmal getroffene Entscheidung mit hoher Wahrscheinlichkeit dazu führe, dass die weit überwiegende Anzahl der Annahmeerklärungen erst in den letzten Tagen der Annahmefrist erfolge.

719 Diese Tendenz ist bereits sichtbar. Vgl. Übernahmeangebote „OgilvyOne worldwide/Concept! AG“ vom 23. Februar 2002, „Texas Instruments Inc./Condat AG“ vom 3. April 2002, „Barilla/Kamps“ vom 25. Mai 2002 und „Deutsche Bahn/Stinnes AG“ vom 7. August 2002.

720 Begr. RegE, BT-Drucks. 14/7034, S. 50.

721 In diesem Sinn auch *Steinmeyer/Häger*, WpÜG, § 23 WpÜG, Rdn. 6.

rücksichtigung von Rücktrittserklärungen kann jedoch noch mit den Mitteln zulässiger Auslegung unter § 23 Absatz 1 Satz 1 Alt. 2 WpÜG subsumiert werden. Der mögliche Wortsinn, der insoweit die äußerste Grenze richterlicher Interpretation darstellt,[722] wird durch diese Auslegung nicht überschritten. Sind die wechselseitigen Leistungen – wie regelmäßig bei öffentlichen Angeboten – beiderseitig noch nicht erbracht, enthält das BGB keine besondere Regelung hinsichtlich der Folgen eines Rücktritts. Richtigerweise erlöschen die Leistungspflichten und das Vertragsverhältnis endet.[723] Als Konsequenz dieser Beendigung des Vertragsverhältnisses kann nicht mehr von der Existenz einer wirksamen Annahmeerklärung i.S.v. § 23 Absatz 1 Satz 1 Alt. 2 WpÜG ausgegangen werden. Aber auch nach ausnahmsweise vorgesehener sukzessiver Übereignung während der Annahmefrist, ist keine andere Beurteilung gerechtfertigt. Zwar bleibt der betroffene Vertrag gem. § 346 Absatz 1 BGB als Rückgewährschuldverhältnis bestehen. Da jedoch die primären Leistungspflichten entfallen,[724] verpflichten die betroffenen Annahmeerklärungen nicht mehr zu einer Übereignung der erfassten Wertpapiere. Nur derartige, zur Übereignung verpflichtende Annahmeerklärungen, sind in § 23 Absatz 1 Satz 1 Alt. 2 WpÜG geregelt, weil nur diese eine potentielle Beteiligung des Bieters repräsentieren.

Im Ergebnis sind keine getrennten Angaben für Annahme- und Rücktrittserklärungen zu fordern. Vielmehr ist eine saldierte Darstellung dieser Positionen geboten, weil dies den unverfälschten Überblick über den Stand der Angebotsakzeptanz sicherstellt. Ansonsten würde das Bild durch die Möglichkeit verzerrt, dass derselbe Angebotsadressat wiederholt die Annahme und nachfolgend den Rücktritt erklären kann. Die saldierte Darstellung wird hiervon nicht beeinflusst.

cc) Zeitpunkt der Berücksichtigung

Bezüglich der Rücktrittserklärungen stellt sich wiederum die Frage, ab welchem Zeitpunkt diese in den Veröffentlichungen bzw. Mitteilungen nach § 23 Absatz 1 Satz 1 Alt. 2 WpÜG zu berücksichtigen sind. Grundsätzlich ist ein Rücktritt gem. § 349 BGB dem Vertragspartner gegenüber zu erklären. Da die Wertpapierinhaber der Zielgesellschaft lediglich mit ihren jeweiligen Depotbanken in unmittelbarem Kontakt stehen, bestimmt der Bieter diese i.d.R. als Einlaufstelle

722 BVerfGE 71, 108, 115; 73, 206, 235; 92, 1, 12; *Tröndle/Fischer*, Strafgesetzbuch, § 1 StGB, Rdn. 11; *Eser*, in: Schönke/Schröder, Strafgesetzbuch, § 1 StGB, Rdn. 37; *Göhler/Buddendiek*, Ordnungswidrigkeiten, § 3 OWiG, Rdn. 6.

723 *Kaiser*, in: Staudingers Kommentar zum BGB, Vorbem zu §§ 346 ff., Rdn. 53.

724 *Kaiser*, in: Staudingers Kommentar zum BGB, Vorbem zu §§ 346 ff., Rdn. 55.

für Rücktrittserklärungen.[725] Aus den bereits im Rahmen der Annahmeerklärungen dargestellten Gründen kann regelmäßig nicht auf den Zugang beim Bieter i.S.v. § 130 Absatz 1 Satz 1 BGB abgestellt werden.[726] Im Ergebnis ist auch hier von dem Zeitpunkt auszugehen, zu dem die Wirksamkeit der Rücktrittserklärungen aus der Sicht des Bieters bzw. des von ihm beauftragten Wertpapierdienstleistungsunternehmens erkennbar ist.

Um zu gewährleisten, dass er möglichst zeitnah über die bei den Depotbanken eingehenden Rücktrittserklärungen informiert wird, ist der Bieter auch hier zur entsprechenden Organisation des Verfahrens verpflichtet.[727] Eine derartige Organisation läge beispielsweise darin, die Modalitäten des Rücktrittsverfahrens spiegelbildlich zu dem bereits hinsichtlich der Annahmeerklärungen dargestellten System[728] zu regeln. Hiernach wäre die Wirksamkeit der Rücktrittserklärungen allein an den Zugang bei den einzelnen Depotbanken sowie kumulativ an die elektronische Rückbuchung der betroffenen Aktien in die ursprüngliche Wertpapier-Kenn-Nummer zu binden. Die elektronische Rückbuchung über das CASCADE-System ermöglicht eine zügige Erfassung erfolgter Rücktrittserklärungen. Die auf einen konkreten Zeitpunkt bezogenen Kontoauszüge der Clearstream Banking AG zeigen insbesondere die Anzahl der Aktien mit neuer Wertpapier-Kenn-Nummer und stellen somit den erforderlichen Saldo aus Annahme- und Rücktrittserklärungen dar. Insbesondere bei der Übernahme „Barilla/Kamps" wurde diese Gestaltung umgesetzt.[729]

Im Rahmen öffentlicher Angebote mit sukzessiver Übereignung während der Annahmefrist ist diese Gestaltung allerdings nicht möglich. Die Wirksamkeit der Rücktrittserklärungen kann hier nicht in Abhängigkeit zur elektronischen Rückbuchung der betroffenen Wertpapiere geregelt werden. Denn die Rückbuchung bereits im Eigentum des Bieters stehender Wertpapiere liegt nicht mehr in der Hand der jeweiligen Depotbank. Vielmehr handelt es sich dabei um die Rückabwicklung der Übereignung, die allein im Einflussbereich des Bieters liegt.

---

725 *Schröder*, in: Haarmann/Riehmer/Schüppen, Öffentliche Übernahmeangebote, § 21 WpÜG, Rdn. 33 hält es für zweckmäßig vorzusehen, dass das vom Bieter eingeschaltete Wertpapierdienstleistungsunternehmen die Rücktrittserklärungen – ggf. über die jeweiligen Depotbanken – entgegennimmt.

726 Vgl. dazu S. 158 ff.

727 Zum Annahmeverfahren vgl. S. 162.

728 Vgl. S. 162 ff.

729 Angebotsunterlage der Finba Bakery Europe AG (Barilla) vom 25. Mai 2002, S. 29 f., 12 (a) - (d) (http://www.barilla.com/kamps-angebot; abgerufen am 1.6.2002).

Deshalb muss in diesen Fällen auf den Zugang der Rücktrittserklärungen bei dem Bieter bzw. dem von ihm eingeschalteten Wertpapierdienstleistungsunternehmen (Empfangsvertreter) abgestellt werden. Sofern noch keine Rückbuchungen vorgenommen wurden, hat der Bieter zur Ermittlung des Annahmestandes, von dem aus Annahmeerklärungen resultierenden Wertpapierbestand diejenigen Wertpapiere abzuziehen, bezüglich derer er bzw. das von ihm eingeschalteten Wertpapierdienstleistungsunternehmen Kenntnis von Rücktrittserklärungen erlangt hat.

d) Generelle Kritik an § 23 Absatz 1 Satz 1 Alt. 2 WpÜG

Auch die Implementierung des beschriebenen Annahme- bzw. Rücktrittsverfahrens ändert nichts an der generell kritischen Betrachtung des § 23 Absatz 1 Satz 1 Alt. 2 WpÜG. Der genaue aktuelle Stand der bei den Depotbanken bereits eingegangenen Annahme- bzw. Rücktrittserklärungen lässt sich tatsächlich nicht ermitteln und findet deshalb keinen Eingang in die Veröffentlichungen bzw. Mitteilungen des Bieters.[730] Je größer der Unterschied zwischen dem für den Bieter feststellbaren Saldo aus Annahme- und Rücktrittserklärungen und der sich tatsächlich aus dem Erklärungseingang bei Depotbanken ergebenden Zahl ist, desto geringer ist die Aussagekraft des veröffentlichten bzw. mitgeteilten Annahmestandes. Zwar führt das beschriebene System über die elektronischen Umbuchungen i.d.R. zu einer relativ kurzen Zeitspanne zwischen Eingang der Annahme- bzw. Rücktrittserklärungen und Eingabe der Umbuchung durch die entsprechende Depotbank. Jedoch ist in keiner Weise sichergestellt, dass die eingegangenen Erklärungen tatsächlich noch vollständig am gleichen Tag erfasst werden.[731] Vielmehr hat der Bieter keinerlei Einfluss auf die Bearbeitungszeit der einzelnen Depotbank. Bei grenzüberschreitenden Angeboten fällt das Problem der zeitnahen Erfassung noch viel schwerer ins Gewicht, sofern Annahmeerklärungen zulässigerweise bei ausländischen Depotbanken eingehen.[732] Das Bestehen einer tatsächlichen Ungenauigkeit ist am Übernahmebeispiel „Barilla/ Kamps“ ersichtlich, weil neben der Annahmequote (umgebuchte Aktien) zum

730 Auf Annahmeerklärungen beschränkt vgl. auch *Schröder*, in: Haarmann/Riehmer/ Schüppen, Öffentliche Übernahmeangebote, § 23 WpÜG, Rdn. 28.

731 So auch *Schröder*, in: Haarmann/Riehmer/Schüppen, Öffentliche Übernahmeangebote, § 23 WpÜG, Rdn. 29.

732 *Riehmer/Schröder*, BB Beilage 5/2001, S. 1, 14; *Schröder*, in: Haarmann/Riehmer/ Schüppen, Öffentliche Übernahmeangebote, § 23 WpÜG, Rdn. 29.

Ende der Annahmefrist am 28. Juni 12:00 Uhr[733] auch die endgültige Annahmequote[734] i.S.d. § 23 Absatz 1 Satz 1 Nr. 2 WpÜG veröffentlicht wurde. Aus der Differenz zwischen 89,1 % und 87,2 % ergibt sich eine Ungenauigkeit von 1,9 % der Stimmrechte. Aufgrund dieser Ungenauigkeit fordert z.B. Großbritannien Angaben „as nearly as practicable" (Rule 17.1 City Code) und die Schweiz „so genau als möglich" (Art. 27 BEHG i.V.m. Art. 43 Absatz 1 und 2 UEV-UEK). Beide Vorschriften regeln die Bekanntgabe des Ergebnisses (bzw. Zwischenergebnisses) des Angebots. Hinsichtlich laufender Veröffentlichungspflichten besteht die gleiche Problematik.

Hinzuweisen ist schließlich auf einen weiteren kritischen Gesichtspunkt. Die angesprochene Tendenz der Bieter, jederzeitige vertragliche Rücktrittsrechte für die Wertpapierinhaber vorzusehen[735], steht der Aussagekraft der Veröffentlichungen bzw. Mitteilungen nach § 23 Absatz 1 Satz 1 Alt. 2 WpÜG entgegen. Es besteht keinerlei Sicherheit, dass die während der Annahmefrist ermittelte Annahmequote Bestand hat.[736] Theoretisch könnte sich das Ergebnis des Angebots bis zur letzten Sekunde der Annahmefrist umkehren.

3. Überschneidungen bzw. Doppelerfassung (§ 23 Absatz 1 Satz 1 Alt. 1 und 2 WpÜG)

Nach der gesetzlichen Systematik sind Konstellationen möglich, bei denen dieselben Wertpapiere bzw. deren Stimmrechte sowohl von § 23 Absatz 1 Satz 1 Alt. 1 WpÜG als auch von § 23 Absatz 1 Satz 1 Alt. 2 WpÜG erfasst werden. Diese Konstellationen werden nachfolgend dargestellt und einem Lösungsvorschlag zugeführt.

---

733 Absatz 1 der gem. § 23 Absatz 1 Satz 1 Nr. 1 WpÜG erfolgten Bekanntmachung der Finba Bakery Europe AG vom 29. Juni 2002 (http://www.barilla.com/kamps-angebot; abgerufen am 1.7.2002).

734 Absatz 1 der gem. § 23 Absatz 1 Satz 1 Nr. 2 WpÜG erfolgten Bekanntmachung der Finba Bakery Europe AG vom 5. Juli 2002 (http://www.barilla.com/kamps-angebot; abgerufen am 7.7.2002).

735 Vgl. hierzu S. 166.

736 *Riehmer/Schröder*, BB Beilage 5/2001, S. 1, 6 f.

a) Angebotsannahme durch Personen, deren Stimmrechte dem Bieter zuzurechnen sind

aa) Darstellung der Problematik am Beispiel einer Annahme durch mit dem Bieter gemeinsam handelnde Personen

Die Vorgehensweise im Verfahrensablauf der Übernahme „Barilla/Kamps" hinsichtlich der Vermeidung sog. „Nullmeldungen" wurde bereits detailliert beschrieben.[737] Die Banca Popolare di Lodi S.c.a.r.l. hat das öffentliche Übernahmeangebot während der Annahmefrist für sämtliche ihrer Kamps-Aktien angenommen.[738] Es handelte sich um eine mit dem Bieter gemeinsam handelnde Person, deren Kamps-Aktien einem Stimmrechtsanteil in Höhe von 12,0587 % entsprachen. Die Angebotsannahme war möglich, weil sich Übernahmeangebote gem. § 32 WpÜG stets an sämtliche Aktionäre der Zielgesellschaft richten.[739] Die rechtliche Eigentümerstellung der annehmenden Aktionäre blieb während der Annahmefrist unverändert, weil eine Aktienübereignung erst nach deren Ablauf vorgesehen war. Aus diesem Grund hatte die Annahme des Angebots durch mit dem Bieter gemeinsam handelnde Personen keinerlei Auswirkung auf die nach § 23 Absatz 1 Satz 1 Alt. 1 WpÜG zu veröffentlichenden Positionen. Die betreffenden Wertpapiere bzw. Stimmrechte waren weiterhin zu berücksichtigen. Gleichzeitig führte die Annahme jedoch zu einer Erhöhung der in § 23 Absatz 1 Satz 1 Alt. 2 WpÜG vorgesehenen, die Angebotsakzeptanz darstellenden Positionen. Dieselben Wertpapiere bzw. Stimmrechte wurden mithin doppelt erfasst. Die Öffentlichkeit wurde über diese Vorgehensweise jedoch erst nach Ablauf der regulären Annahmefrist informiert. Im Ergebnis waren die Veröffentlichungen bzw. Mitteilungen geeignet, die Angebotsadressaten und sämtliche am Kapitalmarkt beteiligte Personen über den tatsächlichen Stand der potentiellen Beteiligung des Bieters in die Irre zu führen. Eine Addition der Positionen aus § 23 Absatz 1 Satz 1 Alt. 1 und 2 WpÜG führte aufgrund der Doppelerfassung zu einer tatsächlich noch nicht erreichten potentiellen Beteiligungshöhe.[740] In einer derartigen Konstellation kann das durch Veröffentlichungen gebotene Bild in Höhe der gesamten Beteiligung, die von gemeinsam mit dem Bieter handelnden Perso-

737 Vgl. hierzu S. 100 f.

738 Absatz 2, letzter Satz der gem. § 23 Absatz 1 Satz 1 Nr. 2 WpÜG erfolgten Bekanntmachung der Finba Bakery Europe AG vom 5. Juli 2002 (http://www.barilla.com/kamps-angebot; abgerufen am 7.7.2002).

739 *Vogel*, in: Haarmann/Riehmer/Schüppen, Öffentliche Übernahmeangebote, § 32 WpÜG, Rdn. 9; *Steinmeyer/Häger*, WpÜG, § 32 WpÜG, Rdn. 1.

740 Zur Verdeutlichung vgl. S. 101 (dort Fn. 425).

nen gehalten wird, verzerrt sein. Die dargestellte Problematik lässt sich im Ergebnis auf alle Fälle übertragen, bei denen das öffentliche Angebot durch Personen angenommen wird, deren Stimmrechte dem Bieter bereits zugerechnet wurden. Die tatsächliche potentielle Beteiligung des Bieters kann aus den Bekanntmachungen i.S.v. § 23 Absatz 1 Satz 1 Alt. 1 und 2 WpÜG nicht mit Sicherheit ermittelt werden.

bb) Lösungsvorschlag

Denkbar wäre es, eine doppelte Erfassung derselben Wertpapiere bzw. Stimmrechte dadurch auszuschließen, dass diese entweder nur in § 23 Absatz 1 Satz 1 Alt. 1 WpÜG[741] oder nur in § 23 Absatz 1 Satz 1 Alt. 2 WpÜG berücksichtigt werden. Für den Vorrang des § 23 Absatz 1 Satz 1 Alt. 1 WpÜG spricht, dass diese Vorschrift den Bieter insbesondere zu Informationen hinsichtlich eines bereits aktuellen Stimmrechtseinflusses verpflichtet. Jedoch bliebe der Öffentlichkeit und damit auch den Angebotsadressaten verborgen, dass und in welcher Höhe das Angebot von Personen angenommen wurde, deren Stimmrechte dem Bieter bereits vorher zuzurechnen waren. Diese Information ist jedoch nach Sinn und Zweck des § 23 Absatz 1 WpÜG, Beteiligungsentwicklungen transparent zu machen, nicht verzichtbar. Schließlich kann es durchaus einen Unterschied bedeuten, ob der Bieter am Ende alleiniger Großaktionär der Zielgesellschaft wird oder sich diese Stellung mit anderen Personen teilt. Zudem kann sich der Einfluss aus fremden Stimmrechten trotz Zurechnung von demjenigen aus eigenen Stimmrechten unterscheiden. Insbesondere ist das von § 30 Absatz 2 Satz 1 WpÜG vorausgesetzte abgestimmte Verhalten in Bezug auf die Zielgesellschaft nicht auf Dauer garantiert.

Auch ein Vorrang des § 23 Absatz 1 Satz 1 Alt. 2 WpÜG ist abzulehnen. Die Nichterfassung betroffener Wertpapiere bzw. Stimmrechte in den Positionen des § 23 Absatz 1 Satz 1 Alt. 1 WpÜG könnte den Eindruck einer dinglichen Veräußerung an eine Person erwecken, deren Stimmrechte dem Bieter nicht zuzurechnen sind. Gleichzeitig wäre nicht ersichtlich, dass in den Positionen des § 23 Absatz 1 Satz 1 Alt. 2 WpÜG Annahmeerklärungen von Personen enthalten sind, deren Stimmrechte dem Bieter bereits zuzurechnen sind. Darüber hinaus steht einem derartigen Vorrang entgegen, dass § 23 Absatz 1 Satz 1 Alt. 2 WpÜG re-

741 In diesem Sinn *Schröder*, in: Haarmann/Riehmer/Schüppen, Öffentliche Übernahmeangebote, § 23 WpÜG, Rdn. 24. Danach sollen für § 23 Absatz 1 Satz 1 Alt. 2 WpÜG lediglich Wertpapiere verbleiben, die noch nicht unter § 23 Absatz 1 Satz 1 Alt. 1 WpÜG fallen.

gelmäßig lediglich eine potentielle zukünftige Stimmrechtsmacht darstellt, während § 23 Absatz 1 Satz 1 Alt. 1 WpÜG das fortgeschrittene Stadium eines aktuellen Stimmrechtseinflusses betrifft.

Im Ergebnis ist keine der beiden Alternativen als vorrangig zu betrachten. Auch dem Wortlaut der Norm ist ein Vorrang einer der Alternativen nicht zu entnehmen. Eine doppelte Erfassung ist somit möglich.[742] Richtigerweise ist die Lösung der vorliegenden Problematik aus dem Normzweck des § 23 Absatz 1 WpÜG zu entwickeln, das prisoner's dilemma der Angebotsadressaten abzumildern. Die gem. § 23 Absatz 1 Satz 1 Alt. 1 und 2 WpÜG zu veröffentlichenden bzw. mitzuteilenden Informationen sollen das potentielle Kontrollpotential des Bieters in der Zielgesellschaft darstellen und den Angebotsadressaten als Entscheidungsgrundlage dienen. Auch der Gesetzgeber sieht die Positionen des § 23 Absatz 1 Satz 1 Alt. 1 WpÜG und des § 23 Absatz 1 Satz 1 Alt. 2 WpÜG getrennt[743] und hat die Möglichkeit von Überschneidungen offensichtlich nicht erkannt. Es ist jedoch eindeutig ersichtlich, dass die Offenlegung klar und wahrheitsgemäß über die Beteiligungsverhältnisse und das potentielle Kontrollpotential des Bieters in der Zielgesellschaft informieren und nicht ihrerseits irreführen soll.[744] Sind die nach § 23 Absatz 1 Satz 1 Alt. 1 und 2 WpÜG vorgeschriebenen Informationen – wie bei der vorliegend betrachteten Konstellation – geeignet, Angebotsadressaten und die Öffentlichkeit in die Irre zu führen, ist der Bieter folglich zu einer ergänzenden, klarstellenden Information verpflichtet.[745] Die im Rahmen der Übernahme „Barilla/Kamps" erfolgte Bekanntmachung nach § 23 Absatz 1 Satz 1

742 In anderem Zusammenhang ebenfalls hiervon ausgehend *Steinmeyer/Häger*, WpÜG, § 23 WpÜG, Rdn. 6.

743 Begr. RegE, BT-Drucks. 14/7034, S. 50.

744 Zum vergleichbaren Auslegungsgrundsatz der „Klarheit und Wahrheit" im Rahmen der §§ 21 ff. WpHG *Schneider*, in: Assmann/Schneider, Wertpapierhandelsgesetz, Vor. § 21 WpHG, Rdn. 25.

745 In diesem Sinn auch *Möllers*, in: KK zum WpÜG, § 23 WpÜG, Rdn. 62, 70. So zu Recht im Rahmen der §§ 21 ff. WpHG hinsichtlich interner Beteiligungsumschichtungen in Konzernen *Schneider*, in: Assmann/Schneider, Wertpapierhandelsgesetz, Vor. § 21 WpHG, Rdn. 25; a.A. *Hildner*, Kapitalmarktrechtliche Beteiligungstransparenz verbundener Unternehmen, S. 34 f., der jedoch verkennt, dass das Analogieverbot bei bußgeldbewehrten Vorschriften lediglich in Bezug auf die Restriktionen des Ordnungswidrigkeitsrechts gilt. Eine gespaltene Gesetzesanwendung ist jedoch möglich. Insbesondere können zivilrechtliche Rechtsfolgen auf Pflichten gestützt werden, die vom Wortlaut der Norm nicht mehr umfasst sind (vgl. *Cahn*, AG 1997, 502, 503).

Nr. 2 WpÜG enthält einen solchen klarstellenden Hinweis.[746] Zwar kam dieser Hinweis zu spät, weil er erst nach Ablauf der regulären Annahmefrist erfolgte. Er zeigt jedoch, dass ein derartiges Informationsbedürfnis auch für den Bieter erkennbar war. Die Verletzung der vorliegend angenommenen Pflicht ist jedoch nicht bußgeldbewehrt,[747] weil hier die Beschränkungen des Art. 103 Absatz 2 GG und des § 3 OWiG zum Tragen kommen. Um diese Schwäche zu beseitigen sollte der Gesetzgeber de lege ferenda einen solchen klarstellenden Hinweis ausdrücklich verlangen. Zivilrechtliche Rechtsfolgen sind jedoch bereits de lege lata nicht in gleicher Weise ausgeschlossen.

b) Sukzessive Übereignung während der Annahmefrist

Als weitere Konstellation entstehender Überschneidungen sind öffentliche Angebote zu nennen, die eine sukzessive Übereignung der von Angebotsannahmen erfassten Wertpapiere während der Annahmefrist vorsehen. Nach der Übereignung sind diese Wertpapiere bzw. Stimmrechte nicht nur von § 23 Absatz 1 Satz 1 Alt. 2 WpÜG, sondern auch von § 23 Absatz 1 Satz 1 Alt. 1 WpÜG erfasst. Als Beispiel kann das unbedingte freiwillige öffentliche Übernahmeangebot der Deutsche Balaton AG an die Aktionäre der Beta Systems Software AG herangezogen werden. Die Annahmeerklärungen der Aktionäre wurden erst mit Einreichung bzw. Zurverfügungstellung der Aktien auf dem bei der Westfalenbank AG geführten Treuhanddepot der Deutsche Balaton AG wirksam.[748] Gleichzeitig wurden die betroffenen Aktien an die Deutsche Balaton AG übereignet.[749] Deshalb waren diese Wertpapiere in den nach § 23 Absatz 1 WpÜG erfolgten Bekanntmachungen der Deutsche Balaton AG vollständig doppelt erfasst.

Da die Übereignung in einer derartigen Konstellation in der Angebotsunterlage geregelt und die parallele Entwicklung der nach § 23 Absatz 1 Satz 1 Alt. 1 und 2 WpÜG vorgesehenen Informationen somit erkennbar ist, ergibt sich jedoch nicht das gleiche Irreführungspotential, wie bei Annahmen des Angebots

---

746 Absatz 2, letzter Satz der gem. § 23 Absatz 1 Satz 1 Nr. 2 WpÜG erfolgten Bekanntmachung der Finba Bakery Europe AG vom 5. Juli 2002 (http://www.barilla.com/kamps-angebot; abgerufen am 7.7.2002).

747 Zur gespaltenen Gesetzesanwendung vgl. *Cahn*, AG 1997, 502, 503.

748 Angebotsunterlage der Deutsche Balaton AG vom 20. März 2002, S. 4, X., Absatz 2 (http://www.dbbh.de/betasystems; abgerufen am 28.3.2002).

749 Angebotsunterlage der Deutsche Balaton AG vom 20. März 2002, S. 4, X., Absatz 3 (http://www.dbbh.de/betasystems; abgerufen am 28.3.2002).

durch Personen, deren Stimmrechte dem Bieter bereits vorher zuzurechnen waren. Dennoch ist eine Doppelerfassung der Übersichtlichkeit abträglich. Zu beachten ist, dass sich die Bekanntmachungen insbesondere auch an Minderheitsaktionäre ohne entsprechende rechtliche Vorbildung richten. Sinn und Zweck des § 23 Absatz 1 WpÜG ist es, auch diesen Minderheitsaktionären einen leicht verständlichen Überblick über die Beteiligungsverhältnisse und das potentielle Kontrollpotential des Bieters in der Zielgesellschaft zu vermitteln.

Eine der beiden Alternativen des § 23 Absatz 1 Satz 1 WpÜG als vorrangig anzusehen, ist jedoch auch im vorliegenden Zusammenhang abzulehnen. Der Ansicht, nach der für § 23 Absatz 1 Satz 1 Alt. 2 WpÜG lediglich Wertpapiere verbleiben, die noch nicht von § 23 Absatz 1 Satz 1 Alt. 1 WpÜG erfasst werden,[750] ist nicht zu folgen. In dem dargestellten Beispiel würde keinerlei gesonderte Information über die Annahmequote vermittelt, weil sämtliche von wirksamen Annahmeerklärungen erfassten Wertpapiere schon an den Bieter übereignet und damit von § 23 Absatz 1 Satz 1 Alt. 1 WpÜG erfasst sind. Die getrennten Angaben hinsichtlich der Angebotsakzeptanz sind jedoch nach dem Wortlaut der Norm und der Gesetzesbegründung[751] eindeutig vorgesehen. Sie sind erforderlich, damit sich die Wertpapierinhaber der Zielgesellschaft ohne umfangreichen Ermittlungsaufwand ein Bild über die tatsächliche Akzeptanz des Angebots machen können.[752] Aber auch eine ausschließliche Erfassung der betroffenen Wertpapiere bzw. Stimmrechte durch § 23 Absatz 1 Satz 1 Alt. 2 WpÜG ist abzulehnen, weil § 23 Absatz 1 Satz 1 Alt. 1 WpÜG das rechtlich fortgeschrittene Stadium eines aktuellen Stimmrechtseinflusses betrifft.[753]

Vielmehr muss die Lösung der Problematik parallel zur ersten Konstellation erfolgen. Die nach § 23 Absatz 1 Satz 1 Alt. 1 und 2 WpÜG vorgeschriebenen Informationen sind auch hier geeignet, zumindest Teile der Öffentlichkeit in die Irre zu führen. Der Bieter ist daher zu einer ergänzenden, klarstellenden Information verpflichtet.[754]

---

750 *Schröder*, in: Haarmann/Riehmer/Schüppen, Öffentliche Übernahmeangebote, § 23 WpÜG, Rdn. 24.

751 Begr. RegE, BT-Drucks. 14/7034, S. 50.

752 Ähnlich *Steinmeyer/Häger*, WpÜG, § 23 WpÜG, Rdn. 6.

753 Vgl. hierzu bereits S. 172 f.

754 Vgl. ausführlich S. 173 f.

c) Stimmrechtszurechnung durch Annahmeerklärungen

Nach *Steinmeyer/Häger* sind die Wertpapiere, auf die sich die Annahmeerklärungen der Angebotsadressaten beziehen, aufgrund der Verweisung des § 23 Absatz 1 Satz 2 WpÜG auf § 31 Absatz 6 WpÜG bereits bei der Angabe der dem Bieter zuzurechnenden Stimmrechtsanteile und damit im Rahmen des § 23 Absatz 1 Satz 1 Alt. 1 Var. 4 WpÜG zu berücksichtigen.[755] Dieselben Wertpapiere seien auch von § 23 Absatz 1 Satz 1 Alt. 2 WpÜG erfasst. Angesprochen sind hier die Fälle der Einbeziehung erwerbsgleicher Vereinbarungen (§ 23 Absatz 1 Satz 2 WpÜG i.V.m. § 31 Absatz 6 WpÜG). Der Verweis auf § 31 Absatz 6 WpÜG modifiziert und erweitert die im Rahmen des § 23 Absatz 1 Satz 1 Alt. 1 Var. 4 WpÜG anzuwendende Zurechnungsvorschrift des § 30 Absatz 1 Satz 1 Nr. 5 WpÜG.[756] Durch die Annahme des Angebots kommen zumindest Kauf- bzw. Tauschverträge zustande. Schuldrechtliche Vereinbarungen, auf Grund derer die Übereignung von Aktien verlangt werden kann, lösen in diesem Rahmen eine Stimmrechtszurechnung aus.[757] Zwar wird die Zurechnung durch hinausgeschobene Erfüllungszeitpunkte (z.B. nach Ablauf der Annahmefrist) nicht gehindert.[758] Anders ist dies jedoch für aufschiebende Wirksamkeitsbedingungen mit Ausnahme von Potestativbedingungen zu beurteilen. Diese stehen einer Zurechnung entgegen.[759] Ob aus Angebotsannahmen bereits eine Stimmrechtszurechnung resultiert, ist somit von der konkreten Gestaltung des Angebots abhängig und kann nicht allgemein beantwortet werden.

Führt die Gestaltung des Angebots zu Doppelnennungen, muss die Lösung entsprechend den vorgenannten Problemfällen erfolgen.[760] Im Ergebnis ist der Bieter deshalb auch hier zu einer ergänzenden, klarstellenden Information verpflichtet, soweit ein Irreführungspotential gegeben ist.

---

755 *Steinmeyer/Häger*, WpÜG, § 23 WpÜG, Rdn. 6.

756 Vgl. hierzu ausführlich S. 148 ff.

757 Vgl. hierzu S. 150 (dort Fn. 652).

758 Vgl. hierzu S. 154.

759 Vgl. hierzu S. 154.

760 Insbesondere ist der Vorrang einer der beiden Alternativen des § 23 Absatz 1 Satz 1 WpÜG abzulehnen. Zur entsprechend heranzuziehenden Argumentation vgl. bereits S. 175 (sukzessive Übereignung).

4. Sonderproblem: Verpflichtung zur Angebotsannahme

Die Praxis hat gezeigt, dass sich teilweise einzelne Wertpapierinhaber im Rahmen öffentlicher Angebote gegenüber dem Bieter zur Angebotsannahme verpflichten.[761] Diese Verpflichtung allein führt jedoch nicht bereits zu einer Berücksichtigung in den Informationen des § 23 Absatz 1 Satz 1 Alt. 1 bzw. Alt. 2 WpÜG. Insbesondere ist eine Zurechnung der Stimmrechte auch unter Berücksichtigung des durch § 23 Absatz 1 Satz 2 WpÜG i.V.m. § 31 Absatz 6 WpÜG modifizierten § 30 Absatz 1 Satz 1 Nr. 5 WpÜG nicht anzunehmen. Es besteht weder bereits ein wirksamer Kauf- bzw. Tauschvertrag, auf Grund dessen die Übereignung von Aktien verlangt werden kann, noch hat der Bieter die Möglichkeit, derartige Verträge allein durch einseitige Willenserklärungen zustande zu bringen. Vielmehr muss der verpflichtete Wertpapierinhaber die Annahme des Angebots erklären.

Geht man davon aus, dass sich die betreffenden Aktionäre an ihre Annahmeverpflichtung halten, sind die Informationen des § 23 Absatz 1 Satz 1 Alt. 1 und Alt. 2 WpÜG zur Beurteilung der Erfolgsaussichten eines Angebotes nicht ausreichend. Zusätzlich müsste darüber informiert werden, inwieweit die veröffentlichten Zahlen bereits Annahmen von Wertpapierinhabern enthalten, die gegenüber dem Bieter zur Angebotsannahme verpflichtet sind. Nur diese zusätzliche Information versetzt die Angebotsadressaten in die Lage, den Stand des Angebotsverfahrens prognostizieren zu können, der nach Ablauf der Annahmefrist bestünde, wenn zu den insgesamt bereits erfolgten Annahmeerklärungen lediglich noch ausstehende Erklärungen verpflichteter Aktionäre hinzukämen. Im Rahmen des bereits dargestellten Verfahrens über elektronische Umbuchungen[762] stehen dieser Veröffentlichung der bezeichneten Information tatsächliche Hindernisse entgegen. Denn aus den Kontoauszügen der Clearstream Banking AG lässt sich zwar die Anzahl der wirksamen Annahmeerklärungen erkennen. Die genaue Herkunft der Aktien (Identität des entsprechenden Aktionärs) ist jedoch nicht ersichtlich. De lege lata kann die bezeichnete Zusatzinformation vom Bieter allerdings ohnehin nicht gefordert werden.

---

761 Beispiele: Angebotsunterlage der Finba Bakery Europe AG (Barilla) vom 25. Mai 2002, S. 11, 1.3 (http://www.barilla.com/kamps-angebot; abgerufen am 1.6.2002); Angebotsunterlage der OgilvyOne worldwide GmbH und Co. KG vom 23. Februar 2002, S. 8, 2.5 (http://www.kirchhoff.de/ogilvy-concept-angebot; abgerufen am 5.3.2002); Angebotsunterlage der DB Sechste Vermögensverwaltungsgesellschaft mbH (Deutsche Bahn) vom 7. August 2002, S. 9, letzter Absatz (http://www.bahn.de/stinnes-angebot; abgerufen am 14.8.2002).

762 Vgl. hierzu S. 162 ff. (Annahme) und S. 168 f. (Rücktritt).

De lege ferenda sollte somit vorgesehen werden, dass die gegenüber dem Bieter zur Annahme des Angebots verpflichteten Wertpapierinhaber für eine börsentägliche Information des Bieters hinsichtlich der Anzahl der sie betreffenden und im Rahmen der Angebotsannahme erfolgten Aktienumbuchungen Sorge tragen müssen. Denkbar wäre insbesondere eine Ermächtigung der entsprechenden Depotbanken zur börsentäglichen Mitteilung an den Bieter. Darüber hinaus müsste die geforderte Zusatzinformation in § 23 Absatz 1 WpÜG gesetzlich vorgeschrieben werden.

5. Ausnahme des § 20 WpÜG

Die BAFin lässt gem. § 20 Absatz 1 i.V.m. Absatz 2 WpÜG auf schriftlichen Antrag des Bieters zu, dass bestimmte Wertpapiere insbesondere bei den Veröffentlichungspflichten nach § 23 WpÜG unberücksichtigt bleiben. Eine derartige Befreiung setzt zum einen voraus, dass der Bieter, die mit ihm gemeinsam handelnden Personen oder deren Tochterunternehmen die betreffenden Wertpapiere halten oder zu halten beabsichtigen, um bestehende oder erwartete Unterschiede zwischen dem Erwerbspreis und dem Veräußerungspreis kurzfristig zu nutzen. Zum anderen ist darzulegen, dass mit dem Erwerb der Wertpapiere, soweit es sich um stimmberechtigte Aktien handelt, nicht beabsichtigt ist, auf die Geschäftsführung der Gesellschaft Einfluss zu nehmen. Insgesamt soll hierdurch die Funktionsfähigkeit des Marktes sichergestellt und dem Bieter, den mit ihm gemeinsam handelnden Personen sowie deren Tochterunternehmen ermöglicht werden, den Wertpapierhandel fortzuführen, wenn es sich dabei um ihr Kerngeschäft handelt.[763] Dieser Zweck rechtfertigt jedoch gerade hinsichtlich der Veröffentlichungspflichten des § 23 WpÜG regelmäßig keine derartige Befreiungsmöglichkeit. Gibt der Bieter ein entsprechendes Angebot ab, ist kaum zu erwarten, dass er[764] bzw. die mit ihm gemeinsam handelnden Personen und deren Tochterunternehmen weiterhin mit Aktien der Zielgesellschaft spekulieren, da mit einer Erhöhung des Börsenkurses die Gefahr des Scheiterns des öffentlichen Angebots einhergeht.[765] Stattdessen resultiert aus der Befreiungsmöglichkeit die Gefahr einer Umgehung der Offenlegungsvorschriften.[766] Erschwerend kommt hinzu, dass unrichtige Angaben im Zusammenhang mit der Antragstellung oder

763 Begr. RegE, BT-Drucks. 14/7034, S. 48.

764 Nach *Witt*, NZG 2000, 809, 815 sind die Voraussetzungen des § 20 Absatz 2 WpÜG jedenfalls in der Person des Bieters als Übernahmeinteressent ohnehin nicht vorstellbar.

765 Vgl. hierzu *Steinmeyer/Häger*, WpÜG, § 20 WpÜG, Rdn. 5; *Hirte*, in: KK zum WpÜG, § 20 WpÜG, Rdn. 36 (dort Fn. 46), 16.

766 *Racky*, in: Geibel/Süßmann, WpÜG, § 20 WpÜG, Rdn. 27.

ein Verstoß gegen die Mitteilung über eine Umwidmung von Beständen im Zusammenhang mit dem Befreiungstatbestand des § 20 WpÜG keinen Niederschlag in den Bußgeldvorschriften des § 60 WpÜG gefunden haben. De lege ferenda sind hier Nachbesserungen des Gesetzgebers erforderlich.

III. Form und Nachweis der Veröffentlichung

1. Form der Veröffentlichung

a) Gesetzliche Entstehungsgeschichte

Der Diskussionsentwurf zum Übernahmegesetz sah gem. § 25 Absatz 5 DiskE-ÜG hinsichtlich der in § 25 Absatz 1 und 2 DiskE-ÜG vorgeschriebenen Veröffentlichung eine entsprechende Anwendung des § 11 Absatz 3 DiskE-ÜG vor. Letztere Vorschrift regelte die Veröffentlichung der Entscheidung des Bieters zur Abgabe eines Übernahmeangebots und entsprach dem heutigen § 10 Absatz 3 WpÜG. Die Veröffentlichung hätte in mindestens einem überregionalen Börsenpflichtblatt[767] oder über ein elektronisch betriebenes, insbesondere bei Kreditinstituten, Finanzdienstleistungsinstituten und Versicherungsunternehmen weit verbreitetes Informationsverbreitungssystem[768] erfolgen müssen. Dieser an die Regelung des § 15 Absatz 3 WpHG (Ad-hoc-Publizität) angelehnte Veröffentlichungsweg stieß hinsichtlich der laufenden Zwischenberichte zu Recht auf Kritik.[769] Die alleinige Veröffentlichung über ein entsprechendes elektronisch betriebenes Informationsverbreitungssystem und die hieraus resultierende sog.

---

767 Der Begriff „überregionales Börsenpflichtblatt" ist in § 31 Absatz 4 Satz 1 Hs. 2 BörsG n.F. legal definiert. Es handelt sich um inländische überregional verbreitete Tageszeitungen, die durch die Zulassungsstelle zu Bekanntmachungsblättern für vorgeschriebene Veröffentlichungen bestimmt wurden. Derzeit gibt es sieben überregionale Börsenpflichtblätter: Börsen-Zeitung, Financial Times Deutschland, Frankfurter Allgemeine Zeitung, Frankfurter Rundschau, Handelsblatt, Süddeutsche Zeitung, Die Welt.

768 Nachdem die Ad-hoc-Mitteilungen ursprünglich über die Nachrichtensysteme „Reuters Direct" und „VWD-Vereinigte Wirtschaftsdienste GmbH" sowie das von der Deutschen Börse AG betriebene System „Info 15" verbreitet wurden, schlossen sich diese drei Servicedienste 1996 zur DGAP Deutsche Gesellschaft für Ad-hoc-Publizität mbH zusammen. Seitdem werden die Mitteilungen zeitgleich über alle großen Nachrichtenagenturen verbreitet (vgl. *Geibel*, in: Schäfer, § 15 WpHG, Rdn. 140; *Wölk*, AG 1997, 73, 75; *Fürhoff/Wölk*, WM 1997, 449, 457).

769 Vgl. *Witt*, NZG 2000, 809, 818.

Bereichsöffentlichkeit[770], hätte nicht mit dem primären Adressatenkreis der „Wasserstandsmeldungen“ (Angebotsadressaten) in Einklang gestanden.

Diese Kritik berücksichtigend, verweist § 23 Absatz 1 Satz 1 WpÜG nicht mehr auf § 10 Absatz 3 WpÜG, sondern auf § 14 Absatz 3 Satz 1 WpÜG. Im Ergebnis müssen die Veröffentlichungen durch Bekanntgabe im Internet erfolgen (§ 14 Absatz 3 Satz 1 Nr. 1 WpÜG). Kumulativ ist grundsätzlich der vollständige Abdruck in einem überregionalen Börsenpflichtblatt vorgesehen (§ 14 Absatz 3 Satz 1 Nr. 2 Alt. 1 WpÜG, sog. Zeitungspublizität). Letzteres kann alternativ durch das Bereithalten zur kostenlosen Ausgabe bei einer geeigneten Stelle im Inland ersetzt werden, wenn in einem überregionalen Börsenpflichtblatt auf die entsprechende Stelle hingewiesen wird (§ 14 Absatz 3 Satz 1 Nr. 2 Alt. 2 WpÜG, sog. Schalterpublizität). Damit wurde eine Veröffentlichungsform vorgeschrieben, die auch hinsichtlich der Angebotsunterlage und somit der anfänglichen Beteiligungsangabe (§ 11 Absatz 4 Nr. 2 WpÜG i.V.m. § 2 Nr. 5 WpÜG-AngVO) vorgesehen ist.

b) Bekanntgabe im Internet (§ 23 Absatz 1 Satz 1, § 14 Absatz 3 Satz 1 Nr. 1 WpÜG)

aa) Internet als Veröffentlichungsmedium und Verhältnis zur Zeitungs- bzw. Schalterpublizität

Nach dem Wortlaut des über § 23 Absatz 1 Satz 1 WpÜG anzuwendenden § 14 Absatz 3 Satz 1 WpÜG steht die Bekanntgabe im Internet kumulativ neben den insbesondere bereits aus § 30 Absatz 5 Satz 1 BörsG n.F. und § 9 Absatz 2 VerkProspG bekannten, wahlweise möglichen Veröffentlichungsarten in Form des Vollabdrucks in einem überregionalen Börsenpflichtblatt und der sog. Schalterpublizität. Erstmalig wurde im Rahmen eines kapitalmarktrechtlichen Gesetzes zwingend die Bekanntgabe im Internet als Veröffentlichungsform vorgeschrieben,[771] um der technologischen Entwicklung[772] und der gestiegenen Bedeutung des Internets[773] Rechnung zu tragen. Das Internet erzielt bereits heute eine hohe Breitenwirkung[774] und eröffnet Interessierten die Möglichkeit, schnell und

770 Information der professionellen Handelsteilnehmer in ihrer Gesamtheit (vgl. *Kümpel*, in: Assmann/Schneider, Wertpapierhandelsgesetz, § 15 WpHG, Rdn. 157).

771 *Geibel*, in: Geibel/Süßmann, WpÜG, § 14 WpÜG, Rdn. 37.

772 Begr. RegE, BT-Drucks. 14/7034, S. 45.

773 *Witt*, NZG 2000, 809, 815.

774 So auch *Geibel*, in: Geibel/Süßmann, WpÜG, § 14 WpÜG, Rdn. 37.

unmittelbar auf bereitgestellte Informationen zugreifen zu können[775]. Zudem kennt dieses Medium keine nationalen Grenzen und bietet somit auch ausländischen Aktionären die Möglichkeit, ohne zeitliche Verzögerung von den veröffentlichten Informationen Kenntnis zu erlangen.

Der bis heute vorgebrachte Einwand, einer zu geringen Verbreitung des Internets,[776] ist überholt. Die erreichte Breitenwirkung geht weit über die Auflage einzelner überregionaler Börsenpflichtblätter hinaus. Auch die systematisch an erster Stelle erfolgte Anordnung der Internetbekanntgabe in § 14 Absatz 3 Satz 1 Nr. 1 WpÜG kann als Indiz für die überwiegende Bedeutung im Vergleich zu den sonstigen in § 14 Absatz 1 Satz 1 Nr. 2 WpÜG geregelten Veröffentlichungswegen gewertet werden. Denn der Gesetzgeber hat die vorgesehenen Veröffentlichungsarten insbesondere auch in § 15 Absatz 3 Satz 1 Nr. 1 und 2 WpHG systematisch absteigend nach der durch sie erreichbaren Breitenwirkung geregelt.

Aufgrund dieser hohen Breitenwirkung wird die Ansicht vertreten, dass eine Internetveröffentlichung hinsichtlich der in § 23 WpÜG vorgeschriebenen „Wasserstandsmeldungen" ausreichend und allein praktikabel wäre.[777] Die gewählte Kombinationsregelung des Gesetzgebers ist jedoch zu begrüßen. Sie trägt der gestiegenen Bedeutung des Internets Rechnung, ohne den konventionellen Weg der Bekanntmachung zu entwerten.[778] Die überwiegende Bedeutung der Internetbekanntmachung wirkt sich jedoch auf das Verhältnis der kumulativ angeordneten Veröffentlichungsformen aus. Der nach § 23 Absatz 1 Satz 1 i.V.m. § 14 Absatz 3 Satz 1 Nr. 2 WpÜG vorgeschriebene Veröffentlichungsweg legt nahe, dass er lediglich sekundär und aus Sicherheitsgründen aufrechterhalten wurde, weil die Frage der ausreichenden Verbreitung des Internets nicht abschließend geklärt ist. Hierfür spricht entscheidend, dass am letzten Tag der Annahmefrist eine mit tagesaktuellen Daten versehene Zeitungsveröffentlichung schon aus redaktions- und drucktechnischen Gründen unmöglich ist. Die Zeitungsveröffentlichung er-

---

775 Vgl. Begr. RegE, BT-Drucks. 14/7034, S. 45.

776 Vgl. hierzu *Weber*, MMR 1999, 385, 388; *Assmann*, Neuemissionen von Wertpapieren über das Internet, S. 15, 43; *Möllers*, ZGR 1997, 334, 359; *Geibel*, in: Geibel/Süßmann, WpÜG, § 14 WpÜG, Rdn. 46; a.A. *Wölk*, AG 1997, 73, 75 f., der die Kritik an § 15 Absatz 3 Satz 1 Nr. 2 WpHG und die dadurch lediglich erzeugte Bereichsöffentlichkeit für gegenstandslos erachtet, seitdem auch Privatanleger die Möglichkeit haben, Ad-hoc-Mitteilungen über das Internet zeitnah abzurufen.

777 *Deutscher Anwaltverein e.V.*, NZG 2001, 420, 426; *Schröder*, in: Haarmann/Riehmer/Schüppen, Öffentliche Übernahmeangebote, § 23 WpÜG, Rdn. 34 (dort Fn. 23).

778 In diesem Sinn auch *Witt*, NZG 2000, 809, 815.

folgt hier regelmäßig mit einem Tag Verzögerung und somit zu spät.[779] Die Anleger sind deshalb gerade an dem bedeutenden letzten Tag der Annahmefrist ohnehin auf das Informationsmedium Internet beschränkt. Dieses Argument wird noch verstärkt, wenn der Bieter auf die ebenfalls zulässige Schalterpublizität zurückgreift, weil dann zu der Verzögerung durch die Zeitungsveröffentlichung zusätzlich eine Zeitspanne für die Zusendung bzw. Abholung der Information bei der dafür eingerichteten Stelle hinzukommt.

Die unterschiedliche Bedeutung der verschiedenen Veröffentlichungsformen ist auch bei der Frage zu berücksichtigen, ob der Bieter verpflichtet ist, auf eine zeitgleiche Veröffentlichung in den verschiedenen Medien zu achten. Im Rahmen der nach § 23 Absatz 1 Satz 1 WpÜG vorgeschriebenen „Wasserstandsmeldungen“ würde dies jedoch regelmäßig bedeuten, dass der Bieter die schneller mögliche Veröffentlichung im Internet zurückhalten müsste. Eine derartige Auslegung ist abzulehnen, weil sie dem vom Gesetzgeber verfolgten Ziel, einer schnellen und unmittelbaren Zugriffsmöglichkeit[780], entgegenwirken würde.[781] Die Internetbekanntgabe hat somit möglichst zeitnah zu erfolgen, während die Veröffentlichung nach § 14 Absatz 3 Satz 1 Nr. 2 WpÜG erst zum nächstmöglichen Erscheinungstermin der betreffenden Tageszeitung erfolgen muss.

bb) Hinweis auf die entsprechende Website

Der Gesetzgeber hält eine Veröffentlichung auf der Website des Bieters für zweckmäßig.[782] Ein Bieter kann jedoch auch die Internetadresse eines Dritten verwenden.[783] Fraglich ist allerdings, ob und wo der Bieter bekannt zu geben hat, unter welcher Internetadresse die laufenden Veröffentlichungen nach § 23 WpÜG erfolgen. Im unmittelbaren Anwendungsbereich des § 14 Absatz 3 Satz 1 WpÜG ist diese Problematik ausdrücklich geregelt. Nach § 11 Absatz 4 Nr. 2 WpÜG i.V.m. § 2 Nr. 10 WpÜG-AngVO muss der Bieter in der Angebots-

---

779 *Möllers*, ZGR 1997, 334, 359.

780 Begr. RegE, BT-Drucks. 14/7034, S. 45.

781 Im unmittelbaren Anwendungsbereich des § 14 Absatz 3 Satz 1 WpÜG dürfte dies anders zu beurteilen sein. Eine taggleiche Veröffentlichung der Angebotsunterlage in den verschiedenen Medien ist problemlos und ohne Nachteile für die Angebotsadressaten möglich. Sie ist angesichts der Vorschrift des § 16 Absatz 1 Satz 2 WpÜG geboten, nach der die Annahmefrist des Angebots mit der Veröffentlichung der Angebotsunterlage beginnt.

782 Begr. RegE, BT-Drucks. 14/7034, S. 45.

783 Vgl. auch *Geibel*, in: Geibel/Süßmann, WpÜG, § 14 WpÜG, Rdn. 39.

unterlage darauf hinweisen, wo diese gem. § 14 Absatz 3 Satz 1 WpÜG veröffentlicht wird.[784] Der Hinweis hat sowohl die Angabe der Internet-Adresse als auch des überregionalen Börsenpflichtblatts oder der Stelle, bei der die Angebotsunterlage zur kostenlosen Ausgabe bereit gehalten wird, zu enthalten.[785] Gesetzgeberische Gründe, aus denen eine derartige Regelung hinsichtlich der Veröffentlichungen nach § 23 WpÜG unterlassen wurde, sind nicht ersichtlich. Vielmehr handelt es sich offensichtlich um eine planwidrige Regelungslücke, die wegen der vergleichbaren Interessenlage durch eine analoge Anwendung des § 2 Nr. 10 WpÜG-AngVO auszufüllen ist.[786] De lege ferenda wäre eine Klarstellung des Gesetzgebers wünschenswert.

cc) Anforderungen an die Internetbekanntmachung

Die Bekanntmachung im Internet verlangt, dass der Bieter die zu veröffentlichende Information über dieses Medium allgemein zugänglich macht.[787] Die Lesbarkeit der entsprechenden Daten darf nicht erschwert werden[788] und muss dem Vollabdruck in einem Börsenpflichtblatt entsprechen. Die Informationen müssen daher in einem Format zur Verfügung gestellt werden, das bei Internetnutzern allgemein verbreitet ist und ihnen ein Herunterladen auf ihren Rechner sowie einen Ausdruck erlaubt.[789] Neben der Darstellung am Bildschirm ist die entsprechende Textdatei daher als download im Word- oder Acrobat Reader-Format anzubieten.[790]

dd) Dauer der Aufrechterhaltung

Im Gegensatz zu Printmedien liegen die Informationen im Internet nicht in physischer Form vor. Es stellt sich somit die Frage, wie lange der Bieter verpflichtet ist, die veröffentlichten Informationen unter der angegebenen Internetadresse verfügbar zu halten. Hinsichtlich der Angebotsunterlage verlangt dies *Geibel* zu

---

784 Vgl. auch Begr. RegE, BT-Drucks. 14/7034, S. 45.

785 In diesem Sinn auch *Geibel*, in: Geibel/Süßmann, WpÜG, § 11 WpÜG, Rdn. 76.

786 Zu einem solchen Hinweis vgl. z.B. Angebotsunterlage der DB Sechste Vermögensverwaltungsgesellschaft mbH (Deutsche Bahn) vom 7. August 2002, S. 25, letzter Absatz (http://www.bahn.de/stinnes-angebot; abgerufen am 14.8.2002).

787 *Geibel*, in: Geibel/Süßmann, WpÜG, § 14 WpÜG, Rdn. 39.

788 *Geibel*, in: Geibel/Süßmann, WpÜG, § 14 WpÜG, Rdn. 40.

789 *Steinmeyer/Häger*, WpÜG, § 14 WpÜG, Rdn. 29; *Geibel*, in: Geibel/Süßmann, WpÜG, § 14 WpÜG, Rdn. 40.

790 Dies lediglich empfehlend *Steinmeyer/Häger*, WpÜG, § 14 WpÜG, Rdn. 29.

Recht für den Zeitraum, bis zu dessen Ablauf Wertpapierinhaber das Angebot letztmals annehmen können, d.h. bis zum Ende der ggf. erweiterten oder verlängerten Annahmefrist.[791] Im Rahmen des § 23 Absatz 1 Satz 1 WpÜG ist jedoch eine differenziertere Betrachtung geboten. Hinsichtlich der Veröffentlichungen, die eine Grundlage für nachfolgende Entscheidungen der Angebotsadressaten über das Angebot bilden, muss die Beurteilung entsprechend der Angebotsunterlage erfolgen.[792] Der Bieter hat insbesondere auch ältere Veröffentlichungen bis zu dem Zeitpunkt verfügbar zu halten, zu dem Wertpapierinhaber das Angebot letztmals annehmen können. Nur so kann die Beteiligungsentwicklung während der Annahmefrist beurteilt werden. Nach diesem Zeitpunkt ist nicht mehr die Beteiligungsentwicklung, sondern ausschließlich das Endergebnis von Interesse. Hinsichtlich der Veröffentlichung dieses Endergebnisses erscheint es sachgerecht, den Bieter während eines weiteren angemessenen Zeitraums verpflichtet zu sehen, die Information zugänglich zu halten, da ansonsten die Information des Marktes bezüglich des endgültigen Ausgangs des Angebotsverfahrens jedenfalls über das Internet nicht ausreichend sichergestellt wäre.

c) Zeitungspublizität (§ 23 Absatz 1 Satz 1, § 14 Absatz 3 Satz 1 Nr. 2 Alt. 1 WpÜG)

Wählt der Bieter neben der Internetbekanntmachung die Zeitungspublizität als zusätzliche Veröffentlichungsform, müssen die Veröffentlichungen durch vollständigen Abdruck in einem überregionalen Börsenpflichtblatt erfolgen. Analog § 11 Absatz 4 Nr. 2 WpÜG i.V.m. § 2 Nr. 10 WpÜG-AngVO hat die Angebotsunterlage auf diejenigen Tageszeitungen hinzuweisen, in denen der Bieter seiner Veröffentlichungspflicht nachzukommen beabsichtigt.[793]

Während die Bekanntgabe im Internet möglichst zeitnah zu erfolgen hat, können bzw. müssen die Veröffentlichungen nach § 14 Absatz 3 Satz 1 Nr. 2 WpÜG erst zum nächstmöglichen Erscheinungstermin der betreffenden Tageszeitung erfolgen.[794] Veröffentlichungen durch Vollabdruck setzen redaktionelle Vorbereitungen voraus, weil die zeitnah festzustellenden Zahlen ansonsten nicht rechtzeitig

---

791 *Geibel*, in: Geibel/Süßmann, WpÜG, § 14 WpÜG, Rdn. 41.

792 In diesem Sinn auch *Möllers*, in: KK zum WpÜG, § 23 WpÜG, Rdn. 72.

793 Vgl. hierzu im Rahmen der Internetbekanntmachung, S. 182 f.

794 Vgl. dazu bereits S. 182.

in den nächsten Druck gelangen können.[795] Der Bieter ist verpflichtet diese Vorbereitungen zu veranlassen.

d) Schalterpublizität (§ 23 Absatz 1 Satz 1, § 14 Absatz 3 Satz 1 Nr. 2 Alt. 2 WpÜG)

Der generelle Verweis des § 23 Absatz 1 Satz 1 WpÜG auf § 14 Absatz 3 Satz 1 WpÜG erstreckt sich auch auf die in § 14 Absatz 3 Satz 1 Nr. 2 Alt. 2 WpÜG wahlweise zur Zeitungspublizität vorgesehene Schalterpublizität. Hiernach kann der Bieter die Informationen auch bei einer geeigneten Stelle im Inland zur kostenlosen Ausgabe bereit halten, wenn er diese Stelle in einem überregionalen Börsenpflichtblatt ausreichend bekannt macht. Im Rahmen des § 23 Absatz 1 Satz 1 WpÜG können sich jedoch zum einen Bedenken daraus ergeben, dass die Möglichkeit der Schalterpublizität an sich für umfangreiche Veröffentlichungen wie z.B. der Angebotsunterlage geschaffen wurde. Zum anderen könnten Anlegerschutzgesichtspunkte gegen die Anwendbarkeit des § 14 Absatz 3 Satz 1 Nr. 2 Alt. 2 WpÜG sprechen,[796] weil zu der mit Zeitungsveröffentlichungen ohnehin einhergehenden Verzögerung eine zusätzliche Zeitspanne für die Zusendung bzw. Abholung der Information hinzukommt. Letztendlich spricht allerdings der Wortlaut auch im Rahmen des § 23 Absatz 1 WpÜG eindeutig für die Zulässigkeit der Schalterpublizität.[797] Angesichts der überwiegenden Bedeutung der zeitnahen Internetbekanntmachung und der hierdurch bereits erzielten hohen Breitenwirkung, kann die bei der Schalterpublizität eintretende Informationsverzögerung außer Acht gelassen werden.

Nach § 14 Absatz 3 Satz 1 Nr. 2 Hs. 2 WpÜG ist in einem überregionalen Börsenpflichtblatt bekannt zu machen, bei welcher Stelle die Informationen bereitgehalten werden. Als hierfür geeignet kann jede Stelle im Inland angesehen werden, die den Versand der betreffenden Informationen organisatorisch bewältigen kann.[798] Die Bekanntmachung hat eine Adresse oder zumindest eine Telefon-

795 Ähnlich *Schröder*, in: Haarmann/Riehmer/Schüppen, Öffentliche Übernahmeangebote, § 23 WpÜG, Rdn. 34.

796 Hierauf hinweisend auch *Schröder*, in: Haarmann/Riehmer/Schüppen, Öffentliche Übernahmeangebote, § 23 WpÜG, Rdn. 34.

797 Für die Zulässigkeit der Schalterpublizität im Rahmen des § 23 Absatz 1 Satz 1 WpÜG: *Thun*, in: Geibel/Süßmann, WpÜG, § 23 WpÜG, Rdn. 16; *Schröder*, in: Haarmann/Riehmer/Schüppen, Öffentliche Übernahmeangebote, § 23 WpÜG, Rdn. 34; *Möllers*, in: KK zum WpÜG, § 23 WpÜG, Rdn. 72.

798 *Geibel*, in: Geibel/Süßmann, WpÜG, § 14 WpÜG, Rdn. 44; zu Beispielen vgl. *Steinmeyer/Häger*, WpÜG, § 14 WpÜG, Rdn. 31.

nummer zu enthalten, unter der die begehrten Informationen kostenlos angefordert werden können.[799] Zwar kann aus § 14 Absatz 3 Satz 1 Nr. 1 WpÜG gefolgert werden, dass zusätzlich auch die Internetadresse anzugeben ist, unter welcher die Informationen zugänglich sind.[800] Die Informationen können allerdings im Rahmen der Schalterpublizität nicht ausschließlich über das Internet verfügbar gemacht werden,[801] weil einer derartigen Auslegung schon die kumulative Verknüpfung der Veröffentlichungswege des § 14 Absatz 3 Satz 1 Nr. 1 und 2 WpÜG entgegensteht.

Hinsichtlich der erforderlichen Bekanntmachung vertritt *Thun* die Ansicht, es reiche aus, wenn der Bieter nur einmal zu Beginn des Angebotsverfahrens durch Hinweisbekanntmachung mitteilt, bei welcher Stelle die gem. § 23 Absatz 1 WpÜG erforderlichen Informationen bereitgehalten werden und die entsprechenden Unterlagen dort wöchentlich bzw. täglich aktualisiert werden.[802] Ein solches Ergebnis lässt sich allerdings dem Wortlaut des § 14 Absatz 3 Satz 1 Nr. 2 Hs. 2 WpÜG nicht eindeutig entnehmen, weil dieser in seinem unmittelbaren Anwendungsbereich regelmäßig lediglich von einer einmaligen Veröffentlichung der Angebotsunterlage ausgeht. Um eine ordnungsgemäße Information sicherzustellen ist vielmehr zu verlangen, dass bei jeder einzelnen Veröffentlichung auch eine erneute Hinweisbekanntmachung erfolgt. Zum einen soll die Schalterpublizität dem Bieter lediglich ermöglichen, einen umfangreichen Vollabdruck zu vermeiden. Eine Einschränkung hinsichtlich der Anzahl erforderlicher Bekanntmachungen in überregionalen Börsenpflichtblättern ist hierdurch jedoch nicht bezweckt. Zum anderen kann den Angebotsadressaten, die sich häufig erst gegen Ende der Annahmefrist für den Annahmestand interessieren, nicht zugemutet werden, eine frühere Hinweisbekanntmachung in einer alten Ausgabe eines Börsenpflichtblattes suchen zu müssen.

2. Nachweis der Veröffentlichung (§ 23 Absatz 1 Satz 2, § 14 Absatz 3 Satz 2 WpÜG)

Wegen des in § 23 Absatz 1 Satz 2 WpÜG vorgesehenen Verweises auf § 14 Absatz 3 Satz 2 WpÜG ist der Bieter verpflichtet, der BAFin unverzüglich einen Beleg über die Veröffentlichung nach § 14 Absatz 3 Satz 1 Nr. 2 WpÜG

799 *Geibel*, in: Geibel/Süßmann, WpÜG, § 14 WpÜG, Rdn. 45; *Steinmeyer/Häger*, WpÜG, § 14 WpÜG, Rdn. 30.

800 In diesem Sinn auch *Geibel*, in: Geibel/Süßmann, WpÜG, § 14, Rdn. 45.

801 Vgl. hierzu *Geibel*, in: Geibel/Süßmann, WpÜG, § 14 WpÜG , Rdn. 46.

802 *Thun*, in: Geibel/Süßmann, WpÜG, § 23 WpÜG, Rdn. 21.

zu übersenden. Dies soll eine Kontrolle hinsichtlich der Einhaltung von Veröffentlichungspflichten ermöglichen.[803] Sowohl im Rahmen der Zeitungspublizität als auch im Rahmen der Schalterpublizität genügt die Übersendung von Originalexemplaren entsprechender Börsenpflichtblätter.[804] Ebenso zulässig ist es, den Nachweis durch die Übersendung von Kopien mit genauer Angabe der Fundstelle zu erbringen.[805]

IV. Mitteilung an die BAFin

Des Weiteren sieht § 23 Absatz 1 Satz 1 WpÜG eine Mitteilung der zu veröffentlichenden Zahlenangaben an die BAFin vor. Diese hat gem. § 45 Satz 1 WpÜG grundsätzlich in schriftlicher Form zu erfolgen. Sofern der Absender zweifelsfrei zu erkennen ist, kann sie auch durch elektronische Datenfernübertragung übermittelt werden (§ 45 Satz 2 WpÜG).[806]

V. Zeitpunkt der Veröffentlichung bzw. Mitteilung

1. Veröffentlichung bzw. Mitteilung während der regulären Annahmefrist (§ 23 Absatz 1 Satz 1 Nr. 1 WpÜG)

Nach Veröffentlichung der Angebotsunterlage muss der Bieter die gem. § 23 Absatz 1 WpÜG vorgeschriebenen Angaben wöchentlich sowie in der letzten Woche vor Ablauf der Annahmefrist täglich veröffentlichen bzw. der BAFin mitteilen (§ 23 Absatz 1 Satz 1 Nr. 1 WpÜG). *Witt* kritisiert diese Veröffentlichungsfrequenz.[807] Die de lege lata vorgesehene Regelung berücksichtige nicht, dass für die Angebotsadressaten neben einer zeitlich regelmäßigen, auch eine auf die Zahl der dem Bieter potentiell zu Gebote stehenden Aktien abstellende regelmäßige Information von entscheidender Bedeutung sei. Statt anfänglich seltenere und gegen Ende häufigere Veröffentlichungen vorzusehen, fordert *Witt* de

803 Begr. RegE, BT-Drucks. 14/7034, S. 45.

804 *Riehmer*, in: Haarmann/Riehmer/Schüppen, Öffentliche Übernahmeangebote, § 14 WpÜG, Rdn. 28; *Thun*, in: Geibel/Süßmann, WpÜG, § 23 WpÜG, Rdn. 18; *Steinmeyer/Häger*, WpÜG, § 14 WpÜG, Rdn. 32.

805 *Thun*, in: Geibel/Süßmann, WpÜG, § 23 WpÜG, Rdn. 18; zur Parallelvorschrift des § 25 Absatz 3 WpHG vgl. *Opitz*, in: Schäfer, § 25 WpHG, Rdn. 13.

806 Zu Einzelheiten vgl. *Süßmann*, in: Geibel/Süßmann, WpÜG, § 45 WpÜG, Rdn. 1 ff.; *Steinmeyer/Häger*, WpÜG, § 45 WpÜG, Rdn. 1 ff.; *Stögmüller*, in: Haarmann/Riehmer/Schüppen, Öffentliche Übernahmeangebote, § 45 WpÜG, Rdn. 9 f.

807 *Witt*, NZG 2000, 809, 817 f.; ebenso *Mühle*, WpÜG, S. 268 f.

lege ferenda eine Kombination aus zahlenmäßigen und subsidiären zeitlichen Anknüpfungspunkten. Der Bieter müsse hiernach unverzüglich zur Veröffentlichung verpflichtet sein, sofern seine potentielle Beteiligung um mehr als zwei[808] volle Prozentpunkte des Grundkapitals oder der Stimmrechte der Zielgesellschaft angewachsen ist. Tritt innerhalb von drei Werktagen kein solcher veröffentlichungspflichtiger Tatbestand ein, müsse der Bieter dennoch zur unverzüglichen Veröffentlichung der potentiellen Beteiligung verpflichtet sein.

Dieser kombinierte Ansatz ist abzulehnen, weil er zu stark auf den Aspekt einer möglichst vollständigen Information fixiert ist. Hinsichtlich der Abmilderung des prisoner's dilemma genügt es, wenn die Information über den Stand des Angebotsverfahrens so rechtzeitig erfolgt, dass eine Berücksichtigung im Entscheidungsprozess der unschlüssigen Angebotsadressaten problemlos möglich ist. Aufgrund der bereits erörterten übergeordneten kapitalmarktrechtlichen Bedenken,[809] sollte der Gesetzgeber stattdessen die regelmäßige Veröffentlichungspflicht de lege ferenda zumindest auf die täglichen Veröffentlichungen in der letzen Woche der Angebotsfrist beschränken.[810] Die de lege lata bestehende Regelung soll im Folgenden näher untersucht werden.

a) Wöchentliche Verpflichtung bis zur letzten Woche vor Ablauf der Annahmefrist (§ 23 Absatz 1 Satz 1 Nr. 1 Alt. 1 WpÜG)

Während der regulären Annahmefrist hat die Veröffentlichung bzw. Mitteilung bis zur letzten Woche vor Ablauf der Annahmefrist gem. § 23 Absatz 1 Satz 1 Nr. 1 Alt. 1 WpÜG wöchentlich zu erfolgen. Da dies lediglich sicherstellen soll, dass zwischen zwei Veröffentlichungen kein über eine Woche hinausgehender Zeitraum entsteht, sind kürzere Intervalle freiwillig zulässig.[811] Die Wochenfrist berechnet sich nach den allgemeinen zivilrechtlichen Regelungen der §§ 186 ff. BGB.[812] Es handelt sich um eine sog. Ereignisfrist, weil die Annahmefrist gem. § 16 Absatz 1 Satz 2 WpÜG mit der Veröffentlichung der Angebotsunterlage beginnt. Das Ende der Wochenfrist bestimmt sich nach § 188 Absatz 2 Alt. 1 BGB. Die erste wöchentliche Veröffentlichung bzw. Mitteilung ist spätestens bis zum Ablauf desjenigen Tages der auf die Veröffentlichung der Angebotsunterla-

808 *Mühle*, WpÜG, S. 268 fordert dies sogar für jeden vollen Prozentpunkt.

809 Vgl. dazu ausführlich S. 97 ff.

810 Vgl. auch *Deutscher Anwaltverein e.V.*, NZG 2001,1003, 1005.

811 *Thun*, in: Geibel/Süßmann, WpÜG, § 23 WpÜG, Rdn. 19; *Möllers*, in: KK zum WpÜG, § 23 WpÜG, Rdn. 74.

812 *Steinmeyer/Häger*, WpÜG, § 23 WpÜG, Rdn. 7.

ge folgenden Woche vorzunehmen, welcher durch seine Benennung dem Tag der Angebotsveröffentlichung entspricht.[813] Handelt es sich bei diesem Tag um einen Sonn- bzw. Feiertag oder einen Samstag, muss die Veröffentlichung bzw. Mitteilung gem. § 193 BGB erst am nächsten Werktag erfolgen. Die weiteren wöchentlichen Veröffentlichungs- bzw. Mitteilungszeitpunkte sind in entsprechender Weise zu berechnen.

b) Tägliche Verpflichtung in der letzten Woche vor Ablauf der Annahmefrist (§ 23 Absatz 1 Satz 1 Nr. 1 Alt. 2 WpÜG)

In der letzten Woche vor Ablauf der Annahmefrist ist gem. § 23 Absatz 1 Satz 1 Nr. 1 Alt. 2 WpÜG eine tägliche Veröffentlichungs- bzw. Mitteilungspflicht vorgesehen. Im Falle einer Verlängerung der Annahmefrist (z.B. gem. § 21 Absatz 5, § 22 Absatz 2 WpÜG) ist deren hinausgeschobener Ablauf für die Bestimmung der letzten Woche maßgebend.[814] Hintergrund der Regelung ist der Umstand, dass ein Großteil der Wertpapierinhaber, insbesondere die institutionellen Anleger, regelmäßig erst sehr kurz vor Fristablauf über die Annahme eines Angebots entscheiden.[815]

aa) Erste tägliche Veröffentlichung bzw. Mitteilung

Bei der Bestimmung des Zeitpunkts der ersten täglichen Veröffentlichung bzw. Mitteilung ist von dem Wortlaut des § 23 Absatz 1 Satz 1 Nr. 1 Alt. 2 WpÜG auszugehen, wonach die Veröffentlichungen bzw. Mitteilungen „in der letzten Woche vor Ablauf der Annahmefrist täglich" vorzunehmen sind. Hinsichtlich der Ermittlung der letzten Woche vor Ablauf der Annahmefrist kann auf die allgemeinen zivilrechtlichen Vorschriften der §§ 186 ff. BGB zurückgegriffen werden. Es ist allerdings zu berücksichtigen, dass diese Regelungen von einem feststehenden Fristbeginn ausgehen und zur Ermittlung des Fristendes dienen. Wenn jedoch – wie hier – der Endzeitpunkt (Ablauf der Annahmefrist) feststeht und lediglich der Anfangszeitpunkt ermittelt werden muss, sind zumindest die §§ 187, 188 BGB entsprechend anwendbar.[816] Im Ergebnis ist eine Anlehnung an die Berechnung der für Hauptversammlungen vorgesehenen Einberufungsfrist[817] des

---

813 Im Ergebnis ebenso *Thun*, in: Geibel/Süßmann, WpÜG, § 23 WpÜG, Rdn. 19.

814 In diesem Sinn auch *Thun*, in: Geibel/Süßmann, WpÜG, § 23 WpÜG, Rdn. 22.

815 Begr. RegE, BT-Drucks. 14/7034, S. 50.

816 Vgl. *Heinrichs*, in: Palandt, Bürgerliches Gesetzbuch, § 187 BGB, Rdn. 4.

817 Zu dieser rückwärts vorzunehmenden Berechnung vgl. *Eckardt*, in: Geßler/Hefermehl/Eckardt/Kropff, Aktiengesetz, § 123 AktG, Rdn. 12 ff.; *Semler*, in: Münch. Hdb. GesR

§ 123 Absatz 1 AktG bzw. des § 16 Absatz 4 Satz 1 WpÜG möglich.[818] Die Berechnung der letzten Woche hat somit vom Tag des Annahmefristendes rückwärts zu erfolgen. Im Vergleich zur Berechnung des letztmöglichen Zeitpunkts einer Hauptversammlungseinberufung sind jedoch zwei Besonderheiten zu beachten. Während die Einberufung zwingend vor dem rückwärts ermittelten Zeitpunkt erfolgen muss,[819] sieht § 23 Absatz 1 Satz 1 Nr. 1 Alt. 2 WpÜG die tägliche Veröffentlichung bzw. Mitteilung nur „in der letzten Woche" vor. Diese tägliche Pflicht gilt also erst ab dem rückwärts ermittelten Zeitpunkt. Darüber hinaus fällt das Ende der Annahmefrist im Gegensatz zu einer Hauptversammlung nicht zwingend in den Lauf eines Tages. Vielmehr kann der Bieter das Fristende auch auf den Ablauf eines Tages (24:00 Uhr) festlegen. Als Konsequenz ergibt sich eine differenzierte Berechnung der letzten Woche der Annahmefrist je nach Ausgestaltung des Annahmefristendes.

Fällt das Ende der Annahmefrist wie im Übernahmebeispiel „Barilla/Kamps" in den Lauf eines Tages (Freitag 28. Juni 2002 12:00 Uhr)[820], ist der Beginn der letzten Woche der Annahmefrist entsprechend §§ 187 Absatz 1, 188 Absatz 2 Alt. 1 BGB zu berechnen. Die letzte Woche der Annahmefrist beginnt mit dem „Ablauf" (§ 188 Absatz 2 Alt. 1 BGB), d.h. bei Rückwärtsrechnung mit dem Beginn des Tages der Vorwoche, der durch seine Benennung dem Tage entspricht, in den der Ablauf der Annahmefrist fällt.[821] Im konkreten Beispiel begann die letzte Woche der Annahmefrist somit am Freitag den 21. Juni 2002 0:00 Uhr. Ab diesem Tag war die tägliche Pflicht des § 23 Absatz 1 Satz 1 Nr. 1 Alt. 2 WpÜG zu beachten.

Hiervon zu unterscheiden sind Angebote, deren Annahmefristende entsprechend dem Übernahmeversuch „Deutsche Balaton AG/Beta Systems Software AG" auf den Ablauf eines Tages (Donnerstag 18. April 2002 24:00 Uhr)[822] gelegt sind. In

---

IV, § 35, Rdn. 27; *Hüffer*, Aktiengesetz, 5. Aufl., § 123 AktG, Rdn. 3; *Werner*, in: Großkommentar AktG, § 123 AktG, Rdn. 3 ff.

818 Ohne nähere Erörterung auch *Steinmeyer/Häger*, WpÜG, § 23 WpÜG, Rdn. 7.

819 Vgl. hierzu Berechnungsbeispiel bei *Eckardt*, in: Geßler/Hefermehl/Eckardt/Kropff, Aktiengesetz, § 123 AktG, Rdn. 14.

820 Vgl. Angebotsunterlage der Finba Bakery Europe AG (Barilla) vom 25. Mai 2002, S. 19, 7.1 (http://www.barilla.com/kamps-angebot; abgerufen am 1.6.2002).

821 Vgl. hierzu *Eckardt*, in: Geßler/Hefermehl/Eckardt/Kropff, Aktiengesetz, § 123 AktG, Rdn. 14.

822 Vgl. Angebotsunterlage der Deutsche Balaton AG vom 20. März 2002, S. 2 f., III (http://www.dbbh.de/betasystems; abgerufen am 28.3.2002).

diesen Fällen ist der Beginn der letzten Woche entsprechend §§ 187 Absatz 2, 188 Absatz 2 Alt. 2 BGB zu berechnen. Bei entsprechender Anwendung des § 188 Absatz 2 Alt. 2 BGB (Rückwärtsrechnung) beginnt die letzte Woche der Annahmefrist mit dem Beginn des Tages der Vorwoche, welcher dem Tage nachfolgt, der durch seine Benennung dem Tage entspricht, an dem die Annahmefrist endet. In dem konkreten Beispiel begann die letzte Woche der Annahmefrist somit am Freitag den 12. April 2002 0:00 Uhr. Ab diesem Tag war die tägliche Pflicht des § 23 Absatz 1 Satz 1 Nr. 1 Alt. 2 WpÜG zu beachten.[823]

bb) „Tägliche" Veröffentlichungs- bzw. Mitteilungspflicht

Fraglich ist, wie die gesetzliche Forderung nach „täglicher" Veröffentlichung bzw. Mitteilung auszulegen ist. Zwar lässt der Wortlaut der Norm keine Beschränkung erkennen. Nach einer an der Praktikabilität der Vorschrift ausgerichteten Auslegung kann jedoch nur eine börsentägliche Veröffentlichung bzw. Mitteilung gemeint sein.[824] Insbesondere erfolgen zum einen Samstags, Sonn- und Feiertags ohnehin keine elektronischen Wertpapierumbuchungen. Zum anderen kann der Bieter an diesen Tagen keine Informationen von der Clearstream Banking AG erhalten. Darüber hinaus wird angeführt, dass an Sonn- und Feiertagen kein Börsenpflichtblatt erscheint.[825] Die Zeitungsveröffentlichung ist jedoch auch Samstags zu verlangen, wenn bereits am Vortag eine Pflichtveröffentlichung im Internet bzw. eine Pflichtmitteilung an die BAFin erfolgen musste. Denn die inhaltsgleiche Veröffentlichung nach § 14 Absatz 3 Satz 1 Nr. 2 WpÜG muss zum nächstmöglichen Erscheinungstermin eines überregionalen Börsenpflichtblatts erfolgen.[826] § 193 BGB, der die Sonn- und Feiertagsruhe schützt und berücksichtigt, dass sich in der Wirtschaft und in der öffentlichen Verwaltung die 5-Tage-Woche durchgesetzt hat,[827] steht dem nicht entgegen.

823 Der dargestellte Unterschied wurde bisher nicht erkannt. In relevanten Fällen erfolgte die erste tägliche Veröffentlichung stets einen Tag zu früh. Dies ist allerdings unschädlich, weil § 23 Absatz 1 WpÜG nur ein Mindestmaß an Veröffentlichungen vorschreibt. Darüber hinausgehende Veröffentlichungen bzw. Mitteilungen sind jederzeit zulässig.

824 Im Ergebnis ebenso *Thun*, in: Geibel/Süßmann, WpÜG, § 23 WpÜG, Rdn. 20; *Möllers*, in: KK zum WpÜG, § 23 WpÜG, Rdn. 76; *Schröder*, in: Haarmann/Riehmer/Schüppen, Öffentliche Übernahmeangebote, § 23 WpÜG, Rdn. 26.

825 *Thun*, in: Geibel/Süßmann, WpÜG, § 23 WpÜG, Rdn. 20. Entgegen *Möllers*, in: KK zum WpÜG, § 23 WpÜG, Rdn. 76 kann dieses Argument jedoch nicht auf das gesamte Wochenende bezogen werden, weil einige Börsenpflichtblätter auch Samstags erscheinen.

826 Vgl. dazu bereits S. 182, 184.

827 *Heinrichs*, in: Palandt, Bürgerliches Gesetzbuch, § 193 BGB, Rdn. 1.

Denn inhaltlich handelt es sich um die Veröffentlichung des Vortages, die lediglich aus redaktionellen Gründen erst am Samstag erfolgen kann. Die Tätigkeit des Bieters beschränkt sich auf einen Zeitraum vor Redaktionsschluss (Vortag). Die am Samstag erfolgende Zeitungsveröffentlichung liegt hingegen allein in den Händen des betreffenden Verlages.

Auch am letzten Tag der Annahmefrist ist der Bieter zur Veröffentlichung im Internet bzw. zur Mitteilung an die BAFin verpflichtet. Die kumulativ erforderliche Veröffentlichung i.S.v. § 14 Absatz 3 Satz 1 Nr. 2 WpÜG erfolgt – wie dargestellt – zeitlich verzögert.

c) Gebot der zeitnahen Information

Jede nach § 23 Absatz 1 Satz 1 Nr. 1 WpÜG erfolgende Veröffentlichung bzw. Mitteilung hat den genauen Zeitpunkt anzugeben, auf den sich die dargestellten Informationen beziehen. Um eine zeitnahe Information zu gewährleisten, muss die Internetveröffentlichung und die Mitteilung an die BAFin tagesaktuelle Daten enthalten. Dies gilt insbesondere auch für die Internetveröffentlichung bzw. Mitteilung des letzten Tages der Annahmefrist. Sofern das Fristende z.B. auf 12:00 Uhr festgelegt wurde, entsteht erheblicher Zeitdruck. Denn die Veröffentlichung ist nur dann sinnvoll, wenn die Angebotsadressaten noch darauf reagieren können. Eine nach Fristablauf erfolgende Veröffentlichung ist keinesfalls ausreichend.[828]

2. Veröffentlichung bzw. Mitteilung nach Ablauf der regulären Annahmefrist (§ 23 Absatz 1 Satz 1 Nr. 2 WpÜG)

Der Bieter ist weiterhin verpflichtet, die gem. § 23 Absatz 1 WpÜG vorgeschriebenen Angaben unverzüglich nach Ablauf der Annahmefrist zu veröffentlichen und der BAFin mitzuteilen (§ 23 Absatz 1 Satz 1 Nr. 2 WpÜG). Dies soll eine unverzügliche Information des Marktes über den endgültigen Ausgang des Angebotsverfahrens sicherstellen.[829] Insoweit entspricht die Regelung der schon während der Zeit des Übernahmekodexes üblichen Ergebnisbekanntmachung.[830]

---

828 So jedoch die gem. § 23 Absatz 1 Satz 1 Nr. 1 WpÜG erfolgte Bekanntmachung der Finba Bakery Europe AG vom 29. Juni 2002 (http://www.barilla.com/kamps-angebot; abgerufen am 1.7.2002).

829 Begr. RegE, BT-Drucks. 14/7034, S. 50; ebenso *Steinmeyer/Häger*, WpÜG, § 23 WpÜG, Rdn. 7.

830 *Schröder*, in: Haarmann/Riehmer/Schüppen, Öffentliche Übernahmeangebote, § 23 WpÜG, Rdn. 32.

Im Falle eines Übernahmeangebots werden die Angebotsadressaten ggf. zugleich informiert, dass das Angebot während einer anschließenden weiteren Annahmefrist erneut angenommen werden kann.[831] Die weitere Annahmefrist beginnt gem. § 16 Absatz 2 Satz 1 WpÜG mit der Veröffentlichung i.S.d. § 23 Absatz 1 Satz 1 Nr. 2 WpÜG.

Zu erörtern ist, welcher Zeitraum als „unverzüglich" i.S.v. § 23 Absatz 1 Satz 1 Nr. 2 WpÜG anzusehen ist. Nach der in § 121 Absatz 1 Satz 1 BGB enthaltenen Legaldefinition wird der Begriff „unverzüglich" als ohne schuldhaftes Zögern umschrieben. Da diese Definition sowohl für das gesamte Privatrecht als auch für das öffentliche Recht gilt,[832] ist sie auch im Rahmen des WpÜG heranzuziehen[833]. Deshalb ist zu ermitteln, welcher Zeitraum dem Bieter zuzubilligen ist, ohne ein schuldhaftes Zögern annehmen zu müssen. Hierbei sind zwei gegensätzliche Interessen zu berücksichtigen und gegeneinander abzuwägen.[834]

Einerseits sind Angebotsadressaten und andere Kapitalmarktteilnehmer daran interessiert, möglichst schnell über den Erfolg bzw. Misserfolg des Angebots informiert zu werden. Dies gilt im Besonderen für Angebote, die – wie im Regelfall – unter der aufschiebenden Bedingung des Erreichens einer bestimmten Mindestbeteiligung stehen. Aktionäre, die das Angebot angenommen haben, sind an einer möglichst schnellen Information über den Bedingungseintritt interessiert. Diejenigen, die das Angebot abgelehnt haben, möchten erfahren, ob sie einem neuen Mehrheitseigentümer gegenüberstehen. Das Interesse an einer schnellen Information legt eine restriktive Auslegung des Begriffs „unverzüglich" nahe. Zugleich würde dem in § 3 Absatz 4 Satz 1 WpÜG enthaltenen Gebot eines raschen Verfahrens Rechnung getragen. Die nach § 23 Absatz 1 Satz 1 Nr. 2 WpÜG erforderliche Veröffentlichung bzw. Mitteilung an die BAFin müsste hiernach üblicherweise am Tag nach Ablauf der Annahmefrist erfolgen,[835] weil der Bieter auch schon vorher täglich verpflichtet war.

---

831 Vgl. Begr. RegE, BT-Drucks. 14/7034, S. 50.

832 *Heinrichs*, in: Palandt, Bürgerliches Gesetzbuch, § 121 BGB, Rdn. 3.

833 Im Ergebnis ebenso *Thun*, in: Geibel/Süßmann, WpÜG, § 23 WpÜG, Rdn. 24; *Steinmeyer/Häger*, WpÜG, § 23 WpÜG, Rdn. 7; *Möllers*, in: KK zum WpÜG, § 23 WpÜG, Rdn. 78; hinsichtlich des österreichischen ÜbG vgl. *Hausmaninger/Herbst*, Übernahmegesetz, § 19 ÜbG, Rdn. 8.

834 Ausführlich hierzu *Möllers*, in: KK zum WpÜG, § 23 WpÜG, Rdn. 79 f.

835 Vgl. *Steinmeyer/Häger*, WpÜG, § 23 WpÜG, Rdn. 7, denen Gründe einer Verzögerung der Angaben im Regelfall nicht ersichtlich sind.

Eine derart restriktive Auslegung des Begriffs „unverzüglich" lässt jedoch außer Acht, dass ihr andererseits das Anleger- und Kapitalmarktinteresse hinsichtlich der Richtigkeit der vermittelten Information entgegensteht. Gerade im Rahmen der Ergebnisbekanntmachung hat dieses Interesse ein bedeutendes Gewicht, weil der auf den Fristablauf bezogene Beteiligungs- und Annahmestand endgültig festgestellt wird. Das Interesse an einer exakten Bestimmung der zu veröffentlichenden Angaben überwiegt insbesondere auch unter dem Gesichtspunkt der regelmäßig vorgesehenen aufschiebenden Bedingung einer bestimmten Mindestbeteiligung. In Abweichung zu regelmäßigen Veröffentlichungen bzw. Mitteilungen i.S.v. § 23 Absatz 1 Satz 1 Nr. 1 WpÜG, folgen i.d.R. keine weiteren korrigierten Informationen nach. Im Ergebnis muss dem Informationsdefizit des Bieters über den endgültigen Stand wirksamer Annahmeerklärungen (§ 23 Absatz 1 Satz 1 Alt. 2 WpÜG) Rechnung getragen werden.[836] Eine exakte Bestimmung der Anzahl wirksamer Annahmeerklärungen ist nur möglich, wenn dem Bieter eine Zeitspanne eingeräumt wird, innerhalb derer üblicherweise alle Nachläufe eingegangen und ausgewertet sind. „In Abhängigkeit vom Volumen der eingereichten Wertpapiere der Zielgesellschaft, von der geographischen Entfernung und von der Kooperation der Depotbanken können hierfür mehrere Tage erforderlich sein."[837]

Bezüglich der Auslegung des Begriffs „unverzüglich" erscheint es mithin angemessen, sich an der bisherigen Praxis bei Anwendung des Übernahmekodexes anzulehnen[838] und einen Zeitraum von fünf Arbeits- bzw. Börsentagen[839] anzusetzen.[840] In dieser Zeitspanne ist regelmäßig eine korrekte Ermittlung durch-

---

836 Zu diesem auf § 23 Absatz 1 Satz 1 Alt. 2 WpÜG beschränkten Informationsdefizit vgl. S. 169 f. Zur Implementierung eines, taggleichen Informationsfluss sicherstellenden, Informationssystems hinsichtlich der nach § 23 Absatz 1 Satz 1 Alt. 1 WpÜG erforderten Beteiligungsangaben vgl. S. 155 ff.

837 *Riehmer/Schröder*, BB Beilage 5/2001, S. 1, 14.

838 Zu dieser Praxis vgl. Anmerkungen der Übernahmekommission vom Juli 1996 zum Übernahmekodex zu Art. 7 Ziff. 15, abgedruckt bei *Schuster/Zschocke*, Übernahmerecht, S. 102, 130; *Riehmer/Schröder*, BB Beilage 5/2001, S. 1, 14.

839 *Thun*, in: Geibel/Süßmann, WpÜG, § 23 WpÜG, Rdn. 25 f. geht in normal gelagerten Fällen von sieben Kalendertagen aus. Hierdurch wird allerdings das Risiko von Feiertagen allein auf den Bieter abgewälzt. Eine derartige Auslegung weicht ohne Grund von den in der Praxis anerkannten fünf Arbeits- bzw. Börsentagen ab.

840 In diesem Sinn auch *Möllers*, in: KK zum WpÜG, § 23 WpÜG, Rdn. 80; unklar hingegen *Riehmer/Schröder*, BB Beilage 5/2001, S. 1, 14, weil sie nicht die Frage erörtern, ob der Begriff „unverzüglich" entsprechend der bereits unter Geltung des Übernahmekodexes anerkannten Praxis ausgelegt werden kann.

führbar. Sie kann jedoch lediglich als Obergrenze verstanden werden,[841] weil hinsichtlich der Auslegung des Wortes „unverzüglich“ (ohne schuldhaftes Zögern) auch Umstände des Einzelfalls zu berücksichtigen sind. Je nach Ausgestaltung des Angebots kann eine frühere Veröffentlichung bzw. Mitteilung erforderlich sein. Sie muss erfolgen, sobald der Bieter die bezüglich der Ergebnisbekanntmachung erforderlichen Informationen erhalten hat.[842] Dies lässt sich am Beispiel der Übernahme „OgilvyOne worldwide/Concept! AG“ zeigen. In diesem Fall setzte die Wirksamkeit der Angebotsannahmen voraus, dass sowohl die Annahmeerklärung gegenüber der jeweiligen Depotbank als auch die erforderliche Umbuchung der Wertpapier-Kenn-Nummer bei der Clearstream Banking AG innerhalb der Annahmefrist erfolgten.[843] Da hier der endgültige Annahmestand nach Ablauf der Annahmefrist keinen Veränderungen mehr unterlag und die Informationen dem Bieter über die Clearstream Banking AG zugänglich waren, konnte lediglich eine Veröffentlichung bzw. Mitteilung am nächsten Arbeits- bzw. Börsentag als unverzüglich i.S.v. § 23 Absatz 1 Satz 1 Nr. 2 WpÜG angesehen werden.

3. Veröffentlichung bzw. Mitteilung nach Ablauf einer weiteren Annahmefrist (§ 23 Absatz 1 Satz 1 Nr. 3 WpÜG)

Im Falle einer weiteren Annahmefrist bei Übernahmeangeboten ist der Bieter ferner verpflichtet, die gem. § 23 Absatz 1 WpÜG vorgeschriebenen Angaben unverzüglich nach deren Ablauf zu veröffentlichen und der BAFin mitzuteilen (§ 23 Absatz 1 Satz 1 Nr. 3 WpÜG). Diese Pflicht gilt nur, sofern eine weitere Annahmefrist ausgelöst wurde. Keine Rolle spielt sie daher insbesondere bei freiwilligen Wertpapiererwerbs- und Pflichtangeboten, weil § 16 Absatz 2 WpÜG nach seinem ausdrücklichen Wortlaut und wegen § 39 WpÜG lediglich im Rahmen von Übernahmeangeboten anzuwenden ist.[844] Auch § 23 Absatz 1 Satz 1 Nr. 3 WpÜG dient dem Zweck, den Markt unverzüglich über den Ausgang des Angebotsverfahrens zu informieren.[845] Hinsichtlich der Auslegung des

---

841 *Thun*, in: Geibel/Süßmann, WpÜG, § 23 WpÜG, Rdn. 25 f.

842 Im Ergebnis ebenso *Thun*, in: Geibel/Süßmann, WpÜG, § 23 WpÜG, Rdn. 24, 26.

843 Angebotsunterlage der OgilvyOne worldwide GmbH und Co. KG vom 23. Februar 2002, S. 13, 8.1 (http://www.kirchhoff.de/ogilvy-concept-angebot; abgerufen am 5.3.2002).

844 *Schröder*, in: Haarmann/Riehmer/Schüppen, Öffentliche Übernahmeangebote, § 23 WpÜG, Rdn. 33.

845 Begr. RegE, BT-Drucks. 14/7034, S. 50; ebenso *Steinmeyer/Häger*, WpÜG, § 23 WpÜG, Rdn. 7; *Möllers*, in: KK zum WpÜG, § 23 WpÜG, Rdn. 81.

Begriffs „unverzüglich" sei auf die Ausführungen zu § 23 Absatz 1 Satz 1 Nr. 2 WpÜG verwiesen.[846]

4. Analoge Anwendung des § 23 Absatz 1 Satz 1 Nr. 1 WpÜG in der weiteren Annahmefrist des § 16 Absatz 2 WpÜG

Während einer etwaigen weiteren Annahmefrist i.S.v. § 16 Absatz 2 WpÜG sind nach dem Wortlaut des § 23 Absatz 1 Satz 1 WpÜG und aufgrund einer fehlenden Verweisung in § 16 WpÜG keine Veröffentlichungs- bzw. Mitteilungspflichten vorgesehen.[847] Teilweise wird dieses Ergebnis akzeptiert[848] und für folgerichtig[849] erachtet. Nach hier vertretener Ansicht kann das prisoner's dilemma allerdings in zwei Fällen auch in der weiteren Annahmefrist des § 16 Absatz 2 WpÜG fortbestehen, sofern der Bieter nach der regulären Annahmefrist keine tatsächliche Kontrollposition erlangt hat.[850] Dies gilt zum einen, wenn das Übernahmeangebot vom Erreichen einer Mindestbeteiligung abhängig gemacht wird, die das Entstehen tatsächlicher Kontrolle nicht zwingend sicherstellt (Beteiligung ≤ 50 %). Die zweite Fallgruppe stellen Übernahmeangebote dar, die keine Mindestbeteiligung als Wirksamkeitsbedingung enthalten.

---

846 Vgl. S. 192 ff.

847 *Schröder*, in: Haarmann/Riehmer/Schüppen, Öffentliche Übernahmeangebote, § 23 WpÜG, Rdn. 31; *Geibel*, in: Geibel/Süßmann, WpÜG, § 16 WpÜG, Rdn. 33; *Thun*, in: Geibel/Süßmann, WpÜG, § 23 WpÜG, Rdn. 29; *Steinmeyer/Häger*, WpÜG, § 23 WpÜG, Rdn. 8; *Möllers*, in: KK zum WpÜG, § 23 WpÜG, Rdn. 82; *Land*, DB 2001, 1707, 1713; im Rahmen des DiskE-ÜG bereits *Witt*, NZG 2000, 809, 817.

848 *Thun*, in: Geibel/Süßmann, WpÜG, § 23 WpÜG, Rdn. 29, der in der Ergebnisveröffentlichung nach § 23 Absatz 1 Satz 1 Nr. 2 WpÜG eine ausreichende Grundlage für die Entscheidung über die Annahme des Angebots während der weiteren Annahmefrist sieht. Lediglich de lege ferenda sei zu erwägen, dem Bieter weitere tägliche Veröffentlichungen bzw. Mitteilungen vorzuschreiben.

849 *Schröder*, in: Haarmann/Riehmer/Schüppen, Öffentliche Übernahmeangebote, § 23 WpÜG, Rdn. 31, der sich jedoch lediglich auf den Regelfall eines durch das Erreichen einer Mehrheitsbeteiligung bedingten Übernahmeangebots bezieht (zur diesbezüglichen Beseitigung des prisoner's dilemma vgl. bereits S. 90); ebenso *Steinmeyer/Häger*, WpÜG, § 23 WpÜG, Rdn. 8, nach denen allerdings ein Übernahmeangebot voraussetzt, dass der Bieter sein Angebot vom Erreichen einer Mindestbeteiligung oder Mindestanzahl von Wertpapieren abhängig macht, bei der die (vermutete) Kontrollschwelle i.S.d. § 29 Absatz 2 WpÜG gegeben ist. Zur Ablehnung dieser Ansicht vgl. S. 89 (dort Fn. 396). Darüber hinaus wird das prisoner's dilemma durch das Erreichen der Kontrollschwelle des § 29 Absatz 2 WpÜG nicht zwingend ausgeschlossen, da dies lediglich vom Erwerb der tatsächlichen Kontrolle abhängig ist (vgl. bereits S. 90).

850 Vgl. hierzu ausführlich S. 90 f.

Ohne weitere Informationspflichten des Bieters, würde der Entscheidungsdruck auf die Angebotsadressaten in den angesprochenen Fällen nicht verringert, sondern bliebe erhalten. Dies widerspräche dem Schutzzweck des § 23 Absatz 1 Satz 1 Nr. 1 WpÜG, das prisoner's dilemma abzumildern. Es handelt sich deshalb insoweit um eine planwidrige Regelungslücke.[851] § 16 Absatz 2 Satz 1 WpÜG beschränkt sich nicht auf Übernahmeangebote, bei denen der Bieter nach Ablauf der regulären Annahmefrist die tatsächliche oder zumindest die i.S.v. § 29 Absatz 2 WpÜG vermutete Kontrolle über die Zielgesellschaft erlangt hat. Es ist davon auszugehen, dass der Gesetzgeber die sich hieraus ergebende Regelungslücke übersehen hat. Zudem sind keine Anhaltspunkte dafür ersichtlich, den Schutzzweck des § 23 Absatz 1 Satz 1 Nr. 1 WpÜG nicht auf die relevanten Fälle weiterer Annahmefristen zu erstrecken.

Sowohl die Situation als auch die Interessenlage ist mit dem direkten Anwendungsfall des § 23 Absatz 1 Satz 1 Nr. 1 WpÜG vergleichbar.[852] Die weitere Annahmefrist unterscheidet sich formal lediglich insoweit von einer Verlängerung der Annahmefrist, als sie sich nicht nahtlos anschließt, sondern erneut eröffnet wird.[853] Das prisoner's dilemma kann während der weiteren Annahmefrist unverändert fortbestehen. Insbesondere bildet eine Ergebnisveröffentlichung i.S.d. § 23 Absatz 1 Satz 1 Nr. 2 WpÜG, nach der der Bieter noch keine tatsächliche Kontrolle erreicht hat, keine ausreichende Entscheidungsgrundlage für die Annahmeentscheidung der Angebotsadressaten,[854] weil sich während der weiteren Frist des § 16 Absatz 2 WpÜG entscheidungserhebliche Änderungen der Annahmequote ergeben könnten.

Im Ergebnis ist die in besonderen Fällen während der weiteren Annahmefrist des § 16 Absatz 2 WpÜG entstehende Schutzlücke schon de lege lata durch eine analoge Anwendung des § 23 Absatz 1 Satz 1 Nr. 1 WpÜG zu schließen.[855] Diese Analogie beschränkt sich auf Fälle, in denen das prisoner's dilemma während der

851 In diesem Sinn auch *Möllers*, in: KK zum WpÜG, § 23 WpÜG, Rdn. 83.

852 In diesem Sinn auch *Möllers*, in: KK zum WpÜG, § 23 WpÜG, Rdn. 84.

853 *Riehmer*, in: Haarmann/Riehmer/Schüppen, Öffentliche Übernahmeangebote, § 16 WpÜG, Rdn. 14.

854 So bereits *Witt*, NZG 2000, 809, 817 im Rahmen des DiskE-ÜG; a.A. *Thun*, in: Geibel/Süßmann, WpÜG, § 23 WpÜG, Rdn. 29.

855 In diesem Sinn auch *Möllers*, in: KK zum WpÜG, § 23 WpÜG, Rdn. 83, 85, der jedoch entgegen seiner Überschrift auch § 23 Absatz 1 Satz 1 Nr. 2 WpÜG analog anwenden will. In Anbetracht der Vorschrift des § 23 Absatz 1 Satz 1 Nr. 3 WpÜG ist ein diesbezügliches Erfordernis nicht ersichtlich.

weiteren Annahmefrist theoretisch fortbestehen kann.[856] In den relevanten Fallgruppen ist deshalb eine analoge Anwendung des § 23 Absatz 1 Satz 1 Nr. 1 WpÜG lediglich dann ausgeschlossen, wenn der Bieter bereits nach der regulären Annahmefrist eine Mehrheitsbeteiligung erreicht hat, weil dann ein Entscheidungsdruck i.S.d. prisoner's dilemma nicht mehr bestehen kann. Ansonsten ist der Bieter auch während der weiteren Annahmefrist zur regelmäßigen Information verpflichtet. Da die weitere Annahmefrist gem. § 16 Absatz 2 Satz 1 WpÜG auf zwei Wochen begrenzt ist, beschränkt sich die Rechtsfolge einer analogen Anwendung des § 23 Absatz 1 Satz 1 Nr. 1 WpÜG auf die täglichen Veröffentlichungs- bzw. Mitteilungspflichten in der letzten Woche vor Ablauf der weiteren Annahmefrist (§ 23 Absatz 1 Satz 1 Nr. 1 Alt. 2 WpÜG analog). Die wöchentlichen Pflichten (§ 23 Absatz 1 Satz 1 Nr. 1 Alt. 1 WpÜG analog) entfalten keine Relevanz.

Die Verletzung der vorliegend angenommenen Pflicht ist jedoch nicht gem. § 60 Absatz 1 Nr. 1 lit. b), Absatz 1 Nr. 5 WpÜG bußgeldbewehrt, weil hier das in Art. 103 Absatz 2 GG und § 3 OWiG enthaltene Analogieverbot entgegensteht. Zivilrechtliche Rechtsfolgen sind allerdings möglich.[857]

B. Mitteilungs- und Veröffentlichungspflichten nach § 23 Absatz 2 WpÜG

I. Regelungszweck des § 23 Absatz 2 WpÜG

Die Vorschrift des § 23 Absatz 2 WpÜG verpflichtet den Bieter, die Höhe der von ihm, von mit ihm gemeinsam handelnden Personen oder von deren Tochterunternehmen nach Veröffentlichung der Angebotsunterlage außerhalb des Angebotsverfahrens erworbenen Aktien- und Stimmrechtsanteile unverzüglich zu veröffentlichen und der BAFin mitzuteilen. Hierbei ist die Art und Höhe der für jeden Anteil gewährten Gegenleistung anzugeben. Die Bezugnahme auf die Gegenleistung des Erwerbers zeigt, dass die Verpflichtung des § 23 Absatz 2 WpÜG – anders als § 23 Absatz 1 WpÜG – nicht unter dem Blickwinkel der Beteiligungstransparenz[858] gesehen werden kann.[859] Stattdessen korrespondieren die

856 Anders *Möllers*, in: KK zum WpÜG, § 23 WpÜG, Rdn. 83, der die Analogie sogar auf Fälle beschränkt, in denen weiterhin ein prisoner's dilemma vorliegt. Die rechtssichere Feststellung dieser Fälle erscheint jedoch nicht möglich, da der maßgebliche Begriff der tatsächlichen Kontrolle insbesondere von variablen Hauptversammlungspräsenzen und der Beteiligungshöhe anderer Personen abhängig ist.

857 Zur gespaltenen Gesetzesanwendung vgl. *Cahn*, AG 1997, 502, 503.

858 Gemeint ist die Transparenz der wachsenden potentiellen Beteiligung des Bieters.

Mitteilungs- und Veröffentlichungspflichten des § 23 Absatz 2 WpÜG mit den in § 31 Absatz 4 und 5 WpÜG enthaltenen Regelungen zur Nachbesserung der Gegenleistung des Bieters.[860] Hiernach kommen Nachbesserungsansprüche der Aktionäre in Betracht, sofern der Bieter, mit ihm gemeinsam handelnde Personen oder deren Tochterunternehmen Aktien der Zielgesellschaft im zeitlichen Zusammenhang[861] mit dem Angebotsverfahren zu einer verglichen mit dem Angebotspreis wertmäßig höheren Gegenleistung erwerben.[862] § 23 Absatz 2 WpÜG ist im Ergebnis i.S.e. modifizierten Regelung seiner Vorgängervorschrift Art. 12 ÜK[863] zu sehen[864] und ermöglicht sowohl den Aktionären als auch der BAFin, festzustellen, ob sich die Gegenleistungsverpflichtung des Bieters ggf. nach § 31 Absatz 4 und 5 WpÜG erhöht[865].

Den Normzweck allerdings allein in dieser Weise zu verstehen, würde jedoch dem hinter § 23 Absatz 2 WpÜG stehenden Motiven des Gesetzgebers nicht gerecht. Vielmehr soll § 23 Absatz 2 WpÜG wie schon Art. 12 ÜK weitestgehende Transparenz des Angebotsverfahrens gewährleisten und ist daher Ausdruck des in § 3 Absatz 2 WpÜG niedergelegten Transparenzgrundsatzes.[866] Die gem. § 23 Absatz 2 WpÜG zu veröffentlichenden Angaben sollen den Aktionären der Zielgesellschaft ausreichende und verlässliche Informationen bieten, um in Kenntnis der Sachlage über das Angebot entscheiden zu können. Eine eventuelle Erhöhung der Gegenleistung kommt nämlich auch denjenigen Aktionären zugute, die das Angebot noch nicht angenommen haben. Ihre Überlegungen und Absichten im Hinblick auf die Annahme des Übernahme- oder Pflichtangebots hängen von den gebotenen Informationen ab.[867] Der vorliegend angesprochene Normzweck ist jedoch auf den Zeitraum beschränkt, während dessen noch Annahmeentscheidungen der Angebotsadressaten möglich sind.

---

859 So auch bereits *Witt*, NZG 2000, 809, 818 zu § 25 Absatz 2 DiskE-ÜG.

860 Begr. RegE, BT-Drucks. 14/7034, S. 51, 56; *Thun*, in: Geibel/Süßmann, WpÜG, § 23 WpÜG, Rdn. 33; *Steinmeyer/Häger*, WpÜG, § 23 WpÜG, Rdn. 10; *Möllers*, in: KK zum WpÜG, § 23 WpÜG, Rdn. 86; *Pötzsch/Möller*, WM 2000, Sonderbeilage Nr. 2, S. 1, 22.

861 Genauer vgl. S. 202 f.

862 Begr. RegE, BT-Drucks. 14/7034, S. 56.

863 Art. 12 ÜK kam insbesondere nach Ablauf der Annahmefrist nicht mehr zur Anwendung.

864 Vgl. *Riehmer/Schröder*, BB Beilage 5/2001, S. 1, 11 f.

865 *Thun*, in: Geibel/Süßmann, WpÜG, § 23 WpÜG, Rdn. 33.

866 Ähnlich *Schwennicke*, in: Geibel/Süßmann, WpÜG, § 3 WpÜG, Rdn. 19.

867 *Thun*, in: Geibel/Süßmann, WpÜG, § 23 WpÜG, Rdn. 45.

Darüber hinaus dient § 23 Absatz 2 WpÜG der Sicherung der infolge von Parallelerwerben nach § 31 Absatz 3 Nr. 2 WpÜG bestehenden Geldleistungspflicht des Bieters. Nur so lässt sich erklären, weshalb § 23 Absatz 2 WpÜG Angaben über die Höhe der erworbenen Aktien- und Stimmrechtsanteile verlangt. Während nämlich § 31 Absatz 3 Nr. 2 WpÜG den Erwerb von mindestens einem Prozent der Aktien oder Stimmrechte an der Zielgesellschaft voraussetzt, ist diese Information für die Nachbesserungspflichten aus § 31 Absatz 4 und 5 WpÜG nicht von Bedeutung. Ohne entsprechende Veröffentlichungen bzw. Mitteilungen wäre eine Kontrolle der Einhaltung des § 31 Absatz 3 Nr. 2 WpÜG in keiner Weise möglich.

Zweifel hinsichtlich der beiden zuletzt genannten Normzwecke ergeben sich lediglich aufgrund des völlig missglückten Wortlauts von § 23 Absatz 2 WpÜG, wonach die Veröffentlichungs- und Mitteilungspflichten bei Übernahmeangeboten scheinbar erst und nur dann zur Anwendung kommen, sofern der Bieter die Kontrolle über die Zielgesellschaft erlangt hat.[868] Würde man § 23 Absatz 2 WpÜG – entgegen hier vertretener Ansicht[869] – tatsächlich in dieser Weise verstehen, wäre jedenfalls bei Übernahmeangeboten weder die Einhaltung der Vorschrift des § 31 Absatz 3 Nr. 2 WpÜG kontrollierbar[870], noch eine ausreichende Entscheidungsgrundlage für diejenigen Aktionäre, deren Entscheidung über das Angebot noch aussteht, sichergestellt. Denn, ob der Bieter die Kontrolle über die Zielgesellschaft erlangt hat, steht regelmäßig erst nach Abschluss des Übernahmeangebots fest.[871]

II. Anwendungsbereich des § 23 Absatz 2 WpÜG

1. Persönlicher Anwendungsbereich

Der persönliche Anwendungsbereich des § 23 Absatz 2 WpÜG unterscheidet sich nicht von dem des § 23 Absatz 1 WpÜG. Auch hier sind ausschließlich Mitteilungs- und Veröffentlichungspflichten des Bieters geregelt.[872]

---

868 Ausführlich hierzu vgl. S. 207 ff.

869 Ausführlich hierzu vgl. S. 208 ff., 212 ff.

870 Auf diese Problematik hinweisend *Schröder*, in: Haarmann/Riehmer/Schüppen, Öffentliche Übernahmeangebote, § 23 WpÜG, Rdn. 39 (dort Fn. 28).

871 *Assmann*, AG 2002, 114, 122 (dort Fn. 45).

872 Vgl. im Rahmen des § 23 Absatz 1 WpÜG, S. 129 f.; missverständlich hingegen *Schröder*, in: Haarmann/Riehmer/Schüppen, Öffentliche Übernahmeangebote, § 23 WpÜG, Rdn. 36.

2. Sachlicher Anwendungsbereich

a) Begrenzung auf Übernahme- und Pflichtangebote (de lege lata)

Der Gesetzgeber hat den Anwendungsbereich des § 23 Absatz 2 WpÜG ausdrücklich auf Übernahme- und Pflichtangebote beschränkt.[873] Teilweise wird deshalb die systematische Stellung unter den allgemein für sämtliche Angebote geltenden Vorschriften kritisiert.[874]

b) Erweiterung auf sämtliche Angebotsarten des WpÜG (de lege ferenda)

Die Einschränkung des sachlichen Anwendungsbereichs auf Übernahme- und Pflichtangebote ist nicht gerechtfertigt. Dies zeigt ein Vergleich mit der Parallelregelung des § 2 Nr. 7 WpÜG-AngVO i.V.m. § 11 Absatz 4 Nr. 2 WpÜG. Hiernach sind Art und Umfang der im Rahmen von Vorerwerben[875] für Wertpapiere der Zielgesellschaft gewährten oder vereinbarten Gegenleistung in der Angebotsunterlage zu veröffentlichen. In Bezug auf Übernahme- und Pflichtangebote lässt sich diesen Informationen entnehmen, ob die angebotene Gegenleistung den nach § 4 Satz 1 WpÜG-AngVO vorgeschriebenen Mindestwert berücksichtigt. Darüber hinaus dienen die Angaben zur Kontrolle der Vorschrift des § 31 Absatz 3 Nr. 1 WpÜG, die den Bieter ggf. verpflichtet, eine Geldleistung anzubieten. Obwohl in Bezug auf freiwillige Wertpapiererwerbsangebote weder § 4 Satz 1 WpÜG-AngVO noch § 31 Absatz 3 Nr. 1 WpÜG relevant sind, beschränkt sich der Anwendungsbereich des § 2 Nr. 7 WpÜG-AngVO nicht auf Übernahme- und Pflichtangebote. § 2 Nr. 7 WpÜG-AngVO verfolgt mithin den weiteren Zweck, den Angebotsadressaten ausreichende Informationen zur Verfügung zu stellen, um in Kenntnis der Sachlage über das Angebot entscheiden zu können. Dieser aus dem in § 3 Absatz 2 WpÜG enthaltenen Transparenzgrundsatz abzuleitende Normzweck ist auch bei freiwilligen Wertpapiererwerbsangeboten von Bedeutung. Die Kenntnisse der Angebotsadressaten von derartigen Vorerwerbstransaktionen sind – unabhängig von der Art des jeweiligen Ange-

873 *Thun*, in: Geibel/Süßmann, WpÜG, § 23 WpÜG, Rdn. 31; *Schröder*, in: Haarmann/Riehmer/Schüppen, Öffentliche Übernahmeangebote, § 23 WpÜG, Rdn. 35; *Möllers*, in: KK zum WpÜG, § 23 WpÜG, Rdn. 86.

874 *Schröder*, in: Haarmann/Riehmer/Schüppen, Öffentliche Übernahmeangebote, § 23 WpÜG, Rdn. 35.

875 „Der Referenzzeitraum, innerhalb dessen Vorerwerbe berücksichtigt werden, beginnt drei Monate vor dem Tag, an dem die Entscheidung zur Abgabe eines Angebots nach § 10 veröffentlicht wurde und endet am Tag vor der Veröffentlichung der Angebotsunterlage nach § 14.“ (*Steinmeyer/Häger*, WpÜG, § 11 WpÜG, Rdn. 41).

bots – von erheblicher Bedeutung, um die angebotene Gegenleistung beurteilen und auf dieser Grundlage eine wohlinformierte Entscheidung treffen zu können.[876]

Ist zur Beurteilung des Angebots schon die Kenntnis der im Rahmen von Vorerwerben gewährten oder vereinbarten Gegenleistung entscheidend, muss dies erst recht für Gegenleistungen im Zusammenhang mit Parallelerwerben gelten.[877] Insoweit sollte der sachliche Anwendungsbereich des § 23 Absatz 2 WpÜG de lege ferenda auf sämtliche Angebotsarten des WpÜG erstreckt werden. Der Zweck, eine angemessene Entscheidungsgrundlage zu gewährleisten, ist jedoch zeitlich begrenzt. Die Veröffentlichungs- bzw. Mitteilungspflicht müsste daher in Bezug auf freiwillige Wertpapiererwerbsangebote mit dem Zeitpunkt enden, zu dem das Angebot letztmals angenommen werden kann. Auch dem Kritikpunkt der systematisch verfehlten Einordnung der Norm würde durch die vorgeschlagene Erweiterung jegliche Grundlage entzogen.

3. Zeitlicher Anwendungsbereich

Der zeitliche Anwendungsbereich des § 23 Absatz 2 WpÜG folgt dem der in § 31 Absatz 4 und 5 WpÜG enthaltenen Meistbegünstigungspflichten.[878] Die Veröffentlichungs- bzw. Mitteilungspflicht wird somit lediglich durch relevante Aktienerwerbe[879] ausgelöst, die einerseits nach der Veröffentlichung der Angebotsunterlage i.S.v. § 14 Absatz 3 Satz 1 WpÜG und andererseits vor Ablauf eines Jahres nach der Veröffentlichung der in § 23 Absatz 1 Satz 1 Nr. 2 WpÜG[880] vorgeschriebenen Ergebnisbekanntmachung getätigt werden. Da es sich bei der letztgenannten Veröffentlichung um ein Ereignis handelt, das in den Lauf eines Tages fällt, erfolgt die Berechnung der Jahresfrist nach §§ 187 Absatz 1,

---

876 Begr. RegE, BT-Drucks. 14/7034, S. 79; *Geibel*, in: Geibel/Süßmann, WpÜG, § 11 WpÜG, Rdn. 70; *Steinmeyer/Häger*, WpÜG, § 11 WpÜG, Rdn. 42; *Seydel*, in: KK zum WpÜG, § 11 WpÜG, Rdn. 97.

877 Auf das diesbezügliche Interesse der Wertpapierinhaber hinweisend *Thun*, in: Geibel/Süßmann, WpÜG, § 23 WpÜG, Rdn. 45.

878 *Schröder*, in: Haarmann/Riehmer/Schüppen, Öffentliche Übernahmeangebote, § 23 WpÜG, Rdn. 39.

879 Genauer vgl. S. 204 ff.

880 *Möllers*, in: KK zum WpÜG, § 23 WpÜG, Rdn. 91 spricht hingegen von § 23 Absatz 1 Satz 1 Nr. 2 bzw. Nr. 3 WpÜG. Dies widerspricht allerdings dem insoweit eindeutigen Gesetzeswortlaut.

188 Absatz 2 Alt. 1 BGB.[881] Die einjährige Frist endet deshalb mit Ablauf desjenigen Tages des auf die Veröffentlichung der Ergebnisbekanntmachung nach § 23 Absatz 1 Satz 1 Nr. 2 WpÜG folgenden Jahres, der dem Tag dieser Veröffentlichung entspricht.

Auffällig ist der Unterschied zu der noch im Diskussionsentwurf zum Übernahmegesetz enthaltenen Regelung. Während §§ 23 Absatz 2, 31 Absatz 4 und 5 WpÜG ausschließlich an die der regulären Annahmefrist nachfolgende Ergebnisbekanntmachung i.S.v. § 23 Absatz 1 Satz 1 Nr. 2 WpÜG anknüpfen, stellten §§ 25 Absatz 2, 27 Absatz 1 und 2 DiskE-ÜG noch auf die der weiteren Annahmefrist des § 19 Absatz 3 DiskE-ÜG nachfolgende Ergebnisbekanntmachung des § 25 Absatz 1 Nr. 3 DiskE-ÜG ab. Diese Entwicklung ist für die in Bezug auf Übernahmeangebote vorzunehmende Auslegung des § 23 Absatz 2 WpÜG von größter Bedeutung.[882]

Der Regelung des Diskussionsentwurfs zum Übernahmegesetz lagen zwei wesentliche Überlegungen zugrunde. Zum einen wäre die weitere Annahmefrist des § 19 Absatz 3 DiskE-ÜG aufgrund der ausdrücklichen Verweisung des § 39 DiskE-ÜG sowohl bei Übernahme- als auch bei Pflichtangeboten zur Anwendung gekommen. Es wäre stets eine weitere Annahmefrist und somit eine Ergebnisbekanntmachung i.S.v. § 25 Absatz 2 Nr. 3 DiskE-ÜG erforderlich gewesen. Eine Ausnahme hätten lediglich gescheiterte Angebote, d.h. Fälle endgültig ausbleibender Wirksamkeitsbedingungen (z.B. Nichterreichung einer im Angebot vorgesehenen Mindestbeteiligungsschwelle), gebildet. Zum anderen war man der Ansicht, dass der Bieter die Gegenleistung bis zur Veröffentlichung des Ergebnisses nach § 25 Absatz 1 Nr. 3 DiskE-ÜG regelmäßig noch nicht erbracht haben wird, da Clearing und Settlement in der Mehrzahl der Fälle erst nach Abschluss der weiteren Annahmefrist erfolgen. Vor diesem Hintergrund wurde es als sachgerecht angesehen, für die das Angebot annehmenden Aktionäre vorher keinen selbständigen, auf die Differenz gerichteten Nachbesserungsanspruch i.S.v. § 27 Absatz 2 DiskE-ÜG zu regeln, sondern den noch nicht erfüllten Gegenleistungsanspruch i.S.v. § 27 Absatz 1 DiskE-ÜG zu erhöhen.[883]

---

881 Vgl. *Haarmann*, in: Haarmann/Riehmer/Schüppen, Öffentliche Übernahmeangebote, § 31 WpÜG, Rdn. 141; *Thun*, in: Geibel/Süßmann, WpÜG, § 23 WpÜG, Rdn. 32; ebenso *Möllers*, in: KK zum WpÜG, § 23 WpÜG, Rdn. 91.

882 Vgl. hierzu S. 207 ff.

883 Begr. DiskE-ÜG zu § 27 Absatz 1 (abgedruckt bei *Fleischer/Kalss*, WpÜG, S. 332 f.).

Im Rahmen des WpÜG ist hingegen eine weitere Annahmefrist und folglich eine Ergebnisbekanntmachung i.S.v. § 23 Absatz 1 Satz 1 Nr. 3 WpÜG ausschließlich bei Übernahmeangeboten vorgesehen. Dies ergibt sich zum einen aus dem eindeutigen Wortlaut des § 16 Absatz 2 WpÜG. Zum anderen nimmt die Verweisungsnorm des § 39 WpÜG die Vorschrift des § 16 Absatz 2 WpÜG ausdrücklich aus. Schon unter diesem Gesichtspunkt wäre die Ergebnisbekanntmachung i.S.v. § 23 Absatz 1 Satz 1 Nr. 3 WpÜG nicht als einheitlicher Anknüpfungspunkt für Übernahme- und Pflichtangebote geeignet. Auch die bereits angesprochene Überlegung, wonach Clearing und Settlement in der Mehrzahl der Fälle erst nach Abschluss der weiteren Annahmefrist erfolgen, ist zu kritisieren. Ein solcher Regelfall ist schon deshalb nicht zu erkennen, weil die weitere Annahmefrist dem deutschen Übernahmerecht bisher unbekannt war. Aus derzeitiger Sicht hat sich gerade keine solche Regel herausgebildet. Vielmehr sehen öffentliche Angebote häufig bereits nach Ablauf der regulären Annahmefrist erfolgende Teilabwicklungen vor.[884] Vor diesem Gesamthintergrund sind deshalb sämtliche Unterschiede zwischen § 25 Absatz 2 DiskE-ÜG und § 23 Absatz 2 WpÜG zu sehen.[885]

III. Tatbestand des § 23 Absatz 2 WpÜG

1. Erwerb von Aktien der Zielgesellschaft außerhalb des Angebotsverfahrens während eines bestimmten Referenzzeitraums

a) Erwerb

Der in § 23 Absatz 2 Satz 1 WpÜG verwendete Begriff „Erwerb" erfasst grundsätzlich nur die dingliche Übertragung des Aktieneigentums. Über die Verweisung des § 23 Absatz 2 Satz 2 WpÜG auf § 31 Absatz 6 WpÜG erfolgt jedoch eine Gleichstellung von Vereinbarungen, auf Grund derer die Übereignung von Aktien verlangt werden kann. § 31 Absatz 6 WpÜG ist in diesem Zusammen-

884 Vgl. hierzu insbesondere Angebotsunterlage der Finba Bakery Europe AG (Barilla) vom 25. Mai 2002, S. 22 f., 8.4 (http://www.barilla.com/kamps-angebot; abgerufen am 1.6.2002) sowie Angebotsunterlage der DB Sechste Vermögensverwaltungsgesellschaft mbH (Deutsche Bahn) vom 7. August 2002, S. 18, 9.4 (http://www.bahn.de/stinnes-angebot; abgerufen am 14.8.2002).

885 Ausführlich zur Auslegung des völlig missglückten Wortlauts von § 23 Absatz 2 WpÜG, wonach die Veröffentlichungs- und Mitteilungspflichten bei Übernahmeangeboten scheinbar erst und nur dann zur Anwendung kommen, sofern der Bieter die Kontrolle über die Zielgesellschaft erlangt hat, vgl. S. 207 ff.

hang ebenso auszulegen, wie im Rahmen seines unmittelbaren Anwendungsbereichs.[886]

b) Aktien

Im Unterschied zu § 23 Absatz 1 Satz 1 WpÜG stellt § 23 Absatz 2 Satz 1 WpÜG nicht auf den Wertpapierbegriff des § 2 Absatz 2 WpÜG ab. Erfasst wird stattdessen ausdrücklich nur der Erwerb von Aktien der Zielgesellschaft. Diese Abweichung wird damit erklärt, dass auch die Vorschriften zur Preisgestaltung bzw. zur Meistbegünstigung lediglich für Aktien der Zielgesellschaft gelten.[887] Angesichts des mit § 23 Absatz 2 WpÜG verfolgten Normzwecks, den Aktionären der Zielgesellschaft ausreichende und verlässliche Informationen zu bieten, um in Kenntnis der Sachlage über das Angebot entscheiden zu können, wäre jedoch de lege ferenda die Bezugnahme auf den Wertpapierbegriff wünschenswert. Solange nämlich noch Entscheidungen der Angebotsadressaten über das Angebot möglich sind, würden auch Informationen über den Erwerb von sonstigen Wertpapieren i.S.v. § 2 Absatz 2 WpÜG der besseren Beurteilungsmöglichkeit in Bezug auf die Angemessenheit des Angebots dienen. In § 25 Absatz 2 Satz 1 DiskE-ÜG war die Verwendung des Aktienbegriffs hingegen noch folgerichtig, weil sich der Anwendungsbereich des Diskussionsentwurfs zum Übernahmegesetz auf Stamm- oder Vorzugsaktien beschränkte. Die im Vergleich hierzu im WpÜG erfolgte erhebliche Erweiterung des Wertpapierbegriffs wurde im Rahmen des § 23 Absatz 2 WpÜG nicht entsprechend nachvollzogen. Man verkannte, dass § 23 Absatz 2 WpÜG nicht allein der Absicherung der in § 31 Absatz 4 und 5 WpÜG enthaltenen Regelungen zur Nachbesserung der Gegenleistung des Bieters dient.[888] Für diese de lege ferenda geforderte Erweiterung des § 23 Absatz 2 Satz 1 WpÜG spricht auch ein Vergleich mit der auf Vorerwerbe bezogenen Parallelregelung des § 2 Nr. 7 WpÜG-AngVO, weil hier ausdrücklich auf den Erwerb von „Wertpapieren“ der Zielgesellschaft abgestellt wird, um eine ausreichende Informationsgrundlage für die Angebotsadressaten zu gewährleisten.

---

886 Ausführlich zu § 31 Absatz 6 Satz 1 und 2 WpÜG vgl. S. 151 ff.

887 Vgl. *Schröder*, in: Haarmann/Riehmer/Schüppen, Öffentliche Übernahmeangebote, § 23 WpÜG, Rdn. 38, der zu Recht die Anwendbarkeit auf Wertpapiere erweitern möchte, die wie z.B. American Depository Receipts eine aktienersetzende Funktion haben (vgl. dort Fn. 27).

888 Zum Regelungszweck des § 23 Absatz 2 WpÜG vgl. S. 198 ff.

c) Außerhalb des Angebotsverfahrens

Die Informationspflichten betreffen lediglich Transaktionen „außerhalb des Angebotsverfahrens“. Gemeint ist jeder Erwerb, der nicht aus dem Abschluss eines aus dem Angebot resultierenden Kauf bzw. Tauschvertrages hervorgeht.[889] Erfasst werden insbesondere der Erwerb über die Börse[890] sowie der Paketerwerb im Rahmen einer privaten Transaktion.

d) Referenzzeitraum

Hinsichtlich des maßgeblichen Referenzzeitraums, während dessen die Pflichten des § 23 Absatz 2 Satz 1 WpÜG durch Erwerbe bzw. gleichgestellte Vereinbarungen ausgelöst werden, sei auf die Ausführungen zum zeitlichen Anwendungsbereich der Norm verwiesen.[891]

2. Bieter, mit ihm gemeinsam handelnde Personen oder deren Tochterunternehmen

Die in § 23 Absatz 2 WpÜG enthaltene Veröffentlichungs- und Mitteilungsverpflichtung des Bieters wird nicht nur durch eigene Aktienerwerbe ausgelöst. Vielmehr werden auch Erwerbe durch gemeinsam mit dem Bieter handelnde Personen i.S.v. § 2 Absatz 5 WpÜG und deren Tochterunternehmen i.S.v. § 2 Absatz 6 WpÜG erfasst. In sämtlichen Fällen sind gem. § 23 Absatz 2 Satz 2 WpÜG i.V.m. § 31 Absatz 6 WpÜG Vereinbarungen gleichgestellt, auf Grund derer die Übereignung von Aktien verlangt werden kann.

---

889 So auch *Schröder*, in: Haarmann/Riehmer/Schüppen, Öffentliche Übernahmeangebote, § 23 WpÜG, Rdn. 36; *Assmann*, AG 2002, 114, 122. Diese Definition berücksichtigt, dass auch in der ggf. der Ergebnisbekanntmachung i.S.v. § 23 Absatz 1 Satz 1 Nr. 2 WpÜG nachfolgenden weiteren Annahmefrist, Annahmeerklärungen in Bezug auf das Angebot möglich sind. Diese sollen keine Informationspflicht nach § 23 Absatz 2 WpÜG auslösen. In diesem Zusammenhang unklar Begr. RegE, BT-Drucks. 14/7034, S. 51; *Steinmeyer/Häger*, WpÜG, § 23 WpÜG, Rdn. 11; *Möllers*, in: KK zum WpÜG, § 23 WpÜG, Rdn. 90 f.

890 Zur diesbezüglichen teleologischen Reduktion des § 23 Absatz 2 WpÜG im Zusammenhang mit § 31 Absatz 5 Satz 1 WpÜG, vgl. S. 214 ff.

891 Vgl. S. 202 ff.

3. Bedeutung der gesetzlichen Einschränkung bei Übernahmeangeboten

In Bezug auf Übernahmeangebote enthält § 23 Absatz 2 Satz 1 WpÜG eine Einschränkung. Nach dem Wortlaut besteht die Veröffentlichungs- bzw. Mitteilungspflicht lediglich bei Übernahmeangeboten, bei denen der Bieter die Kontrolle (§§ 29 Absatz 2, 30 WpÜG) über die Zielgesellschaft erlangt hat. Dieses zusätzliche Erfordernis wurde in Abänderung des § 25 Absatz 2 DiskE-ÜG eingefügt. Zur Darstellung des Bedeutungsgehalts ist eine nach den Erwerbszeiträumen des § 31 Absatz 4 und 5 WpÜG differenzierte Betrachtung erforderlich.

a) Nach Veröffentlichung der Angebotsunterlage und vor der Veröffentlichung gem. § 23 Absatz 1 Satz 1 Nr. 2 WpÜG (Parallelerwerbe i.S.v. § 31 Absatz 4 WpÜG)

aa) Problematik

Teilweise wird der einschränkende Wortlaut des § 23 Absatz 2 Satz 1 WpÜG derart verstanden, dass die Veröffentlichungs- und Mitteilungspflichten bei Übernahmeangeboten erst und nur dann zur Anwendung kommen, sofern feststeht, dass der Bieter die Kontrolle über die Zielgesellschaft erlangt hat.[892] Da ein solches Ergebnis regelmäßig erst nach Abschluss des Übernahmeangebots feststeht,[893] wären Parallelerwerbe ggf. erst dann unverzüglich nach § 23 Absatz 2 WpÜG zu veröffentlichen und mitzuteilen.[894] Konsequenz einer derartigen Auslegung wäre, dass bei Übernahmeangeboten weder die Einhaltung der Vorschrift des § 31 Absatz 3 Nr. 2 WpÜG kontrollierbar, noch eine ausreichende Entscheidungsgrundlage für diejenigen Aktionäre, deren Entscheidung über das Angebot noch aussteht, sichergestellt wäre.[895]

---

892 *Steinmeyer/Häger*, WpÜG, § 23 WpÜG, Rdn. 12; *Schröder*, in: Haarmann/Riehmer/Schüppen, Öffentliche Übernahmeangebote, § 23 WpÜG, Rdn. 35, 39; *Haarmann*, in: Haarmann/Riehmer/Schüppen, Öffentliche Übernahmeangebote, § 31 WpÜG, Rdn. 156 (dort Fn. 144); *Möllers*, in: KK zum WpÜG, § 23 WpÜG, Rdn. 95; *Mielke*, in: Beckmann/Kersting/Mielke, Übernahmerecht, S. 78 f., Rdn. B 180.

893 *Assmann*, AG 2002, 114, 122 (dort Fn. 45).

894 Hiervon ausgehend auch *Oechsler*, NZG 2001, 817, 826. Ansonsten wäre nicht verständlich, weshalb die Aktionäre der Zielgesellschaft nicht notwendig noch während des Übernahmeverfahrens davon erfahren sollen, dass die tatsächlichen Voraussetzungen des § 31 Absatz 4 WpÜG vorliegen.

895 Vgl. hierzu bereits S. 200.

Assmann ist hingegen der Ansicht, dass sich die Einschränkung lediglich auf Erwerbe in der Nachangebotsphase beziehe.[896] Parallelerwerbe würden eine unverzügliche, vom Kontrollerwerb unabhängige Veröffentlichungs- und Mitteilungspflicht auslösen.[897] Es sei kein Grund erkennbar, weshalb bei Parallelerwerben in Bezug auf Veröffentlichungs- und Mitteilungspflichten nach § 23 Absatz 2 WpÜG zwischen Pflicht- und Übernahmeangebote differenziert werden sollte. Vielmehr mache es durchaus Sinn, denjenigen, die das Übernahmeangebot noch nicht angenommen haben, deutlich zu machen, dass sie mit einer höheren Gegenleistung als der in der Angebotsunterlage angegebenen rechnen können.

bb) Stellungnahme

Zwar spricht der Wortlaut des § 23 Absatz 2 Satz 1 WpÜG auf den ersten Blick für die Ansicht, nach der Parallelerwerbe lediglich bedingt durch den Kontrollerwerb und somit erst zeitlich verzögert zu veröffentlichen bzw. mitzuteilen sind. Eine auf die Nachangebotsphase beschränkte Wirkung der gesetzlichen Einschränkung lässt sich unmittelbar nicht erkennen. Die tatsächliche Bedeutung wird jedoch erst bei Betrachtung der Entstehungsgeschichte des § 23 Absatz 2 WpÜG ersichtlich.

In § 25 Absatz 2 Satz 1 DiskE-ÜG, der hinsichtlich des für pflichtauslösende Erwerbe maßgeblichen Referenzzeitraums noch auf die der weiteren Annahmefrist nachfolgende Ergebnisbekanntmachung i.S.v. § 25 Absatz 1 Nr. 3 DiskE-ÜG abstellte[898], war eine vergleichbare Einschränkung nicht enthalten. Parallelerwerbe hätten hiernach, unabhängig vom Kontrollerwerb, unverzüglich veröffentlicht werden müssen. Die Informationspflicht des § 25 Absatz 2 DiskE-ÜG wäre jedoch entfallen, sobald ein Übernahmeangebot deshalb scheitert, weil die vom Bieter vorgegebene Mindestakzeptanzquote nach Ablauf der Annahmefrist nicht erreicht wurde. Eine gesonderte gesetzliche Regelung war für diese Rechtsfolge nicht erforderlich, weil in den genannten Fällen bereits die in § 25 Absatz 2 Satz 1 DiskE-ÜG angesprochene Ergebnisbekanntmachung i.S.v. § 25 Absatz 1

896 *Assmann*, AG 2002, 114, 122 (dort Fn. 45).

897 So auch *Thun*, in: Geibel/Süßmann, WpÜG, § 23 WpÜG, Rdn. 45, der bei Parallelerwerben stets eine Veröffentlichung bzw. Mitteilung zum nächstfolgenden Geschäftstag verlangt. Hiernach haben die Wertpapierinhaber während des Laufs der Annahmefrist ein erhöhtes Interesse an einer zeitnahen Information. Diese Information könne ihre Überlegungen und Absichten in Bezug auf die Annahme des Übernahme- oder Pflichtangebots beeinflussen.

898 Vgl. ausführlich S. 203.

Nr. 3 DiskE-ÜG entfallen wäre.[899] Die der Veröffentlichung i.S.v. § 25 Absatz 1 Nr. 3 DiskE-ÜG nachfolgende Jahresfrist wäre gar nicht erst eröffnet worden. Anders ist dies jedoch im Rahmen von § 23 Absatz 2 Satz 1 WpÜG zu beurteilen, der nunmehr ausschließlich an die der regulären Annahmefrist nachfolgende Ergebnisbekanntmachung i.S.v. § 23 Absatz 1 Satz 1 Nr. 2 WpÜG anknüpft, die stets zu erfolgen hat. Die Jahresfrist des § 23 Absatz 2 Satz 1 WpÜG wäre, unabhängig vom Ergebnis des Angebots, immer eröffnet. Um die gerade im Rahmen des Diskussionsentwurfs zum Übernahmegesetz beschriebene Rechtsfolge (Entfallen der Informationspflicht) für den Fall des Nichterreichens einer vom Bieter vorgegebenen Mindestakzeptanzquote zu erreichen, musste der Wortlaut des § 23 Absatz 2 Satz 1 WpÜG eingeschränkt werden. Die Einschränkung auf Fälle, bei denen der Bieter die Kontrolle über die Zielgesellschaft erlangt hat, ist hierzu geeignet, weil der Kontrollerwerb bei Nichteintritt einer Wirksamkeitsbedingung ausbleibt. Eine Informationspflicht in der Nachangebotsphase entfällt. Die Entstehungsgeschichte des § 23 Absatz 2 WpÜG spricht somit dafür, die gesetzliche Einschränkung tatsächlich nur auf die Nachangebotsphase zu beziehen. Dass der Gesetzgeber – verglichen mit den Wirkungen des § 25 Absatz 2 DiskE-ÜG – eine Änderung der für Parallelerwerbe geregelten Informationspflichten bezweckte, ist in keiner Weise ersichtlich.

Richtig ist es deshalb, der von *Assmann* vertretenen Ansicht zu folgen. Neben den bereits erwähnten Argumenten spricht hierfür insbesondere auch ein Vergleich mit den für Vorerwerbe geltenden Informationspflichten (§ 2 Nr. 7 WpÜG-AngVO). Es wäre schwerlich nachzuvollziehen, weshalb der Bieter über relevante Vorerwerbe informieren muss, um den Angebotsadressaten eine angemessene Entscheidungsgrundlage zu bieten, wenn auf der anderen Seite für Parallelerwerbe zeitnahe Informationspflichten nicht bestünden. Bedenken könnten sich lediglich ergeben, weil der Bieter über Parallelerwerbe informieren müsste, auch wenn § 31 Absatz 4 und 5 WpÜG letztendlich – wie bei gescheiterten Angeboten[900] – nicht zur Anwendung kommen. Da der Bieter das Übernahmeangebot jedoch freiwillig abgibt, muss er diese Konsequenz hinnehmen. Dies gilt insbesondere deshalb, weil Parallelerwerbe Einfluss auf den Angebotspreis haben können. In gleicher Weise bestehen die Informationspflichten des § 23 Absatz 2 WpÜG unabhängig von der Höhe der Gegenleistung.[901] Es genügt die

899 Begr. DiskE-ÜG zu § 25 Absatz 2 (abgedruckt bei *Fleischer/Kalss*, WpÜG, S. 330 f.).

900 Gemeint sind Fälle, bei denen Anprüche der Wertpapierinhaber auf Gegenleistung nicht (mehr) bestehen (Begr. RegE, BT-Drucks. 14/7034, S. 56).

901 *Thun*, in: Geibel/Süßmann, WpÜG, § 23 WpÜG, Rdn. 35; ebenso *Möllers*, in: KK zum WpÜG, § 23 WpÜG, Rdn. 94.

bloße Möglichkeit, dass § 31 Absatz 4 und 5 WpÜG zur Anwendung kommen könnte.

Darüber hinaus waren Parallelerwerbe bereits auf der Grundlage des Übernahmekodexes (Art. 12 ÜK) bis zum nächstfolgenden Geschäftstag der Geschäftsstelle zu melden und öffentlich bekanntzugeben. Der gesetzgeberische Wille, dieses Transparenzniveau abzusenken, ist nicht zu erkennen. Hinzuweisen ist in diesem Zusammenhang auch auf entsprechende Regelungen anderer Rechtsordnungen, die eine Verpflichtung des Bieters auch während der Annahmefrist enthalten.[902] Eine Klarstellung des insoweit missglückten Wortlauts von § 23 Absatz 2 Satz 1 WpÜG ist wünschenswert.

b) Innerhalb eines Jahres nach der Veröffentlichung gem. § 23 Absatz 1 Satz 1 Nr. 2 WpÜG (Nacherwerbe i.S.v. § 31 Absatz 5 WpÜG)

aa) Problematik

Zu erörtern ist, welche Bedeutung die für Übernahmeangebote vorgesehene Einschränkung des § 23 Absatz 2 Satz 1 WpÜG in Bezug auf die durch Nacherwerbe i.S.v. § 31 Absatz 5 WpÜG ausgelöste Veröffentlichungs- bzw. Mitteilungspflicht hat. Hierbei stellt sich die Frage, ob die Informationspflichten des § 23 Absatz 2 WpÜG im Hinblick auf den Anwendungsbereich des § 31 Absatz 5 WpÜG auch bei Übernahmeangeboten bestehen, bei denen der Bieter zwar keine Kontrolle über die Zielgesellschaft erlangt hat, deren Wirksamkeit hiervon jedoch unberührt bleibt.[903] Letzteres ist möglich, wenn der Bieter sein Angebot nicht unter die Bedingung des Erreichens einer bestimmten Mindestbeteiligung gestellt hat oder die Bedingung unterhalb der Kontrollschwelle des § 29 Absatz 2 WpÜG angesetzt wurde.

---

902 Vgl. § 16 Absatz 5 ÜbG (Österreich); Rule 8 City Code (Großbritannien); Art. 31 Absatz 1 BEHG (Schweiz); Art. 103 Absatz 4 lit. b) T.U. i.V.m. Art. 41 Absatz 2 lit. b) R.E. (Italien).

903 Nach abzulehnender Ansicht von *Steinmeyer/Häger* ist eine derartige Konstellation nicht möglich [vgl. bereits S. 89 (dort Fn. 396)]. In konsequenter Umsetzung ihrer Ansicht sehen *Steinmeyer/Häger* die Beschränkung der Pflichten des § 23 Absatz 2 WpÜG auf Übernahmeangebote, bei denen der Bieter die Kontrolle über die Zielgesellschaft erlangt hat, als folgerichtig an (*Steinmeyer/Häger*, WpÜG, § 23 WpÜG, Rdn. 12). Das Nichterreichen der Kontrollschwelle (zwingende Wirksamkeitsbedingung) führe zur Unwirksamkeit bereits abgeschlossener Verträge. Insoweit wären Ansprüche aus § 31 Absatz 4 und 5 WpÜG nicht denkbar, weil den Angebotsadressaten mangels wirksamer Verträge endgültig keinerlei Ansprüche auf Gegenleistung zustünden.

§ 23 Absatz 2 Satz 1 WpÜG setzt nach seinem Wortlaut voraus, dass der Bieter die Kontrolle über die Zielgesellschaft erlangt hat. Aus welchem Grund allerdings die Informationspflichten des § 23 Absatz 2 WpÜG entfallen sollen, wenn der Bieter im Rahmen eines Übernahmeangebots die Kontrollschwelle nicht überschritten hat, ist weder aus dem Gesetzestext noch aus der Gesetzesbegründung ersichtlich.[904] Letztere zeigt vielmehr, dass § 23 Absatz 2 WpÜG insbesondere zur Absicherung der in § 31 Absatz 4 und 5 WpÜG enthaltenen Nachbesserungsansprüche dient[905] und somit die betroffenen Wertpapierinhaber schützen soll. In diesem Zusammenhang wird jedoch ein Widerspruch zwischen § 23 Absatz 2 WpÜG und § 31 Absatz 5 WpÜG erkennbar. Lediglich § 23 Absatz 2 WpÜG enthält das Erfordernis der Kontrollerlangung. Dagegen besteht die Nachbesserungspflicht des § 31 Absatz 5 WpÜG unabhängig vom Kontrollerwerb,[906] solange das Angebot wirksam bleibt[907]. Anders als bei bloßen Teilangeboten, die keinen Nachbesserungspflichten unterliegen, dürfen die das Angebot annehmenden Wertpapierinhaber bei Übernahmeangeboten stets in schützenswerter Weise darauf vertrauen, dass sie bei etwaigen Nacherwerben an einer höheren Gegenleistung partizipieren.[908] Ansonsten würde der bei Übernahme- und Pflichtangeboten bezweckte Schutz vor Ungleichbehandlungen von Wertpapierinhabern, in Fällen sukzessiver Erhöhung einer anfänglich niedrig angesetzten Gegenleistung, nicht erreicht. Würde § 23 Absatz 2 WpÜG zwingend einen Kontrollerwerb voraussetzen, entstünde eine Schutzlücke. § 23 Absatz 2 WpÜG würde seinem Zweck, Nachbesserungspflichten abzusichern, nicht gerecht. Denn der das Angebot annehmende Wertpapierinhaber bliebe in bestimmten Fällen ohne Information, obwohl ein Anspruch aus § 31 Absatz 5 WpÜG bestehen könnte.

---

904 *Thun*, in: Geibel/Süßmann, WpÜG, § 23 WpÜG, Rdn. 36.

905 Begr. RegE, BT-Drucks. 14/7034, S. 51.

906 *Thun*, in: Geibel/Süßmann, WpÜG, § 23 WpÜG, Rdn. 37, § 31 WpÜG, Rdn. 59; *Möllers*, in: KK zum WpÜG, § 23 WpÜG, Rdn. 89; *Kremer/Oesterhaus*, in: KK zum WpÜG, § 31 WpÜG, Rdn. 89, 73; a.A. *Steinmeyer/Häger* [vgl. bereits S. 210 (dort Fn. 903)].

907 „Voraussetzung der Anwendung der Regeln ist stets ein bestehender bzw. bereits erfüllter Anspruch auf die Gegenleistung. In den Fällen, in denen ein Übernahmeangebot – z.B. mangels Erreichens der Akzeptanzschwelle oder Wegfalls anderer Bedingungen – scheitert und daher ein Anspruch auf die Gegenleistung nicht (mehr) besteht, ist weder Absatz 4 noch 5 anwendbar." (Begr. RegE, BT-Drucks. 14/7034, S. 56).

908 *Thun*, in: Geibel/Süßmann, WpÜG, § 31 WpÜG, Rdn. 59; *Möllers*, in: KK zum WpÜG, § 23 WpÜG, Rdn. 89.

Thun und *Möllers* wollen die Problematik des unvollständigen Zusammenwirkens zwischen Nachbesserungs- und Informationspflicht lösen, indem sie dem Gesetzgeber bei der sprachlichen Fassung des § 23 Absatz 2 Satz 1 WpÜG ein Versehen unterstellen. § 23 Absatz 2 Satz 1 WpÜG sei deshalb entsprechend anzuwenden bzw. dahingehend auszulegen, dass sich Informationspflichten auch bei Übernahmeangeboten ergeben, bei denen der Bieter zwar nicht die Kontrolle über die Zielgesellschaft erlangt hat, deren Wirksamkeit jedoch gleichwohl unverändert bestehen bleibt.[909]

Nach anderer Ansicht[910] bewirkt § 23 Absatz 2 WpÜG dagegen – seinem Wortlaut entsprechend – keine Informationspflichten, sofern der Bieter keine Kontrolle über die Zielgesellschaft erlangt hat. Zwar wird auch hier die bestehende Schutzlücke erkannt. Eine Rechtsfortbildung contra legem mit einer erweiterten Anwendung auf Fälle, bei denen der Bieter keine Kontrolle über die Zielgesellschaft erlangt hat, wird jedoch abgelehnt. Ein Versehen des Gesetzgebers bei der sprachlichen Fassung des § 23 Absatz 2 Satz 1 WpÜG wird bezweifelt, weil die Gesetzesbegründung ausdrücklich den Erfolg des Übernahmeangebots[911] voraussetzt. Eine Schließung der Schutzlücke gegen den ausdrücklichen Wortlaut des § 23 Absatz 2 Satz 1 WpÜG sei deshalb abzulehnen.

bb) Stellungnahme

Entscheidend ist, ob es sich bei dem von *Thun* und *Möllers* verfolgten Lösungsweg tatsächlich um eine grundsätzlich unzulässige Rechtsfortbildung contra legem handelt, da rechtspolitische Fehler regelmäßig nur de lege ferenda beseitigt werden können. In diesem Zusammenhang ist zu erörtern, ob die kritisierte Einschränkung des § 23 Absatz 2 Satz 1 WpÜG auf Fälle des Kontrollerwerbs vom Gesetz so und nicht anders gewollt ist.

Dem Gesetzgeber kam es nicht darauf an, die Informationspflicht des § 23 Absatz 2 WpÜG in allen Fällen zwingend vom Kontrollerwerb des Bieters abhängig zu machen. Vielmehr ist die, in Abänderung von § 25 Absatz 2 DiskE-ÜG eingeführte, Einschränkung des § 23 Absatz 2 Satz 1 WpÜG ausschließlich vor dem

909 *Thun*, in: Geibel/Süßmann, WpÜG, § 23 WpÜG, Rdn. 38 f., § 31 WpÜG, Rdn. 59.; *Möllers*, in: KK zum WpÜG, § 23 WpÜG, Rdn. 89.

910 *Mielke*, in: Beckmann/Kersting/Mielke, Übernahmerecht, S. 79, Rdn. B 180; *Schröder*, in: Haarmann/Riehmer/Schüppen, Öffentliche Übernahmeangebote, § 23 WpÜG, Rdn. 35.

911 Vgl. Begr. RegE, BT-Drucks. 14/7034, S. 51.

Hintergrund der Veränderung des zeitlichen Anwendungsbereichs zu sehen.[912] Ziel war es, die Informationspflichten entfallen zu lassen, sobald ein Übernahmeangebot deshalb scheitert, weil die vom Bieter vorgegebene Mindestakzeptanzquote nach Ablauf der Annahmefrist nicht erreicht wurde.[913] Einerseits wird das Erfordernis des Kontrollerwerbs dieser Zielsetzung gerecht, weil ein Kontrollerwerb bei endgültigem Nichteintritt einer Wirksamkeitsbedingung ausbleibt und somit die Informationspflicht entfällt. Andererseits ist die gewählte Einschränkung jedoch zu weit, weil – wie bereits gesehen – Übernahmeangebote denkbar sind, die trotz des ausbleibenden Kontrollerwerbs wirksam bleiben. Eine Einschränkung der Informationspflichten des § 23 Absatz 2 WpÜG für die zuletzt genannten Fälle bezweckte der Gesetzgeber allerdings gerade nicht.

Die von der Gesetzesbegründung angesprochene Voraussetzung eines erfolgreichen Übernahmeangebots[914] steht der vorliegend vertretenen Ansicht nicht entgegen. Vielmehr wird das gesetzgeberische Versehen hierdurch sogar offensichtlich. Der Gesetzgeber geht nämlich an anderen Stellen des WpÜG gerade nicht davon aus, dass ein Übernahmeangebot nur dann erfolgreich ist, wenn der Bieter letztendlich die Kontrolle über die Zielgesellschaft erlangt[915]. So stellt z.B. auch die Gesetzesbegründung des § 16 Absatz 2 WpÜG hinsichtlich der weiteren Annahmefrist auf den Erfolg des Übernahmeangebots ab.[916] Bleibt jedoch ein Übernahmeangebot trotz Nichterreichens der Kontrolle wirksam, wird die weitere Annahmefrist – jedenfalls de lege lata – ausgelöst. Die Begründung zu § 31 Absatz 4 WpÜG stellt klar, dass ein Übernahmeangebot nur dann als gescheitert anzusehen ist, wenn den Angebotsadressaten mangels wirksamer Verträge endgültig keinerlei Ansprüche auf Gegenleistung zustehen.[917] Im Ergebnis kann somit ein Übernahmeangebot auch dann erfolgreich i.S.d. Gesetzgebers sein, wenn die Kontrolle nicht erlangt wurde. Entscheidend ist allein, ob das Angebot – wie z.B. bei einem unbedingten Übernahmeangebot – dennoch wirksam bleibt.

Insgesamt ist daher der Ansicht von *Thun* und *Möllers* zu folgen. Es handelt sich hierbei nicht um eine Rechtsfortbildung contra legem. Das einschränkende Erfordernis des Kontrollerwerbs (§ 23 Absatz 2 Satz 1 WpÜG) ist dahingehend

---

912 Vgl. bereits S. 202 ff.

913 Vgl. bereits S. 208 f.

914 Vgl. Begr. RegE, BT-Drucks. 14/7034, S. 51.

915 So jedoch insbesondere *Assmann*, AG 2002, 114, 122 (dort Fn. 45).

916 Begr. RegE, BT-Drucks. 14/7034, S. 46.

917 Begr. RegE, BT-Drucks. 14/7034, S. 56.

auszulegen, dass lediglich die Fälle ausgeschlossen werden, bei denen der Bieter die Kontrolle über die Zielgesellschaft nicht erlangt hat und hierdurch das gesamte Übernahmeangebot unwirksam ist. Auch insoweit ist eine Klarstellung des völlig missglückten Wortlauts dringend geboten.

4. Eingeschränkte teleologische Reduktion des § 23 Absatz 2 WpÜG in Bezug auf börsliche Nacherwerbe i.S.v. § 31 Absatz 5 WpÜG

a) Problematik

Thun ist der Ansicht, § 23 Absatz 2 WpÜG gehe über das mit ihm bezweckte Ziel hinaus. Es sei nicht berücksichtigt worden, dass § 31 Absatz 5 Satz 1 WpÜG nur für Aktienerwerbe „außerhalb der Börse" Nachbesserungspflichten enthält. Der Wortlaut des § 23 Absatz 2 WpÜG lasse eine vergleichbare Einschränkung der auf Nacherwerbe gerichteten Informationspflichten nicht erkennen. Insoweit liege eine teleologische Reduktion des § 23 Absatz 2 WpÜG nahe. Im Ergebnis fordert *Thun* eine baldige Klarstellung durch den Gesetzgeber.[918]

Im Gegensatz hierzu scheint *Schröder* die uneingeschränkte Anwendung des § 23 Absatz 2 WpÜG auf sämtliche Aktienerwerbe außerhalb des Angebotsverfahrens zu akzeptieren. „Ein solcher Erwerb außerhalb des Angebotsverfahrens ist jeder Erwerb, der nicht aus dem Abschluss eines aus dem Angebot resultierenden Kauf- bzw. Tauschvertrages hervorgeht. Insbesondere ist damit der Erwerb über die Börse (obwohl § 31 Abs. 5 nur bei außerbörslichem Erwerb gilt!) oder der Paketerwerb im Rahmen einer privaten Transaktion erfasst."[919] Eine teleologische Reduktion in Bezug auf börsliche Nacherwerbe wird von ihm nicht gefordert.

b) Stellungnahme

Der Regierungsentwurf des WpÜG enthielt noch keine Einschränkung des § 31 Absatz 5 Satz 1 WpÜG auf Aktienerwerbe außerhalb der Börse.[920] „Die Änderung in Absatz 5 Satz 1 beschränkt die Nachbesserungspflicht des Bieters

918 *Thun*, in: Geibel/Süßmann, WpÜG, § 23 WpÜG, Rdn. 40.

919 *Schröder*, in: Haarmann/Riehmer/Schüppen, Öffentliche Übernahmeangebote, § 23 WpÜG, Rdn. 36.

920 Zur diesbezüglichen Kritik am Regierungs- bzw. Referentenentwurf, vgl. *Krieger*, Preisfindung beim Übernahmeangebot, S. 289, 301; *Deutscher Anwaltverein e.V.*, NZG 2001, 420, 428; *ders.*, NZG 2001, 1003, 1006.

bei Erwerben nach Abschluss des Angebotsverfahrens auf außerbörsliche Erwerbe. Hierdurch wird eine übermäßige Einschränkung der Handlungsmöglichkeiten des Bieters nach Abschluss des Angebotsverfahrens vermieden."[921] Als Ergebnis ergibt sich eine Aufweichung des Gleichbehandlungsgrundsatzes,[922] die vom Gesetzgeber hingenommen wird,[923] um die unternehmerische Handlungsfreiheit des Bieters nicht unangemessen zu beeinträchtigen. Hintergrund sind allein rechtspolitische Erwägungen. Denn die Argumentation, wonach der Bieter bei Erwerben über die Börse keinen Einfluss auf den für die Aktien zu zahlenden Preis habe, ist zur Rechtfertigung der Einschränkung des § 31 Absatz 5 Satz 1 WpÜG nicht geeignet.[924] Sie übersieht, dass der Börsenhandel nach Durchführung von Übernahme- bzw. Pflichtangeboten regelmäßig sehr eng ist. Allein die Nachfrage des Bieters nach Aktien der Zielgesellschaft könnte erheblichen Einfluss auf den Börsenkurs haben.

Fraglich ist, ob eine teleologische Reduktion des § 23 Absatz 2 WpÜG geboten ist, um den de lege lata eingeschränkten Anwendungsbereich des § 31 Absatz 5 Satz 1 WpÜG zu berücksichtigen. Diese Frage ist ausschließlich für den Fall zu bejahen, dass die Veröffentlichung bzw. Mitteilung von börslichen Aktienerwerben keinerlei Funktion erfüllt. Im Ergebnis ist folglich eine differenzierte Betrachtung und in ihrer Folge nur eine eingeschränkte teleologische Reduktion des § 23 Absatz 2 WpÜG geboten.

---

921 Begr. Beschlussempfehlung des Finanzausschusses, BT-Drucks. 14/7477, S. 53 (auch abgedruckt bei *Fleischer/Kalss*, WpÜG, S. 798).

922 In diesem Sinn auch *Thun*, in: Geibel/Süßmann, WpÜG, § 31 WpÜG, Rdn. 55; a.A. *Krieger*, Preisfindung beim Übernahmeangebot, S. 289, 301; *Diregger/Winner*, WM 2002, 1583, 1589; *Deutscher Anwaltverein e.V.*, NZG 2001, 420, 428. Letztere vertreten die Ansicht, die Gleichbehandlung sei bei einem Erwerb über die Börse gewahrt. Dies wird zum einen damit begründet, dass nicht gezielt bestimmten Aktionären Anteile abgekauft werden. Zum anderen müsse jeder Aktionär, der das Angebot angenommen hat, damit rechnen, dass der Börsenkurs künftig steigen und den Angebotspreis übertreffen kann. Es sei in solchen Fällen sachlich nicht gerechtfertigt, dem Bieter Zukäufe über die Börse nur um den Preis einer Nachbesserung des früheren Angebotspreises zu gestatten. Hierbei wird jedoch verkannt, dass der Anknüpfungspunkt der Gleichbehandlung nicht mit dem des § 71 Nr. 8 Satz 4 AktG vergleichbar ist. § 31 Absatz 5 WpÜG regelt nicht die Gleichbehandlung zwischen aktuellen Aktionären. Vielmehr wird eine Gleichbehandlung zwischen Aktionären, die aufgrund einer Angebotsannahme bereits ausgeschieden sind, und Aktionären, die ihre Aktien erst später veräußert haben, bezweckt. Im Ergebnis handelt es sich daher um eine Aufweichung des Gleichbehandlungsgrundsatzes.

923 *Thun*, in: Geibel/Süßmann, WpÜG, § 31 WpÜG, Rdn. 55.

924 A.A. *Steinmeyer/Häger*, WpÜG, § 31 WpÜG, Rdn. 75.

Nach Ablauf einer ggf. eröffneten weiteren Annahmefrist i.S.v. § 16 Absatz 2 WpÜG ergeben die Informationspflichten des § 23 Absatz 2 WpÜG in Bezug auf börsliche Aktienerwerbe keinerlei Sinn mehr. Insbesondere können keine Ansprüche aus § 31 Absatz 5 Satz 1 WpÜG ausgelöst werden. Gleiches gilt bereits ab dem Zeitpunkt der Veröffentlichung gem. § 23 Absatz 1 Satz 1 Nr. 2 WpÜG, falls sich – wie z.B. bei Pflichtangeboten – keine weitere Annahmefrist anschließt. Insoweit ist eine teleologische Reduktion des § 23 Absatz 2 WpÜG geboten. Informationspflichten des Bieters hinsichtlich börslicher Aktienerwerbe bestehen nicht. Eine Klarstellung des Gesetzgebers wäre wünschenswert.

Anders ist dies aber für den Zeitraum zwischen der Veröffentlichung gem. § 23 Absatz 1 Satz 1 Nr. 2 WpÜG und dem Ende einer ggf. ausgelösten weiteren Annahmefrist i.S.v. § 16 Absatz 2 WpÜG zu beurteilen. Hier ist eine teleologische Reduktion des § 23 Absatz 2 WpÜG abzulehnen und die Veröffentlichung bzw. Mitteilung auch in Bezug auf börsliche Aktienerwerbe zu verlangen. Zwar können solche Erwerbe keine Nachbesserungsansprüche i.S.v. § 31 Absatz 5 Satz 1 WpÜG auslösen. Die Informationen über den Erwerb sind jedoch vor dem Hintergrund der Transparenz des Angebotsverfahrens (§ 3 Absatz 2 WpÜG) erforderlich. Den Aktionären wird hierdurch ermöglicht, die Angemessenheit des Angebots zu beurteilen und ihre Entscheidung daran auszurichten.

5. Ausnahme des § 20 WpÜG

Die in § 20 Absatz 1 i.V.m. Absatz 2 WpÜG vorgesehene Befreiungsmöglichkeit erfasst auch die Veröffentlichungspflicht des § 23 Absatz 2 WpÜG. Unter den bereits beschriebenen Vorraussetzungen[925] lässt die BAFin auf schriftlichen Antrag des Bieters zu, dass bestimmte Wertpapiere insbesondere bei der Veröffentlichungspflicht des § 23 Absatz 2 WpÜG unberücksichtigt bleiben. Während des Zeitraums der Annahmefähigkeit des Angebots ist eine derartige Befreiungsmöglichkeit nicht gerechtfertigt. Gibt der Bieter ein entsprechendes Angebot ab, ist kaum zu erwarten, dass er[926] bzw. die mit ihm gemeinsam handelnden Personen und deren Tochterunternehmen in dem genannten Zeitraum weiterhin mit Aktien der Zielgesellschaft spekulieren, da mit einer Erhöhung des Börsenkurses die Gefahr des Scheiterns des öffentlichen Angebots einhergeht.[927] Aber auch wäh-

---

925 Vgl. hierzu S. 178.

926 Nach *Witt*, NZG 2000, 809, 815 sind die Voraussetzungen des § 20 Absatz 2 WpÜG jedenfalls in der Person des Bieters als Übernahmeinteressent ohnehin nicht vorstellbar.

927 Vgl. hierzu *Steinmeyer/Häger*, WpÜG, § 20 WpÜG, Rdn. 5; *Hirte*, in: KK zum WpÜG, § 20 WpÜG, Rdn. 36 (dort Fn. 46), 16.

rend des restlichen Referenzzeitraums des § 23 Absatz 2 WpÜG werden spekulative Käufe unterbleiben, die den Angebotspreis nachträglich gem. § 31 Absatz 5 WpÜG erhöhen könnten. Darüber hinaus lösen börsliche Erwerbe nach der hier vertretenen teleologischen Reduktion des § 23 Absatz 2 WpÜG ohnehin keine diesbezüglichen Veröffentlichungspflichten aus.

Stattdessen resultiert aus der Befreiungsmöglichkeit die Gefahr einer Umgehung der Offenlegungsvorschriften.[928] Erschwerend kommt auch hier hinzu, dass unrichtige Angaben im Zusammenhang mit der Antragstellung oder ein Verstoß gegen die Mitteilung über eine Umwidmung von Beständen im Zusammenhang mit dem Befreiungstatbestand des § 20 WpÜG keinen Niederschlag in den Bußgeldvorschriften des § 60 WpÜG gefunden haben. De lege ferenda sind hier Nachbesserungen des Gesetzgebers erforderlich.

IV. Inhalt der Veröffentlichungen und Mitteilungen

1. Höhe der erworbenen Aktien- und Stimmrechtsanteile

Nach § 23 Absatz 2 Satz 1 WpÜG ist der Bieter verpflichtet, u.a. die Höhe der erworbenen Aktien[929]- und Stimmrechtsanteile zu veröffentlichen und diese der BAFin mitzuteilen. Hinsichtlich der Begriffe Aktien- und Stimmrechtsanteile sei auf die Ausführungen zu Wertpapier- und Stimmrechtsanteilen i.S.v. § 23 Absatz 1 Satz 1 WpÜG verwiesen.[930]

Der Wortlaut des § 23 Absatz 2 Satz 1 WpÜG fordert im Gegensatz zu § 23 Absatz 1 Satz 1 Alt. 1 WpÜG keine Angaben hinsichtlich der Anzahl der erworbenen Aktien. *Schröder* ist der Meinung, dem Gesetzgeber diesbezüglich ein redaktionelles Versehen unterstellen zu können. Dies ist nicht überzeugend, weil die Information über die Anzahl der erworbenen Aktien insbesondere in Bezug auf Ansprüche aus § 31 Absatz 4 und 5 WpÜG keine Bedeutung hat. Selbst die geforderten Angaben zur Höhe der erworbenen Aktien- und Stimmrechtsanteile (§ 23 Absatz 2 Satz 1 WpÜG) sind im Rahmen des § 31 Absatz 4 und 5 WpÜG nicht relevant. Wie bereits dargestellt, sind diese lediglich im Zusammenhang

---

928 *Racky*, in: Geibel/Süßmann, WpÜG, § 20 WpÜG, Rdn. 27.

929 Entsprechend der de lege ferenda geforderten Erweiterung des Tatbestandes auf den Erwerb von sämtlichen Wertpapieren i.S.v. § 2 Absatz 2 WpÜG (vgl. S. 205), sollte der Gesetzgeber zukünftig auch hier auf den Wertpapierbegriff abstellen.

930 Aktienanteile sind i.S.e. auf Aktien beschränkten Teilausschnitts der Wertpapieranteile zu verstehen.

mit der Absicherung des § 31 Absatz 3 Nr. 2 WpÜG zu sehen.[931] Aus Gründen der Übersichtlichkeit und Vollständigkeit ist es für den Bieter dennoch ratsam, auch die Anzahl der erworbenen Aktien zu veröffentlichen bzw. mitzuteilen.

2. Art und Höhe der für jeden Anteil gewährten Gegenleistung

a) Art der Gegenleistung

Die Veröffentlichungen bzw. Mitteilungen nach § 23 Absatz 2 WpÜG haben Angaben zur Art der Gegenleistung zu enthalten. Es ist mitzuteilen, ob die Vergütung in Bargeld erfolgt oder welche Aktien bzw. anderen Wertpapiere angeboten werden.[932] Letzteres erfordert die genaue Bezeichnung der entsprechenden Wertpapiere.

b) Höhe der Gegenleistung für jeden Anteil

Nach § 23 Absatz 2 Satz 1 WpÜG ist die Höhe der auf jeden Anteil entfallenden Gegenleistung anzugeben. „Für jeden Anteil" meint in diesem Zusammenhang die Gegenleistung für jede erworbene Aktie der Zielgesellschaft. Wie der Begriff „Höhe" der Gegenleistung zu verstehen ist, wird in der Literatur kontrovers diskutiert.

aa) Meinungsstand

Nach *Möllers* ist dem Wortlaut des § 23 Absatz 2 Satz 1 WpÜG zu entnehmen, dass der Bieter lediglich die Art und Höhe der Gegenleistung angeben müsse, nicht jedoch den tatsächlichen Wert.[933] Für *Thun,* der diesem Ergebnis zustimmt, ist dies jedoch nicht in gleicher Weise eindeutig. Vielmehr sei unklar, ob sich die Höhe – bei Wertpapieren als Gegenleistung – auf die Nennung der gewährten Anzahl beschränke oder aber konkret im Hinblick auf die Berechnungsvorschriften des § 31 WpÜG sowie der WpÜG-AngVO der Wert mitgeteilt werden müsse, der sich aus der Anwendung der Berechnungsvorschriften ergebe.[934] Letzteres würde den Aktionären zwar erleichtern, die Gegenleistung des öffentlichen Angebots mit der des Parallel- bzw. Nacherwerbs zu vergleichen. Im Ergebnis sei jedoch eine Information über den tatsächlichen Wert der Gegenleistung nicht er-

---

931 Vgl. hierzu S. 200.

932 *Thun*, in: Geibel/Süßmann, WpÜG, § 23 WpÜG, Rdn. 41.

933 *Möllers*, in: KK zum WpÜG, § 23 WpÜG, Rdn. 94.

934 *Thun*, in: Geibel/Süßmann, WpÜG, § 23 WpÜG, Rdn. 42.

forderlich, wenn der Wertpapierinhaber über die Anzahl der als Gegenleistung angebotenen Wertpapiere informiert werde und er hiermit und eventuell zusätzlichen Informationen die Höhe eines ihm zustehenden Nachbesserungsanspruchs selbst ermitteln könne.[935] Ob dies der Fall ist, müsse im konkreten Einzelfall betrachtet werden.

Auch nach *Schröder* und *Haarmann* umfasst der Begriff „Höhe" nicht die Bewertung der Gegenleistung.[936] Eine diesbezügliche Informationspflicht des Bieters aus § 23 Absatz 2 WpÜG wird abgelehnt. Probleme werden allerdings hinsichtlich schwieriger Bewertungsfragen gesehen, weil die Aktionäre hier häufig überfordert seien. „Im Regelfall dürfte dem Aktionär aber ein Auskunftsanspruch nach den Grundsätzen von Treu und Glauben gegen den Bieter zur Seite stehen. Derartige Ansprüche bestehen, wenn eine Partei eines Vertragsverhältnisses über das Bestehen und/oder den Umfang eines Anspruchs im Ungewissen ist, sich diese Partei die erforderlichen Informationen nicht auf zumutbare Weise beschaffen kann und der andere Vertragsteil zur Auskunftserteilung unschwer in der Lage ist."[937] Bei Parallel- und Nacherwerben bewerte der Bieter regelmäßig die von ihm erbrachte Gegenleistung. Die Offenlegung der hierfür erforderlichen Grundlagen und seiner daraus gezogenen Schlüsse sei daher ohne größeren Aufwand möglich. Dem früheren Aktionär der Zielgesellschaft obliege es dann, die Bewertung zu überprüfen und eventuelle Mängel im Rahmen eines Gerichtsverfahrens zu beweisen.

Anderer Ansicht sind hingegen *Steinmeyer/Häger*. Der Bieter habe in seinen Veröffentlichungen bzw. Mitteilungen auch eventuelle wertmäßige Unterschiedsbeträge anzugeben, die sich aus der Differenz zwischen Gegenleistungen außerhalb des Angebotsverfahrens und im Angebotsverfahren ergeben.[938] Eine derartige Auslegung des § 23 Absatz 2 Satz 1 WpÜG sei erforderlich, um den berechtigten Aktionären die Geltendmachung ihrer Ansprüche adäquat zu ermöglichen.

---

935 *Möllers*, in: KK zum WpÜG, § 23 WpÜG, Rdn. 94; *Thun*, in: Geibel/Süßmann, WpÜG, § 23 WpÜG, Rdn. 42.

936 *Schröder*, in: Haarmann/Riehmer/Schüppen, Öffentliche Übernahmeangebote, § 23 WpÜG, Rdn. 40 (dort Fn. 29); *Haarmann*, in: Haarmann/Riehmer/Schüppen, Öffentliche Übernahmeangebote, § 31 WpÜG, Rdn. 136 f., 156.

937 *Haarmann*, in: Haarmann/Riehmer/Schüppen, Öffentliche Übernahmeangebote, § 31 WpÜG, Rdn. 137; zu dieser Art des Auskunftsanspruchs vgl. *Heinrichs*, in: Palandt, Bürgerliches Gesetzbuch, § 261 BGB, Rdn. 8 ff.

938 *Steinmeyer/Häger*, WpÜG, § 23 WpÜG, Rdn. 13, § 31 WpÜG, Rdn. 72, 82.

bb) Stellungnahme

Dem Wortlaut des § 23 Absatz 2 Satz 1 WpÜG muss entnommen werden, dass der Bieter verpflichtet ist, den tatsächlichen Wert der Gegenleistung des Parallel- bzw. Nacherwerbs anzugeben. Die „Höhe" der Gegenleistung ist i.S.e. wertmäßigen Angabe zu verstehen. Nur diese Auslegung stellt sicher, dass der Normzweck des § 23 Absatz 2 WpÜG erreicht wird. Die Angebotsadressaten sollen über Bestand und Umfang möglicher Ansprüche aus § 31 Absatz 4 und 5 WpÜG informiert werden. Darüber hinaus sollen sie die erhöhte Gegenleistung des ggf. noch annahmefähigen Angebots erkennen können.

Zur Begründung ist auf die Parallelregelung des § 2 Nr. 7 WpÜG-AngVO zu verweisen. Hiernach sind Art und „Umfang" der im Rahmen von Vorerwerben gewährten oder vereinbarten Gegenleistung in der Angebotsunterlage zu veröffentlichen. Hinsichtlich dieser Vorschrift besteht weitgehend Einigkeit über die Verpflichtung des Bieters, den tatsächlichen Wert der Gegenleistung eines Vorerwerbs angeben zu müssen. „Bei der Offenlegung ist die Vorerwerbsgegenleistung anzugeben und, sofern es sich hierbei um eine Sachgegenleistung (etwa andere Wertpapiere) handelt, deren Wert anzugeben."[939] Enthält das Angebot eine der Art nach andere Gegenleistung als die Vorerwerbsgegenleistung, sind sogar deren Werte zueinander ins Verhältnis zu setzen. Nur auf diese Weise ist es den Wertpapierinhabern möglich, die Angemessenheit der Gegenleistung des Angebots zu beurteilen. Eine diesbezüglich abweichende Auslegung im Rahmen des § 23 Absatz 2 Satz 1 WpÜG ist nicht geboten. Insbesondere kann sowohl „Umfang" als auch „Höhe" i.S.e. wertmäßigen Angabe der Gegenleistung ausgelegt werden.

Darüber hinaus ist nicht ersichtlich, weshalb man auf einen Auskunftsanspruch der Aktionäre nach den Grundsätzen von Treu und Glauben zurückgreifen sollte, wenn eine entsprechende Auslegung des § 23 Absatz 2 Satz 1 WpÜG möglich und nach seinem Normzweck sogar geboten ist. Die Veröffentlichungs- bzw. Mitteilungspflicht nach § 23 Absatz 2 WpÜG ist insoweit vorrangig.

---

939 *Steinmeyer/Häger*, WpÜG, § 11 WpÜG, Rdn. 39; ebenso *Seydel*, in: KK zum WpÜG, § 11 WpÜG, Rdn. 99; *Schröder*, in: Haarmann/Riehmer/Schüppen, Öffentliche Übernahmeangebote, § 23 WpÜG, Rdn. 40 (dort Fn. 29).

cc) Erforderliche Angaben

Sofern die Gegenleistung des Parallel- bzw. Nacherwerbs in Bargeld besteht, ist die Wertangabe problemlos möglich. Bei Fremdwährungen ist eine Umrechnung in EURO vorzunehmen. Maßgeblich ist dabei der Umrechnungskurs zum Zeitpunkt des Parallel- bzw. Nacherwerbs.

Sind im Rahmen des Parallel- bzw. Nacherwerbs liquide Aktien i.S.d. § 31 Absatz 2 Satz 1 WpÜG als Gegenleistung vorgesehen, ist deren Bewertung entsprechend § 7 WpÜG-AngVO i.V.m. §§ 5, 6 WpÜG-AngVO[940] vorzunehmen.[941] „Aus dem so festgestellten Wert ergibt sich die Höchstgrenze (!) des anzunehmenden Werts für die Gegenleistung."[942]

Schwieriger ist die Bewertung hingegen, wenn die Gegenleistung in nicht börsennotierten Aktien oder anderen Leistungen besteht, die keinen Marktwert haben. Hier hat die Bewertung durch einen Sachverständigen nach anerkannten wirtschaftlichen Grundsätzen zu erfolgen.[943] Da der Bieter die von ihm zu erbringende Gegenleistung ohnehin bereits vor ihrer Vereinbarung bewerten wird, ist die Offenlegung allerdings auch hier regelmäßig ohne größeren Aufwand möglich. Die Praktikabilität des § 23 Absatz 2 WpÜG ist nicht gefährdet.[944]

c) Weite Auslegung des Begriffs der „gewährten" Gegenleistung

Problematisch ist, dass der Wortlaut des § 23 Absatz 2 Satz 1 WpÜG lediglich Angaben hinsichtlich der „gewährten" Gegenleistung verlangt. Hiernach wären Informationen zur Gegenleistung nur zu veröffentlichen bzw. mitzuteilen, soweit die Gegenleistung bereits gewährt wurde. Im Rahmen des § 31 Absatz 4 und 5 WpÜG genügt es hingegen, dass wertmäßig eine höhere als die im Angebot ge-

940 Zwar gilt § 7 WpÜG-AngVO nicht unmittelbar, weil lediglich Gegenleistungen im Rahmen des öffentlichen Angebots erfasst werden. Die Einheitlichkeit des Bewertungsmaßstabes erfordert jedoch eine entsprechende Anwendung. Ähnlich *Haarmann*, in: Haarmann/Riehmer/Schüppen, Öffentliche Übernahmeangebote, § 31 WpÜG, Rdn. 135 (dort Fn. 126).

941 Ausführlich hierzu vgl. *Haarmann*, in: Haarmann/Riehmer/Schüppen, Öffentliche Übernahmeangebote, § 31 WpÜG, Rdn. 135.

942 *Steinmeyer/Häger*, WpÜG, § 31 WpÜG, Rdn. 18.

943 *Steinmeyer/Häger*, WpÜG, § 31 WpÜG, Rdn. 69.

944 A.A. *Schröder*, in: Haarmann/Riehmer/Schüppen, Öffentliche Übernahmeangebote, § 23 WpÜG, Rdn. 40 (dort Fn. 29).

nannte Gegenleistung „gewährt oder vereinbart“ wird. Allein die Vereinbarung löst deshalb bereits die Rechtsfolgen des § 31 Absatz 4 und 5 WpÜG aus.

Diese Abweichung würde zu einem unvollständigen Zusammenwirken zwischen den Nachbesserungspflichten des § 31 Absatz 4 und 5 WpÜG und der Informationspflicht des § 23 Absatz 2 WpÜG führen. Die Informationspflicht könnte teilweise umgangen werden, indem die vereinbarte Gegenleistung erst zu einem späteren Zeitpunkt gewährt wird. Nach dem Wortlaut des § 23 Absatz 2 Satz 1 WpÜG hätte der Bieter in derartigen Fällen zunächst lediglich über die Höhe der erworbenen Aktien- und Stimmrechtsanteile zu informieren.[945] Den Angebotsadressaten blieben die wesentlichen anspruchsbegründenden Tatsachen verborgen. Erst nachdem die Gegenleistung tatsächlich gewährt wurde, wären Informationen über die Art und Höhe der Gegenleistung in gleicher Form unverzüglich nachzureichen.

Hinsichtlich der Lösung dieser Diskrepanz besteht im wesentlichen Einigkeit. § 23 Absatz 2 Satz 1 WpÜG ist über seinen Wortlaut hinaus dahingehend auszulegen, dass die Informationspflicht auch durch eine bindend vereinbarte Vergütung umfassend ausgelöst wird.[946] Der Zeitpunkt der Gewährung ist unerheblich. *Schröder* geht zu Recht von einem redaktionellen Versehen des Gesetzgebers aus.[947] Zum einen wäre der Normzweck des § 23 Absatz 2 WpÜG bei wortlautgetreuer Anwendung gefährdet. Zum anderen wäre die Verweisung des § 23 Absatz 2 Satz 2 WpÜG auf § 31 Absatz 6 WpÜG nahezu bedeutungslos, weil eine Gegenleistung bei erwerbsgleichen Vereinbarungen in den seltensten Fällen bereits gewährt sein wird. Schließlich wird das Versehen des Gesetzgebers auch bei Betrachtung der auf Vorerwerbe bezogenen Parallelvorschrift des § 2 Nr. 7 WpÜG-AngVO offensichtlich. Auch hiernach sind Art und Umfang der für Wertpapiere der Zielgesellschaft „gewährten oder vereinbarten“ Gegenleistung in der Angebotsunterlage zu veröffentlichen. Ein sachlich rechtfertigender Grund für eine hiervon abweichende Regelung in Bezug auf Parallel- bzw. Nacherwer-

---

945 Weitergehend *Möllers*, in: KK zum WpÜG, § 23 WpÜG, Rdn. 94, nach dem in solchen Fällen bei wortlautgetreuer Anwendung des § 23 Absatz 2 Satz 1 WpÜG vorerst keinerlei Informationspflichten bestehen würden. Dies lässt sich jedoch § 23 Absatz 2 Satz 1 WpÜG nicht entnehmen.

946 *Thun*, in: Geibel/Süßmann, WpÜG, § 23 WpÜG, Rdn. 44; *Möllers*, in: KK zum WpÜG, § 23 WpÜG, Rdn. 94; *Schröder*, in: Haarmann/Riehmer/Schüppen, Öffentliche Übernahmeangebote, § 23 WpÜG, Rdn. 40.

947 *Schröder*, in: Haarmann/Riehmer/Schüppen, Öffentliche Übernahmeangebote, § 23 WpÜG, Rdn. 40.

be ist nicht ersichtlich. Eine diesbezügliche Klarstellung durch den Gesetzgeber ist wünschenswert.

V. Form und Nachweis der Veröffentlichung

1. Form der Veröffentlichung

In Bezug auf die Form der Veröffentlichung verweist § 23 Absatz 2 Satz 1 WpÜG auf § 14 Absatz 3 Satz 1 WpÜG. Insoweit sei auf die Ausführungen zu § 23 Absatz 1 Satz 1 WpÜG i.V.m. § 14 Absatz 3 Satz 1 WpÜG verwiesen.[948] Hinsichtlich der Internetbekanntmachung erscheint es sachgerecht, den Bieter zu verpflichten, die Informationen bis zum Ende des in Bezug auf § 23 Absatz 2 WpÜG maßgeblichen Referenzzeitraums, jedoch mindestens über einen angemessenen Zeitraum (z.B. ein bis zwei Monate), zugänglich zu halten. Im Rahmen der auch bei § 23 Absatz 2 WpÜG gesetzlich zulässigen Schalterpublizität vertritt *Thun* – entgegen seiner zu § 23 Absatz 1 WpÜG geäußerten ohnehin abzulehnenden Ansicht[949] – zu Recht nicht die Meinung, eine einmalige Hinweisbekanntmachung des Bieters zu Beginn des Angebotsverfahrens könne ausreichen. Unter dem Gesichtspunkt des Schutzzwecks der Norm sei aufgrund der Länge des maßgeblichen Referenzzeitraums eine erneute Hinweisbekanntmachung erforderlich.[950]

2. Nachweis der Veröffentlichung

Anders als im Rahmen der Veröffentlichungspflichten des § 23 Absatz 1 WpÜG ist der Bieter hinsichtlich § 23 Absatz 2 WpÜG nicht verpflichtet, der BAFin einen Beleg über die Veröffentlichung nach § 14 Absatz 3 Satz 1 Nr. 2 WpÜG zu übersenden. § 23 Absatz 2 WpÜG verweist nicht auf § 14 Absatz 3 Satz 2 WpÜG. Obwohl Gründe für die abweichende Regelung nicht erkennbar sind,[951] ist sie jedenfalls de lege lata zu akzeptieren.

---

948 Vgl. S. 179 ff.

949 Vgl. S. 186.

950 *Thun*, in: Geibel/Süßmann, WpÜG, § 23 WpÜG, Rdn. 34.

951 Vgl. *Schröder*, in: Haarmann/Riehmer/Schüppen, Öffentliche Übernahmeangebote, § 23 WpÜG, Rdn. 41.

VI. Mitteilung an die BAFin

Des Weiteren sieht § 23 Absatz 2 Satz 1 WpÜG eine Mitteilung der zu veröffentlichenden Zahlenangaben an die BAFin vor. Diese hat gem. § 45 Satz 1 WpÜG grundsätzlich in schriftlicher Form zu erfolgen. Sofern der Absender zweifelsfrei zu erkennen ist, kann sie auch durch elektronische Datenfernübertragung übermittelt werden (§ 45 Satz 2 WpÜG).[952]

VII. Zeitpunkt der Veröffentlichung bzw. Mitteilung

Der Bieter hat die Veröffentlichungen bzw. Mitteilungen nach § 23 Absatz 2 WpÜG unverzüglich nach dem entsprechenden Erwerbsvorgang vorzunehmen. Dies gilt – jedenfalls nach hier vertretener Ansicht – auch für Parallelerwerbe (i.S.v. § 31 Absatz 4 WpÜG) im Rahmen eines Übernahmeangebots. Die unverzügliche Informationspflicht besteht insofern unabhängig vom Kontrollerwerb des Bieters, weil sich die in § 23 Absatz 2 Satz 1 WpÜG in Bezug auf Übernahmeangebote enthaltene Einschränkung lediglich auf Erwerbe in der Nachangebotsphase bezieht.[953]

Während Art. 12 ÜK den Bieter verpflichtete, Parallelgeschäfte bis zum nächstfolgenden Geschäftstag der Geschäftsstelle zu melden und öffentlich bekanntzugeben, enthält § 23 Absatz 2 Satz 1 WpÜG keine feste Zeitangabe. Vielmehr ist eine unverzügliche Veröffentlichung bzw. Mitteilung vorgeschrieben. Fraglich ist deshalb, welcher Zeitraum als „unverzüglich" (ohne schuldhaftes Zögern) i.S.v. § 23 Absatz 2 Satz 1 WpÜG angesehen werden kann. Im Gegensatz zu § 23 Absatz 1 Satz 1 Nr. 2 und 3 WpÜG[954] besteht im Rahmen des § 23 Absatz 2 WpÜG kein vergleichbares Informationsdefizit des Bieters, dem Rechnung getragen werden müsste. Hinsichtlich der Erwerbe i.S.v. § 23 Absatz 2 WpÜG ist der Bieter schon wegen § 23 Absatz 1 Satz 1 Alt. 1 WpÜG zur Implementierung eines Informationssystems verpflichtet, das einen taggleichen Informationsfluss sicherstellt[955]. Welcher Zeitraum letztendlich als „unverzüglich" i.S.v. § 23 Ab-

---

952 Zu Einzelheiten vgl. *Süßmann*, in: Geibel/Süßmann, WpÜG, § 45 WpÜG, Rdn. 1 ff.; *Steinmeyer/Häger*, WpÜG, § 45 WpÜG, Rdn. 1 ff.; *Stögmüller*, in: Haarmann/Riehmer/Schüppen, Öffentliche Übernahmeangebote, § 45 WpÜG, Rdn. 9 f.

953 Vgl. hierzu S. 207 ff.

954 Zur Auslegung des Begriffs „unverzüglich" im Rahmen des § 23 Absatz 1 Satz 1 Nr. 2 und 3 WpÜG vgl. S. 192 ff., 195 f.

955 Vgl. hierzu S. 155 ff.

satz 2 Satz 1 WpÜG angesehen werden kann, ist von der Intensität des Interesses der Angebotsadressaten an einer zeitnahen Information abhängig.

In Bezug auf Parallelerwerbe i.S.v. § 31 Absatz 4 WpÜG kann die Wertung des Art. 12 ÜK herangezogen werden. „Denn die Wertpapierinhaber haben während des Laufs der Annahmefrist ein erhöhtes Interesse an einer zeitnahen Information, die (...) auch ihre eigenen Überlegungen und Absichten im Hinblick auf die Annahme des Übernahme- oder Pflichtangebots beeinflussen kann."[956] Die Veröffentlichung bzw. Mitteilung muss hier grundsätzlich zum nächstfolgenden[957] bzw. spätestens am zweiten[958] Geschäftstag erfolgen.

Bei Nacherwerben i.S.v. § 31 Absatz 5 Satz 1 WpÜG ist hingegen eine differenzierte Betrachtung geboten. Solange Angebotsadressaten noch über die Annahme des Angebots entscheiden können,[959] ist der Begriff „unverzüglich" ebenso zu beurteilen, wie bei Parallelerwerben. Nach diesem Zeitpunkt ist das Interesse der Angebotsadressaten an einer zeitnahen Information über relevante Aktienerwerbe geringer. Die Angaben fließen nicht mehr in eine zeitgebundene Entscheidung über die Angebotsannahme ein, sondern dienen ausschließlich der Information über einen möglichen Anspruch aus § 31 Absatz 5 Satz 1 WpÜG. Insoweit ist deshalb i.d.R. ein Zeitraum von fünf Arbeits- bzw. Börsentagen als unverzüglich i.S.v. § 23 Absatz 2 WpÜG anzusehen.

VIII. Überschneidung mit § 23 Absatz 1 WpÜG

Die jeweils nach § 23 Absatz 1 WpÜG bzw. nach § 23 Absatz 2 WpÜG vorgeschriebenen Informationen können sich inhaltlich überschneiden. Erwerbe i.S.v. § 23 Absatz 2 WpÜG sind im zeitlichen Anwendungsbereich des § 23 Absatz 1 WpÜG in beiden Pflichtveröffentlichungen bzw. -mitteilungen enthalten.[960] Die betreffenden Beteiligungen sind in die Quoten des § 23 Absatz 1 Satz 1 Alt. 1 WpÜG aufzunehmen, weil es in diesem Zusammenhang gerade nicht erforderlich ist, dass die Wertpapiere im Rahmen des Angebotsverfahrens erworben wurden. Nur über diese Einbeziehung in § 23 Absatz 1 WpÜG ist sichergestellt,

---

956 *Thun*, in: Geibel/Süßmann, WpÜG, § 23 WpÜG, Rdn. 45.

957 So für Parallelerwerbe *Thun*, in: Geibel/Süßmann, WpÜG, § 23 WpÜG, Rdn. 45.

958 *Möllers*, in: KK zum WpÜG, § 23 WpÜG, Rdn. 95, der allerdings nicht zwischen Parallel- und Nacherwerben differenziert.

959 D.h. bis zum Ende einer ggf. ausgelösten weiteren Annahmefrist i.S.v. § 16 Absatz 2 WpÜG.

960 In diesem Sinn auch *Möllers*, in: KK zum WpÜG, § 23 WpÜG, Rdn. 97.

dass die wachsende potentielle Beteiligung des Bieters ausreichend transparent gemacht wird. § 23 Absatz 2 WpÜG ist hierzu weder geeignet noch soll er dieses Ziel erreichen.[961]

Da die beiden Absätze des § 23 WpÜG verschiedene, voneinander unabhängige Ziele verfolgen, ist keine der Regelungen vorrangig. Vielmehr stehen die Informationspflichten aus § 23 Absatz 1 und 2 WpÜG nebeneinander. Dies zeigt auch die Gesetzesbegründung, wonach § 23 Absatz 2 WpÜG in Ergänzung zu § 23 Absatz 1 WpÜG zusätzliche Mitteilungs- und Veröffentlichungspflichten anordnet.[962] Allerdings müssen die Veröffentlichungen erkennbar nach § 23 Absatz 1 und 2 WpÜG getrennt werden, um Missverständnisse gerade bei unerfahrenen Kleinaktionären zu vermeiden.[963]

---

961 Vgl. *Witt*, NZG 2000, 809, 818 zu § 25 Absatz 2 DiskE-ÜG.

962 Begr. RegE, BT-Drucks. 14/7034, S. 51.

963 In diesem Sinn auch *Möllers*, in: KK zum WpÜG, § 23 WpÜG, Rdn. 97.

C. Einordnung des § 23 WpÜG in das vertriebs- und kapitalmarktrechtliche Informationsmodell

Die neuen Mitteilungs- und Veröffentlichungspflichten des § 23 WpÜG sind nicht die einzigen existenten Regelungen, die auf eine Offenlegung von Beteiligungen gerichtet sind. Mit den §§ 21 ff. WpHG und den §§ 20 f. AktG gelten bereits ähnliche Vorschriften zur Sicherstellung der Transparenz von Beteiligungsveränderungen. Die Untersuchung des Verhältnisses zu vergleichbaren Regelungen soll eine Einordnung des § 23 WpÜG in das vertriebs- und kapitalmarktrechtliche Informationsmodell ermöglichen. In diesem Zusammenhang ist auch auf die Vorschriften § 15 WpHG sowie §§ 67, 131 AktG einzugehen.

I. Transparenzvorschriften des WpHG

1. §§ 21 ff. WpHG

a) Ergänzungsfunktion des § 23 WpÜG im Rahmen öffentlicher Angebote

aa) Normzweck der §§ 21 ff. WpHG

Die Vorschriften der §§ 21 ff. WpHG setzen die sog. Transparenzrichtlinie[964] in das deutsche Recht um. Sie dienen schwerpunktmäßig dem Zweck, durch angemessene Unterrichtung über Beteiligungsverhältnisse eine Verbesserung des Anlegerschutzes und eine Stärkung des Vertrauens der Anleger in die Wertpapiermärkte zu erreichen sowie die Funktionsfähigkeit dieser Märkte zu sichern.[965] Unabhängig von der Situation eines öffentlichen Angebots wird der Stellung des gegenwärtigen und künftigen Aktionärs als Anleger und Investor Rechnung getragen. Informationen über maßgebliche Beteiligungen und über die Identität ihrer Inhaber bilden aus Sicht des Anlegers wichtige Kriterien für seine Anlageentscheidung.[966] Denn der Auf- bzw. Abbau solcher Beteiligungen einerseits und die Veränderung des Streubesitzes[967] andererseits können die Kursentwicklung

---

964 Richtlinie des Rates der Europäischen Gemeinschaften vom 12. Dezember 1988 über die bei Erwerb und Veräußerung einer bedeutenden Beteiligung an einer börsennotierten Gesellschaft zu veröffentlichenden Informationen (Richtlinie 88/627/EWG; ABl. EG Nr. L 348/62 vom 17.12.1988).

965 *Schneider*, in: Assmann/Schneider, Wertpapierhandelsgesetz, Vor. § 21 WpHG, Rdn. 14 f.; *Kümpel*, Bank- und Kapitalmarktrecht, S. 1875, Rdn. 16.341.

966 Begr. RegE zum Zweiten Finanzmarktförderungsgesetz, BT-Drucks. 12/6679, S. 33.

967 Mit dem Streubesitz können sich auch die Machtverhältnisse in der Gesellschaft verschieben (*Hildner*, Kapitalmarktrechtliche Beteiligungstransparenz verbundener Unter-

wesentlich beeinflussen.[968] Insbesondere der Aufbau maßgeblicher Beteiligungen kann auf bevorstehende Unternehmensübernahmen hindeuten, so dass die Offenlegung einen Anstieg des Aktienkurses bewirken könnte, weil der Markt eine angemessene Kontrollprämie einpreist.[969] Über den bisher bezeichneten Zweck hinaus sollen die §§ 21 ff. WpHG einem Missbrauch von Insiderinformationen präventiv entgegenwirken und den betroffenen Aktiengesellschaften sowie der BAFin einen besseren Überblick über die Aktionärsstruktur und die Beherrschungsverhältnisse sichern.[970]

bb) Regelungsinhalt der §§ 21 ff. WpHG

Nach näherer Maßgabe der §§ 21 ff. WpHG hat jeder Aktionär[971], der durch Erwerb, Veräußerung oder auf sonstige Weise 5, 10, 25, 50 oder 75 Prozent der Stimmrechte[972] an einer an einem organisierten Markt[973] börsennotierten Gesell-

---

nehmen, S. 24), weil hoher Streubesitz regelmäßig zu niedrigeren Hauptversammlungspräsenzen führt. Dieser Zusammenhang resultiert daraus, dass sich eine aktive Unternehmenskontrolle i.S.e. Hauptversammlungsteilnahme aufgrund anfallender Informations- sowie Teilnahmekosten nur bei größeren Aktienbeständen lohnt. *Bott/Schleef*, ZBB 1998, 330, 331 weisen zudem darauf hin, dass geringer Streubesitz die Gefahr mangelnder Liquidität des Aktienhandels erzeugt und somit kostspielige und zeitaufwendige Transaktionen verursachen kann.

968 Begr. RegE zum Zweiten Finanzmarktförderungsgesetz, BT-Drucks. 12/6679, S. 52; *Schneider*, in: Assmann/Schneider, Wertpapierhandelsgesetz, Vor. § 21 WpHG, Rdn. 13.

969 Auf diese Marktreaktion als Minderheitenschutz hinweisend *Otto*, AG 1994, 167, 170.

970 Begr. RegE zum Zweiten Finanzmarktförderungsgesetz, BT-Drucks. 12/6679, S. 52; *Schneider*, in: Assmann/Schneider, Wertpapierhandelsgesetz, Vor. § 21 WpHG, Rdn. 15, § 21 WpHG, Rdn. 3.

971 Entscheidend ist lediglich die Fähigkeit, selbst Inhaber von Rechten und Pflichten sein zu können. Vgl. *Hüffer*, Aktiengesetz, 5. Aufl., Anh. § 22 AktG, § 21 WpHG, Rdn. 4; *Bayer*, in: MüKo zum AktG, § 22 AktG Anh., § 21 WpHG, Rdn. 3; *Hildner*, Kapitalmarktrechtliche Beteiligungstransparenz verbundener Unternehmen, S. 27. Auch die Nationalität des Aktionärs ist ohne Bedeutung (vgl. *Falkenhagen*, WM 1995, 1005).

972 §§ 21 ff. WpHG beziehen sich ausschließlich auf den Stimmrechtsanteil (zur Berechnung ausführlich *Hildner*, Kapitalmarktrechtliche Beteiligungstransparenz verbundener Unternehmen, S. 29 ff.; *Witt*, Übernahmen von Aktiengesellschaften und Transparenz der Beteiligungsverhältnisse, S. 147 ff.). Auf den Kapitalanteil kommt es anders als im Rahmen des § 20 Absatz 1 Satz 2 i.V.m. § 16 Absatz 2 Satz 1 AktG nicht an. Kritisch hierzu: *Möllers*, ZGR 1997, 334, 343; *Schneider*, in: Assmann/Schneider, Wertpapierhandelsgesetz, § 21 WpHG, Rdn. 18; *Opitz*, in: Schäfer, § 21 WpHG, Rdn. 13; *Witt*, NZG 2000, 809, 810 (dort Fn. 13).

schaft erreicht, überschreitet oder unterschreitet, dies unverzüglich, spätestens innerhalb von sieben Kalendertagen zu melden. Die Meldung erfolgt durch schriftliche Mitteilung des Sachverhalts gegenüber der betroffenen Gesellschaft sowie der BAFin. Diese Meldung hat insbesondere Angaben darüber zu enthalten, welche Meldeschwelle an welchem Tag in welcher Weise tangiert wurde. Sie muss darüber hinaus die genaue Höhe des nunmehr gehaltenen Stimmrechtsanteils angeben.[974] Ggf. sind diese Angaben um nach § 22 Absatz 1 und 2 WpHG[975] zuzurechnende Stimmrechte für jeden Zurechnungstatbestand getrennt (§ 22 Absatz 4 WpHG)[976] zu ergänzen. Der Tatbestand eines Erwerbs bzw. einer Veräußerung ist entsprechend dem allgemeinen juristischen Sprachgebrauch erst gegeben, wenn der dingliche Vorgang, durch den die dem Aktionär zustehenden Mitgliedschaftsrechte übertragen werden, abgeschlossen ist. Dies erfordert ein wirksames, die betroffenen Aktien erfassendes dingliches Erfüllungsgeschäft, so dass der alleinige Abschluss von Kausalgeschäften keine Mitteilungspflicht begründet.[977] Der Auffangtatbestand des Berührens einer Meldeschwelle „auf sons-

---

973 Mit Wirkung zum 1.1.2002 wurde der Anwendungsbereich der §§ 21 ff. WpHG mit demjenigen des WpÜG harmonisiert. Er wurde in diesem Zusammenhang auf Gesellschaften erweitert, deren Aktien zum Handel an einem organisierten Markt i.S.d. § 2 Absatz 5 WpHG (vormals nur amtlicher Handel) zugelassen sind. Zu dieser Erweiterung vgl. *Witt*, AG 2001, 233, 234 f.

974 Näher hierzu *Schneider*, in: Assmann/Schneider, Wertpapierhandelsgesetz, § 21 WpHG, Rdn. 77 ff.; *Nottmeier/Schäfer*, AG 1997, 87, 92.

975 Die Zurechnungstatbestände des § 22 WpHG wurden mit Wirkung zum 1.1.2002 mit denen des § 30 Absatz 1 und 2 WpÜG harmonisiert. Vgl. Art. 2 des Gesetzes zur Regelung von öffentlichen Angeboten zum Erwerb von Wertpapieren und von Unternehmensübernahmen vom 20.12.2001, BGBl. I 2001, S. 3822.

976 Die vorgeschriebene Aufschlüsselung soll der Kontrolle dienen und der BAFin ermöglichen, die verschiedenen bei ihr eingehenden Daten abzugleichen und die Mitteilung auf ihre Richtigkeit zu überprüfen (Begr. RegE zum Zweiten Finanzmarktförderungsgesetz, BT-Drucks. 12/6679, S. 54).

977 So die h.M. für § 21 Absatz 1 WpHG. Vgl. *Hüffer*, Aktiengesetz, 5. Aufl., Anh. § 22, § 21 WpHG, Rdn. 8; *Opitz*, in: Schäfer, § 21 WpHG, Rdn. 20; *Bayer*, in: MüKo zum AktG, § 22 AktG Anh., § 21 WpHG, Rdn. 25; *Cahn*, AG 1997, 502, 506 ff.; *Nottmeier/Schäfer*, AG 1997, 87, 88; *Schneider*, in: Assmann/Schneider, Wertpapierhandelsgesetz, § 21 WpHG, Rdn. 41 ff.; *ders.*, AG 1997, 81, 83; *Burgard*, BB 1995, 2069. Diese enge Auslegung gilt nun ausdrücklich auch im Rahmen des den § 22 Absatz 1 Nr. 6 WpHG a.F. ersetzenden § 22 Absatz 1 Satz 1 Nr. 5 WpHG n.F. (vgl. Begr. RegE, BT-Drucks. 14/7034, S. 70, 54). Im Rahmen des § 22 Absatz 1 Nr. 6 WpHG a.F. war dies hingegen noch umstritten (weite Tatbestandsauslegung: *Schneider*, in: Assmann/Schneider, Wertpapierhandelsgesetz, § 22 WpHG, Rdn. 95 ff.; *ders.*, AG 1997, 81, 83 f.; *Bayer*, in: MüKo zum AktG, § 22 AktG Anh., § 22 WpHG, Rdn. 32 ff.; *Burgard*, BB 1995, 2069, 2076; *Assmann*, in: Lutter/Scheffler/Schneider, Handbuch der Konzernfinanzierung, § 12, Rdn. 81 ff.; *Hüffer*, Aktiengesetz, 4. Aufl., Anh. § 22, § 22 WpHG, Rdn. 5; enge

tige Weise“ erfasst in erster Linie Änderungen des Stimmrechtsanteils, die sich aus Zurechnungen gem. § 22 Absatz 1 und 2 WpHG ergeben.[978] § 25 Absatz 1 Satz 1 WpHG sieht vor, dass die Gesellschaft, welche die nach § 21 WpHG erfolgte Mitteilung erhalten hat, verpflichtet ist, diese unverzüglich in einem überregionalen Börsenpflichtblatt zu veröffentlichen.[979] Diese Veröffentlichung muss spätestens neun Kalendertage nach dem Zugang der Mitteilung erfolgen.

cc) Wesentliche Schwächen der §§ 21 ff. WpHG im Rahmen öffentlicher Angebote

Trotz aller Kritik[980] an dem System der §§ 21 ff. WpHG wird entsprechend dem Gesetzeszweck regelmäßig eine ausreichende Transparenz auf dem allgemeinen Kapitalmarkt erreicht.[981] Bedient sich der Beteiligungsinteressent jedoch eines öffentlichen Angebots, werden die §§ 21 ff. WpHG dem besonderen Informationsbedürfnis insbesondere der Wertpapierinhaber der Zielgesellschaft nicht gerecht. Die zeitlich eng begrenzten Angebotsverfahren erfordern eine zeitnahe Transparenz, welche das schwerfällige System des zweistufigen Veröffentlichungsverfahrens nicht gewährleisten kann.[982] Zu Recht merkt *Burgard* hierzu folgendes an: „Freilich dürfen weder der Meldepflichtige noch die Gesellschaft die Fristen ohne weiteres ausschöpfen. Vielmehr haben sie ihre Pflichten unverzüglich, also ohne schuldhaftes Zögern zu erfüllen. Halten sie die Fristen ein, müßte ihnen jedoch ein Verschulden nachgewiesen werden. Das dürfte kaum jemals gelingen.“[983] Die Gesamtbetrachtung der Melde- und Veröffentlichungsfristen offenbart ein im Rahmen öffentlicher Angebote nicht akzeptables Zeitfenster von 16 Kalendertagen.

Tatbestandsauslegung hingegen: *Kümpel*, Bank- und Kapitalmarktrecht, S. 1887 ff., Rdn. 16.385 ff.; *Witt*, Übernahmen von Aktiengesellschaften und Transparenz der Beteiligungsverhältnisse, S. 152 f. (dort Fn. 80); *ders.*, AG 1998, 171, 176; *Steuer/Baur*, WM 1996, 1477, 1478 ff.; *Weber*, NJW 1994, 2849, 2855 f.; *Cahn*, AG 1997, 502, 507 f.; *Opitz*, in: Schäfer, § 22 WpHG, Rdn. 60 ff.; i.E. noch ebenso *Hüffer*, Aktiengesetz, 3. Aufl., Anh. § 22, § 22 WpHG, Rdn. 5).

978 Begr. RegE zum Zweiten Finanzmarktförderungsgesetz, BT-Drucks. 12/6679, S. 53.

979 Ausführlich zu den §§ 25, 26 WpHG vgl. *Hildner*, Kapitalmarktrechtliche Beteiligungstransparenz verbundener Unternehmen, S. 51 ff.; *Witt*, Übernahmen von Aktiengesellschaften und Transparenz der Beteiligungsverhältnisse, S. 159 ff.

980 Zu einem Überblick vgl. *Witt*, NZG 2000, 809, 810 (dort Fn. 13).

981 In diesem Sinn auch *Möllers*, in: KK zum WpÜG, § 23 WpÜG, Rdn. 33.

982 *Burgard*, WM 2000, 611, 615 f.; *Witt*, NZG 2000, 809, 810 (dort Fn. 15); *Möllers*, in: KK zum WpÜG, § 23 WpÜG, Rdn. 34.

983 *Burgard*, WM 2000, 611, 616 (dort Fn. 35).

Eine weitere wesentliche Schwäche der §§ 21 ff. WpHG resultiert aus den starren Intervallen zwischen den einzelnen Meldeschwellen, insbesondere zwischen 10, 25 und 50 Prozent der Stimmrechte. Gerade im Zwischenbereich ist eine Informationslücke zu beklagen, da hier in Anbetracht beständig sinkender Hauptversammlungspräsenzen entscheidende Machtverschiebungen in der Aktiengesellschaft stattfinden.[984] Die Erfolgsaussichten eines öffentlichen Angebots, bzw. deren Einschätzung durch die Angebotsadressaten hängen nicht zwingend von den im WpHG genannten Beteiligungsschwellen ab.[985]

Entscheidend ist jedoch, dass Zwischenberichte während der Laufzeit eines öffentlichen Angebots eine Regelung verlangen, die alle bereits erfolgten Annahmeerklärungen berücksichtigt und somit die steigende Wahrscheinlichkeit eines Angebotserfolgs transparent werden lässt.[986] Werden die betroffenen Aktien nicht bereits während der Annahmefrist dinglich übereignet, könnte eine Melde- bzw. Veröffentlichungspflicht i.S.d. §§ 21 ff. WpHG ohnehin nur über die Zurechnungsvorschrift des § 22 Absatz 1 Satz 1 Nr. 5 WpHG ausgelöst werden. Diese Vorschrift sieht die Zurechnung von Stimmrechten aus Aktien vor, die der Meldepflichtige durch eine Willenserklärung erwerben kann. Nach der dem Willen des Gesetzgebers entsprechenden engen Tatbestandsauslegung[987] setzt diese Zurechnung allerdings voraus, dass die für den Eigentumsübergang an den Aktien erforderlichen sachenrechtlichen Voraussetzungen soweit geschaffen sind, dass ein solcher nur noch von einer Willenserklärung des Meldepflichtigen abhängt und jederzeit[988] (also noch innerhalb der Annahmefrist) herbeigeführt werden kann.[989] Die auf eine Einigung über den Eigentumsübergang bezogene Wil-

984 *Schneider*, in: Assmann/Schneider, Wertpapierhandelsgesetz, § 21 WpHG, Rdn. 15; *Witt*, NZG 2000, 809, 810 (dort Fn. 13); *Burgard*, WM 2000, 611, 615.

985 In diesem Sinn auch *Möllers*, in: KK zum WpÜG, § 23 WpÜG, Rdn. 34. Hiernach kann es durchaus relevant sein, ob und wie schnell sich der Bieter der 25 %- bzw. der 75 %-Marke nähert, da ab dieser Schwelle – abgesehen von Sonderregelungen in der Satzung – eine bzw. keine Sperrminorität vorhanden ist.

986 *Witt*, NZG 2000, 809, 810 f.

987 Begr. RegE, BT-Drucks. 14/7034, S. 70, 54.

988 Schon die Gesetzesbegründung zu § 22 Absatz 1 Nr. 6 WpHG a.F. stellte mit der gleich zweimaligen Erwähnung des Wortes „jederzeit“ eindeutig auf das Moment des sofort möglichen Erwerbs ab (vgl. Begr. RegE zum Zweiten Finanzmarktförderungsgesetz, BT-Drucks. 12/6679, S. 54). Nach *Steuer/Baur*, WM 1996, 1477, 1480 werde dadurch auf die Bedeutung der auch zeitlich unbeschränkten Dispositionsfreiheit für den Meldepflichtigen hingewiesen.

989 Vgl. *Kümpel*, Bank- und Kapitalmarktrecht, S. 1887, Rdn. 16.385; *Schneider*, in: Assmann/Schneider, Wertpapierhandelsgesetz, § 22 WpHG, Rdn. 94; *Bayer*, in: MüKo zum AktG, § 22 AktG Anh., § 22 WpHG, Rdn. 32; *Opitz*, in: Schäfer, § 22 WpHG, Rdn. 61.

lenserklärung des Eigentümers muss bindend abgegeben worden sein. Sodann ist es unerheblich, ob die von § 22 Absatz 1 Satz 1 Nr. 5 WpHG erfasste Rechtsposition des Meldepflichtigen durch eine von ihm jederzeit annehmbare bindende Übereignungsofferte des Veräußerers geschaffen oder ein aufschiebend bedingter Eigentumserwerb mit der Maßgabe vereinbart worden ist, dass der Eigentumsübergang durch eine einseitige Willenserklärung des Meldepflichtigen herbeigeführt werden kann.[990] Im Ergebnis ist die Auslösung der Melde- bzw. Veröffentlichungspflicht i.S.d. §§ 21 ff. WpHG durch im Rahmen öffentlicher Angebote erfolgende Annahmeerklärungen von der Ausgestaltung des Angebots abhängig[991] und in keiner Weise ausreichend gewährleistet.[992]

Angesichts der aufgezeigten Schwächen der §§ 21 ff. WpHG im Rahmen des Verfahrens öffentlicher Angebote war es erforderlich, mit § 23 WpÜG eine speziell auf diese Situation zugeschnittene Regelung vorzusehen. Der Vorschrift des § 23 WpÜG kommt insofern ergänzende Wirkung zu.[993]

b) Nebeneinander von §§ 21 ff. WpHG und § 23 WpÜG

aa) Verhältnis zu § 23 Absatz 2 WpÜG

Die Vorschriften der §§ 21 ff. WpHG und die Regelung des § 23 Absatz 2 WpÜG gelten unproblematisch nebeneinander, da § 23 Absatz 2 WpÜG nicht der Transparenz der Beteiligungsverhältnisse dient, sondern im Zusammenhang mit der Gegenleistungsverpflichtung des Bieters zu sehen ist. Nach den §§ 21 ff. WpHG sind gerade keine Angaben über vereinbarte oder gewährte Gegenleistungen einzelner Erwerbe vorgeschrieben. Mangels Überschneidung hinsichtlich des Regelungsinhalts ist § 23 Absatz 2 WpÜG nicht geeignet, die §§ 21 ff. WpHG i.S.e. Spezialregelung zu verdrängen.

---

990 *Kümpel*, Bank- und Kapitalmarktrecht, S. 1888, Rdn. 16.386.

991 So auch *Riehmer/Schröder*, BB Beilage 5/2001, S. 1, 15; *Thun*, in: Geibel/Süßmann, WpÜG, § 23 WpÜG, Rdn. 6.

992 Auch nach *Witt*, NZG 2000, 809, 810 f. werden die Mitteilungs- und Veröffentlichungspflichten der §§ 21 ff. WpHG im Regelfall nicht durch Annahmeerklärungen der Angebotsadressaten ausgelöst.

993 In diesem Sinn auch *Möllers*, in: KK zum WpÜG, § 23 WpÜG, Rdn. 34.

bb) Verhältnis zu § 23 Absatz 1 WpÜG

Problematischer erscheint hingegen die Frage des Verhältnisses zwischen § 23 Absatz 1 WpÜG und §§ 21 ff. WpHG. Ein Vorrang des § 23 Absatz 1 WpÜG ließe sich jedoch allenfalls in Bezug auf den Bieter vertreten, da nach den §§ 21 ff. WpHG neben dem Bieter auch andere Personen[994] einer Meldepflicht unterliegen können.[995] Für ein Nebeneinander der in den genannten Vorschriften enthaltenen Mitteilungs- und Veröffentlichungspflichten auch in Bezug auf den Bieter spricht, dass der Gesetzgeber – anders als etwa im Rahmen des § 20 Absatz 8 AktG und § 21 Absatz 5 AktG – keinen Vorrang einer der Normen angeordnet hat.[996] Vielmehr stellt die Regierungsbegründung zu § 2 Nr. 5 WpÜG-AngVO, der i.V.m. § 11 Absatz 4 Nr. 2 WpÜG für die Angebotsunterlage gilt und insofern eine Parallelvorschrift zu § 23 Absatz 1 WpÜG darstellt, klar, dass die Pflichten des §§ 21 ff. WpHG von der Veröffentlichungspflicht hinsichtlich der Beteiligungen im Angebot unberührt bleiben.[997] Es sind keine Anhaltspunkte erkennbar, weshalb hinsichtlich der erstmaligen Veröffentlichung ein anderes Verhältnis zu den §§ 21 ff. WpHG gelten sollte, als bei den in Erfüllung einer Aktualisierungspflicht[998] nachfolgenden „Wasserstandsmeldungen" i.S.d. § 23 Absatz 1 WpÜG.[999]

Auch das durch die §§ 21 ff. WpHG geschützte Bedürfnis der Transparenz hinsichtlich Beteiligungsveränderungen besteht weiterhin, unabhängig von der Tat-

994 Dies gilt insbesondere auch für Personen, deren Stimmrechte dem Bieter zugerechnet werden. Die Stimmrechtszurechnung bewirkt keine Absorption der Stimmrechte des Dritten, so dass auch dieser unter den Voraussetzungen der §§ 21 ff. WpHG selbst meldepflichtig bleibt (Grundsatz der doppelten Meldepflicht). Das Gesetz stellt lediglich unter bestimmten Voraussetzungen Stimmrechte aus Aktien, die Dritten gehören, Stimmrechten aus Aktien, die dem Meldepflichtigen gehören, gleich. Von einer Hinwegrechnung ist in diesen Fällen keine Rede. Vgl. *Hüffer*, Aktiengesetz, 5. Aufl., Anh. § 22, § 22 WpHG, Rdn. 6; *Schneider*, in: Assmann/Schneider, Wertpapierhandelsgesetz, § 21 WpHG, Rdn. 57 ff.; *Bayer*, in: MüKo zum AktG, § 22 AktG Anh., § 22 WpHG, Rdn. 3; *Burgard*, BB 1995, 2069, 2072; *Assmann*, in: Lutter/Scheffler/Schneider, Handbuch der Konzernfinanzierung, § 12, Rdn. 73.

995 *Steinmeyer/Häger*, WpÜG, § 23 WpÜG, Rdn. 14.

996 *Schröder*, in: Haarmann/Riehmer/Schüppen, Öffentliche Übernahmeangebote, § 23 WpÜG, Rdn. 9; *Möllers*, in: KK zum WpÜG, § 23 WpÜG, Rdn. 35; *Thun*, in: Geibel/Süßmann, WpÜG, § 23 WpÜG, Rdn. 4 f.

997 Begr. RegE, BT-Drucks. 14/7034, S. 79.

998 Genauer zur Aktualisierungspflicht vgl. S. 246 ff.

999 In diesem Sinn auch *Möllers*, in: KK zum WpÜG, § 23 WpÜG, Rdn. 35.

sache, dass ein öffentliches Angebot durchgeführt wird.[1000] § 23 Absatz 1 WpÜG deckt dieses Transparenzinteresse nicht vollständig ab, weil sich die Pflichtauslösung unabhängig von bestimmten Beteiligungsschwellen nur nach zeitlichen Aspekten richtet. Deshalb ist es durchaus denkbar, dass gerade in den ersten Wochen der Annahmefrist, in denen nur eine wöchentliche Mitteilungs- und Veröffentlichungspflicht besteht, eine Grenze des § 21 WpHG überschritten wird, ohne dass eine Mitteilung bzw. Veröffentlichung nach § 23 Absatz 1 WpÜG zu erfolgen hat. Das Interesse des Kapitalmarktes an dieser Schwellenüberschreitung wird nicht durch ein laufendes öffentliches Angebotsverfahren, dessen Ausgang noch unsicher ist, beseitigt.[1001]

Entscheidend für das Nebeneinander von §§ 21 ff. WpHG und § 23 Absatz 1 WpÜG spricht zudem, dass sich die gem. § 23 Absatz 1 WpÜG vorgeschriebene Information inhaltlich von derjenigen nach §§ 21 ff. WpHG wesentlich unterscheidet. Die Funktionsfähigkeit des jeden Aktionär erfassenden Systems der §§ 21 ff. WpHG ist wegen des Grundsatzes der doppelten Meldepflicht[1002] davon abhängig, dass jede Tatbestandserfüllung zu bestimmten, festgeschriebenen Informationen verpflichtet. Ein Vorrang des § 23 Absatz 1 WpÜG bezüglich des Bieters in der Phase eines öffentlichen Angebots würde den Informationsgehalt des in §§ 21 ff. WpHG vorgesehenen Systems vollständig gefährden, da der dringend erforderliche Vergleich zwischen den erfolgenden Informationen unterschiedlicher Aktionäre nicht mehr möglich wäre. Denn zum einen muss der Bieter die ihm zuzurechnenden Stimmrechte im Rahmen des § 23 Absatz 1 WpÜG – im Gegensatz zur Vorschrift des § 22 Absatz 4 WpHG – nicht für jeden einzelnen Zurechnungstatbestand getrennt angeben.[1003] Zum anderen wird die Zurechnungsvorschrift des § 30 Absatz 1 Satz 1 Nr. 5 WpÜG – im Gegensatz zur Vorschrift des § 22 Absatz 1 Satz 1 Nr. 5 WpHG – durch die Verweisung des § 23 Absatz 1 Satz 2 WpÜG auf § 31 Absatz 6 WpÜG erheblich modifiziert und erweitert.[1004] Aufgrund dieser inhaltlichen Verschiedenheit der nach §§ 21 ff. WpHG bzw. nach § 23 Absatz 1 WpÜG vorgeschrieben Information kann auch gegenüber der BAFin eine einheitliche Mitteilung nicht als ausreichend erachtet werden.[1005]

1000 In diesem Sinn auch *Möllers*, in: KK zum WpÜG, § 23 WpÜG, Rdn. 35.

1001 In diesem Sinn auch *Möllers*, in: KK zum WpÜG, § 23 WpÜG, Rdn. 35.

1002 Vgl. S. 233 (dort Fn. 994).

1003 Vgl. hierzu S. 147 f.

1004 Vgl. hierzu S. 148 ff.

1005 A.A. *Steinmeyer/Häger*, WpÜG, § 23 WpÜG, Rdn. 14.

Aus diesen Gründen müssen auch die §§ 21 ff. WpHG und § 23 Absatz 1 WpÜG nebeneinander anwendbar sein.[1006]

2. § 15 WpHG (Ad-hoc-Publizität)

a) Ad-hoc-Publizität bei Beteiligungsveränderungen im Rahmen öffentlicher Angebote

aa) Normzweck und Anwendbarkeit des § 15 WpHG

Die Ad-hoc-Publizität des § 15 WpHG dient der Reduzierung bestehender Informationsasymmetrien sowie -defizite bei den Marktteilnehmern und soll möglichen Insidergeschäften präventiv entgegenwirken.[1007] Hinsichtlich der Anwendbarkeit wird auf den mitteilungspflichtigen Emittenten abgestellt, dessen Wertpapiere zum amtlichen Handel oder geregelten Markt einer inländischen Börse zugelassen sein müssen.[1008]

bb) Regelungsinhalt des § 15 WpHG

Nach näherer Maßgabe des § 15 Absatz 1 Satz 1 WpHG ist jeder Emittent von Wertpapieren, die zum Handel an einer inländischen Börse zugelassen sind, verpflichtet, neue Tatsachen, die in seinem Tätigkeitsbereich eingetreten und nicht öffentlich bekannt sind, unverzüglich zu veröffentlichen. Dies gilt jedoch nur, wenn die bezeichneten Tatsachen wegen ihrer Auswirkungen auf die Vermögens- und Finanzlage oder auf den allgemeinen Geschäftsverlauf des Emittenten geeignet sind, den Börsenpreis der zugelassenen Wertpapiere erheblich zu beeinflussen. Dem Emittenten wird zur Wahl gestellt, die Veröffentlichung über ein überregionales Börsenpflichtblatt (§ 15 Absatz 3 Satz 1 Nr. 1 WpHG) oder alter-

---

1006 Im Ergebnis ebenso *Thun*, in: Geibel/Süßmann, WpÜG, § 23 WpÜG, Rdn. 4 ff.; *Steinmeyer/Häger*, WpÜG, § 23 WpÜG, Rdn. 14; *Schröder*, in: Haarmann/Riehmer/Schüppen, Öffentliche Übernahmeangebote, § 23 WpÜG, Rdn. 9; *Möllers*, in: KK zum WpÜG, § 23 WpÜG, Rdn. 35; *Witt*, NZG 2000, 809, 810; *Riehmer/Schröder*, BB Beilage 5/2001, S. 1, 15 f.

1007 *Kümpel*, in: Assmann/Schneider, Wertpapierhandelsgesetz, § 15 WpHG, Rdn. 2; *ders.*, Bank- und Kapitalmarktrecht, S. 1831, Rdn. 16.213; *Geibel*, in: Schäfer, § 15 WpHG, Rdn. 1.

1008 Begr. RegE zum Zweiten Finanzmarktförderungsgesetz, BT-Drucks. 12/6679, S. 48. Dadurch werden auch Emittenten erfasst, deren Wertpapiere im Neuen Markt notiert sind (vgl. *Kümpel*, in: Assmann/Schneider, Wertpapierhandelsgesetz, § 15 WpHG, Rdn. 28 f.; a.A. *Geibel*, in: Schäfer, § 15 WpHG, Rdn. 24 m.w.N.).

nativ über ein elektronisch betriebenes Informationsverbreitungssystem vorzunehmen, das insbesondere bei Kreditinstituten und Versicherungsunternehmen weit verbreitet ist (§ 15 Absatz 3 Satz 1 Nr. 2 WpHG).

cc) Publizitätspflichtige Emittenten bei Beteiligungsveränderungen während des Verfahrens öffentlicher Angebote

In Bezug auf Beteiligungsveränderungen im Rahmen eines öffentlichen Angebots beschränkt sich die Möglichkeit einer Publizitätspflicht nach § 15 WpHG im wesentlichen auf den Bieter und die Zielgesellschaft.

(1) Publizitätspflicht des Bieters gem. § 15 WpHG

Die Bieter öffentlicher Angebote können von vornherein lediglich dann gem. § 15 WpHG publizitätspflichtig sein, wenn sie Emittenten von an einer deutschen Börse zugelassenen Wertpapieren sind. Ist diese Voraussetzung erfüllt, kann der Erwerb einer größeren Beteiligung an einer Aktiengesellschaft eine mitteilungspflichtige Tatsache darstellen. „Er hat Auswirkungen auf die Vermögens- und Finanzlage des Emittenten und kann geeignet sein, auch den Börsenpreis von dessen Wertpapieren erheblich zu beeinflussen.“[1009] Gleiches gilt für die Veräußerung entsprechender Beteiligungen. Wie groß die erworbene bzw. veräußerte Beteiligung sein muss, um die Publizitätspflicht des § 15 WpHG auszulösen, entscheiden die Umstände des Einzelfalls. Insbesondere ist der Wert der Beteiligung zu dem Wert des evtl. mitteilungspflichtigen Emittenten ins Verhältnis zu setzen, um zu ermitteln, ob die Transaktion ins Gewicht fällt.[1010] Es kann somit keine feste prozentuale Beteiligung bestimmt werden, deren Erwerb bzw. Veräußerung pflichtauslösend wirkt.[1011]

1009 *Witt*, Übernahmen von Aktiengesellschaften und Transparenz der Beteiligungsverhältnisse, S. 170; ebenso *Gehrt*, Ad-hoc-Publizität, S. 146. Die Deutsche Börse AG hat Ende Oktober 1994 federführend und in Zusammenarbeit mit Vertretern der Verbände von Industrie, Handel, Kredit- und Versicherungswirtschaft sowie den deutschen Börsen, Empfehlungen und Erläuterungen unter dem Titel „Insiderhandelsverbote und Ad hoc-Publizität nach dem Wertpapierhandelsgesetz“ erarbeitet (*Deutsche Börse AG*, WM 1994, 2038 ff.). Darin wurden der Erwerb und die Veräußerung von wesentlichen Beteiligungen zu Recht als Beispiele für prüfungsrelevante Tatsachen im Rahmen der Publizitätspflicht aufgenommen (*Deutsche Börse AG*, WM 1994, 2038, 2048). Ebenso bei *Kümpel*, in: Assmann/Schneider, Wertpapierhandelsgesetz, § 15 WpHG, Rdn. 72.

1010 *Wittich*, Übernahmen und die Regelungen des Wertpapierhandelsgesetzes, S. 377, 384 f.

1011 *Wittich*, Übernahmen und die Regelungen des Wertpapierhandelsgesetzes, S. 377, 384 f.; *Witt*, Übernahmen von Aktiengesellschaften und Transparenz der Beteiligungsverhältnisse, S. 170.

Abgesehen von dem Erwerb bzw. der Veräußerung einer größeren Beteiligung können die Voraussetzungen einer Ad-hoc-Meldepflicht auch bei Erreichen, Überschreiten oder Unterschreiten bestimmter Beteiligungsschwellen gegeben sein.[1012] Jedoch lassen sich auch diesbezüglich keine festen Schwellenwerte angeben, weil die tatsächlich relevanten Schwellen (z.B. Sperrminorität oder Kontrollschwelle) insbesondere von den jeweiligen Hauptversammlungspräsenzen abhängig sind. Auch hier entscheiden die Umstände des Einzelfalls.

Schließlich kann eine Ad-hoc-Publizitätspflicht ausgelöst werden, sobald der Erfolg eines Übernahmeangebots feststeht.[1013] Dies gilt insbesondere für den Fall, dass die Wirksamkeitsbedingungen des Bieters (wie z.B. eine Mindestbeteiligung) eingetreten sind. Vorher lösen im Rahmen des Angebots erfolgte Annahmeerklärungen – jedenfalls bei bedingten Angeboten – keine Mitteilungspflicht nach § 15 WpHG aus, weil der tatsächliche Beteiligungserwerb noch unsicher ist.

(2) Publizitätspflicht der Zielgesellschaft gem. § 15 WpHG

Wesentliche Veränderungen der Aktionärsstruktur können zwar aufgrund ihrer Auswirkungen auf den allgemeinen Geschäftsverlauf der Zielgesellschaft geeignet sein, den Börsenpreis ihrer zugelassenen Wertpapiere erheblich zu beeinflussen. Insbesondere gehen Kontrollwechsel häufig mit der Auswechslung des Managements oder der Realisierung von Synergieeffekten einher und wirken sich deshalb auf den allgemeinen Geschäftsverlauf der Zielgesellschaft aus[1014]. Die

---

1012 *Thun*, in: Geibel/Süßmann, WpÜG, § 23 WpÜG, Rdn. 3; *Schneider*, in: Assmann/Schneider, Wertpapierhandelsgesetz, Vor. § 21 WpHG, Rdn. 29; *Witt*, Übernahmen von Aktiengesellschaften und Transparenz der Beteiligungsverhältnisse, S. 170 f.; *Geibel*, in: Schäfer, § 15 WpHG, Rdn. 9. Sind die Tatbestandsmerkmale der §§ 15, 21 ff. WpHG gleichermaßen erfüllt, sind die §§ 21 ff. WpHG weder vorrangig (a.A. *Geibel*, in: Schäfer, § 15 WpHG, Rdn. 9, der sich allerdings nur auf Veröffentlichungspflichten der Gesellschaft bezieht, an der die Beteiligung besteht; ähnlich *Gehrt*, Ad-hoc-Publizität, S. 140, 152), noch lässt eine Ad-hoc-Mitteilung nach § 15 WpHG die Pflichten nach §§ 21 ff. WpHG entfallen. Vielmehr sind die §§ 15 und 21 ff. WpHG in jeder Hinsicht nebeneinander anwendbar [vgl. *Schneider*, in: Assmann/Schneider, Wertpapierhandelsgesetz, Vor. § 21 WpHG, Rdn. 28 ff.; *Burgard*, ZHR 1998, S. 51, 74 (dort Fn. 130 a)].

1013 So wohl auch *Gehrt*, Ad-hoc-Publizität, S. 146, der auf die Fallgruppe erfolgreich abgeschlossener Übernahmeangebote hinweist; ebenso *Thun*, in: Geibel/Süßmann, WpÜG, § 23 WpÜG, Rdn. 27, der eine solche Ad-hoc-Publizität sogar neben § 23 Absatz 1 Satz 1 Nr. 2 WpÜG für anwendbar hält.

1014 *Gehrt*, Ad-hoc-Publizität, S. 151; a.A. *Witt*, Übernahmen von Aktiengesellschaften und Transparenz der Beteiligungsverhältnisse, S. 171.

Publizitätspflicht erfasst allerdings lediglich Tatsachen, die „im Tätigkeitsbereich des Emittenten eingetreten“ sind. Sie müssen sich in der unternehmerischen Sphäre des Mitteilungspflichtigen ereignet haben bzw. seiner unternehmerischen Sphäre zuzurechnen sein. Hiervon abgegrenzt werden insbesondere sog. allgemeine Marktdaten sowie Veränderungen der Aktionärsstruktur.[1015] Wesentliche Veränderungen in der Aktionärsstruktur der Zielgesellschaft können somit für sie selbst grundsätzlich keine nach § 15 WpHG publizitätspflichtige Tatsache sein. Eine Ausnahme könnte sich lediglich ergeben, wenn die Zielgesellschaft Entscheidungen zugunsten einer Übernahme bzw. einer wesentlichen Veränderung der Aktionärsstruktur getroffen hat, weil letztere dann nicht mehr allein durch die Bietergesellschaft initiiert wäre.[1016] Jedoch wird es der Zielgesellschaft meist ohnehin an konkreten Beteiligungsinformationen hinsichtlich des Bieters fehlen.

b) Nebeneinander von § 15 WpHG und § 23 WpÜG

Während die Anwendbarkeit des § 15 WpHG gem. § 25 Absatz 5 i.V.m. § 11 Absatz 6 DiskE-ÜG ausdrücklich ausgeschlossen wurde,[1017] hat der Gesetzgeber in § 23 WpÜG keine derartige Regelung übernommen. Dagegen geht die in § 35 Absatz 1 Satz 1 WpÜG vorgesehene Pflicht, das Erreichen der Kontrollschwelle unverzüglich zu veröffentlichen, gem. § 35 Absatz 1 Satz 4 i.V.m. § 10 Absatz 6 WpÜG einer Ad-hoc-Publizitätspflicht i.S.v. § 15 WpHG aus-

1015 *Geibel*, in: Schäfer, § 15 WpHG, Rdn. 37 ff.; *Kümpel*, in: Assmann/Schneider, Wertpapierhandelsgesetz, § 15 WpHG, Rdn. 40 ff.; *ders.*, Bank- und Kapitalmarktrecht, S. 1840 ff., Rdn. 16.239 ff.; *Steinhauer*, Insiderhandelsverbot und Ad-hoc-Publizität, S. 117; *Deutsche Börse AG*, WM 1994, 2038, 2044; ähnlich *Hopt*, ZHR 1995, 135, 153 (dort Fn. 75); *Waldhausen*, Die ad-hoc-publizitätspflichtige Tatsache, S. 193 ff.; a.A. *Gehrt*, Ad-hoc-Publizität, S. 138 f., der den Tätigkeitsbereich eines Emittenten weiter definieren und Tatsachen einbeziehen will, die von außen auf den eigentlichen Tätigkeitsbereich treffen und diesen beeinflussen. Voraussetzung sei nur, dass sich diese Tatsachen nicht auf mehrere Emittenten beziehen. Die Einbeziehung von Veränderungen im Aktionärspublikum sei daher möglich. Ebenso *Arends*, Offenlegung von Aktienbesitz, S. 99; ohne Begründung von einer Mitteilungspflicht nach § 15 WpHG ausgehend auch *Cahn*, AG 1997, 502, 503; *Bayer*, in: MüKo zum AktG, § 22 AktG Anh., § 21 WpHG, Rdn. 1; widersprüchlich hingegen *Witt*, Übernahmen von Aktiengesellschaften und Transparenz der Beteiligungsverhältnisse, S. 171.

1016 In diesem Sinn zur Frage, ob die Zielgesellschaft die Tatsache eines bevorstehenden öffentlichen Übernahmeangebots nach § 15 WpHG veröffentlichen muss, vgl. *Hopt*, ZHR 1995, 135, 153 (dort Fn. 75); *Waldhausen*, Die ad-hoc-publizitätspflichtige Tatsache, S. 195 ff.; *Schander/Lucas*, DB 1997, 2109, 2112; zum diesbezüglichen Meinungsstand *Kümpel*, in: Assmann/Schneider, Wertpapierhandelsgesetz, § 15 WpHG, Rdn. 40 a.

1017 Vgl. Begr. DiskE-ÜG zu § 25 Absatz 5 (abgedruckt bei *Fleischer/Kalss*, WpÜG, S. 331).

drücklich vor. Sowohl die unterlassene Übernahme der ausdrücklichen Regelung des DiskE-ÜG als auch der Umkehrschluss aus § 35 Absatz 1 Satz 4 i.V.m. § 10 Absatz 6 WpÜG sprechen für ein Nebeneinander von § 15 WpHG und § 23 WpÜG.

Dieses Ergebnis wird dadurch bestätigt, dass für das Verhältnis des § 15 WpHG zu § 23 WpÜG nichts anderes gelten kann, als für das Verhältnis des § 15 WpHG zu §§ 21 ff. WpHG[1018]. Sind die Tatbestandsmerkmale des § 15 WpHG und des § 23 WpÜG gleichermaßen erfüllt, ist in § 23 WpÜG weder eine Spezialregelung im Verhältnis zu § 15 WpHG zu sehen, noch lässt eine Ad-hoc-Mitteilung nach § 15 WpHG die Pflichten des § 23 WpÜG entfallen. Vielmehr sind die Vorschriften in jeder Hinsicht nebeneinander anwendbar.[1019] Hinsichtlich der Verneinung eines Vorrangs gilt dies, weil es wenig überzeugend wäre, wenn die kursrelevante Tatsache nicht, wie in § 15 Absatz 1 Satz 1 WpHG gefordert, unverzüglich unter Einhaltung des in § 15 Absatz 2 WpHG geregelten Verfahrens und nach dem in § 15 Absatz 3 WpHG vorgesehenen Weg veröffentlicht werden müsste. Denn insbesondere aus den in § 23 Absatz 1 Satz 1 Nr. 1 WpÜG festgelegten Veröffentlichungsintervallen könnte eine zeitlich verzögerte Information resultieren. Die Ad-hoc-Publizität lässt jedoch die Pflichten des § 23 WpÜG nicht entfallen, da der Inhalt der nach § 23 WpÜG vorgeschriebenen Mitteilungen bzw. Veröffentlichungen sehr viel umfassendere Angaben erfordert.[1020]

II. Mögliche Transparenzvorschriften des AktG

1. §§ 20 f. AktG

Aufgrund der Neufassung des § 21 Absatz 2 WpHG stellt sich keine Konkurrenzproblematik zwischen § 23 WpÜG und §§ 20 f. AktG.[1021] Denn nach der Angleichung des Anwendungsbereichs der §§ 21 ff. WpHG an den Anwendungsbereich des WpÜG[1022] ist keine Konstellation vorstellbar, in der zwar § 23 WpÜG, nicht jedoch die §§ 21 ff. WpHG Anwendung finden. §§ 20 f. AktG gelten gem. § 20 Absatz 8 AktG und § 21 Absatz 5 AktG ausdrücklich nicht für

---

1018 Zum Nebeneinander der §§ 15, 21 ff. WpHG vgl. S. 237 (dort Fn. 1012).

1019 In diesem Sinn auch *Thun*, in: Geibel/Süßmann, WpÜG, § 23 WpÜG, Rdn. 4 ff.

1020 Im Rahmen der §§ 21 ff. WpHG vgl. *Schneider*, in: Assmann/Schneider, Wertpapierhandelsgesetz, Vor. § 21 WpHG, Rdn. 30.

1021 So auch *Steinmeyer/Häger*, WpÜG, § 23 WpÜG, Rdn. 15.

1022 Vgl. zu dieser Angleichung S. 229 (dort Fn. 973).

Aktien einer börsennotierten Gesellschaft i.S.v. § 21 Absatz 2 WpHG und sind somit im Anwendungsbereich des WpÜG ausgeschlossen.

2. § 67 AktG

Die Pflicht zur Eintragung der Inhaber[1023] in das Aktienregister gilt gem. § 67 Absatz 1 und 7 AktG nur für Namensaktien und Zwischenscheine.[1024] Schon aufgrund des insoweit eingeschränkten Anwendungsbereichs wäre eine mögliche Transparenzwirkung, trotz Aufwertung der Namensaktien, begrenzt.[1025] Hierauf kommt es allerdings nicht an, weil § 67 AktG eine Beteiligungstransparenz ohnehin weder bezweckt noch gewährleistet. Der Normzweck besteht lediglich darin, der betroffenen Aktiengesellschaft Rechtsklarheit über die Personen zu verschaffen, die ihr gegenüber gem. § 67 Absatz 2 AktG berechtigt und verpflichtet sind.[1026] § 67 Absatz 6 Satz 1 AktG steht einer Transparenzwirkung ausdrücklich entgegen. Denn hiernach ist ein Aktionär – entgegen § 67 Absatz 5 AktG a.F.[1027] – nur noch berechtigt, von der Gesellschaft „Auskunft" über die „zu seiner Person in das Aktienregister eingetragenen Daten" zu verlangen.[1028] Ein Konkurrenzverhältnis zu § 23 WpÜG besteht somit nicht.

3. § 131 AktG

In einer Hauptversammlung hat jeder Aktionär gem. § 131 Absatz 1 Satz 1 AktG das aus seiner Mitgliedschaft folgende[1029] Recht, vom Vorstand Auskunft über Angelegenheiten der Gesellschaft zu verlangen, soweit diese zur sachgemäßen

---

1023 Nach § 67 Absatz 1 AktG sind Name, Geburtsdatum und Adresse des Inhabers einzutragen.

1024 *Hefermehl/Bungeroth*, in: Geßler/Hefermehl/Eckardt/Kropff, Aktiengesetz, § 67 Rdn. 1, 5.

1025 *Witt*, Übernahmen von Aktiengesellschaften und Transparenz der Beteiligungsverhältnisse, S. 195; *Möllers*, in: KK zum WpÜG, § 23 WpÜG, Rdn. 37.

1026 *Hüffer*, Aktiengesetz, 5. Aufl., § 67 AktG, Rdn. 1; *Burgard*, AG 1992, 41, 45; *ders.*, Offenlegung, S. 70.

1027 Nach § 67 Absatz 5 AktG a.F. hatte ein Aktionär grundsätzlich das Recht, das gesamte Aktienregister einzusehen (vgl. *Riehmer/Schröder*, BB Beilage 5/2001, S. 1, 2). Die Gesetzesänderung erfolgte durch Art. 1 Nr. 5 des Gesetzes zur Namensaktie und zur Erleichterung der Stimmrechtsausübung (NaStraG) vom 18.1.2001, BGBl. I 2001, S. 123.

1028 Ausführlich *Noack*, ZIP 1999, 1993, 1997 ff.; *Hüffer*, Aktiengesetz, 5. Aufl., § 67 AktG, Rdn. 28.

1029 *Dechner*, in: Großkommentar AktG, § 131 AktG, Rdn. 5.

Beurteilung des Gegenstands der Tagesordnung erforderlich sind.[1030] Der Zweck dieser Vorschrift liegt darin, Aktionäre vor einer Aushöhlung ihrer Mitgliedschaftsrechte und ihrer Kapitalanlage zu schützen.[1031] Zwar kann eine Angelegenheit der Gesellschaft im oben genannten Sinn auch in der Beteiligung dieser Gesellschaft an einem anderen Unternehmen liegen.[1032] Grundsätzlich nicht erfasst sind jedoch die Beteiligungsverhältnisse in der betreffenden, um Auskunft ersuchten Aktiengesellschaft,[1033] da es sich insoweit um eine Angelegenheit der Aktionäre, nicht aber der Gesellschaft handelt.[1034] Hauptversammlungen der Zielgesellschaft sind somit nicht geeignet, Transparenz hinsichtlich der eigenen Aktionärsstruktur zu fördern. Hiervon zu unterscheiden sind Hauptversammlungen der Bietergesellschaft. Deren Aktionären stehen hier Auskunftsrechte zu, da Beteiligungen der Bietergesellschaft an einem anderen Unternehmen (Zielgesellschaft) betroffen sind.[1035] In der speziellen Situation öffentlicher Angebote ist allerdings die Anwendbarkeit des § 131 AktG nicht zwingend gegeben, weil der Bieter nicht stets eine inländische Aktiengesellschaft i.S.e. Publikumsgesell-

---

1030 Zu Fragen der diesbezüglich gebotenen Transparenz bereits ausführlich *Witt*, Übernahmen von Aktiengesellschaften und Transparenz der Beteiligungsverhältnisse, S. 197 ff.

1031 *Hüffer*, Aktiengesetz, 5. Aufl., § 131 AktG, Rdn. 1 f.; *Dechner*, in: Großkommentar AktG, § 131 AktG, Rdn. 10, 14; *Möllers*, in: KK zum WpÜG, § 23 WpÜG, Rdn. 37.

1032 *Witt*, Übernahmen von Aktiengesellschaften und Transparenz der Beteiligungsverhältnisse, S. 199 f.; zum Verhältnis zu kapitalmarktbezogenen Informationspflichten vgl. auch *Dechner*, in: Großkommentar AktG, § 131, Rdn. 29 ff. und 41 ff.; *Hüffer*, Aktiengesetz, 5. Aufl., § 131 AktG, Rdn. 15 zum Beteiligungsbesitz an verbundenen Unternehmen; *ders.*, Aktiengesetz, 5. Aufl., § 131 AktG, Rdn. 19a zum Streitstand bei Minderheitsbeteiligungen.

1033 Ausnahmen sind möglich, wenn aufgrund der Beteiligungsstruktur eine abstrakte Gefahr für die Gesellschaft droht. Gleiches wird für Fälle vertreten, in denen der Vorstand Nachforschungen zur Vermeidung von Verletzungen der §§ 20, 21 AktG oder der §§ 21 ff. WpHG anstellen muss. Vgl. *Witt*, Übernahmen von Aktiengesellschaften und Transparenz der Beteiligungsverhältnisse, S. 200; *Ebenroth/Wilken*, BB 1993, 1818, 1820.

1034 LG Berlin ZIP 1993, 1632, 1635; LG Frankfurt a.M. WM 1994, 1931, 1933; KG Berlin WM 1994, 1479, 1487 f.; *Witt*, Übernahmen von Aktiengesellschaften und Transparenz der Beteiligungsverhältnisse, S. 199 f.; *Ebenroth/Wilken*, BB 1993, 1818, 1820; a.A. *Schneider*, in: Assmann/Schneider, Wertpapierhandelsgesetz, Vor. § 21 WpHG, Rdn. 50, 55; *Burgard*, Offenlegung von Beteiligungen, S. 78.

1035 Umfang und Voraussetzungen eines diesbezüglichen Auskunftsrechts wurden in der Literatur bereits ausführlich untersucht. Vgl. insbesondere *Witt*, Übernahmen von Aktiengesellschaften und Transparenz der Beteiligungsverhältnisse, S. 200 ff.; *Schneider*, in: Assmann/Schneider, Wertpapierhandelsgesetz, Vor. § 21 WpHG, Rdn. 51 ff.

schaft[1036] sein muss. Darüber hinaus ist in keiner Weise gewährleistet, dass während des Angebotsverfahrens überhaupt eine Hauptversammlung der Bietergesellschaft durchgeführt wird. Im Ergebnis ist § 131 AktG somit nicht geeignet, im Verfahren öffentlicher Angebote Beteiligungstransparenz sicherzustellen. Somit besteht auch hier kein Konkurrenzverhältnis zu § 23 WpÜG.

1036 Bei Hauptversammlungen reiner Familiengesellschaften handelt es sich regelmäßig um geschlossene Veranstaltungen.

6. Kapitel: Rechtsfolgen eines Verstoßes gegen § 23 WpÜG

A. Ordnungswidrigkeit

Nach § 60 Absatz 1 Nr. 1 lit. b) WpÜG begeht derjenige, der entgegen § 23 Absatz 1 Satz 1 oder Absatz 2 Satz 1 WpÜG vorsätzlich oder leichtfertig eine Veröffentlichung nicht, nicht richtig, nicht vollständig, nicht in der vorgeschriebenen Weise oder nicht rechtzeitig vornimmt, eine Ordnungswidrigkeit. Ebenfalls handelt gem. § 60 Absatz 1 Nr. 5 WpÜG ordnungswidrig, wer entgegen § 23 Absatz 1 Satz 2 WpÜG vorsätzlich oder leichtfertig einen Beleg für die Veröffentlichung nicht, nicht richtig oder nicht rechtzeitig an die BAFin übersendet. Die Ordnungswidrigkeit kann im Falle des § 60 Absatz 1 Nr. 1 lit. b) WpÜG mit einer Geldbuße von bis zu fünfhunderttausend Euro (§ 60 Absatz 3 Alt. 2 WpÜG) und im Falle des § 60 Absatz 1 Nr. 5 WpÜG mit bis zu zweihunderttausend Euro (§ 60 Absatz 3 Alt. 3 WpÜG) geahndet werden. Ggf. kann auch § 17 Absatz 4 OWiG zur Anwendung kommen, demzufolge die Geldbuße den aus der Ordnungswidrigkeit gezogenen wirtschaftlichen Vorteil übersteigen soll und das gesetzliche Höchstmaß daher überschreiten darf.[1037] Der subjektive Tatbestand (Vorsatz oder Leichtfertigkeit) muss nachgewiesen sein. Eine diesbezügliche Vermutung ist unzulässig. Übermittlungsfehler eines eingeschalteten Wertpapierdienstleistungsunternehmens können nur dann zu einer Ordnungswidrigkeit des Bieters führen, wenn diesem ein eigenes Verschulden in Form von Vorsatz oder Leichtfertigkeit gem. § 60 Absatz 1 WpÜG vorgeworfen werden kann, wie z.B. in Form des Auswahl- oder Überwachungsverschuldens.[1038]

B. Strafrechtliche Sanktionen

Für den Fall pflichtwidriger Erzeugung eines Annahmedrucks sind zudem strafrechtliche Sanktionen denkbar. Dem Bieter bzw. den für ihn handelnden Personen, die hierfür verantwortlich sind, kann ein – zumindest versuchter – Betrug i.S.v. § 263 Absatz 1 StGB zur Last fallen.[1039] Schwierigkeiten können sich hinsichtlich des erforderlichen Vorsatznachweises ergeben. Sofern ein Betrug ver-

---

1037 *Tschauner*, in: Geibel/Süßmann, WpÜG, § 60 WpÜG, Rdn. 42; *Rönnau*, in: Haarmann/Riehmer/Schüppen, Öffentliche Übernahmeangebote, § 60 WpÜG, Rdn. 101 ff.; *Witt*, NZG 2000, 809, 818.

1038 In diesem Sinn auch *Möllers*, in: KK zum WpÜG, § 23 WpÜG, Rdn. 98.

1039 *Witt*, NZG 2000, 809, 819; *Schröder*, in: Haarmann/Riehmer/Schüppen, Öffentliche Übernahmeangebote, § 23 WpÜG, Rdn. 43; *Thun*, in: Geibel/Süßmann, WpÜG, § 23 WpÜG, Rdn. 47.

wirklicht ist, kann nach Maßgabe des § 73 Absatz 1 und 2 StGB der Verfall des vom Bieter erzielten Vermögensvorteils angeordnet werden.[1040]

C. Zivilrechtliche Folgen eines Verstoßes gegen § 23 WpÜG

Da weder Bußgeld noch Strafe eine Schadenskompensation bewirken, ist beides nicht geeignet, den unmittelbaren Schutz der fehlinformierten Wertpapierinhaber zu gewährleisten.[1041] Die Untersuchung der zivilrechtlichen Folgen von Verstößen gegen die verschiedenen Veröffentlichungs- und Mitteilungspflichten des § 23 WpÜG ist somit von entscheidender Bedeutung. Hierbei ist danach zu unterscheiden, ob die jeweiligen Wertpapierinhaber der Zielgesellschaft das Angebot des Bieters angenommen oder abgelehnt haben.

I. Ansprüche derjenigen Wertpapierinhaber, die das Angebot des Bieters angenommen haben

1. Verstoß gegen § 23 Absatz 1 Satz 1 Nr. 1 WpÜG

Hinsichtlich der Vorschrift des § 23 Absatz 1 Satz 1 Nr. 1 WpÜG sind grundsätzlich drei verschiedene Pflichtverletzungen des Bieters denkbar. Er kann die regelmäßigen Veröffentlichungen bzw. Mitteilungen unterlassen oder die Beteiligung (§ 23 Absatz 1 Satz 1 Alt. 1 WpÜG) und/oder den Annahmestand (§ 23 Absatz 1 Satz 1 Alt. 2 WpÜG) zu hoch ausweisen. Beides kann sich erhöhend auf die Annahmebereitschaft der einzelnen Wertpapierinhaber auswirken. Unterlässt der Bieter jegliche Angaben, entsteht die typische Situation des prisoner's dilemma.[1042] Zu hohe Angaben spiegeln einen Erfolg wider, den der Bieter tatsächlich noch gar nicht erzielt hat und erhöhen auf diese Weise die Annahmebereitschaft bisher unentschlossener Wertpapierinhaber. Diese zwei hier dargestellten Arten des Verstoßes könnten Ansprüche derjenigen Wertpapierinhaber rechtfertigen, deren Entscheidungen zur Annahme des Angebots in vorbezeichneter Weise pflichtwidrig beeinflusst wurden.

Als dritte Möglichkeit der Verletzung seiner Pflichten könnte der Bieter die Beteiligung (§ 23 Absatz 1 Satz 1 Alt. 1 WpÜG) und/oder den Annahmestand (§ 23 Absatz 1 Satz 1 Alt. 2 WpÜG) zu niedrig ausweisen. In der Praxis wird ei-

---

1040 *Witt*, NZG 2000, 809, 819; *Schröder*, in: Haarmann/Riehmer/Schüppen, Öffentliche Übernahmeangebote, § 23 WpÜG, Rdn. 43.

1041 So auch *Witt*, NZG 2000, 809, 819.

1042 Vgl. ausführlich S. 19 ff.

ne derartige Pflichtverletzung zwar seltener vorkommen. Jedoch sind durchaus Fälle denkbar, in denen seitens des Bieters ein Interesse an einer hinreichend großen Gruppe von in der Zielgesellschaft verbleibenden Kleinanlegern besteht.[1043] Der Bieter könnte somit einen zu niedrigen Ausweis in Erwägung ziehen, sobald er sich aufgrund seiner Kenntnis über den tatsächlichen Annahme- bzw. Beteiligungsstand in Bezug auf den Angebotserfolg ausreichend sicher fühlt. Hierdurch würde sich sein Investment verbilligen. Des Weiteren kann sich diese Art der Pflichtverletzung bei, vom Bieter ungewollten, Pflichtangeboten ergeben. Im Zusammenhang mit möglichen Ansprüchen derjenigen Wertpapierinhaber, die das Angebot des Bieters angenommen haben, muss diese Fallgruppe des zu niedrigen Ausweises allerdings außer Betracht bleiben. Denn Schadensersatzansprüche, die auf der Angebotsannahme beruhen, sind hier kaum denkbar. Die Angebotsempfänger nehmen das Angebot nicht deshalb an, weil sie davon ausgehen, der Bieter verfüge über weniger Anteile als es tatsächlich der Fall ist.[1044] In der Regel fehlt die erforderliche haftungsbegründende Kausalität zwischen Pflichtverletzung und Angebotsannahme. Bereicherungsrechtliche Ansprüche scheitern aus dem gleichen Grund, weil die Voraussetzungen der Anfechtung wegen arglistiger Täuschung (§ 123 Absatz 1 Alt. 1 BGB) nicht gegeben sind.

a) Haftung gem. § 12 Absatz 1 WpÜG direkt und analog

Sind für die Beurteilung des Angebots wesentliche Angaben der Angebotsunterlage unrichtig oder unvollständig, so können gem. § 12 Absatz 1 WpÜG diejenigen Wertpapierinhaber der Zielgesellschaft, die das Angebot angenommen haben, von denjenigen, die für die Angebotsunterlage die Verantwortung übernommen haben, und von denjenigen, von denen der Erlass der Angebotsunterlage ausgeht, als Gesamtschuldner den Ersatz des ihnen aus der Annahme des Angebots entstandenen Schadens verlangen. Sollte diese Vorschrift auch bei fehlerhaften bzw. unterlassenen Veröffentlichungen i.S.v. § 23 Absatz 1 Satz 1 Nr. 1 WpÜG anwendbar sein, richten sich die Ansprüche primär[1045] gegen den Bieter, der alleine[1046] die Verantwortung für die Erfüllung seiner Pflichten aus

1043 In Bezug auf Inhalte der Angebotsunterlage ebenso *Liebscher*, ZIP 2001, 853, 868.

1044 Hierzu auch *Möllers*, in: KK zum WpÜG, § 23 WpÜG, Rdn. 100 f.

1045 Auch nach *Huber*, Haftung für Angebotsunterlagen, S. 211 liegt das Schwergewicht hinsichtlich des Kreises der Haftungsverpflichteten eindeutig auf § 12 Absatz 1 Nr. 1 WpÜG und somit beim Bieter als Unterzeichner der Angebotsunterlage.

1046 Die Übernahme der Verantwortung durch Dritte (z.B. durch angebotsbegleitende Wertpapierdienstleistungsunternehmen) wird mangels diesbezüglicher Verpflichtung äußerst selten bleiben. Hinsichtlich der Verantwortungsübernahme für den Inhalt der Angebots-

§ 23 WpÜG trägt. Daneben treten gesamtschuldnerisch die tatsächlichen Urheber der Angebotsunterlage bzw. der Veröffentlichungen i.S.v. § 23 WpÜG.[1047] Dies sind typischerweise Personen, die ein eigenes wirtschaftliches Interesse an dem Angebotserfolg haben.[1048] „In Betracht kommen z.B. die mit dem Bieter gemeinsam handelnden Personen, eine Konzernmutter, die eine Konzerntochter zur Übernahme veranlasst, oder die Gesellschafter einer special purpose company, wenn diese eigens gegründet wurde, um als Bieter aufzutreten."[1049] Nicht erfasst werden hingegen Kredit- oder Finanzdienstleistungsinstitute, die das Angebot als Abwicklungsstelle begleiten, wenn sie sich auf eine passive Hilfsfunktion beschränken.[1050]

aa) Anwendbarkeit des § 12 WpÜG bei Verstößen gegen § 23 Absatz 1 Satz 1 Nr. 1 WpÜG

(1) § 23 Absatz 1 Satz 1 Nr. 1 WpÜG als gesetzlich normierte Aktualisierungspflicht

Anfänglich unrichtige oder unvollständige Angebotsunterlagen können unstreitig eine Haftung gem. § 12 Absatz 1 WpÜG auslösen. Fraglich ist hingegen, ob dasselbe auch für nachträglich, d.h. nach ihrer Veröffentlichung, unrichtig gewordene Angebotsunterlagen gilt. Dies hängt davon ab, ob man den Bieter als ver-

---

unterlage vgl. *Möllers*, in: KK zum WpÜG, § 12 WpÜG, Rdn. 93; ebenso *Huber*, Haftung für Angebotsunterlagen, S. 209. Hiernach sind Wertpapierdienstleistungsunternehmen im Rahmen des WpÜG – im Gegensatz zu § 30 Absatz 2 BörsG n.F. – gerade nicht zur Unterzeichnung der Angebotsunterlage verpflichtet. Deshalb ist davon auszugehen, dass eine solche Unterschrift dann auch regelmäßig nicht geleistet wird.

1047 Durch die Veranlasserhaftung sollen Haftungslücken geschlossen werden, die entstehen können, wenn die eigentlichen Urheber weniger solvente Personen als formell Verantwortliche vorschieben (*Steinmeyer/Häger*, WpÜG, § 12 WpÜG, Rdn. 20). Entsprechend zur Börsenprospekthaftung *Möllers/Leisch*, Prospekthaftung, S. 1735, 1737; *Kunz*, Börsenprospekthaftung, S. 133 f.; *Hamann*, in: Schäfer, §§ 45, 46 BörsG a.F., Rdn. 42; *Schwark*, Börsengesetz, §§ 45, 46 BörsG, Rdn. 7.

1048 Begr. RegE, BT-Drucks. 14/7034, S. 42; ausführlich *Huber*, Haftung für Angebotsunterlagen, S. 210 f.; *Möllers*, in: KK zum WpÜG, § 12 WpÜG, Rdn. 92; *Schwennicke*, in: Geibel/Süßmann, WpÜG, § 12 WpÜG, Rdn. 17 ff.; *Renner*, in: Haarmann/Riehmer/Schüppen, Öffentliche Übernahmeangebote, § 12 WpÜG, Rdn. 12 f.; *Hamann*, ZIP 2001, 2249, 2255; *Assmann*, AG 2002, 153, 157.

1049 *Hamann*, ZIP 2001, 2249, 2255 f.; ebenso *Huber*, Haftung für Angebotsunterlagen, S. 211.

1050 *Schwennicke*, in: Geibel/Süßmann, WpÜG, § 12 WpÜG, Rdn. 18; *Möllers*, in: KK zum WpÜG, § 12 WpÜG, Rdn. 92; *Huber*, Haftung für Angebotsunterlagen, S. 212.

pflichtet ansieht, die Angebotsunterlage nach ihrer Veröffentlichung durch entsprechende Nachträge zu aktualisieren[1051]. Als Konsequenz der Bejahung einer derartigen allgemeinen Aktualisierungspflicht ergäbe sich die Möglichkeit einer Haftung aus § 12 Absatz 1 WpÜG für nachträglich unrichtige oder unvollständige Angebotsunterlagen.[1052] Denn dem Wortlaut des § 12 Absatz 1 und 3 WpÜG lässt sich nicht entnehmen, dass lediglich für anfänglich unrichtige oder unvollständige Angebotsunterlagen gehaftet werden soll.[1053]

In der Literatur wird die Existenz einer auf den Inhalt der Angebotsunterlage bezogenen allgemeinen Aktualisierungspflicht des Bieters zu Recht bejaht.[1054] Im Rahmen geänderter Beteiligungsverhältnisse des Bieters kann diese Diskussion dahingestellt bleiben. Denn jedenfalls aus § 23 Absatz 1 Satz 1 Nr. 1 WpÜG ergibt sich unmittelbar eine gesetzlich normierte Aktualisierungspflicht des Bieters.[1055] § 23 WpÜG legt die Zeiträume fest, in denen jeweils die Beteiligungsverhältnisse mitzuteilen sind und bestimmt dadurch den Umfang der Informationspflichten des Bieters. Selbst diejenigen, die eine allgemeine Aktualisierungspflicht im Rahmen des WpÜG ablehnen, stützen sich auf einen Umkehrschluss zu § 23 WpÜG[1056] und erkennen somit an, dass es sich hierbei um eine gesetzlich geregelte Pflicht zur Aktualisierung der gem. § 11 Absatz 4 WpÜG i.V.m. § 2 Nr. 5 WpÜG-AngVO in der Angebotsunterlage enthaltenen Beteiligungsangaben handelt.

Im Ergebnis bedeutet die fehlerhafte oder unterlassene Veröffentlichung geänderter Beteiligungsverhältnisse während der Angebotsfrist zugleich eine Verletzung der dem Bieter obliegenden Aktualisierungspflicht der Angebotsunterlage, die geeignet ist, eine Haftung nach § 12 Absatz 1 WpÜG auszulösen.[1057] Die

---

1051 Während die in § 12 Absatz 3 Nr. 3 WpÜG angesprochene Berichtigung ursprüngliche Unrichtigkeiten und Unvollständigkeiten betrifft, bezieht sich die Frage der Aktualisierung auf eine nachträgliche Fehlerhaftigkeit der Angebotsunterlage.

1052 Ebenso *Huber*, Haftung für Angebotsunterlagen, S. 183.

1053 *Assmann*, AG 2002, 153, 156; *Huber*, Haftung für Angebotsunterlagen, S. 183.

1054 Vgl. zur ausführlichen Herleitung *Möllers*, in: KK zum WpÜG, § 12 WpÜG, Rdn. 49 ff.; *ders.*, ZGR 2002, 664, 674 f.; *Huber*, Haftung für Angebotsunterlagen, S. 182 ff.; ebenso bejahend *Assmann*, AG 2002, 153, 156 f.; *Steinmeyer/Häger*, WpÜG, § 11 WpÜG, Rdn. 14 f.; eine allgemeine Aktualisierungspflicht ablehnend hingegen *Hamann*, ZIP 2001, 2249, 2257.

1055 Ähnlich *Möllers*, in: KK zum WpÜG, § 23 WpÜG, Rdn. 99.

1056 *Hamann*, ZIP 2001, 2249, 2257.

1057 In diesem Sinn auch *Möllers*, in: KK zum WpÜG, § 23 WpÜG, Rdn. 99; *Stephan*, AG 2002, 3, 10 hält im Rahmen der Aktualisierungspflichten nach § 52 Absatz 2 Börs-

Anwendung des § 12 WpÜG ist interessengerecht, weil es gerade in der entscheidenden Endphase des Angebotsverfahrens dieses wirksamen Schutzes der Wertpapierinhaber der Zielgesellschaft bedarf, die ihre Entscheidung über die Annahme des Angebots noch nicht getroffen haben.[1058]

(2) Zeitliche Dauer der Aktualisierungspflicht des § 23 Absatz 1 Satz 1 Nr. 1 WpÜG

Der Wortlaut des § 23 Absatz 1 Satz 1 Nr. 1 WpÜG sieht den Ablauf der regulären Annahmefrist als absolute zeitliche Grenze der darin vorgesehenen Aktualisierungspflichten an. Dies betrifft jedoch lediglich die generelle Pflicht des Bieters, Aktualisierungen gem. § 23 Absatz 1 Satz 1 Nr. 1 WpÜG vorzunehmen. In Bezug auf eventuelle Ansprüche der einzelnen, das Angebot annehmenden, Wertpapierinhaber der Zielgesellschaft ist richtigerweise ein individueller Beurteilungsmaßstab heranzuziehen.[1059]

Nach *Möllers* und *Huber* endet die individuelle Aktualisierungspflicht gegenüber den einzelnen Wertpapierinhabern stets mit der jeweiligen Annahme des Angebots.[1060] Der Wertpapierinhaber der Zielgesellschaft habe seine Entscheidung auf zutreffender Grundlage fällen können, wenn das Angebot erst nach der jeweiligen Annahme fehlerhaft wurde. Zwar wird hier zu Recht angenommen, dass der sich aus § 3 Absatz 1 WpÜG ergebende Grundsatz der Gleichbehandlung aller Inhaber von Wertpapieren derselben Gattung, einer individuellen Bestimmung der Dauer der Aktualisierungspflicht nicht entgegensteht. Entscheidend ist allein, dass die individuelle endgültige Entscheidung über die Annahme des Angebots auf vollständigen und richtigen Informationen basiert. Den Wertpapierinhabern steht es frei, die Annahmefrist voll auszuschöpfen und die Entwicklungen während dieser Zeit zu beobachten. Stellt sich eine frühe endgültige Annahmeent-

---

ZulV und § 11 VerkProspG fest, dass sich die Prospekthaftung nicht nur aus einem unzutreffenden Nachtrag, sondern auch aus dem Unterlassen eines an sich gebotenen Nachtrags ergeben kann.

1058 In diesem Sinn auch *Möllers*, in: KK zum WpÜG, § 23 WpÜG, Rdn. 100; *Assmann*, AG 2002, 153, 155 sieht in den nach § 2 Nr. 5 WpÜG-AngVO vorgeschriebenen Beteiligungsinformationen zu Recht Angaben der Angebotsunterlage, die für die Beurteilung des Angebots i.S.v. § 12 Absatz 1 WpÜG wesentlich sind.

1059 Im Rahmen der allgemeinen Pflicht des Bieters zur Aktualisierung der Angebotsunterlagen nach dem WpÜG vgl. *Huber*, Haftung für Angebotsunterlagen, S. 194 f.; i.E. ebenso *Möllers*, in: KK zum WpÜG, § 12 WpÜG, Rdn. 59 f.

1060 *Möllers*, in: KK zum WpÜG, § 12 WpÜG, Rdn. 60 ff.; *ders.*, ZGR 2002, 664, 676; *Huber*, Haftung für Angebotsunterlagen, S. 194 ff.

scheidung – angesichts einer zwischenzeitlichen Aktualisierung – nachträglich als unvorteilhaft heraus, verwirklicht sich darin lediglich das vom jeweiligen Wertpapierinhaber im Rahmen der Vertragsfreiheit eingegangene Risiko.

Jedoch kann nicht generell davon ausgegangen werden, dass die gegenüber den einzelnen Wertpapierinhabern individuell bestehende Aktualisierungspflicht des Bieters mit der jeweiligen Annahme des Angebots endet. Da die Aktualisierungspflicht des § 23 Absatz 1 Satz 1 Nr. 1 WpÜG dem Schutz der Vermögensinteressen der Angebotsadressaten dient, muss die individuelle Pflicht des Bieters zur Aktualisierung jedenfalls so lange andauern, wie der jeweilige Wertpapierinhaber noch rechtserhebliche Entscheidungen hinsichtlich der endgültigen Annahme oder Ablehnung des Angebots unter Berücksichtigung neuer Informationen treffen kann.[1061] Erst wenn rechtserhebliche Handlungen der individuellen Wertpapierinhaber im Hinblick auf erfolgende Aktualisierungen des Bieters nicht mehr möglich sind, besteht auch kein legitimes individuelles Interesse mehr an der Veröffentlichung von Aktualisierungen in der dafür vorgesehenen Form und mit haftungsbegründender Funktion. Häufig enthalten Angebotsunterlagen nämlich vertragliche Rücktrittsrechte aufgrund derer die Wertpapierinhaber ihre Annahmeerklärung während der Annahmefrist jederzeit zurücknehmen können.[1062] In derartigen Fällen sind die Wertpapierinhaber gerade nicht an ihre ursprüngliche Entscheidung gebunden und übernehmen keinesfalls das Risiko, auf ungünstige Veränderungen nicht mehr reagieren zu können.

Die durch Fehlinformation bzw. unterlassene Information verursachte Nichtausübung bestehender Rücktrittsrechte rechtfertigt Haftungsansprüche, auch wenn die ursprüngliche Entscheidung über die Annahmeerklärung auf korrekter Informationsgrundlage basierte. Diejenigen Wertpapierinhaber, die das Angebot des Bieters im Vertrauen auf die Möglichkeit einer wohlinformierten Rücktrittsentscheidung frühzeitig angenommen haben, dürfen nicht schutzlos gestellt sein. Da jedoch § 12 WpÜG lediglich auf die Annahmeerklärung und nicht auf die Nichtausübung eines bestehenden Rücktrittsrechts abstellt, kann insoweit nur eine analoge Anwendung erfolgen. Eine planwidrige Regelungslücke besteht insofern, weil der Gesetzgeber die Möglichkeit eines jederzeitigen vertraglichen Rücktrittsrechts nicht berücksichtigt hat. Auch die für eine Analogie erforderliche vergleichbare Situation und gemeinsame Interessenlage ist gegeben. Letztendlich ist für die Beendigung der individuellen haftungsbegründenden Aktualisierungs-

1061 Zu diesem Gedanken im Zusammenhang mit § 11 VerkProspG vgl. *Stephan*, AG 2002, 3, 8.

1062 Vgl. hierzu S. 166.

pflicht daher der Zeitpunkt der endgültigen Bindung an die Annahmeentscheidung maßgeblich.

Im Ergebnis endet die individuelle haftungsbegründende Aktualisierungspflicht gegenüber den einzelnen Wertpapierinhabern nur grundsätzlich mit der jeweiligen Annahme des Angebots. Sollten über diesen Zeitpunkt hinaus rechtserhebliche Handlungen der jeweiligen Wertpapierinhaber in Bezug auf die endgültige Entscheidung über die Angebotsannahme möglich sein (z.B. Rücktrittsrecht), ist die Dauer der individuellen haftungsbegründenden Aktualisierungspflicht entsprechend auszudehnen. Im Rahmen des § 23 Absatz 1 Satz 1 Nr. 1 WpÜG bildet jedoch der Ablauf der regulären Annahmefrist eine absolute Grenze.

bb) Voraussetzungen einer Haftung nach § 12 WpÜG direkt und analog

(1) Fehlerhafte oder pflichtwidrig unterlassene Veröffentlichung des Bieters

Eine Haftung setzt zunächst eine fehlerhafte oder pflichtwidrig unterlassene Veröffentlichung des Bieters in Bezug auf geänderte Beteiligungsverhältnisse voraus.[1063] Hieraus resultiert eine nachträglich unrichtige bzw. unvollständige Angebotsunterlage.[1064] Geringfügige Abweichungen von den tatsächlichen Beteiligungsverhältnissen sind, mangels Wesentlichkeit für die Beurteilung des Angebots, nicht geeignet, den Haftungsanspruch auszulösen.[1065] Maßgeblicher Zeitpunkt für die Beurteilung der Fehlerhaftigkeit ist grundsätzlich die jeweilige Annahme des Angebots.[1066] Nach hier vertretener Ansicht[1067] rechtfertigt jedoch die durch Fehlinformation bzw. unterlassene Information verursachte Nichtausübung eines bestehenden Rücktrittsrechts eine analoge Anwendung des § 12 WpÜG. Sollte also ein Rücktrittsrecht der Wertpapierinhaber bestehen, setzt der Haftungsanspruch eine Fehlerhaftigkeit im Zeitpunkt der jeweiligen Angebotsannahme[1068] oder im Zeitpunkt der letzten Rücktrittsmöglichkeit[1069] voraus. Der

1063 *Möllers*, in: KK zum WpÜG, § 23 WpÜG, Rdn. 99; vgl. auch *Stephan*, AG 2002, 3, 10 [hierzu S. 247 (dort Fn. 1057)].

1064 *Steinmeyer/Häger*, WpÜG, § 11 WpÜG, Rdn. 15, § 12 WpÜG, Rdn. 11.

1065 *Möllers*, in: KK zum WpÜG, § 23 WpÜG, Rdn. 101; im Zusammenhang mit der allgemeinen Aktualisierungspflicht *ders.*, in: KK zum WpÜG, § 12 WpÜG, Rdn. 57; *ders.*, ZGR 2002, 664, 675 f.

1066 In diesem Sinn auch *Möllers*, in: KK zum WpÜG, § 12 WpÜG, Rdn. 73, allerdings ohne jede Einschränkung.

1067 Vgl. S. 249 f.

1068 In diesem Fall gilt § 12 WpÜG direkt.

Anspruchsteller trägt die Beweislast hinsichtlich der Unrichtigkeit bzw. Unvollständigkeit der Angaben sowie bezüglich der Wesentlichkeit einer hieraus resultierenden Abweichung.[1070]

(2) Haftungsbegründende Kausalität

Weitere Voraussetzung für einen Schadensersatzanspruch aus § 12 WpÜG ist die haftungsbegründende Kausalität. Die negative Formulierung in § 12 Absatz 3 Nr. 1 WpÜG zeigt, dass der erforderliche Kausalzusammenhang zwischen den fehlerhaften Angaben und der Annahme des Angebots bzw. der Nichtausübung eines bestehenden Rücktrittsrechts (§ 12 Absatz 3 Nr. 1 WpÜG analog) vermutet wird[1071] und nicht vom Geschädigten nachgewiesen werden muss. Die Beweislast ist insofern dem Anspruchsgegner zugewiesen.[1072] Bei Anwendung eines weiten Kausalitätsbegriffs ist bereits ein mittelbarer Ursachenzusammenhang ausreichend.[1073] Die Kausalität kann durch eine von den Beteiligungs- bzw. Annahmestandsangaben ausgehende „Anlagestimmung"[1074] bzw. „Annahmestimmung"[1075] vermittelt werden.[1076] Zur Widerlegung der Kausalität ist somit nicht ausreichend, dass der Anspruchsgegner nachweist, der Wertpapierinhaber habe die Angaben zur Beteiligung bzw. zum Annahmestand nicht gekannt.[1077] Viel-

---

1069 In diesem Fall gilt § 12 WpÜG analog.

1070 In diesem Sinn auch *Möllers*, in: KK zum WpÜG, § 12 WpÜG, Rdn. 80; *Huber*, Haftung für Angebotsunterlagen, S. 205 f.

1071 *Schwennicke*, in: Geibel/Süßmann, WpÜG, § 12 WpÜG, Rdn. 11; *Renner*, in: Haarmann/Riehmer/Schüppen, Öffentliche Übernahmeangebote, § 12 WpÜG, Rdn. 40; *Huber*, Haftung für Angebotsunterlagen, S. 241, 267 ff.

1072 *Steinmeyer/Häger*, WpÜG, § 12 WpÜG, Rdn. 22; *Renner*, in: Haarmann/Riehmer/Schüppen, Öffentliche Übernahmeangebote, § 12 WpÜG, Rdn. 40; *Hamann*, ZIP 2001, 2249, 2256. Zur börsenrechtlichen Haftung vgl. *Kort*, AG 1999, 9, 11.

1073 Der ursächliche Zusammenhang ist nach der conditio-sine-qua-non-Formel gegeben. Die Ursachenkette ist lediglich verlängert (vgl. *Möllers/Leisch*, WM 2001, 1648, 1657).

1074 Von der Rechtsprechung für die alte Fassung der börsengesetzlichen Prospekthaftung entwickelt, vgl. BGH WM 1998, 1772, 1775; *Möllers/Leisch*, Prospekthaftung, S. 1735, 1739.

1075 *Hamann*, ZIP 2001, 2249, 2257 spricht von einer Veräußerungsstimmung.

1076 Vgl. *Möllers*, in: KK zum WpÜG, § 12 WpÜG, Rdn. 112; *Huber*, Haftung für Angebotsunterlagen, S. 270 ff.

1077 In dieser Art jedoch *Schwennicke*, in: Geibel/Süßmann, WpÜG, § 12 WpÜG, Rdn. 30.

mehr muss er den zusätzlichen Nachweis erbringen, dass keine Annahmestimmung bestanden hat.[1078]

(3) Verschulden

Aus dem Wortlaut des § 12 Absatz 2 WpÜG folgt, dass die Haftung ein Verhalten voraussetzt, das von Vorsatz getragen ist oder mindestens in den Bereich grober Fahrlässigkeit fällt. Denn hiernach kann nicht in Anspruch genommen werden, wer nachweist, dass er die Unrichtigkeit oder Unvollständigkeit der Angaben nicht gekannt hat und die Unkenntnis nicht auf grober Fahrlässigkeit beruht.[1079] Maßgeblicher Beurteilungszeitpunkt für das Verschulden ist der Zeitpunkt der Pflichtverletzung.[1080] Keine andere Beurteilung ist zudem gerechtfertigt, wenn der Verantwortliche zwar ursprünglich weder Kenntnis noch grob fahrlässige Unkenntnis von der Fehlerhaftigkeit hatte, die Unrichtigkeit bzw. Unvollständigkeit aber später erkennt oder grob fahrlässig nicht erkennt und keine Berichtigung nach § 12 Absatz 3 Nr. 3 WpÜG vornimmt.[1081] Die Beweislast hinsichtlich des fehlenden Verschuldens trifft den Anspruchsgegner.[1082]

(4) Keine Kenntnis der Fehlerhaftigkeit

Der Anspruchsberechtigte darf gem. § 12 Absatz 3 Nr. 2 WpÜG keine positive Kenntnis von der Fehlerhaftigkeit der Angaben haben, weil er ansonsten nicht schutzbedürftig ist. Es handelt sich hierbei um ein gesetzlich geregeltes haftungsbegründendes Mitverschulden, so dass der Einwand des Mitverschuldens im Übrigen ausgeschlossen ist.[1083] § 254 BGB ist daneben unter dem Aspekt des haftungsbegründenden Mitverschuldens nicht anwendbar.[1084] Maßgeblicher Zeit-

---

1078 *Möllers*, in: KK zum WpÜG, § 12 WpÜG, Rdn. 113; *Huber*, Haftung für Angebotsunterlagen, S. 276.

1079 Zur Anwendbarkeit des § 278 BGB auf Personen, die nicht Verantwortliche nach § 12 Absatz 1 Nr. 1 oder Nr. 2 WpÜG sind vgl. *Möllers*, in: KK zum WpÜG, § 12 WpÜG, Rdn. 107; *Huber*, Haftung für Angebotsunterlagen, S. 249 f.

1080 *Möllers*, in: KK zum WpÜG, § 12 WpÜG, Rdn. 87 f.; *Huber*, Haftung für Angebotsunterlagen, S. 242.

1081 *Möllers*, in: KK zum WpÜG, § 12 WpÜG, Rdn. 87; *Huber*, Haftung für Angebotsunterlagen, S. 242.

1082 Begr. RegE, BT-Drucks. 14/7034, S. 43; *Schwennicke*, in: Geibel/Süßmann, WpÜG, § 12 WpÜG, Rdn. 28; *Steinmeyer/Häger*, WpÜG, § 12 WpÜG, Rdn. 23.

1083 Vgl. Begr. RegE, BT-Drucks. 14/7034, S. 43.

1084 *Huber*, Haftung für Angebotsunterlagen, S. 288. So im Ergebnis auch im Rahmen der Haftung nach dem Börsengesetz *Hamann*, in: Schäfer, §§ 45, 46 BörsG n.F., Rdn. 42.

punkt ist die Erklärung der Annahme des Angebots bzw. der Zeitpunkt der letzten Rücktrittsmöglichkeit (§ 12 Absatz 3 Nr. 2 WpÜG analog). Den Nachweis hinsichtlich der Kenntnis bzw. grob fahrlässigen Unkenntnis hat der in Anspruch genommene Verantwortliche zu erbringen.[1085]

(5) Keine Berichtigung der Fehlerhaftigkeit

Die Möglichkeit einer Berichtigung steht auch demjenigen Bieter zur Verfügung, dem wegen einer Aktualisierungspflichtverletzung eine Haftung droht.[1086] Ein Anspruch ist ausgeschlossen, sofern vor der Annahmeerklärung eine Berichtigung i.S.v. § 12 Absatz 3 Nr. 3 WpÜG erfolgt.[1087] Im analogen Anwendungsfall des § 12 WpÜG[1088] müsste die Berichtigung vor der letzten Rücktrittsmöglichkeit erfolgen (§ 12 Absatz 3 Nr. 3 WpÜG analog). Die Berichtigung muss im Unterschied zur Aktualisierung erkennbar an fehlerhafte Angaben der Vergangenheit anknüpfen und diese berichtigen.

cc) Rechtsfolge des § 12 Absatz 1 WpÜG

(1) Schadensersatz nach §§ 249 ff. BGB

(a) Negatives Interesse

Die Ersatzpflichtigen haben gem. § 12 Absatz 1 WpÜG den Schaden zu ersetzen, der dem Wertpapierinhaber aus der Annahme des Angebots entstanden ist. Diese Regelung ist einer früheren Fassung des § 45 BörsG a.F. ähnlich, wonach der Schaden zu ersetzen war, welcher dem Besitzer[1089] der Wertpapiere „aus der von

1085 *Huber*, Haftung für Angebotsunterlagen, S. 286.

1086 *Steinmeyer/Häger*, WpÜG, § 11 WpÜG, Rdn. 15.

1087 Ausführlich zur Berichtigung vgl. *Möllers*, in: KK zum WpÜG, § 12 WpÜG, Rdn. 120 ff.; *Huber*, Haftung für Angebotsunterlagen, S. 288 ff.; unerheblich ist, ob der Annehmende Kenntnis von der Berichtigung hat. Allein die Veröffentlichung schließt das Entstehen eines Anspruchs aus § 12 Absatz 1 WpÜG aus. Dies gilt allerdings nur dann, wenn die Berichtigung bei unterstellter Kenntnis zumindest theoretisch hätte berücksichtigt werden können. Insoweit ist auf den Zeitpunkt der Abgabe der Annahmeerklärung abzustellen.

1088 Vgl. S. 249 f.

1089 Hinsichtlich des Anspruchs aus § 12 WpÜG ist der Besitz unerheblich.

den gemachten Angaben abweichenden Sachlage erwächst".[1090] Entsprechend dieser börsengesetzlichen Regelung richtet sich der Umfang des zu ersetzenden Schadens nach den allgemeinen Regeln der §§ 249 ff. BGB.[1091] Der Annehmende kann verlangen, so gestellt zu werden, als hätte er die wahre Sachlage gekannt.[1092] Da § 249 Absatz 1 BGB den Umfang des Schadensersatzanspruchs mit der hypothetischen Rechtsgüterentwicklung bei pflichtgemäßem Verhalten verknüpft, richtet sich die Entscheidung über die schadensrechtliche Ersatzfähigkeit von positivem oder negativem Interesse nach dem Inhalt der verletzten Pflicht.[1093] Im vorliegenden Zusammenhang soll § 23 Absatz 1 Satz 1 Nr. 1 WpÜG den Angebotsadressaten durch eine Verbesserung der informationellen Entscheidungsgrundlage eine bedürfnisgerechte Entscheidungsfindung ermöglichen oder, negativ ausgedrückt, der Vermeidung eines aufgrund von Fehlvorstellungen nicht bedürfnisgerechten Vertrages dienen. Der Schadensersatzanspruch richtet sich somit auf das negative Interesse. Der Höhe nach ist er jedoch nicht auf das Erfüllungsinteresse beschränkt.[1094] Nicht ersatzfähig ist hingegen das positive Interesse,[1095] da die verletzte Pflicht nicht die Verwirklichung der Vertragserwartungen[1096] bezweckt.

(b) Willenswidrige vertragliche Bindung als Schaden

Ist auf der Grundlage einer Beweislastumkehr davon auszugehen, dass der Vertrag bei Kenntnis der Fehlerhaftigkeit jedenfalls nicht „so" geschlossen worden wäre, liegt der Schaden bereits in der willenswidrigen vertraglichen Bindung und

1090 *Hamann*, ZIP 2001, 2249, 2256; näher zu dieser früheren Regelung des BörsG *ders.*, in: Schäfer, §§ 45, 46 BörsG a.F., Rdn. 143 ff.; *Schwark*, Börsengesetz, §§ 45, 46 BörsG, Rdn. 38.

1091 Zur Ersatzfähigkeit entgangenen Gewinns, aus der Annahme entstehender Nebenkosten (z.B. Transaktions- oder Finanzierungskosten) und notwendiger Aufwendungen zur Durchsetzung des Anspruchs vgl. *Huber*, Haftung für Angebotsunterlagen, S. 254; *Möllers*, in: KK zum WpÜG, § 12 WpÜG, Rdn. 131; *Assmann*, AG 2002, 153, 159.

1092 Begr. RegE, BT-Drucks. 14/7034, S. 43.

1093 *Grigoleit*, Vorvertragliche Informationshaftung, S. 190.

1094 *Steinmeyer/Häger*, WpÜG, § 12 WpÜG, Rdn. 27; *Möllers*, in: KK zum WpÜG, § 12 WpÜG, Rdn. 131.

1095 *Möllers*, in: KK zum WpÜG, § 12 WpÜG, Rdn. 131; *Steinmeyer/Häger*, WpÜG, § 12 WpÜG, Rdn. 27; vgl. auch *Hamann*, in: Schäfer, §§ 45, 46 BörsG a.F., Rdn. 146; *Schwark*, Börsengesetz, §§ 45, 46 BörsG, Rdn. 38; *Assmann*, in: Assmann/Schütze, Kapitalanlagerecht, § 7 Rdn. 160.

1096 Zustand der bestünde, wenn die unrichtigen oder unvollständigen Angaben der Wirklichkeit entsprächen.

gerade nicht erst in einem zum Nachteil des Geschädigten ausgehenden Vergleich von Leistung und Gegenleistung.[1097] Die Naturalrestitution nach § 249 Absatz 1 BGB richtet sich zunächst auf die Befreiung von der eingegangenen Verbindlichkeit und den Ersatz der Aufwendungen.[1098] Nach Durchführung des Vertrages besteht die Naturalrestitution primär in der Rückgewähr der an den Bieter erbrachten Gegenleistung Zug um Zug gegen Erstattung der erlangten Leistung.[1099] Zusätzlich zu verlangen, dass der Vertrag einen Vermögensschaden bildet, weil er für den betroffenen Wertpapierinhaber wirtschaftlich nachteilig ist, leuchtet nicht ein.[1100] Zwar ist ein Vermögensschaden gem. § 253 Absatz 1 BGB Voraussetzung des auf das Wertinteresse gerichteten Ersatzes „in Geld" nach § 251 Absatz 1 BGB. Dieser Anspruch ist jedoch entsprechend der gesetzlichen Konzeption streng von der vorrangigen auf das Integritätsinteresse gerichteten Naturalrestitution i.S.v. § 249 Absatz 1 BGB zu trennen.[1101]

Nach *Steinmeyer/Häger* soll eine Rückabwicklung nur ausnahmsweise in Betracht kommen.[1102] Der geschädigte Wertpapierinhaber nähme ansonsten an einer Kursentwicklung der Wertpapiere der Zielgesellschaft teil. Dies sei jedoch nur

---

1097 *Möllers*, in: KK zum WpÜG, § 12 WpÜG, Rdn. 89; *Möllers/Leisch*, BKR 2001, 78, 82; *dies.*, WM 2001, 1648, 1655; *Löwisch*, in: Staudingers Kommentar zum BGB, Vorbem zu §§ 275 - 283, Rdn. 106; *Huber*, Haftung für Angebotsunterlagen, S. 256; *Grigoleit*, Vorvertragliche Informationshaftung, S. 19 f.; *ders.*, NJW 1999, 900, 902.

1098 Vgl. *Möllers*, in: KK zum WpÜG, § 12 WpÜG, Rdn. 132; *Assmann*, in: Assmann/Schütze, Kapitalanlagerecht, § 7 Rdn. 155.

1099 *Möllers*, in: KK zum WpÜG, § 12 WpÜG, Rdn. 132; *Hamann*, ZIP 2001, 2249, 2256; *Huber*, Haftung für Angebotsunterlagen, S. 259; zur Möglichkeit einer Vertragsanpassung auf schadensrechtlicher Grundlage vgl. S. 259 ff.

1100 So jedoch BGH NJW 1998, 302 ff. im Falle eines durch Aufklärungspflichtverletzung verursachten auf c.i.c. gestützten Schadensersatzanspruchs auf Rückabwicklung des Vertrages. Allerdings versteht der BGH hier den Begriff des Vermögensschadens weit, ähnlich dem Vermögensschaden des § 263 StGB. Ein Vermögensschaden liege bereits dann vor, wenn die Informationspflichtverletzung oder fehlerhafte Beratung zu einem Vertrag führt, der in nachvollziehbarer Weise nicht den Interessen des Kunden entspricht. Die bezeichnete Entscheidung kann allerdings ohnehin nicht auf § 12 WpÜG übertragen werden, weil sie lediglich vermeiden sollte, dass die Beschränkungen des Anfechtungsrechts nach §§ 119 ff. BGB unterlaufen werden können. Unter Berücksichtigung des § 12 Absatz 4 WpÜG sind Bedenken hinsichtlich einer Umgehung des § 124 BGB in keiner Weise gerechtfertigt.

1101 Im Ergebnis ebenso *Möllers/Leisch*, BKR 2001, 78, 81 f.; *dies.*, WM 2001, 1648, 1655; *dies.*, JZ 2000, 1085, 1090; *Lorenz*, Der Schutz vor dem unerwünschten Vertrag, S. 73; *Grigoleit*, Vorvertragliche Informationshaftung, S. 19 f.; *Löwisch*, in: Staudingers Kommentar zum BGB, Vorbem zu §§ 275 - 283, Rdn. 106.

1102 *Steinmeyer/Häger*, WpÜG, § 12 WpÜG, Rdn. 31.

gerechtfertigt, wenn eine fehlerhafte Angabe ursächlich für den Schaden geworden ist, der dem Anspruchsteller dadurch entstanden ist, dass er seine Anteile an der Zielgesellschaft hergegeben hat. Eine derartige Aufspaltung zwischen Leistung und Gegenleistung steht jedoch nicht in Einklang mit der hier vertretenen Auffassung, nach der der Schaden bereits in der willenswidrigen vertraglichen Bindung zu sehen ist. Denn gerade hierin liegt die Rechtfertigung für die Partizipation an der zwischenzeitlichen Kursentwicklung der Wertpapiere der Zielgesellschaft.[1103]

(c) Maßgeblicher Zeitpunkt

Entscheidend ist der Zeitpunkt, in dem sich der Geschädigte durch die Annahme des Angebotes verpflichtet und damit über sein Vermögen verfügt hat. Tatsächliche Kursänderungen[1104] werden bei der Naturalrestitution zwangsläufig bis zur Realisierung des Schadenersatzanspruches einbezogen.[1105] Kursverluste der Zielgesellschaftsanteile können u.U. über eine Geldentschädigung nach § 251 Absatz 1 Alt. 2 BGB angemessen ausgeglichen werden.[1106]

(d) Fallgruppe: Tauschangebot (Wertpapiere als Gegenleistung)

Hinsichtlich der Bestimmung ihres konkreten Inhalts sind die Schadensersatzansprüche für Tauschangebote (Wertpapiere als Gegenleistung) und Bargebote (Geldleistung als Gegenleistung) getrennt zu betrachten. Innerhalb dieser Fall-

---

1103 In diesem Sinn auch *Möllers*, in: KK zum WpÜG, § 12 WpÜG, Rdn. 132.

1104 Hypothetische Kursentwicklungen sind demgegenüber grundsätzlich nicht zu berücksichtigen (vgl. *Möllers*, in: KK zum WpÜG, § 12 WpÜG, Rdn. 133; *Huber*, Haftung für Angebotsunterlagen, S. 258).

1105 Vgl. *Möllers*, in: KK zum WpÜG, § 12 WpÜG, Rdn. 133. Dies gilt insbesondere auch für tatsächliche Kursverluste der u.U. als Gegenleistung gewährten Wertpapiere des Bieters. Widersprüchlich hingegen *Huber*, Haftung für Angebotsunterlagen, S. 253, 258, die im Kursverlust keinen ersatzfähigen Schaden i.S.v. § 12 Absatz 1 WpÜG sieht, wenn der Kurs der erhaltenen Wertpapiere aufgrund allgemeiner Konjunkturschwäche sinkt. Eine solche Auffassung verkennt jedoch, dass die Informationen des § 23 Absatz 1 Satz 1 Nr. 1 WpÜG dem Selbstbestimmungsrecht des Anlegers dienen. Der erlittene Schaden in Gestalt eines bei korrekter Information nicht erworbenen Wertpapieres muss daher ersatzfähig sein. Der Wertpapierinhaber kann im Ergebnis verlangen, so gestellt zu werden, als hätte er das Angebot nicht angenommen und somit auch die als Gegenleistung gewährten Wertpapiere nicht erworben. Vgl. hierzu *Hamann*, in: Schäfer, §§ 45, 46 BörsG a.F., Rdn. 147.

1106 Vgl. hierzu S. 257 und 259.

gruppen ist jeweils danach zu unterscheiden, ob die Zielgesellschaft am Markt verbleibt oder nicht weiter existiert und vom Markt verschwindet.[1107]

Verbleibt die Zielgesellschaft im Falle eines Tauschangebotes am Markt, ist eine Naturalrestitution i.S.v. § 249 Absatz 1 BGB möglich. Grundsätzlich erhält der Geschädigte nach erfolgtem Leistungsaustausch – Zug um Zug gegen Rückgabe der als Gegenleistung erhaltenen Wertpapiere – Wertpapiere der Zielgesellschaft entsprechend der Zahl hingegebener Wertpapiere zurück.[1108] Hat der Anspruchsteller die aus dem Angebot erhaltenen Wertpapiere zwischenzeitlich bereits veräußert, muss er sich die erhaltene Gegenleistung als Vorteil auf seinen Schadensersatzanspruch anrechnen lassen.[1109] Bereits aus der Durchführung der Differenzhypothese ergibt sich, dass der erzielte Weiterveräußerungspreis abzüglich etwaiger Transaktionskosten als Surrogat an die Stelle der als Gegenleistung des Bieters erhaltenen Wertpapiere tritt[1110] und daher Zug um Zug gegen die hingegebenen Wertpapiere der Zielgesellschaft zurückzugewähren ist. Nach § 251 Absatz 1 Alt. 2 BGB kommt eine zusätzliche Geldentschädigung in Betracht, soweit die gerade beschriebene Naturalrestitution zur Entschädigung des betroffenen Wertpapierinhabers nicht genügend ist. Ein derartiger Fall kann sich daraus ergeben, dass der Wert der Zielgesellschaft bzw. ihrer Wertpapiere infolge der Teilübernahme durch den Bieter und dessen Einflussnahme auf das Unternehmen hinter dem Wert im Zeitpunkt der Angebotsannahme zurückbleibt.[1111]

1107 Zu dieser Unterscheidung und den verschiedenen Fallgruppen vgl. auch *Möllers*, in: KK zum WpÜG, § 12 WpÜG, Rdn. 134 ff.; *Huber*, Haftung für Angebotsunterlagen, S. 261 ff.

1108 Zu dieser Konstellation auch *Möllers*, in: KK zum WpÜG, § 12 WpÜG, Rdn. 135; *Huber*, Haftung für Angebotsunterlagen, S. 261; allgemeiner *Hamann*, ZIP 2001, 2249, 2256.

1109 *Hamann*, ZIP 2001, 2249, 2256 (dort Fn. 99); i.E. ebenso *Möllers*, in: KK zum WpÜG, § 12 WpÜG, Rdn. 136; *Huber*, Haftung für Angebotsunterlagen, S. 261; *Steinmeyer/Häger*, WpÜG, § 12 WpÜG, Rdn. 36 a.E.; zur Vorteilsanrechnung, die sich bereits aus der Differenzhypothese ergibt und lediglich unter bestimmten Voraussetzungen zu versagen ist vgl. *Hamann*, in: Schäfer, §§ 45, 46 BörsG a.F., Rdn. 148.

1110 Sollte der Anspruchsteller die Wertpapiere unter Börsenwert weiterveräußert haben, kann dies im Rahmen des haftungsausfüllenden Mitverschuldens gem. § 254 BGB berücksichtigt werden. Vgl. hierzu *Steinmeyer/Häger*, WpÜG, § 12 WpÜG, Rdn. 29; *Hamann*, in: Schäfer, §§ 45, 46 BörsG n.F., Rdn. 63.

1111 In diesem Sinn auch *Möllers*, in: KK zum WpÜG, § 12 WpÜG, Rdn. 136; *Huber*, Haftung für Angebotsunterlagen, S. 261 f.

In diesem Fall muss der tatsächliche Wert im Zeitpunkt der Annahme des Angebotes als Berechnungsgrundlage für den Schadensersatz dienen.[1112]

Existiert die Zielgesellschaft nach einer Übernahme aufgrund eines Tauschangebotes nicht weiter und verschwindet vom Markt,[1113] ist eine Naturalrestitution i.S.v. § 249 Absatz 1 BGB nicht möglich, weil die Wertpapiere der Zielgesellschaft mangels Existenz nicht zurückgewährt werden können. In Betracht kommt lediglich eine Entschädigung in Geld gemäß § 251 Absatz 1 Alt. 1 BGB.[1114] Anders als bei der Naturalrestitution setzt § 253 Absatz 1 BGB hier einen Vermögensschaden voraus. Die Höhe der Geldentschädigung richtet sich nach dem tatsächlichen Wert der Zielgesellschaft bzw. ihrer Wertpapiere im Zeitpunkt der Annahme des Angebotes. Denn der betroffene Wertpapierinhaber hätte bei Kenntnis der wahren Sachlage nicht über diesen Betrag disponiert. Allerdings muss die Werthaltigkeit der als Gegenleistung erhaltenen Wertpapiere des Bieters berücksichtigt werden. Der Anspruchsteller kann somit Geldersatz nur Zug um Zug gegen Rückgewähr dieser Wertpapiere bzw. des an deren Stelle getretenen Weiterveräußerungspreises verlangen.[1115]

(e) Fallgruppe: Bargebot (Geld als Gegenleistung)

Verbleibt die Zielgesellschaft im Falle eines Bargebotes am Markt, stehen auch hier der Naturalrestitution i.S.v. § 249 Absatz 1 BGB keine Hindernisses entgegen. Die Entschädigung erfolgt grundsätzlich dadurch, dass dem betroffenen Wertpapierinhaber – Zug um Zug gegen Rückgabe der erhaltenen Geldleistung – die Wertpapiere der Zielgesellschaft, die er dem Bieter hingegeben hat, zurück-

---

1112 A.A. *Möllers*, in: KK zum WpÜG, § 12 WpÜG, Rdn. 136; *Huber*, Haftung für Angebotsunterlagen, S. 262. Beide stellen auf den Börsenkurs im Zeitpunkt der Annahme des Angebots ab. Dies verkennt m.E., dass dieser Kurs i.d.R. genau dem Angebotspreis entspricht und den tatsächlichen Wert nicht zwingend widerspiegelt. Hinsichtlich der Schadensermittlung muss allerdings der tatsächliche Wert der Vermögensposition maßgeblich sein, über die der Geschädigte aufgrund der willenswidrigen vertraglichen Bindung verfügt hat.

1113 Gemeint sind hier z.B. Fälle einer Zerschlagungsübernahme, einer Verschmelzung oder eines Formwechsels. Vgl. hierzu *Huber*, Haftung für Angebotsunterlagen, S. 260; *Hamann*, ZIP 2001, 2249, 2256.

1114 Vgl. *Hamann*, ZIP 2001, 2249, 2256; *Möllers*, in: KK zum WpÜG, § 12 WpÜG, Rdn. 137; *Huber*, Haftung für Angebotsunterlagen, S. 262.

1115 In diesem Sinn auch *Möllers*, in: KK zum WpÜG, § 12 WpÜG, Rdn. 137; *Huber*, Haftung für Angebotsunterlagen, S. 262.

gewährt werden.[1116] Soweit diese Naturalrestitution zur Entschädigung des betroffenen Wertpapierinhabers nicht genügt, kommt auch hier gem. § 251 Absatz 1 Alt. 2 BGB eine zusätzliche Geldentschädigung in Betracht.[1117]

Existiert die Zielgesellschaft nach einer Übernahme nicht weiter und verschwindet vom Markt, ist eine Naturalrestitution i.S.v. § 249 Absatz 1 BGB ausgeschlossen. Sofern ein Vermögensschaden gegeben ist (§ 253 Absatz 1 BGB), kann der Geschädigte gemäß § 251 Absatz 1 Alt. 1 BGB Entschädigung in Geld verlangen. Einen solchen Schaden erleidet der Wertpapierinhaber der Zielgesellschaft, wenn er sich durch die willenswidrige vertragliche Bindung zur Übertragung der Wertpapiere gegen Erhalt einer Gegenleistung verpflichtet hat, die im Zeitpunkt der Annahme nicht angemessen war. Für die Höhe des Schadensersatzanspruchs ist deshalb zu beurteilen, inwieweit die erhaltene Gegenleistung unangemessen war. Ein Zusammenhang zwischen der Unangemessenheit und der Fehlerhaftigkeit der Beteiligungs- bzw. Annahmestandsangaben ist nicht zu fordern,[1118] weil der Geschädigte so zu stellen ist, als wäre die nachteilige vertragliche Bindung nicht entstanden.

(2) Vertragsanpassung als weitere Form des Schadensersatzes

(a) Vertragsanpassung wegen vorvertraglicher Irreführung

In ständiger Rechtsprechung wird die Vertragsanpassung wegen vorvertraglicher Irreführung ebenso wie die dargestellte Rückabwicklung des Vertrages nach den Regeln des Schadensrechts behandelt. Soweit der Irregeleitete im Rahmen des vertraglichen Austauschverhältnisses im Vertrauen auf die Richtigkeit seiner Vorstellungen „zu viel“ aufgewendet hat, wird ihm ein Schadensersatzanspruch

1116 In diesem Sinn auch *Möllers*, in: KK zum WpÜG, § 12 WpÜG, Rdn. 138; *Huber*, Haftung für Angebotsunterlagen, S. 262.

1117 Vgl. hierzu bereits S. 257. Die Voraussetzungen des § 251 Absatz 1 Alt. 2 BGB sind nicht allein dadurch erfüllt, dass die an den Bieter veräußerten Wertpapiere der Zielgesellschaft im Zeitpunkt der Annahme werthaltiger waren, als die vom Bieter offerierte Gegenleistung (so jedoch *Möllers*, in: KK zum WpÜG, § 12 WpÜG, Rdn. 138; *Huber*, Haftung für Angebotsunterlagen, S. 263). Denn die Naturalrestitution führt grundsätzlich gerade dazu, dass die Geschädigten ihre werthaltigeren Wertpapiere der Zielgesellschaft zurückerhalten. § 251 Absatz 1 Alt. 2 BGB setzt somit auch hier voraus, dass der Wert der Zielgesellschaft bzw. ihrer Wertpapiere infolge der Teilübernahme durch den Bieter und dessen Einflussnahme auf das Unternehmen hinter dem Wert im Zeitpunkt der Angebotsannahme zurückbleibt.

1118 So jedoch *Möllers*, in: KK zum WpÜG, § 12 WpÜG, Rdn. 139; *Huber*, Haftung für Angebotsunterlagen, S. 263.

nach den §§ 249 ff. BGB zugesprochen.[1119] Im Ergebnis wird dem Ersatzberechtigten – ist erst auf der Grundlage einer Beweislastumkehr davon auszugehen, dass der Vertrag jedenfalls nicht „so“ geschlossen worden wäre[1120] – ein Wahlrecht zugestanden. Er kann Aufhebung und Rückabwicklung des Vertrages oder aber unter Aufrechterhaltung des Vertrages den Ersatz des „zu viel“ Aufgewendeten verlangen.[1121]

Hinsichtlich des Rechts auf Vertragsanpassung erklärt der BGH die Frage, ob sich der Vertragspartner des Geschädigten auf einen Vertragsschluss zu geänderten Bedingungen eingelassen hätte, in ständiger Rechtsprechung ausdrücklich für unbeachtlich. Ein derartiger Nachweis ist nicht erforderlich.[1122] Weitergehend wird sogar ein gelungener Gegenbeweis als wirkungslos erachtet.[1123] Entscheidend ist allein, wie sich der Getäuschte bei Kenntnis der ihm verheimlichten Umstände verhalten hätte. Verbleibende Unsicherheiten gehen allerdings auch insoweit zu Lasten des Auskunftspflichtigen.[1124] Da sich diese hypothetische Entscheidung im forum internum[1125] der irregeleiteten Partei abspielt und daher

---

1119 Vgl. insbesondere BGHZ 69, 53, 58; 114, 87, 94; BGH NJW 1981, 2050, 2051; BGH NJW 1987, 2511, 2512; BGH WM 1987, 1466 f.; BGH NJW 1989, 1793, 1794; BGH ZIP 2001, 1465, 1468.

1120 Dies schließt lediglich den hypothetischen Fall aus, nach dem der Vertrag bei korrektem Verhalten des Informationspflichtigen in gleicher Weise zustande gekommen wäre.

1121 Grundlegend zur Einräumung des Wahlrechts BGHZ 69, 53, 57 f.; so auch BGH ZIP 2001, 1465, 1468, wo der BGH in Anlehnung an seine ständige Rechtsprechung lediglich darauf abstellt, ob der Geschädigte an dem Vertrag festhalten will, obwohl dieser infolge der Pflichtverletzung zu für ihn ungünstigen Bedingungen zustande gekommen ist; zur Qualifizierung als Wahlrecht vgl. auch *Lorenz*, Der Schutz vor dem unerwünschten Vertrag, S. 78; *Grigoleit*, Vorvertragliche Informationshaftung, S. 183; *Löwisch*, in: Staudingers Kommentar zum BGB, Vorbem zu §§ 275 - 283, Rdn. 107.

1122 Vgl. insbesondere BGH ZIP 2001, 1465, 1468 m.w.N., wonach mit dem Urteil des BGH vom 24. Juni 1998 (BGH NJW 1998, 2900 f.) keine Aufgabe der bisherigen Rechtsprechung zum Ersatz des Vertrauensinteresses durch Anpassung eines Vertrages nach den Grundsätzen der culpa in contrahendo verbunden ist; ebenso *Stoll*, JZ 1999, 95. Als Aufgabe der früheren Rechtsprechung interpretierend hingegen *Lorenz*, NJW 1999, 1001, 1002. Letzterer verkennt jedoch die Unterscheidung des BGH zwischen dem Ersatz des Erfüllungsinteresses falls feststeht, dass ohne das schädigende Verhalten tatsächlich ein Vertrag zu anderen Bedingungen zustande gekommen wäre und dem Ersatz des Vertrauensinteresses durch Anpassung des Vertrages, sofern sich die vorgenannte Feststellung nicht treffen lässt.

1123 Besonders deutlich BGH NJW 1981, 2050, 2051.

1124 Vgl. insbesondere BGHZ 114, 87, 94; BGH ZIP 2001, 1465, 1468.

1125 *Möllers/Leisch*, BKR 2001, 78, 79.

regelmäßig Unsicherheiten bestehen werden, handelt es sich bei dem Begehren eines Schadensersatzes in Form der Vertragsanpassung letztendlich um ein alternatives Wahlrecht.

Teile der Literatur befürworten die bestehende Rechtsprechung zur Vertragsanpassung auf schadensrechtlicher Grundlage.[1126] Sie beruhe darauf, dass sich die irregeführte Partei mit einer partiellen Liquidierung ihres Vertrauensschadens begnügen dürfe. Ihr sei das Recht zuzugestehen, den Vertrag als teilweise Befriedigung ihrer Leistungserwartungen anzuerkennen, im Übrigen aber, soweit diese Erwartungen unbefriedigt bleiben, einen verhältnismäßigen Teil der von ihr erbrachten Gegenleistung wegen Zweckverfehlung als Vermögensschaden zu liquidieren. Entscheidend sei hierbei nicht das objektive Missverhältnis von Leistung und Gegenleistung, sondern das Zurückbleiben des tatsächlichen vertraglichen Austauschverhältnisses hinter dem hypothetischen Wert, den ein erwartungsgerechter Vertrag für die irregeleitete Partei gehabt hätte.[1127]

Ansatzpunkt kritischer Literaturstimmen ist der Verzicht auf den Nachweis eines hypothetischen Vertragsschlusses.[1128] Ohne einen derartigen Nachweis hält *Grigoleit* eine Vertragsanpassung auf schadensrechtlicher Grundlage als Alternative zur Rückabwicklung für ausgeschlossen, weil kein Schaden bestimmbar sei, dessen Ersatz nach den §§ 249 ff. BGB einen Ausgleichsanspruch rechtfertigen könnte.[1129] Letztendlich lasse sich die Differenzhypothese des Schadensrechts mangels nachgewiesener hypothetischer Sachlage nicht durchführen. Das Recht auf Vertragsanpassung, das seine positive Grundlage im vorvertraglichen Schutzprinzip finde, könne dem Irregeleiteten jedoch im Wege der richterlichen Angemessenheitskontrolle auf der Grundlage des § 242 BGB zustehen.[1130] Ein Ausgleichsanspruch sei insoweit gerechtfertigt, als das Austauschverhältnis gerade durch die Nichtberücksichtigung des maßgeblichen Umstandes bei Anlegung eines objektiven Billigkeitsmaßstabes gestört ist.[1131]

1126 *Stoll*, JZ 1999, 95; *Löwisch*, in: Staudingers Kommentar zum BGB, Vorbem zu §§ 275 - 283, Rdn. 107.

1127 *Stoll*, JZ 1999, 95.

1128 Hierzu insbesondere *Lorenz*, Der Schutz vor dem unerwünschten Vertrag, S. 78 ff. m.w.N.; *Grigoleit*, Vorvertragliche Informationshaftung, S. 197 ff. m.w.N.

1129 *Grigoleit*, Vorvertragliche Informationshaftung, S. 210.

1130 *Grigoleit*, Vorvertragliche Informationshaftung, S. 210 ff., 217 mit ausführlicher Herleitung unter Heranziehung der ähnlichen Rechtsfolgen bei Wegfall der Geschäftsgrundlage.

1131 *Grigoleit*, Vorvertragliche Informationshaftung, S. 217.

Die von der Rechtsprechung vertretene schadensrechtliche Begründung ist vorzuziehen. Allerdings muss auch hier § 242 BGB herangezogen werden. D.h. der insoweit nicht schutzwürdigen informationspflichtigen Partei ist nach § 242 BGB auf hypothetischer Ebene der Differenzhypothese der Nachweis abgeschnitten, dass sie sich auf einen Vertragsschluss zu anderen Bedingungen nicht eingelassen hätte. Hinsichtlich der Rechtsfolge ergeben sich ohnehin keine wesentlichen Unterschiede. Denn auch der BGH überlässt die Ermittlung des Schadens, also des Betrages den der Ersatzberechtigte im Vertrauen auf die Richtigkeit seiner Vorstellungen „zu viel" aufgewendet hat, weitgehend dem richterlichen Ermessen.[1132] So findet sich mehrfach die Feststellung, der Richter müsse die „angemessene" Gegenleistung durch „Schätzung nach § 287 ZPO ermitteln"[1133] oder „anhand aller Umstände", „notfalls" durch Schätzung nach § 287 ZPO ermitteln, in welchem Maß der Ersatzberechtigte zu viel aufgewendet hat.[1134]

(b) Vertragsanpassung als alternative Rechtsfolge des § 12 WpÜG

Die Möglichkeit einer Vertragsanpassung im Rahmen der Rechtsfolgen des § 12 WpÜG wurde in der Literatur, soweit ersichtlich, noch nicht ausreichend erörtert, obwohl diese Vorschrift vorvertragliche Irreführungen der Angebotsadressaten betrifft. Die Ansicht, wonach dieser Alternative wegen der Nichtverhandelbarkeit öffentlicher Wertpapiererwerbs- und Übernahmeangebote in der Praxis weniger Relevanz zukomme,[1135] übersieht die Unbeachtlichkeit der Frage, ob sich der Vertragspartner des Irregeleiteten auf einen Vertragsschluss zu geänderten Bedingungen eingelassen hätte. Deshalb geht *Hamann* zu Recht davon aus, dass der Geschädigte die Differenz zur tatsächlich erhaltenen Leistung verlangen kann, sofern er zu einer höheren Gegenleistung veräußert hätte.[1136] An den Nachweis der hypothetischen Veräußerungsentscheidung[1137], die sich im forum

1132 Zu einer ausführlichen Auswertung der Rechtsprechung vgl. *Grigoleit*, Vorvertragliche Informationshaftung, S. 183 ff., 187.

1133 BGHZ 69, 53, 58 f.

1134 BGH NJW 1980, 2408, 2410.

1135 So *Huber*, Haftung für Angebotsunterlagen, S. 259 (dort Fn. 1019).

1136 *Hamann*, ZIP 2001, 2249, 2256.

1137 Einen derartigen Nachweis erwähnend *Hamann*, ZIP 2001, 2249, 2256; *Möllers*, in: KK zum WpÜG, § 12 WpÜG, Rdn. 132 (dort Fn. 191); ebenso zur börsengesetzlichen Haftung *Hamann*, in: Schäfer, §§ 45, 46 BörsG a.F., Rdn. 146; *Schwark*, Börsengesetz, §§ 45, 46 BörsG, Rdn. 38.

internum des Wertpapierinhabers abspielt, sind – wie bereits erörtert[1138] – keine hohen Anforderungen zu stellen, zumal der betroffene Wertpapierinhaber das Angebot bereits zu schlechteren Bedingungen angenommen hat. Verbleibende Unsicherheiten gehen ohnehin zu Lasten des informationspflichtigen Bieters. Den irregeleiteten Wertpapierinhabern steht somit das Recht einer Vertragsanpassung auf schadensrechtlicher Grundlage als Alternative zur Aufhebung und Rückabwicklung des Vertrages zu. Ihnen wird die Möglichkeit eröffnet, am Vertrag festzuhalten, ohne auf den Ausgleich ihrer enttäuschten Leistungserwartungen verzichten zu müssen. Die angemessene Gegenleistung, zu der die Wertpapierinhaber veräußert hätten, wird letztlich der richterlichen Schätzung nach § 287 ZPO unterliegen.[1139]

Bei Verstößen gegen § 23 Absatz 1 Satz 1 Nr. 1 WpÜG kann man einen Ausgleichsanspruch der betroffenen Wertpapierinhaber, die sich für ein Festhalten am Vertrag entscheiden, insoweit annehmen, als das Austauschverhältnis gerade durch das Unterlassen der erforderlichen Angaben bzw. des zu hohen Ausweises gestört ist. Beides ist grundsätzlich geeignet, den Wert der einzelnen, an der Zielgesellschaft bestehenden Beteiligung geringer erscheinen zu lassen, als es der Realität entspricht. Dies ist das Resultat der Pflichtverletzung, welche sich erhöhend auf die Angst der betroffenen Wertpapierinhaber auswirkt, in einer nachteiligen Minderheitsposition zu verbleiben. Wegen dieser scheinbaren Wertminderung ihrer Anteile, stellt sich den Wertpapierinhabern das Verhältnis zwischen Leistung und Gegenleistung besser dar, als es tatsächlich ist. In Höhe dieser Abweichung ist das Austauschverhältnis gestört, weil die Wertpapierinhaber im Vertrauen auf die Richtigkeit ihrer Vorstellungen „zu viel" aufgewendet haben.

Gerade im Rahmen des § 12 WpÜG ist das dargestellte Wahlrecht von besonderer Bedeutung. Bei der Entscheidung der einzelnen Wertpapierinhaber, eine Rückabwicklung der jeweiligen Verträge zu verlangen, entsteht erneut das sog. prisoner's dilemma. Die Unkenntnis des Entscheidungsverhaltens anderer, ebenfalls zur schadensersatzrechtlichen Rückabwicklung berechtigter Wertpapierinhaber, kann sich tendenziell dahingehend auswirken, dass bestehende Rückabwicklungsrechte nicht geltend gemacht werden. Nur bei Bejahung des dargestellten Wahlrechts sind die Wertpapierinhaber in derartigen Fällen nicht schutzlos gestellt, weil sie trotz ihres Festhaltens am Vertrag, den Ausgleich ihrer enttäuschten Leistungserwartungen verlangen können.

1138 Vgl. S. 260 f.

1139 Vgl. S. 262.

b) Haftung aus culpa in contrahendo (§§ 280 Absatz 1, 241 Absatz 2, 311 Absatz 2 BGB)

Der Bieter könnte zudem nach den Grundsätzen der culpa in contrahendo einer Haftung ausgesetzt sein. Fraglich ist hierbei das Verhältnis dieses Rechtsinstituts zu § 12 WpÜG. Maßgeblich für dieses Verhältnis ist die systematische Einordnung des übernahmerechtlichen Haftungsanspruchs. Der für die börsenrechtliche Prospekthaftung geführte Streit, welche Rechtsnatur der gesetzlich angeordneten Haftung zukommt,[1140] muss nicht übertragen werden, da sich bereits aus dem Regelungszusammenhang die dogmatische Grundlage des § 12 WpÜG ableiten lässt.[1141] Richtigerweise handelt es sich bei dieser Haftungsvorschrift nicht um eine Form der deliktischen Haftung wegen der Verletzung von Schutzpflichten,[1142] sondern um einen Fall der gesetzlichen Haftung für die Verletzung vorvertraglicher Informationspflichten.[1143] Dafür spricht entscheidend, dass durch das öffentliche Angebot des Bieters vertragliche Beziehungen konkret angebahnt werden. Hieraus resultieren Informationspflichten der Angebotsverantwortlichen.

Hinsichtlich des Verhältnisses zwischen Haftung aus culpa in contrahendo und § 12 WpÜG ist nicht allein maßgeblich, ob § 12 WpÜG persönliches oder typisiertes[1144] Vertrauen schützt. Entscheidend ist vielmehr die Frage, ob durch die veröffentlichte Angebotsunterlage eine, für die Haftung aus culpa in contrahendo erforderliche, Sonderverbindung i.S.e. vorvertraglichen Schuldverhältnisses zwischen Bieter und Angebotsadressaten entsteht. Zwar steht einer solchen Sonderverbindung die Tatsache entgegen, dass dem Vertragsschluss im Regelfall kein persönlicher Kontakt zu den einzelnen Angebotsadressaten vorausgeht. Zu be-

1140 Vertreten werden die Theorien einer kraft Gesetzes eintretenden Vertrauenshaftung, einer deliktischen, vertragsunabhängigen Haftung und die Theorie der rechtsgeschäftlichen Erklärung. Vgl. *Groß*, Kapitalmarktrecht, §§ 45, 46 BörsG sowie *Schwark* §§ 45, 46 Rdn. 2 ff., die beide der Theorie der kraft Gesetzes eintretenden Vertrauenshaftung folgen.

1141 Zu diesem Ansatz auch *Möllers*, in: KK zum WpÜG, § 12 WpÜG, Rdn. 4; *Huber*, Haftung für Angebotsunterlagen, S. 94.

1142 So jedoch *Renner*, in: Haarmann/Riehmer/Schüppen, Öffentliche Übernahmeangebote, § 12 WpÜG, Rdn. 9, der in § 12 WpÜG einen Schadensersatzanspruch wegen Verletzung eines Schutzgesetzes i.S.v. § 823 Absatz 2 BGB sieht.

1143 So auch *Möllers*, in: KK zum WpÜG, § 12 WpÜG, Rdn. 4; ebenso *Huber*, Haftung für Angebotsunterlagen, S. 97.

1144 So zu Recht *Möllers*, in: KK zum WpÜG, § 12 WpÜG, Rdn. 5 f.; *Huber*, Haftung für Angebotsunterlagen, S. 98; ähnlich *Steinmeyer/Häger*, WpÜG, § 12 WpÜG, Rdn. 45.

rücksichtigen ist jedoch, dass ein öffentliches Angebot wegen § 17 WpÜG nicht nur eine invitatio ad offerendum darstellt, sondern vielmehr ein bindendes, unwiderrufliches Vertragsangebot i.S.v. § 145 BGB. Der fehlende persönliche Kontakt zwischen Bieter und den angesprochenen Wertpapierinhabern steht angesichts dieser rechtlichen Qualifikation der veröffentlichten Angebotsunterlage und dem damit bereits eingeleiteten rechtsgeschäftlichen Kontakt (§ 311 Absatz 2 Nr. 1 BGB), einer Anwendung der Regeln der culpa in contrahendo nicht entgegen.[1145]

Im Ergebnis handelt es sich also bei der Haftung nach § 12 WpÜG – im Unterschied zu den bisher bestehenden spezialgesetzlichen Prospekthaftungsregelungen[1146] – um einen spezialgesetzlich geregelten Fall der culpa in contrahendo.[1147] Soweit sich jedoch das Verhältnis zwischen Bieter und dem jeweiligen Angebotsadressaten auf das typisierte Vertrauensverhältnis beschränkt, das dem § 12 WpÜG zugrunde liegt, ist eine Haftung aus culpa in contrahendo verdrängt, obwohl deren Voraussetzungen durchaus erfüllt sein können.[1148] Denn ansonsten könnten die Haftungsbeschränkungen des § 12 WpÜG unterlaufen werden. Insbesondere sollen bloß fahrlässige Pflichtverletzungen gerade keine Haftung auslösen. Eine Haftung nach den Regeln der culpa in contrahendo kommt somit ne-

---

1145 So auch bereits *Assmann/Bozenhardt*, Übernahmeangebote, ZGR-Sonderheft 9, S. 1, 76 f.; ebenso *Witt*, NZG 2000, 809, 814; wohl auch *Steinmeyer/Häger*, WpÜG, § 12 WpÜG, Rdn. 45; auf die hier vertretene Ansicht hinweisend *Renner*, in: Haarmann/Riehmer/Schüppen, Öffentliche Übernahmeangebote, § 12 WpÜG, Rdn. 2.

1146 Zwar ähnelt die Regelung des § 12 WpÜG den Vorschriften der §§ 44 ff. BörsG n.F. zur börsengesetzlichen Prospekthaftung. Allerdings handelt es sich bei letzterer lediglich um eine spezialgesetzliche Ausprägung der allgemeinen zivilrechtlichen Prospekthaftung im engeren Sinn und somit um eine Ausdehnung des Rechtsinstituts der culpa in contrahendo. Ein vorvertragliches Vertrauensverhältnis ist regelmäßig nicht gegeben. Denn zum einen ist der Schutz eines typisierten Vertrauens bezweckt und zum anderen ist der Börsenprospekt gerade nicht als bindendes Vertragsangebot i.S.v. § 145 BGB zu qualifizieren. Die im börsengesetzlichen Rahmen anerkannten Grundsätze können daher nicht unbesehen auf die Haftung des Bieters für fehlerhafte Angaben übertragen werden (vgl. auch *Steinmeyer/Häger*, WpÜG, § 12 WpÜG, Rdn. 45).

1147 In diesem Sinn auch *Steinmeyer/Häger*, WpÜG, § 12 WpÜG, Rdn. 45. Dies gilt jedenfalls für die Haftung des Bieters aus § 12 WpÜG.

1148 In diesem Sinn auch *Steinmeyer/Häger*, WpÜG, § 12 WpÜG, Rdn. 45. Auch die allgemeine zivilrechtliche Prospekthaftung im engeren Sinn ist im Anwendungsbereich des § 12 WpÜG ausgeschlossen. § 12 Absatz 6 WpÜG ist Ausdruck des insoweit abschließenden Charakters. Vgl. hierzu Begr. RegE, BT-Drucks. 14/7034, S. 44; *Möllers*, in: KK zum WpÜG, § 12 WpÜG, Rdn. 149; *Schwennicke*, in: Geibel/Süßmann, WpÜG, § 12 WpÜG, Rdn. 1, 37; *Steinmeyer/Häger*, WpÜG, § 12 WpÜG, Rdn. 42; *Hamann*, ZIP 2001, 2249, 2257; *Assmann*, AG 2002, 153, 154.

ben der Haftung nach § 12 WpÜG nur dann in Betracht, wenn es ausnahmsweise über die veröffentlichte Angebotsunterlage hinaus zu einer persönlichen Kontaktaufnahme zwischen Bieter und Wertpapierinhaber der Zielgesellschaft gekommen ist oder sofern Pflichtverletzungen außerhalb des Anwendungsbereichs von § 12 WpÜG auftreten.[1149] Aufgrund der Ähnlichkeit mit vertraglichen Verhältnissen ist in diesen Fällen eine Konkurrenz von auf culpa in contrahendo gestützten Ansprüchen analog § 12 Absatz 6 WpÜG möglich.[1150] Hinsichtlich der Rechtsfolgen sei auf die Ausführungen zu § 12 WpÜG verwiesen.[1151]

c) Ansprüche aus § 812 Absatz 1 Satz 1 Alt. 1 BGB i.V.m. § 123 Absatz 1 Alt. 1 BGB

Neben der Geltendmachung eines Schadensersatzanspruches bietet sich den Wertpapierinhabern die Möglichkeit, den Tausch- bzw. Kaufvertrag – bei Vorliegen der Voraussetzungen – wegen arglistiger Täuschung nach § 123 Absatz 1 Alt. 1 BGB anzufechten.[1152] Die Folge wäre eine bereicherungsrechtliche Rückabwicklung. Allerdings müssten die betroffenen Wertpapierinhaber eine arglistige Täuschung des Bieters nachweisen, denn der Anfechtende trägt den vollen Beweis[1153] hinsichtlich sämtlicher Voraussetzungen des § 123 BGB.

d) Haftung aus § 823 Absatz 2 BGB i.V.m. § 23 Absatz 1 Satz 1 Nr. 1 WpÜG

Nach § 12 Absatz 6 WpÜG können deliktische Ansprüche mit einem Anspruch aus § 12 WpÜG konkurrieren, soweit eine vorsätzliche[1154] unerlaubte Handlung vorliegt. In Betracht kommt insbesondere ein Anspruch aus § 823 Absatz 2 BGB

1149 In diesem Sinn auch *Steinmeyer/Häger*, WpÜG, § 12 WpÜG, Rdn. 45. Im Ergebnis ebenso *Möllers*, in: KK zum WpÜG, § 12 WpÜG, Rdn. 8, 150, der jedoch bereits die Voraussetzungen eines c.i.c.-Anspruchs – entgegen hier vertretener Ansicht – ohnehin nur für möglich erachtet, wenn im konkreten Einzelfall ein persönlicher Kontakt zwischen Bieter und dem anspruchstellenden Wertpapierinhaber bestand. Ebenso *Huber*, Haftung für Angebotsunterlagen, S. 304 f.; *Assmann*, AG 2002, 153, 154; *Hamann*, ZIP 2001, 2249, 2257; widersprüchlich dagegen *Renner*, in: Haarmann/Riehmer/Schüppen, Öffentliche Übernahmeangebote, § 12 WpÜG, Rdn. 10, 51.

1150 Vgl. zur Parallelvorschrift des § 47 Absatz 2 BörsG n.F. *Hamann*, in: Schäfer, § 48 BörsG a.F., Rdn. 5 m.w.N.; *Schwark*, Börsengesetz, §§ 45, 46 BörsG, Rdn. 43.

1151 Vgl. S. 253 ff.

1152 Ausführlich zum Verhältnis zwischen § 12 WpÜG und dem Irrtumsrecht vgl. *Huber*, Haftung für Angebotsunterlagen, S. 302 ff.; vgl. auch S. 255 (dort Fn. 1100).

1153 *Heinrichs*, in: Palandt, Bürgerliches Gesetzbuch, § 123 BGB, Rdn. 30.

1154 Vorsatz erfordert zumindest dolus eventualis.

in Verbindung mit einem Schutzgesetz, sofern letzteres vorsätzlich verletzt wurde.[1155] Eigenständige Bedeutung kann diesem Anspruch insbesondere unter dem Gesichtspunkt der gem. § 12 Absatz 4 WpÜG begrenzten Verjährungsfrist des übernahmerechtlichen Haftungsanspruchs zukommen.[1156] Hinsichtlich der Rechtsfolgen sei – unter Ausklammerung der Vertragsanpassung wegen vorvertraglicher Irreführung – auf § 12 WpÜG verwiesen.[1157]

Eines Rückgriffs auf die strafrechtlichen Schutzgesetze der §§ 263, 264 a StGB bedarf es nicht, wenn die Vorschrift des § 23 Absatz 1 Satz 1 Nr. 1 WpÜG ebenfalls in diesem Sinne einzuordnen ist. Die Charakterisierung als Schutzgesetz setzt voraus, dass § 23 Absatz 1 Satz 1 Nr. 1 WpÜG zumindest auch dem schadensrechtlichen Schutz des Einzelnen vor einer Verletzung dient.[1158] Hinsichtlich bisher existierender Transparenzvorschriften wird diese Frage nicht einheitlich beurteilt. Während die h.M. § 20 AktG zu Recht individualschützenden Charakter und somit Schutzgesetzeigenschaft zuspricht,[1159] ist dies bei § 21 WpHG umstritten[1160]. Im Rahmen des § 23 Absatz 1 Satz 1 Nr. 1 WpÜG tritt der bezweckte Individualschutz eindeutiger in Erscheinung, weil diese Vorschrift hauptsächlich den Verkaufsdruck auf die einzelnen Wertpapierinhaber mindern soll.[1161] Der im

---

1155 *Steinmeyer/Häger*, WpÜG, § 12 WpÜG, Rdn. 46; *Renner*, in: Haarmann/Riehmer/Schüppen, Öffentliche Übernahmeangebote, § 12 WpÜG, Rdn. 52.

1156 Hierzu bereits *Möllers*, in: KK zum WpÜG, § 12 WpÜG, Rdn. 152 f.; *Huber*, Haftung für Angebotsunterlagen, S. 306.

1157 Vgl. S. 253 ff.

1158 *Thomas*, in: Palandt, Bürgerliches Gesetzbuch, § 823 BGB, Rdn. 141.

1159 BGHZ 114, 203, 215; *Bayer*, in: MüKo zum AktG, § 20 AktG, Rdn. 85; *Geßler*, in: Geßler/Hefermehl/Eckardt/Kropff, Aktiengesetz, § 20 AktG, Rdn. 60; *Koppensteiner*, in: KK zum AktG, § 20 AktG, Rdn. 59; *Diekmann*, DZWir 1994, 13, 16.

1160 Teilweise wird hier vertreten, dass die Offenlegungspflichten des § 21 WpHG zumindest auch individualschützend seien. Die Schutzgesetzeigenschaft sei deshalb zu bejahen (vgl. *Schneider*, in: Assmann/Schneider, Wertpapierhandelsgesetz, Vor. § 21 WpHG, Rdn. 16, § 28 WpHG, Rdn. 54; *Bayer*, in: MüKo zum AktG, § 22 AktG Anh., § 21 WpHG, Rdn. 2). Nach der Gegenansicht dient § 21 WpHG nicht dem individuellen Anleger, sondern ausschließlich dem Schutz des Kapitalmarktes (vgl. *Opitz*, in: Schäfer, § 21 WpHG, Rdn. 42 f.; *Hüffer*, Aktiengesetz, 5. Aufl., Anh. § 22 AktG, § 21 WpHG, Rdn. 1).

1161 In diesem Sinn auch *Möllers*, in: KK zum WpÜG, § 23 WpÜG, Rdn. 104; *Steinmeyer/Häger*, WpÜG, § 23 WpÜG, Rdn. 17. Letztere vertreten jedoch die Ansicht, dass ein Schadensersatzanspruch der Wertpapierinhaber wegen einer Verletzung des § 23 Absatz 1 Satz 1 Nr. 1 WpÜG regelmäßig ausscheidet, sofern der Bieter seiner Pflicht aus § 23 Absatz 1 Satz 1 Nr. 2 WpÜG nachgekommen ist. Dies wird damit begründet, dass der Wertpapierinhaber die Möglichkeit habe, das Angebot in der weiteren Annahmefrist öffentlichen Interesse stehende Schutz des Kapitalmarktes als Institution ist hingegen lediglich als Nebenzweck zu qualifizieren. § 23 Absatz 1 Satz 1 Nr. 1 WpÜG ist somit ein Schutzgesetz i.S.d. § 823 Absatz 2 BGB.[1162] Die Tatsache, dass bei einer Verletzung des § 23 Absatz 1 Satz 1 Nr. 1 WpÜG bereits Schadensersatzansprüche aus § 12 WpÜG bestehen können, nimmt dem individuellen Angebotsadressaten nicht seine Schutzwürdigkeit.[1163]

e) Haftung aus § 826 BGB

Für den Fall vorsätzlicher sittenwidriger Schädigung kann neben die Haftung aus § 12 Absatz 1 WpÜG ein Anspruch aus § 826 BGB treten.[1164] Hinsichtlich der Rechtsfolgen sei auf § 823 Absatz 2 BGB verwiesen.[1165]

2. Verstoß gegen § 23 Absatz 1 Satz 1 Nr. 2 WpÜG

Hinsichtlich der zivilrechtlichen Folgen eines Verstoßes gegen § 23 Absatz 1 Satz 1 Nr. 2 WpÜG muss eine differenzierte Betrachtung erfolgen. Zu unterscheiden sind öffentliche Angebote, die zu einer weiteren Annahmefrist i.S.v. § 16 Absatz 2 Satz 1 WpÜG führen und solche, die mit Ablauf der regulären – u.U. verlängerten – Annahmefrist tatsächlich enden.[1166]

a) Öffentliche Angebote mit weiterer Annahmefrist

In Bezug auf mögliche Ansprüche der das Angebot annehmenden Wertpapierinhaber aufgrund einer Verletzung des § 23 Absatz 1 Satz 1 Nr. 2 WpÜG sind bei öffentlichen Angeboten mit weiterer Annahmefrist lediglich die Fälle relevant, in denen der Bieter die Beteiligung (§ 23 Absatz 1 Satz 1 Alt. 1 WpÜG) und/oder

---

anzunehmen. Diese Argumentation steht jedoch Ansprüchen derjenigen Wertpapierinhaber, die das Angebot bereits aufgrund einer Pflichtverletzung des Bieters angenommen haben, nicht entgegen.

1162 In diesem Sinn auch *Möllers*, in: KK zum WpÜG, § 23 WpÜG, Rdn. 104; *Steinmeyer/Häger*, WpÜG, § 23 WpÜG, Rdn. 17.

1163 So auch *Möllers*, in: KK zum WpÜG, § 23 WpÜG, Rdn. 104.

1164 Entsprechend *Möllers*, in: KK zum WpÜG, § 12 WpÜG, Rdn. 154; *Huber*, Haftung für Angebotsunterlagen, S. 307; zu einem Anspruch aus § 826 BGB wegen fehlerhafter Adhoc-Mitteilungen LG Augsburg ZIP 2001, 1881 ff.; *Möllers/Leisch*, WM 2001, 1648 ff.; *dies.*, BKR 2001, 78 ff.

1165 Vgl. S. 267.

1166 Zu dieser Unterscheidung vgl. auch *Möllers*, in: KK zum WpÜG, § 23 WpÜG, Rdn. 102, 100 (letzter Absatz).

den Annahmestand (§ 23 Absatz 1 Satz 1 Alt. 2 WpÜG) zu hoch ausweist. Fälle des Unterlassens können außer Betracht bleiben, weil die weitere Annahmefrist gem. § 16 Absatz 2 Satz 1 WpÜG ohne Bekanntmachung i.S.v. § 23 Absatz 1 Satz 1 Nr. 2 WpÜG gar nicht erst beginnt.

Bezüglich der konkreten zivilrechtlichen Folgen des Verstoßes gegen § 23 Absatz 1 Satz 1 Nr. 2 WpÜG kann vollumfänglich auf die Ausführungen zu § 23 Absatz 1 Satz 1 Nr. 1 WpÜG verwiesen werden[1167], weil die Entscheidung der betroffenen Wertpapierinhaber – wenn auch in der weiteren Annahmefrist – in gleicher Weise pflichtwidrig beeinflusst ist. Auch § 23 Absatz 1 Satz 1 Nr. 2 WpÜG ist als gesetzlich normierter Fall einer Aktualisierungspflicht[1168] einzuordnen, sofern eine weitere Annahmefrist ausgelöst wird.[1169] Das Ende der regulären Annahmefrist steht dem nicht entgegen, weil die individuelle Pflicht des Bieters zur Aktualisierung jedenfalls so lange andauern muss, wie der jeweilige Wertpapierinhaber noch rechtserhebliche Entscheidungen hinsichtlich der endgültigen Annahme oder Ablehnung des Angebots unter Berücksichtigung neuer Informationen treffen kann[1170].[1171] Die weitere Annahmefrist bietet den Wertpapierinhabern gerade eine erneute Möglichkeit, das Angebot des Bieters anzunehmen.

Soweit während der weiteren Annahmefrist analog § 23 Absatz 1 Satz 1 Nr. 1 WpÜG regelmäßige „Wasserstandsmeldungen" vorgeschrieben sind[1172], gelten die vorstehenden Ausführungen entsprechend. In diesem Zusammenhang können zivilrechtliche Ansprüche allerdings auch durch unterlassene Bekanntmachungen ausgelöst werden.

1167 Vgl. S. 244 ff.

1168 Zu § 23 Absatz 1 Satz 1 Nr. 1 WpÜG vgl. S. 246 ff.

1169 In diesem Sinn auch *Möllers*, in: KK zum WpÜG, § 23 WpÜG, Rdn. 102, 100 (letzter Absatz).

1170 Vgl. hierzu bereits S. 248 ff.

1171 In der Literatur wurde bisher lediglich festgestellt, dass die generelle Aktualisierungspflicht für die Dauer des Angebots – also bis zum Ablauf der Annahmefrist – besteht (vgl. *Möllers*, in: KK zum WpÜG, § 12 WpÜG, Rdn. 52, 59; *Steinmeyer/Häger*, WpÜG, § 11 WpÜG, Rdn. 15). Der hier verwendete Begriff der Annahmefrist umfasst m.E. auch die weitere Annahmefrist. Gemeint ist nämlich der Zeitpunkt, zu dem das Angebot erlischt (vgl. *Möllers*, in: KK zum WpÜG, § 12 WpÜG, Rdn. 59).

1172 Vgl. hierzu S. 196 ff.

b) Öffentliche Angebote ohne weitere Annahmefrist

Anders ist die Rechtslage für Verstöße gegen § 23 Absatz 1 Satz 1 Nr. 2 WpÜG zu beurteilen, wenn öffentliche Angebote betrachtet werden, bei denen eine weitere Annahmefrist nicht vorgesehen ist. Bei der Bekanntmachung nach § 23 Absatz 1 Satz 1 Nr. 2 WpÜG handelt es sich in derartigen Fällen nicht um die Erfüllung einer Aktualisierungspflicht des Bieters, weil diese nicht weiter besteht, sobald das Angebot seine Annahmefähigkeit verliert. Die Angaben stellen lediglich ein Abschlussbild dar, das die Entscheidung der Wertpapierinhaber in Bezug auf die Annahme des Angebots nicht mehr beeinflussen kann.[1173] Wegen dieser nicht zu vergleichenden Interessenlage, kann die Haftungsnorm des § 12 WpÜG auch nicht entsprechend herangezogen werden. Ansprüche der das Angebot annehmenden Wertpapierinhaber wegen Verletzung des § 23 Absatz 1 Satz 1 Nr. 2 WpÜG kommen hier nicht in Betracht.

3. Verstoß gegen § 23 Absatz 1 Satz 1 Nr. 3 WpÜG

Die Rechtslage für Verstöße gegen § 23 Absatz 1 Satz 1 Nr. 3 WpÜG ist ebenso zu beurteilen, wie bei einem Verstoß gegen § 23 Absatz 1 Satz 1 Nr. 2 WpÜG im Falle einer nicht vorgeschriebenen weiteren Annahmefrist.[1174]

4. Verstoß gegen § 23 Absatz 2 WpÜG

a) Teilweise Einordnung des § 23 Absatz 2 WpÜG als Aktualisierungspflicht des Bieters

Um die Frage zu beantworten, welche Ansprüche den Angebotsadressaten wegen eines Verstoßes gegen § 23 Absatz 2 WpÜG zustehen könnten, müssen die in dieser Vorschrift enthaltenen Pflichten zunächst rechtlich eingeordnet werden. In der Literatur wird hierzu die Ansicht vertreten, § 23 Absatz 2 WpÜG diene ausschließlich der Geltendmachung von Nachbesserungsansprüchen.[1175] Eine Verletzung habe keine Auswirkung auf die Annahmeentscheidung der Wertpapierinhaber. Da der Tausch- bzw. Kaufvertrag bereits geschlossen sei, soll es sich generell nicht um einen Fall des Verstoßes gegen gesetzlich geregelte, vorvertragliche Informationspflichten handeln. Vielmehr stehe lediglich eine Verlet-

1173 In diesem Sinn auch *Möllers*, in: KK zum WpÜG, § 23 WpÜG, Rdn. 102.

1174 Vgl. S. 270.

1175 *Möllers*, in: KK zum WpÜG, § 23 WpÜG, Rdn. 103.

zung vertraglicher oder nachvertraglicher Nebenpflichten im Raum, die nach den allgemeinen zivilrechtlichen Regeln zu beurteilen sei.

Nach hier vertretener Ansicht sind die relevanten Erwerbe jedoch uneingeschränkt – auch bei Übernahmeangeboten – schon während des noch laufenden Angebotsverfahrens zu veröffentlichen.[1176] Zwar ist es richtig, dass die betreffenden Erwerbe in Bezug auf die Beteiligung ohnehin bereits von § 23 Absatz 1 WpÜG erfasst sind.[1177] Dies gilt allerdings nicht für die entscheidende Information der nach § 23 Absatz 2 WpÜG vorgesehenen Bekanntmachungen, die in der Höhe der Gegenleistung zu sehen ist. Eine etwaige, aus der Bekanntmachung ersichtliche Erhöhung der Angebotsgegenleistung dient gerade auch denjenigen Aktionären als Entscheidungsgrundlage, die das Angebot noch nicht angenommen haben. Soweit sich die Veröffentlichungen auf deren Entscheidung auswirken können, ist § 23 Absatz 2 WpÜG eine gesetzlich geregelte, vorvertragliche Informationspflicht des Bieters. Diese rechtliche Einordnung beschränkt sich somit auf den Zeitraum der Annahmefrist bzw. einer etwaigen weiteren Annahmefrist. § 23 Absatz 2 WpÜG ist während dieser Zeit als gesetzlich geregelter Fall der Aktualisierungspflicht des Bieters zu qualifizieren, weil bereits die Angebotsunterlage vergleichbare Angaben zu Vorerwerben enthalten muss (§ 2 Nr. 7 WpÜG-AngVO i.V.m. § 11 Absatz 4 Nr. 2 WpÜG).

Nach Ablauf der Annahmefrist bzw. der etwaigen weiteren Annahmefrist kann § 23 Absatz 2 WpÜG nicht mehr i.S.e. Aktualisierungspflicht verstanden werden. Ab diesem Zeitpunkt handelt es sich in der Tat nicht mehr um eine gesetzlich geregelte, vorvertragliche Informationspflicht, sondern um eine vertragliche oder nachvertragliche Nebenpflicht.

b) Praxisrelevante Arten des Verstoßes gegen § 23 Absatz 2 WpÜG

In der Praxis werden lediglich Fälle relevant sein, bei denen der Bieter seiner Pflicht aus § 23 Absatz 2 WpÜG entweder überhaupt nicht nachkommt oder die Gegenleistung zu niedrig angibt. Hingegen kann eine Bekanntmachung, die zu hohe Angaben über eine Gegenleistung enthält, nur auf einem Versehen des Bieters beruhen, weil sich hierdurch die Gegenleistungspflicht gegenüber sämtlichen Angebotsadressaten erhöhen könnte. Letztere Konstellation kann somit außer Betracht bleiben.

1176 Vgl. hierzu S. 207 ff.

1177 In diesem Sinn *Möllers*, in: KK zum WpÜG, § 23 WpÜG, Rdn. 103 (dort Fn. 154).

c) Kein Ersatz des aus Angebotsannahmen entstandenen Schadens

Die gesetzlichen Nachbesserungsansprüche des § 31 Absatz 4 und 5 WpÜG entstehen unabhängig von der in § 23 Absatz 2 WpÜG vorgesehenen Information. Insofern kann ein etwaiger aus der Angebotsannahme entstandener Schaden nicht aus dem Verstoß gegen § 23 Absatz 2 WpÜG resultieren. Zudem ist davon auszugehen, dass die Annahme des Angebots erst recht erfolgt wäre, wenn den Wertpapierinhabern die gesetzliche Erhöhung der Gegenleistung bekannt gewesen wäre. Der Vertragsschluss selbst ist somit nicht kausal durch die Pflichtverletzung verursacht. Im Ergebnis folgen aus Verstößen gegen § 23 Absatz 2 WpÜG keine Ersatzansprüche der Wertpapierinhaber hinsichtlich eines aus der Angebotsannahme entstandenen Schadens.

d) Ersatz sonstiger Schäden

Den Wertpapierinhabern, die das Angebot des Bieters angenommen haben, sind jedoch Schäden zu ersetzen, die ihnen entstehen, weil sie erst verspätet über Daten informiert werden, die ihre Nachbesserungsansprüche aus § 31 Absatz 4 und 5 WpÜG betreffen. Als Anspruchsgrundlage kommen die Regelungen zur culpa in contrahendo in Betracht, sofern die Pflichtverletzung des Bieters zeitlich vor dem jeweiligen Vertragsschluss lag. Nach diesem Zeitpunkt sind die Grundsätze zur positiven Vertragsverletzung heranzuziehen, weil eine gesetzlich geregelte vertragliche bzw. nachvertragliche Nebenpflicht verletzt wurde. Abgesehen davon ist auch ein deliktischer Anspruch aus § 823 Absatz 2 BGB i.V.m. § 23 Absatz 2 WpÜG denkbar. § 23 Absatz 2 WpÜG dient insbesondere der Bezifferung von individuellen Ansprüchen auf Nachbesserung der Gegenleistung und lässt den Schutzgesetzcharakter somit sogar noch eindeutiger erkennen als § 23 Absatz 1 Nr. 1 WpÜG.[1178]

II. Ansprüche der verbleibenden Wertpapierinhaber, die das Angebot nicht angenommen haben

1. Angebotsannahmen entgegenwirkender Verstoß gegen § 23 WpÜG

Im Einzelfall kann der Bieter an einer hinreichend großen Gruppe von in der Zielgesellschaft verbleibenden Kleinanlegern interessiert sein.[1179] In einer derartigen Konstellation könnte er gegen seine Pflichten aus § 23 WpÜG verstoßen,

---

1178 In diesem Sinn *Möllers*, in: KK zum WpÜG, § 23 WpÜG, Rdn. 104.

1179 Vgl. S. 244 f.

um Angebotsannahmen entgegenzuwirken. Im Rahmen des § 23 Absatz 1 Satz 1 Nr. 1 WpÜG ließe sich dieses Ziel durch einen zu niedrigen Ausweis der Beteiligung (§ 23 Absatz 1 Satz 1 Alt. 1 WpÜG) und/oder des Annahmestandes (§ 23 Absatz 1 Satz 1 Alt. 2 WpÜG) erreichen. Gleiches gilt für § 23 Absatz 1 Satz 1 Nr. 2 WpÜG, sofern eine weitere Annahmefrist vorgeschrieben ist.[1180] Auch ein Verstoß gegen § 23 Absatz 2 WpÜG kann diese Wirkung während der (weiteren) Annahmefrist[1181] entfalten, sofern der Bieter seinen Pflichten nicht nachkommt oder die betreffende Gegenleistung zu niedrig angibt.[1182] Denn hätten die Angebotsadressaten von der nach § 31 Absatz 4 und 5 WpÜG vorgesehenen Erhöhung der Gegenleistung Kenntnis gehabt, wäre die Tendenz zur Annahme des Angebots voraussichtlich verstärkt worden. Hinsichtlich der bezeichneten Verstöße gegen § 23 WpÜG stellt sich die Frage, ob den verbleibenden Wertpapierinhabern, die das Angebot abgelehnt haben, Ansprüche gegen den Bieter zustehen.

a) Analoge Anwendung des § 12 WpÜG

Nach seinem klaren Wortlaut sieht § 12 WpÜG lediglich Schadensersatzansprüche derjenigen Wertpapierinhaber vor, die das Angebot angenommen haben. Nicht anspruchsberechtigt sind hingegen diejenigen, die das Angebot aufgrund einer fehlerhaften bzw. pflichtwidrigen Information nicht angenommen haben. Die Vorschrift gleicht insoweit der allgemeinen zivilrechtlichen bzw. der spezialgesetzlichen Prospekthaftung.[1183] Anders als bei dieser Prospekthaftung, ist es jedoch im Rahmen des § 12 WpÜG problematisch, den Kreis der Anspruchsberechtigten auf die das Angebot annehmenden Wertpapierinhaber zu beschränken. Denn zumindest bei Übernahme- bzw. Pflichtangeboten kann schwerlich geleugnet werden, dass auch diejenigen Wertpapierinhaber, die sich zur Ablehnung des Angebots entschließen, eine (erneute) Investitionsentscheidung treffen, wenn sie sich im Vertrauen auf die Richtigkeit der vom Bieter veröffentlichten Angaben gegen die Desinvestition entscheiden.[1184] Unterstellt man, dass der Gesetz-

---

1180 Ebenso gilt dies für entsprechende Verstöße gegen eine etwaige gem. § 23 Absatz 1 Satz 1 Nr. 1 WpÜG analog bestehende regelmäßige Veröffentlichungspflicht während der weiteren Annahmefrist (zu einer derartigen Pflicht vgl. S. 196 ff.).

1181 In diesem Zeitraum ist § 23 Absatz 2 WpÜG nach hier vertretener Ansicht als gesetzlich geregelte Aktualisierungspflicht des Bieters einzuordnen (vgl. S. 270 f.).

1182 Hierbei handelt es sich um die praxisrelevanten Fälle eines Verstoßes gegen § 23 Absatz 2 WpÜG (vgl. S. 271).

1183 *Steinmeyer/Häger*, WpÜG, § 12 WpÜG, Rdn. 26.

1184 In diesem Sinn auch *Steinmeyer/Häger*, WpÜG, § 12 WpÜG, Rdn. 26; *Huber*, Haftung für Angebotsunterlagen, S. 229.

geber diesen Unterschied übersehen hat, wäre eine analoge Anwendung des § 12 WpÜG denkbar.

aa) Argumente gegen die analoge Anwendung des § 12 WpÜG

Im Rahmen fehlerhafter Angebotsunterlagen wird eine analoge Anwendung des § 12 WpÜG in Bezug auf in der Zielgesellschaft verbleibende Wertpapierinhaber abgelehnt.[1185] Die Interessenlage sei zwar insofern mit der gesetzlichen Regelung vergleichbar, als sich der betroffene Wertpapierinhaber bei Kenntnis der wahren Sachlage möglicherweise anders entschieden hätte.[1186] Gegen eine analoge Anwendung des § 12 WpÜG wird jedoch mit dem für ausreichend gehaltenen Schutz der betroffenen Wertpapierinhaber nach den geltenden aktienrechtlichen Regeln insbesondere des Konzernrechts argumentiert.[1187] Zudem sei zu berücksichtigen, dass es sich bei den dem Bieter in der Angebotsunterlage abverlangten Aussagen zur Zukunft der Zielgesellschaft um unverbindliche Absichtserklärungen handle. *Huber* stellt auf den Unterschied zwischen der Annahme und der Ablehnung des Angebots ab. Letztere sei lediglich eine negative Anlageentscheidung dahingehend, dass der Angebotsadressat die Wertpapiere der Zielgesellschaft behält.[1188] Die den Bieter treffenden übernahmerechtlichen Aufklärungspflichten würden jedoch alleine den Zweck verfolgen, den Angebotsadres-

1185 *Möllers*, in: KK zum WpÜG, § 12 WpÜG, Rdn. 82; *Huber*, Haftung für Angebotsunterlagen, S. 229 f.; *Liebscher*, ZIP 2001, 853, 868; ebenso *Steinmeyer/Häger*, WpÜG, § 12 WpÜG, Rdn. 26, nach denen die eindeutige gesetzliche Regelung jedenfalls de lege lata respektiert werden müsse. Stattdessen könne bei Vorliegen der entsprechenden Voraussetzungen eine Haftung aus culpa in contrahendo oder aus den Grundsätzen zur allgemeinen zivilrechtlichen Prospekthaftung bestehen (*Möllers*, in: KK zum WpÜG, § 12 WpÜG, Rdn. 64, 83; *Huber*, Haftung für Angebotsunterlagen, S. 231). Allerdings wird hinsichtlich der culpa in contrahendo – entgegen der hier vertretenen Ansicht (vgl. S. 2664 f.) – ein persönlicher Kontakt zwischen Bieter und Wertpapierinhaber vorausgesetzt (vgl. *Huber*, Haftung für Angebotsunterlagen, S. 305; *Steinmeyer/Häger*, WpÜG, § 12 WpÜG, Rdn. 26). Einem Anspruch nach den Grundsätzen zur allgemeinen zivilrechtlichen Prospekthaftung steht jedoch entgegen, dass hiernach gerade keine Ansprüche derjenigen vorgesehen sind, die es aufgrund eines Prospekts unterlassen haben sich zu beteiligen oder sich von einer Anlage zu trennen (vgl. hierzu *Steinmeyer/Häger*, WpÜG, § 12 WpÜG, Rdn. 26; *Assmann*, in: Assmann/Schütze, Kapitalanlagerecht, § 7 Rdn. 136).

1186 *Möllers*, in: KK zum WpÜG, § 12 WpÜG, Rdn. 82; *Huber*, Haftung für Angebotsunterlagen, S. 230.

1187 *Liebscher*, ZIP 2001, 853, 868, nach dessen Ansicht der Gesetzgeber zu Recht auf die Gewährung von Schadensersatzansprüchen zugunsten der verbleibenden Wertpapierinhaber verzichtet habe.

1188 *Huber*, Haftung für Angebotsunterlagen, S. 230.

saten vor einer Annahmeentscheidung zu schützen, die er nicht auf der Grundlage richtiger und vollständiger Informationen treffen kann. Er soll somit vor einer Veräußerung der betroffenen Wertpapiere gegen eine nicht adäquate Gegenleistung bewahrt werden. Es sei nicht bezweckt, ihm eine gewinnbringende Ausstiegsmöglichkeit zu verschaffen.[1189]

Möllers stützt seine ablehnende Haltung auf die mit einer analogen Anwendung des § 12 WpÜG einhergehende Beweislastumkehr hinsichtlich der haftungsbegründenden Kausalität.[1190] Diese Beweislastumkehr führe bei einem Schadensersatzanspruch wegen Nichtannahme des Angebots zu unbilligen Ergebnissen, weil verschiedenste Beweggründe ursächlich sein können. Oft kenne der Wertpapierinhaber das Angebot gar nicht (im Detail). Eine Beweislastumkehr zugunsten des Angebotsadressaten, würde den Anspruchsgegner zwingen, zu beweisen, dass kein kausaler Zusammenhang zwischen der Fehlerhaftigkeit der Angaben und der erfolgten Ablehnung des Angebots bestand, obwohl er keinen Einblick in die Beweggründe der Entscheidung des einzelnen Wertpapierinhabers hat.

bb) Stellungnahme

Die konzernrechtlichen Regelungen stehen der Schutzwürdigkeit verbleibender Wertpapierinhaber und somit auch einer analogen Anwendung des § 12 WpÜG nicht entgegen. Sie vermögen es nicht, eine aus der Minderheitsposition resultierende Wertminderung der betroffenen Anteile auszuschließen.[1191] Hinsichtlich der Aussagen des Bieters zur Zukunft der Zielgesellschaft wird zwar zu Recht von deren Unverbindlichkeit ausgegangen. Allerdings sind bereits in der Angebotsunterlage Angaben über die Beteiligung des Bieters an der Zielgesellschaft sowie zu Gegenleistungen vorgeschrieben. Derartige Angaben – im Zusammenhang mit § 23 WpÜG sind andere nicht von Bedeutung – sind definitiv keine unverbindlichen Absichtserklärungen, sondern feststehende Tatsachen. Somit steht auch diese Argumentation einer Analogie nicht entgegen.

Die Argumentation von *Huber* kann ebenfalls nicht überzeugen. Die den Bieter treffenden übernahmerechtlichen Aufklärungspflichten verfolgen zumindest auch den Zweck, den Angebotsadressaten vor einer ablehnenden Entscheidung zu schützen, die er auf der Grundlage unrichtiger und unvollständiger Informationen trifft. Insbesondere hinsichtlich der auf transparente Beteiligungsverhält-

---

1189 *Huber*, Haftung für Angebotsunterlagen, S. 230, 232.

1190 *Möllers*, in: KK zum WpÜG, § 12 WpÜG, Rdn. 82.

1191 Zum nicht ausreichenden konzernrechtlichen Minderheitenschutz vgl. S. 37 ff.

nisse bezogenen Pflichten des Bieters wird deutlich, dass den Angebotsadressaten eine wohlinformierte Ausstiegsmöglichkeit gewährt werden soll, um nicht in einer unerwünschten Minderheitsposition verbleiben zu müssen. Der Anleger soll sich gerade nicht überraschend in einer Minderheitsposition wiederfinden, mit der er aufgrund der Pflichtverletzungen des Bieters weder rechnen konnte noch musste.

Schließlich stellt sich die Frage, ob die in § 12 Absatz 3 Nr. 1 WpÜG vorgesehene Beweislastumkehr im Rahmen einer analogen Anwendung auf die in der Zielgesellschaft verbleibenden Wertpapierinhaber tatsächlich zu unbilligen Ergebnissen führen würde. Zunächst ist festzuhalten, dass die resultierenden Nachweisprobleme des Anspruchsgegners in Bezug auf die inneren Beweggründe der Entscheidung des Anlegers unabhängig davon bestehen, ob dieser das Angebot angenommen oder abgelehnt hat. Im Bereich von Informationspflichtverletzungen ist der Kausalitätsnachweis stets schwer zu führen, weil es darum geht einen hypothetischen Kausalverlauf zu beweisen, der sich im forum internum des Anlegers abgespielt hätte.[1192] Die Rechtsprechung betrachtet diese Problematik jedoch aus der Sicht des Geschädigten und räumt ihm in vielfältiger Weise Beweiserleichterungen ein, wobei sich eine klare Linie noch nicht herausgebildet hat[1193]. Die Beweisnachteile des Anspruchsgegners sind letztendlich lediglich zwingende Folge der dem Geschädigten zugute kommenden und seiner Beweisnot Rechnung tragenden Erleichterungen, die auch bei einem Schadensersatzanspruch wegen Nichtannahme des Angebots gerechtfertigt wären. Eine analoge Anwendung des § 12 WpÜG wäre somit nicht unbillig.

Entscheidend ist, dass § 12 WpÜG in Bezug auf die Haftung des Bieters nach hier vertretener Ansicht – im Unterschied zu den Prospekthaftungsregelungen – ein spezialgesetzlich geregelter Fall der culpa in contrahendo ist.[1194] Der regelmäßig fehlende persönliche Kontakt zwischen Bieter und Wertpapierinhaber steht dieser Einordnung, angesichts der Qualifikation der veröffentlichten Angebotsunterlage als bindendes, unwiderrufliches Vertragsangebot i.S.v. § 145 BGB und dem damit bereits eingeleiteten rechtsgeschäftlichen Kontakt, nicht entgegen. Statt die Grundsätze der culpa in contrahendo anzuwenden, ist es gerechtfertigt auf eine analoge Anwendung des § 12 WpÜG zurückzugreifen. Denn § 12 WpÜG trägt den Besonderheiten des öffentlichen Angebots im Rahmen des WpÜG Rechnung. Hierzu zählen insbesondere der regelmäßig fehlende persön-

1192 *Möllers/Leisch*, BKR 2001, 78, 79.

1193 Dazu ausführlich *Möllers/Leisch*, WM 2001, 1648, 1659 ff.

1194 Vgl. S. 265 f.

liche Kontakt und der Haftungsausschluss bei bloß fahrlässiger Unkenntnis von der Unrichtigkeit oder Unvollständigkeit der Angaben.

cc) Voraussetzungen einer Haftung nach § 12 WpÜG analog

In Bezug auf die Voraussetzungen des Anspruchs aus § 12 WpÜG analog sei im wesentlichen entsprechend auf die Ausführungen zum Haftungsanspruch der das Angebot annehmenden Wertpapierinhaber verwiesen.[1195] Das schadensauslösende Ereignis ist hier allerdings die Nichtannahme des Angebots. Maßgeblicher Zeitpunkt für die Beurteilung der Fehlerhaftigkeit veröffentlichter Angaben ist somit stets der Zeitpunkt, zu dem das Angebot letztmalig angenommen werden konnte. Gleiches gilt auch bezüglich der haftungsausschließenden Kenntnis betroffener Wertpapierinhaber. Sofern der Bieter seinen Pflichten vor dem bezeichneten Zeitpunkt – also auch innerhalb einer etwaigen weiteren Annahmefrist – nachkommt, werden Schadensersatzansprüche der verbleibenden Wertpapierinhaber regelmäßig ausscheiden, weil sie noch die Möglichkeit hatten, das Angebot auf der Grundlage korrekter Informationen anzunehmen.[1196]

dd) Rechtsfolge: Schadensersatz nach §§ 249 ff. BGB

Der Bieter hat den verbleibenden Wertpapierinhabern gem. § 12 Absatz 1 WpÜG analog den Schaden zu ersetzen, der ihnen aus der Ablehnung des Angebots entstanden ist. Der Umfang des zu ersetzenden Schadens richtet sich nach den allgemeinen Regeln der §§ 249 ff. BGB. Grundsätzlich führt die vorrangige Naturalrestitution i.S.v. § 249 Absatz 1 BGB zu einem Anspruch auf Abschluss des aufgrund der Fehlinformation abgelehnten Vertrages. Da das abgelehnte Angebot des Bieters im Rahmen des WpÜG regelmäßig unwiderruflich und bindend war, kann diesem Anspruch nicht das Argument eines unzulässigen Kontrahierungszwangs entgegengehalten werden[1197]. Dem Bieter war es schon vor der Pflichtverletzung verwehrt, einzelne Wertpapierinhaber als Vertragspartner abzulehnen.

1195 Vgl. S. 250 ff.

1196 Zu diesem Aspekt vgl. *Steinmeyer/Häger*, WpÜG, § 23 WpÜG, Rdn. 17.

1197 Zu dem Argument eines unzulässigen Kontrahierungszwangs im Rahmen verschuldeter Formwidrigkeit von Verträgen vgl. *Hefermehl*, in: Soergel, Bürgerliches Gesetzbuch, § 125 BGB, Rdn. 42.

b) Andere Anspruchsgrundlagen

In Bezug auf Ansprüche aus culpa in contrahendo, aus § 826 BGB und aus § 823 Absatz 2 BGB i.V.m. § 23 WpÜG sei, auf die bereits dargestellten Ansprüche der das Angebot annehmenden Wertpapierinhaber im Zusammenhang mit Verstößen gegen § 23 Absatz 1 Satz 1 Nr. 1 WpÜG verwiesen.[1198] Sind die Voraussetzungen eines derartigen Anspruchs gegeben, ergibt sich die Rechtsfolge auch hier nach den allgemeinen Regeln der §§ 249 ff. BGB. Im Ergebnis bestünde ein Anspruch auf Abschluss des aufgrund der Fehlinformation abgelehnten Vertrages.[1199]

2. Annahmedruck erzeugender Verstoß gegen § 23 WpÜG

Wie bereits erörtert, können Wertpapierinhaber durch Verstöße des Bieters gegen § 23 Absatz 1 Satz 1 Nr. 1 WpÜG und im konkreten Einzelfall auch gegen § 23 Absatz 1 Satz 1 Nr. 2 WpÜG[1200] zur Annahme des Angebots gedrängt werden. Vorliegend stellt sich die Frage, ob auch den verbleibenden Wertpapierinhabern, die das Angebot abgelehnt haben, Ansprüche gegen den Bieter zustehen können. Ihr Schaden beruht nicht auf der eigenen Ablehnung des Angebots. Denn es ist davon auszugehen, dass die Ablehnung ohne Annahmedruck erst recht erfolgt wäre. Da jedoch andere Angebotsadressaten aufgrund der Pflichtverletzung vermehrt zur Annahme des Angebots tendieren, verstärkt sich die Minderheitsposition der verbleibenden Wertpapierinhaber. In der hierdurch ggf. verursachten Wertminderung wäre ein möglicher Schaden zu erkennen.

Die Haftung des Bieters für die bezeichnete Schädigung könnte sich aus culpa in contrahendo (§§ 280 Absatz 1, 241 Absatz 2, 311 Absatz 2 BGB) ergeben. Jedoch ist § 23 Absatz 1 WpÜG keine vorvertragliche Pflicht gegenüber dem einzelnen verbleibenden Wertpapierinhaber zu entnehmen, nach der andere potentielle Vertragspartner nicht zur Annahme gedrängt werden dürften. Zu berücksichtigen ist insbesondere, dass letztere grundsätzlich die Rückabwicklung des willenswidrig zustande gekommenen Vertrages verlangen können.[1201] Halten sie

1198 Vgl. S. 264 ff.

1199 Vgl. S. 277.

1200 Gleiches gilt für entsprechende Verstöße gegen eine etwaige gem. § 23 Absatz 1 Satz 1 Nr. 1 WpÜG analog bestehende regelmäßige Veröffentlichungspflicht während der weiteren Annahmefrist (zu einer derartigen Pflicht vgl. S. 196 ff.).

1201 Vgl. S. 253 ff.

jedoch freiwillig an diesem Vertrag fest, sind die verbleibenden Wertpapierinhaber nicht schutzwürdig.

Aus den gleichen Gründen ist auch ein Anspruch gem. § 823 Absatz 2 BGB i.V.m. § 23 Absatz 1 WpÜG abzulehnen. Zwar ist der Schutzgesetzcharakter grundsätzlich zu bejahen.[1202] Der sachliche Schutzbereich ist jedoch nicht verletzt, weil das geltend gemachte Interesse der verbleibenden Wertpapierinhaber nicht vom Schutzbereich des § 23 Absatz 1 WpÜG erfasst ist. Insgesamt sind somit in der vorliegend betrachteten Konstellation Ansprüche der verbleibenden Wertpapierinhaber abzulehnen.

III. Stellungnahme zu den zivilrechtlichen Folgen eines Verstoßes gegen § 23 WpÜG

Für Fälle, in denen der Bieter gegen seine Pflichten aus § 23 WpÜG verstößt, um weiteren Angebotsannahmen entgegenzuwirken, ist der zivilrechtliche Schutz als ausreichend zu erachten. Wertpapierinhaber, die das Angebot dennoch angenommen haben, sind nicht schutzbedürftig. Angebotsadressaten, die das Angebot aufgrund der Pflichtverletzung des Bieters nicht angenommen haben, können bei Vorliegen der dargestellten Voraussetzungen einen Anspruch auf Abschluss des abgelehnten Vertrages geltend machen.[1203]

Problematischer ist hingegen der zivilrechtliche Schutz von Angebotsadressaten im Rahmen von Verstößen gegen § 23 WpÜG, mit denen das Ziel verfolgt wird, pflichtwidrigen Annahmedruck zu erzeugen. Zwar werden diejenigen Wertpapierinhaber, die das Angebot aufgrund der Pflichtverletzung angenommen haben, auf den ersten Blick über § 12 WpÜG (direkt und analog)[1204] ausreichend geschützt. Die genauere Betrachtung zeigt jedoch, dass § 12 WpÜG nicht sämtlichen Wertpapierinhabern Schutz bietet, deren Annahmeentscheidung pflichtwidrig beeinflusst wurde. Insbesondere bestehen keine Ansprüche, sofern sich die Pflichtverletzungen des Bieters auf die Anfangsphase des Annahmeverfahrens beschränken, die Annahme des anspruchstellenden Wertpapierinhabers jedoch erfolgte, nachdem der Bieter seine aus § 23 WpÜG folgenden Pflichten ordnungsgemäß erfüllte. Dies lässt außer Acht, dass auch eine derartige Annahmeentscheidung mittelbar von der Pflichtverletzung beeinflusst ist, weil ihr ein

1202 Vgl. S. 266 ff., 268 f.

1203 Vgl. S. 273 ff.

1204 Die Voraussetzungen anderer in Betracht kommender Anspruchsgrundlagen (vgl. S. 264 ff.) sind höher. Gleichzeitig sind die Rechtsfolgen weniger weitreichend.

pflichtwidrig erhöhter Annahmestand zugrunde lag. Betrachtet man darüber hinaus die Situation der in der Zielgesellschaft verbleibenden Wertpapierinhaber, muss man feststellen, dass ihnen keinerlei Schadensersatzansprüche zustehen, obwohl eine Wertminderung ihrer Anteile aufgrund der verstärkten Minderheitsposition durchaus denkbar ist.[1205]

In der Literatur wurde eine Lösung diskutiert, die die angesprochenen Schwächen vermeidet. Hiernach wäre es naheliegend gewesen, eine Regelung aufzunehmen, nach der der Lauf des Angebotsverfahrens rückwirkend auf den Zeitpunkt der Fehlinformation gestoppt bzw. dieses bis zu diesem Punkt rückabgewickelt werden muss.[1206] Für die Umsetzung dieser Regelung hätte zum einen vorgesehen werden müssen, dass alle Annahmeerklärungen, die nach dem bezeichneten Zeitpunkt erfolgen, unwirksam sind.[1207] Zum anderen hätte den betroffenen Wertpapierinhabern die zu diesem Zeitpunkt verbliebene restliche Annahmefrist nochmals gewährt werden müssen.[1208] Obwohl es sich bei diesem Vorschlag offensichtlich um die Ideallösung für einen – wie auch immer – beeinflussten Annahmeprozesses handelt, scheitert dieser an seiner Praktikabilität. Dies gilt insbesondere deshalb, weil Pflichtverletzungen des Bieters möglicherweise erst nach längerer Zeit festgestellt werden, was einer ungehinderten Rückabwicklung entgegenstehen kann. Auch dem Gesetzgeber lagen derart weitreichenden Folgen für das Annahmeverfahren fern. Dies lässt sich erkennen, wenn man die gesetzlich klar geregelten Folgen einer anfänglich unrichtigen Angebotsunterlage betrachtet. Obwohl auch hier der gesamte Annahmeprozesses beeinflusst wird, ist gerade nicht vorgesehen, dass die abgegebenen Willenserklärungen unwirksam sind und das Angebotsverfahren ab der ursprünglichen Veröffentlichung der Angebotsunterlage vollständig zu wiederholen ist. Letztendlich sollte der Gesetzgeber daher versuchen, die aufgezeigten Schutzlücken de lege ferenda auf schadensersatzrechtlicher Ebene zu schließen.

1205 Vgl. S. 278 f.

1206 *Witt*, NZG 2000, 809, 819; *Schröder*, in: Haarmann/Riehmer/Schüppen, Öffentliche Übernahmeangebote, § 23 WpÜG, Rdn. 43.

1207 *Witt*, NZG 2000, 809, 819.

1208 *Witt*, NZG 2000, 809, 819.

7. Kapitel: Durchsetzbarkeit der Pflichten aus § 23 WpÜG

A. Durchsetzung der Pflichten aus § 23 Absatz 1 WpÜG

Die Veröffentlichungspflichten nach § 23 Absatz 1 Satz 1 Nr. 1 WpÜG sind gesetzlich geregelte Fälle einer Aktualisierungspflicht des Bieters.[1209] Gleiches gilt auch für § 23 Absatz 1 Satz 1 Nr. 2 WpÜG, sofern eine weitere Annahmefrist vorgeschrieben ist.[1210] Insoweit dienen die vorgesehenen Veröffentlichungspflichten vorrangig dem Schutz des individuellen Anlegers. Hieraus kann allerdings kein einklagbarer Anspruch auf Veröffentlichung abgeleitet werden.[1211] Es handelt sich i.E. um vorvertragliche Informationspflichten des Bieters in Form von Aufklärungspflichten.[1212] Derartige Informationspflichten aus einem vorvertraglichen Vertrauensverhältnis lösen bei Verletzung lediglich Schadensersatzansprüche aus und sind nicht selbständig einklagbar.[1213] Auch eine Durchsetzung im einstweiligen Rechtsschutz scheidet somit aus, weil es an einem in der Hauptsache einklagbaren Individualanspruch fehlt.[1214]

Die Erfüllung der sonstigen Veröffentlichungspflichten nach § 23 Absatz 1 Satz 1 Nr. 2 und 3 WpÜG kann ebenfalls nicht selbständig eingeklagt bzw. im einstweiligen Rechtsschutz durchgesetzt werden.[1215] Zwar handelt es sich insoweit um keine Aktualisierungspflichten, weil die Wertpapierinhaber nicht mehr im Wege einer rechtserheblichen Entscheidung hinsichtlich der endgültigen Annahme bzw. Ablehnung des Angebots reagieren können.[1216] Eine Verurteilung zur Veröffentlichung würde jedoch weit über das individuelle Interesse des klagenden Wertpapierinhabers hinausgehen. Um dessen Rechtsschutzbedürfnis ge-

---

1209 Vgl. S. 246 f.

1210 Vgl. S. 268 f.

1211 In diesem Sinn auch *Möllers*, in: KK zum WpÜG, § 23 WpÜG, Rdn. 105; *ders.*, ZGR 2002, 664, 677.

1212 Vgl. *Huber*, Haftung für Angebotsunterlagen, S. 200. Zur Prospektpflicht nach dem BörsG und nach dem VerkProspG ebenso *Roth*, in: MüKo zum BGB, 242 BGB, Rdn. 260, 268.

1213 In diesem Sinn auch *Möllers*, in: KK zum WpÜG, § 12 WpÜG, Rdn. 63, § 23 WpÜG, Rdn. 105; *ders.*, ZGR 2002, 664, 677; *Huber*, Haftung für Angebotsunterlagen, S. 200; *Roth*, in: MüKo zum BGB, 242 BGB, Rdn. 260, 313.

1214 In diesem Sinn auch *Möllers*, in: KK zum WpÜG, § 12 WpÜG, Rdn. 63, § 23 WpÜG, Rdn. 105; *ders.*, ZGR 2002, 664, 677; *Huber*, Haftung für Angebotsunterlagen, S. 200 f.

1215 In diesem Sinn auch *Möllers*, in: KK zum WpÜG, § 23 WpÜG, Rdn. 105.

1216 Vgl. S. 270.

recht zu werden, wäre es ausreichend, ihm die gewünschten Informationen zu gewähren.[1217]

Der BAFin steht die Möglichkeit zur Verfügung, gem. § 40 Absatz 1 Nr. 1 WpÜG Auskünfte und Unterlagen zu verlangen, die sie zur Überwachung der Einhaltung der Pflichten des § 23 WpÜG benötigt. Die Ermittlungsbefugnisse der BAFin sind jedoch nicht ausreichend. Denn nach § 40 Absatz 1 Nr. 1 WpÜG sind lediglich der Bieter, die mit ihm gemeinsam handelnden Personen sowie deren Tochterunternehmen verpflichtet, Auskünfte zu erteilen und Unterlagen vorzulegen. Ein Vergleich mit § 29 Absatz 1 WpHG legt die fehlende Befugnis der BAFin offen, Auskünfte und Unterlagen von der Zielgesellschaft, deren Aktionären und ehemaligen Aktionären, von Wertpapierdienstleistungsunternehmen und Personen und Unternehmen deren Stimmrechte dem Bieter zuzurechnen sind, verlangen zu können. Zwar ist eine solche Befugnis in § 40 Absatz 3 WpÜG geregelt. Diese Norm findet jedoch hinsichtlich der Pflichten nach § 23 WpÜG keine Anwendung. Da ein Grund für die schwache Ausgestaltung der Informationsmöglichkeiten der BAFin nicht ersichtlich ist, sollte de lege ferenda eine diesbezügliche Erweiterung der Befugnisse erfolgen. Die Einhaltung der Pflichten kann nach Erlass einer entsprechenden Verfügung[1218] im Wege der Vollstreckung nach dem VwVG erzwungen werden (§ 46 WpÜG).[1219]

B. Durchsetzung der Pflichten aus § 23 Absatz 2 WpÜG

Nach hier vertretener Ansicht dient § 23 Absatz 2 WpÜG nicht ausschließlich der Durchsetzung des Anspruchs auf Nachbesserung der Gegenleistung. Während der (weiteren) Annahmefrist handelt es sich zudem um eine den Bieter treffende Aktualisierungspflicht im vorvertraglichen Bereich.[1220] Hinsichtlich der individuellen Durchsetzbarkeit ist daher zu unterscheiden.

1217 Ob ein derartiger individueller Informationsanspruch besteht, hängt von der Charakterisierung der betroffenen Pflichten ab. Gesteht man diesen Pflichten zu, dass sie zumindest auch individualschützend sind, wird man diesen Anspruch bejahen können. Vertritt man hingegen die Ansicht, dass sie ausschließlich dem Schutz des Kapitalmarktes dienen, ist ein individueller Anspruch auf Information abzulehnen. Zum Meinungsstand bei der Parallelproblematik im Rahmen der §§ 21 ff. WpHG vgl. S. 267 (dort Fn. 1160).

1218 Die Befugnis der BAFin zu derartigen Anordnungen ergibt sich aus § 4 Absatz 1 Satz 3 WpÜG.

1219 Vgl. hierzu im Rahmen des WpHG *Opitz*, in: Schäfer, § 21 WpHG, Rdn. 41.

1220 Vgl. S. 270 f.

Sofern der Kläger die Veröffentlichungspflichten als vorvertragliche Pflicht des Bieters durchsetzen möchte, ist die Rechtslage entsprechend der Durchsetzung der Veröffentlichungspflichten nach § 23 Absatz 1 Satz 1 Nr. 1 WpÜG zu beurteilen.[1221] Steht § 23 Absatz 2 WpÜG hingegen als gesetzlich geregelte vertragliche bzw. nachvertragliche Nebenpflicht im Raum, sind die erforderlichen Auskünfte essentieller Bestandteil zur Bezifferung des in der Person des einzelnen Wertpapierinhabers entstandenen Gegenleistungsanspruchs.[1222] Aus diesem Grund ist dem möglichen Anspruchsinhaber als immanenter Teil seines Anspruchs auch ein Recht auf Auskunft über die Höhe der Gegenleistung zuzusprechen.[1223] Dennoch steht ihm aus § 23 Absatz 2 WpÜG kein einklagbarer Anspruch auf Veröffentlichung zu. Auch hier ist zu berücksichtigen, dass eine Verurteilung zur Veröffentlichung weit über das individuelle Interesse des klagenden Wertpapierinhabers hinausgehen würde. Um dessen Rechtsschutzbedürfnis gerecht zu werden, wäre es ausreichend, dem jeweiligen Kläger die gewünschten Informationen zu gewähren.[1224] „Deshalb steht den Wertpapierinhabern der Zielgesellschaft zur Durchsetzung von Nachbesserungsansprüchen lediglich ein allgemeiner Auskunftsanspruch aus § 242 BGB zu, den sie im Rahmen der Stufenklage nach § 254 ZPO geltend machen können."[1225]

Hinsichtlich der Durchsetzung durch die BAFin sei auf die Ausführungen zu § 23 Absatz 1 WpÜG verwiesen.[1226]

1221 Vgl. hierzu S. 281.

1222 In diesem Sinn auch *Möllers*, in: KK zum WpÜG, § 23 WpÜG, Rdn. 106.

1223 So auch *Möllers*, in: KK zum WpÜG, § 23 WpÜG, Rdn. 106. Es handele sich hierbei zumindest um eine vertragliche Nebenpflicht aus § 242 BGB.

1224 In diesem Sinn auch *Möllers*, in: KK zum WpÜG, § 23 WpÜG, Rdn. 106.

1225 *Möllers*, in: KK zum WpÜG, § 23 WpÜG, Rdn. 106.

1226 Vgl. S. 282.

Schlussbetrachtung und Ausblick

Die Transparenzvorschrift des § 23 WpÜG betrifft nur einen kleinen, wenn auch sehr wichtigen Teil der vielschichtigen Problematik öffentlicher Wertpapiererwerbs- und Übernahmeangebote. Sie steht innerhalb des vertriebs- und kapitalmarktrechtlichen Informationsmodells neben den Transparenzvorschriften der §§ 15, 21 ff. WpHG. Die vorgesehene Offenlegung der Beteiligungshöhe und des Annahmestandes während der Annahmefrist ist insofern von Bedeutung, als sie wie kaum ein anderer Regelungsgegenstand die Erfolgsaussichten des öffentlichen Angebots deutlich werden lässt. Im Ergebnis wird dadurch zu einer freien und informierten Entscheidung der mit dem Angebot angesprochenen Aktionäre beigetragen.

Dennoch ist die bestehende Regelung des § 23 Absatz 1 Satz 1 Nr. 1 WpÜG erheblichen Bedenken ausgesetzt. Zum einen wird keine Beseitigung, sondern lediglich eine Abmilderung des bei den Angebotsadressaten bestehenden Verkaufs- bzw. Annahmedrucks erreicht. Dies resultiert daraus, dass der bestehende Trend, mit der Annahme des Angebots bis zum Ende der Annahmefrist abzuwarten, verstärkt wird, und gleichzeitig am Ende der Annahmefrist ein Zeitraum verbleibt, der für eine Information aller Angebotsadressaten nicht mehr ausreicht. Hinzu kommt, dass sich der genaue aktuelle Stand der bereits bei den Depotbanken eingegangenen Annahmeerklärungen tatsächlich nicht ermitteln lässt und daher keinen Eingang in die Veröffentlichungen bzw. Mitteilungen des Bieters findet. Im Falle eines ggf. gewährten jederzeitigen vertraglichen Rücktrittsrechts könnte sich das Ergebnis des Angebots theoretisch sogar bis zur letzten Sekunde der Annahmefrist umkehren. Zum anderen beziehen sich die Bedenken auf die übernahmehindernde Wirkung sog. „Nullmeldungen" in der Frühphase öffentlicher Angebote. Hieraus ergibt sich ein bedeutendes öffentliches Interesse, einen sich über die gesamte Annahmefrist erstreckenden Zwang zur regelmäßigen Veröffentlichung des Annahmestandes zu vermeiden. Festzuhalten ist auch, dass die Rechtsordnungen anderer europäischer Länder größtenteils auf eine mit § 23 Absatz 1 Satz 1 Nr. 1 WpÜG vergleichbare Regelung verzichten und das prisoner's dilemma stattdessen auf andere Weise zu lösen versuchen.

Aufbauend auf der bestehenden Regelung des § 16 Absatz 2 WpÜG sollte dem Verkaufs- bzw. Annahmedruck primär dadurch entgegengewirkt werden, dass den Aktionären in einer weiteren Annahmefrist die Möglichkeit gegeben wird, das Angebot im Falle des Kontrollerwerbs seitens des Bieters anzunehmen. De lege ferenda ist hierbei sicherzustellen, dass diese weitere Annahmefrist lediglich dann ausgelöst wird, wenn der Bieter mindestens die Kontrollschwelle des

§ 29 Absatz 2 WpÜG erreicht hat. Im Ergebnis wäre so die Zwangssituation, in der sich die Angebotsadressaten befinden, zumindest für die Mehrzahl der Fälle beseitigt. Die Veröffentlichungs- bzw. Mitteilungspflicht i.S.v. § 23 Absatz 1 Satz 1 Nr. 1 WpÜG sollte lediglich als ergänzender Schutz dienen. Um die bedenklichen „Nullmeldungen" während der Frühphase öffentlicher Angebote zu vermeiden, ist sie de lege ferenda auf die letzte Woche vor Ablauf der Annahmefrist zu begrenzen. Zudem ist zu erwägen, § 23 Absatz 1 Satz 1 Nr. 1 WpÜG derart einzuschränken, dass seine Anwendung ausscheidet, wenn ein prisoner's dilemma nicht besteht. Des Weiteren ist eine Klarstellung des Gesetzgebers für den Zeitraum einer ggf. ausgelösten weiteren Annahmefrist i.S.v. § 16 Absatz 2 WpÜG geboten. Denn § 23 Absatz 1 Satz 1 Nr. 1 WpÜG ist hier über seinen Wortlaut hinaus bereits de lege lata analog anzuwenden, sofern der Bieter nach der regulären Annahmefrist noch keine Mehrheitsbeteiligung erlangt hat.

Inhaltlich ergeben sich aus § 23 WpÜG neben den ausdrücklich geregelten Veröffentlichungs- und Mitteilungspflichten auch Organisations- und Informationseinholungspflichten des Bieters. Zum einen ist die Implementierung eines Informationssystems zu verlangen, das einen zeitnahen Informationsfluss hinsichtlich der erforderlichen Beteiligungsinformationen des § 23 Absatz 1 Satz 1 Alt. 1 WpÜG sicherstellt. Zum anderen ist der Bieter in Bezug auf die Angebotsakzeptanz des § 23 Absatz 1 Satz 1 Alt. 2 WpÜG verpflichtet, das Angebotsverfahren unter Einsatz zumutbarer technischer Möglichkeiten derart zu organisieren, dass er möglichst zeitnah über i.d.R. bei Depotbanken der Angebotsadressaten eingehende Annahmeerklärungen informiert wird. Um dem Sinn und Zweck des § 23 Absatz 1 Satz 1 Alt. 2 WpÜG gerecht zu werden, einen Überblick über die Akzeptanz des Angebots zu vermitteln, sind in den Veröffentlichungen bzw. Mitteilungen auch Rücktrittserklärungen der Wertpapierinhaber zu berücksichtigen. Eine diesbezügliche Klarstellung des Gesetzgebers wäre wünschenswert.

Sind die nach § 23 Absatz 1 Satz 1 Alt. 1 und 2 WpÜG vorgeschriebenen Informationen aufgrund einer nicht auszuschließenden Doppelerfassung von Wertpapieren bzw. Stimmrechten geeignet, Angebotsadressaten und die Öffentlichkeit in die Irre zu führen, ist der Bieter zu einer ergänzenden, klarstellenden Information verpflichtet. Diese bereits heute bestehende Pflicht sollte der Gesetzgeber zukünftig ausdrücklich aufnehmen, weil die Bußgeldbewehrung hier ansonsten, wegen Art. 103 Absatz 2 GG und § 3 OWiG, keine Wirkung entfaltet. De lege ferenda sollte auch dem Umstand Rechnung getragen werden, dass sich teilweise einzelne Wertpapierinhaber gegenüber dem Bieter zur Angebotsannahme verpflichten. In diesen Fällen ist die zusätzliche Information erforderlich, inwieweit die veröffentlichten Zahlen bereits Annahmen von Wertpapierinhabern enthalten, die gegenüber dem Bieter zur Angebotsannahme verpflichtet sind. Nur so sind die Angebotsadressaten in der Lage, den Stand des Angebotsverfahrens prognostizieren zu können, der nach Ablauf der Annahmefrist bestünde, wenn zu den insgesamt bereits erfolgten Annahmeerklärungen lediglich noch ausstehende Annahmeerklärungen hierzu verpflichteter Aktionäre hinzukämen.

Statt unter dem Gesichtspunkt der Beteiligungstransparenz, sind die Veröffentlichungs- bzw. Mitteilungspflichten des § 23 Absatz 2 WpÜG im Zusammenhang mit der Gegenleistung des Bieters zu sehen. Neben der Absicherung der Nachbesserungsansprüche des § 31 Absatz 4 und 5 WpÜG sollen den Angebotsadressaten insbesondere auch ausreichende und verlässliche Informationen für die Beurteilung der Gegenleistung gewährt werden, damit sie ihre Entscheidung über das Angebot in Kenntnis der Sachlage fällen können. De lege ferenda ist daher für den Zeitraum der Annahmefähigkeit des Angebots eine Erweiterung des sachlichen Anwendungsbereichs auf sämtliche Angebotsarten des WpÜG sinnvoll und wünschenswert. Inhaltlich ist der Wortlaut des § 23 Absatz 2 Satz 1 WpÜG gerade in Bezug auf die für Übernahmeangebote vorgesehene Einschränkung missglückt. Zwar ist diese Einschränkung bereits de lege lata einer sinnvollen Interpretation zugänglich, eine Klarstellung des Gesetzgebers ist aber dringend geboten. Auch die Einschränkung des § 31 Absatz 5 Satz 1 WpÜG auf Aktienerwerbe außerhalb der Börse sollte zukünftig im Wortlaut des § 23 Absatz 2 WpÜG Berücksichtigung finden. Darüber hinaus wäre es sinnvoll, sowohl beim Tatbestand als auch bei den zu veröffentlichenden Angaben eine Erweiterung auf den Wertpapierbegriff des § 2 Absatz 2 WpÜG vorzunehmen. Schließlich sollte der Gesetzgeber auch klarstellen, dass der Bieter nach § 23 Absatz 2 WpÜG die Art und Höhe der für jeden Anteil gewährten „oder vereinbarten" Gegenleistung anzugeben hat.

Bei den in § 23 WpÜG enthaltenen Veröffentlichungspflichten handelt es sich um auf die Angebotsunterlage bezogene, gesetzlich normierte Aktualisierungspflichten des Bieters, sofern das Angebot auch noch nach der betreffenden Veröffentlichung annahmefähig ist. Diese Einordnung hat besondere Bedeutung für die zivilrechtlichen Rechtsfolgen eines Verstoßes gegen § 23 WpÜG, weil hieraus die Anwendbarkeit der Haftungsnorm des § 12 WpÜG resultiert. Trotz der weitreichenden zivilrechtlichen Rechtsfolgen, muss zukünftig auch die Stellung der BAFin gestärkt werden, indem ihre Informationsbefugnisse erweitert werden. In Umsetzung dieses Zieles sollte die Anwendbarkeit der Vorschrift des § 40 Absatz 3 WpÜG auf die Überwachung der Pflichten nach § 23 WpÜG erstreckt werden.

Soweit bei der Auslegung des § 23 WpÜG Unsicherheiten bestehen, wie beispielsweise hinsichtlich spezieller inhaltlicher Anforderungen oder Veröffentlichungszeitpunkte, ist der Praxis schließlich dringend zur Abstimmung mit der BAFin zu raten, bis ein akzeptierter Marktstandard einen anerkannten Sorgfaltsmaßstab und eine übereinstimmende Auslegung reflektiert. Keinesfalls sollten sich Bieter eisern an den Wortlaut halten, ohne eine am Normzweck orientierte Auslegung zu berücksichtigen, weil sie sich ansonsten erheblichen, insbesondere zivilrechtlichen Rechtsfolgen ausgesetzt sehen könnten.

Literaturverzeichnis

Aha, Christof, Aktuelle Aspekte der Unternehmensbewertung im Spruchstellenverfahren, Zugleich Anmerkungen zu der Paulaner-Entscheidung des BayObIG, AG 1997, S. 26 - 36

Altmeppen, Holger, Abschied vom „qualifiziert faktischen" Konzern, Verflechtungen im faktischen Unternehmensverbund und ihre Auswirkungen, Heidelberg 1991
(zitiert: *Altmeppen*, Abschied)

Altmeppen, Holger, Grenzenlose Vermutungen im Recht der GmbH, DB 1991, S. 2225 - 2230

Altmeppen, Holger, Zur Vermögensbindung in der faktisch abhängigen AG, ZIP 1996, S. 693 - 698

Angerer, Lutz, Der Squeeze-out, BKR 2002, S. 260 - 268

Archner, Gernot, Das Wertpapiererwerbs- und Übernahmegesetz (WpÜG) aus Sicht der Investmentbranche, Kreditwesen 2001, S. 999 - 1003

Arends, Volker, Die Offenlegung von Aktienbesitz nach deutschem Recht, Wiesbaden 2000
(zitiert: *Arends*, Offenlegung von Aktienbesitz)

Assmann, Heinz-Dieter, Neuemissionen von Wertpapieren über das Internet, in: Festschrift für Rolf A. Schütze zum 65. Geburtstag, hrsg. von Reinhold Geimer, München 1999, S. 15 - 47

Assmann, Heinz-Dieter, Erwerbs-, Übernahme- und Pflichtangebote nach dem Wertpapiererwerbs- und Übernahmegesetz aus der Sicht der Bietergesellschaft, AG 2002, S. 114 - 125

Assmann, Heinz-Dieter, Die Haftung für die Richtigkeit und Vollständigkeit der Angebotsunterlage nach § 12 WpÜG, AG 2002, S. 153 - 160

Assmann, Heinz-Dieter / *Bozenhardt*, Friedrich, Übernahmeangebote als Regelungsproblem zwischen gesellschaftsrechtlichen Normen und zivilrechtlich begründeten Verhaltensgeboten, in: Heinz-Dieter Assmann / Nathalie Basaldua / Friedrich Bozenhardt / Martin Peltzer, Übernahmeangebote, ZGR-Sonderheft 9, Berlin/New York 1990, S. 1 - 156
(zitiert: *Assmann/Bozenhardt*, Übernahmeangebote, ZGR-Sonderheft 9)

Assmann, Heinz-Dieter / *Schneider*, Uwe H. (Hrsg.), Wertpapierhandelsgesetz, Kommentar, 2. Auflage, Köln 1999
(zitiert: *Bearbeiter*, in: Assmann/Schneider, Wertpapierhandelsgesetz)

Assmann, Heinz-Dieter / *Schütze*, Rolf A., Handbuch des Kapitalanlagerechts, 2. Auflage, München 1997
(zitiert: *Bearbeiter*, in: Assmann/Schütze, Kapitalanlagerecht)

Bälz, Ulrich, Verbundene Unternehmen, AG 1992, S. 277 - 311

Bamberg, Günter / *Coenenberg*, Adolf Gerhard, Betriebswirtschaftliche Entscheidungslehre, 9. Auflage, München 1996
(zitiert: *Bamberg/Coenenberg*, Entscheidungslehre)

Baudisch, Matthias, Nochmals: Neutralitätspflicht des Vorstands und Entscheidungsbefugnis der Hauptversammlung im Übernahmerecht, AG 2001, S. 251 - 254

Baumbach, Adolf / *Hopt*, Klaus J., Handelsgesetzbuch, mit GmbH & Co., Handelsklauseln, Bank- und Börsenrecht, Transportrecht (ohne Seerecht), 30. Auflage, München 2000
(zitiert: *Baumbach/Hopt*, Handelsgesetzbuch)

Baumbach, Adolf / *Hueck*, Alfred (Hrsg.), GmbH-Gesetz, Gesetz betreffend die Gesellschaften mit beschränkter Haftung, 17. Auflage, München 2000
(zitiert: *Bearbeiter*, in: Baumbach/Hueck, GmbH-Gesetz)

Baums, Theodor, Übernahmeregeln in der Europäischen Gemeinschaft, ZIP 1989, S. 1376 -1381

Baums, Theodor, Vorschlag eines Gesetzes zu öffentlichen Übernahmeangeboten, ZIP 1997, S. 1310 - 1315

Bebchuk, Lucian Arye, Toward Undistorted Choice and Equal Treatment in Corporate Takeovers, 98 Harvard Law Review 1985, S. 1673 - 1808

Bebchuk, Lucian Arye, The Pressure to Tender: An Analysis and a Proposed Remedy, in: Knights, Raiders, and Targets, The Impact of the Hostile Takeover, Hrsg.: Coffee / Lowenstein / Rose-Ackerman, New York/ Oxford 1988, S. 371 - 397
(zitiert: *Bebchuk*, The Pressure to Tender)

Bebchuk, Lucian Arye, The Sole Owner Standard for Takeover Policy, 17 Journal of Legal Studies 1988, S. 197 - 229

Beckmann, Ralph / *Kersting*, Mark Oliver / *Mielke*, Werner, Das neue Übernahmerecht, München 2003
(zitiert: *Bearbeiter*, in: Beckmann/Kersting/Mielke, Übernahmerecht)

Behnke, Thorsten, Anmerkung zu BVerfG, NZG 1999, 931 ff., NZG 1999, S. 934

Berding, Benjamin, Gesellschafts- und kapitalmarktrechtliche Grundsätze im Übernahmerecht, WM 2002, S. 1149 - 1158

Berger, Klaus Peter, Unternehmensübernahmen in Europa, Der geänderte Vorschlag für eine EG-Takeover-Richtlinie im Vergleich mit nationalen Übernahmeregelungen, ZIP 1991, S. 1644 - 1660

Binnewies, Burkhard, Die Konzerneingangskontrolle in der abhängigen Gesellschaft, Köln/Bonn/Berlin/München 1996
(zitiert: *Binnewies*, Konzerneingangskontrolle)

Bott, Claudia / *Schleef*, Michael, Transparenz von Beteiligungsverhältnissen nach dem Wertpapierhandelsgesetz – Nutzen für den Anleger?, ZBB 1998, S. 330 - 334

Bozenhardt, Friedrich, Freiwillige Übernahmeangebote im deutschen Recht, Tübingen 1990

Bungert, Hartwin, Delisting und Hauptversammlung, BB 2000, S. 53 - 58

Burgard, Ulrich, Die Offenlegung von Beteiligungen, Abhängigkeits- und Konzernlagen bei der Aktiengesellschaft, Berlin 1990
(zitiert: *Burgard*, Offenlegung von Beteiligungen)

Burgard, Ulrich, Die Offenlegung von Beteiligungen an Aktiengesellschaften, AG 1992, S. 41 - 55

Burgard, Ulrich, Die Berechnung des Stimmrechtsanteils nach §§ 21 - 23 Wertpapierhandelsgesetz, BB 1995, S. 2069 - 2078

Burgard, Ulrich, Ad hoc-Publizität bei gestreckten Sachverhalten und mehrstufigen Entscheidungsprozessen, ZHR 1998, S. 51 - 100

Burgard, Ulrich, Kapitalmarktrechtliche Lehren aus der Übernahme Vodafone-Mannesmann – Zur Verletzung der Mitteilungspflicht nach §§ 21 Abs. 1, 22 Abs. 1 Nr. 6 WpHG und den sich daraus ergebenden Folgerungen für ein Viertes Finanzmarktförderungsgesetz –, WM 2000, S. 611 - 616

Burgard, Ulrich, Das Wettbewerbsverbot des herrschenden Aktionärs, in: Festschrift für Lutter zum 70. Geburtstag, Hrsg.: Schneider / Hommelhoff / K. Schmidt / Grunewald / Timm / Drygala, Köln 2000, S. 1033 - 1051
(zitiert: *Burgard*, Wettbewerbsverbot)

Busse von Colbe, Walther, Der Vernunft eine Gasse: Abfindung von Minderheitsaktionären nicht unter dem Börsenkurs ihrer Aktien, in: Festschrift für Lutter zum 70. Geburtstag, Hrsg.: Schneider / Hommelhoff / K. Schmidt / Grunewald / Timm / Drygala, Köln 2000, S. 1053 - 1067
(zitiert: *Busse von Colbe*, Abfindung von Minderheitsaktionären)

Bydlinski, Sonja / *Winner*, Martin, Das neue Übernahmegesetz, Ein Überblick über die materiell-rechtlichen Bestimmungen, ÖBA 1998, S. 913 - 924

Caemmerer, Ernst von, Publizitätsinteressen der Öffentlichkeit und Gesellschaftsrecht, in: Das Frankfurter Publizitätsgespräch, Vorträge und Diskussionen der gleichnamigen Tagung in Königstein/Taunus am 13. und 14. April 1962, hrsg. von Carl Hans Barz u.a., Frankfurt a.M. 1962, S. 141 - 182

Cahn, Andreas, Probleme der Mitteilungs- und Veröffentlichungspflichten nach dem WpHG bei Veränderungen des Stimmrechtsanteils an börsennotierten Gesellschaften, AG 1997, S. 502 - 512

Cereghetti, Leonardo, Offenlegung von Unternehmensbeteiligungen im schweizerischen Recht, Chur/Zürich 1995

Comment, Robert / *Jarrell*, Gregg A., Two-Tier and Negotiated Tender Offers, The Imprisonment of the Free-riding Shareholder, 19 Journal of Financial Economics 1987, S. 283 - 310

Decher, Christian E., Die Zulässigkeit des qualifizierten faktischen Aktienkonzerns – SEN contra Banning –, DB 1990, S. 2005 - 2010

Deutsche Börse AG (Hrsg.), Insiderhandelsverbote und Ad hoc-Publizität nach dem Wertpapierhandelsgesetz, WM 1994, S. 2038 - 2048

Deutscher Anwaltverein e.V., Vorschläge des Handelsrechtsausschusses des Deutschen Anwaltvereins e.V. zur Änderung des UmwG, NZG 2000, S. 802 - 808

Deutscher Anwaltverein e.V., Stellungnahme des Handelsrechtsausschusses des DAV e.V. vom April 2001, Zum RefE des BMF für ein Gesetz zur Regelung von öffentlichen Angeboten zum Erwerb von Wertpapieren und von Unternehmensübernahmen (WÜG), NZG 2001, S. 420 - 432

Deutscher Anwaltverein e.V., Stellungnahme des Handelsrechtsausschusses des Deutschen Anwaltvereins e.V. zum RegE für ein Gesetz zur Regelung von öffentlichen Angeboten zum Erwerb von Wertpapieren und von Unternehmensübernahmen (WpÜG), NZG 2001, S. 1003 - 1008

Diekmann, Hans, Mitteilungspflichten nach §§ 20 ff AktG und dem Diskussionsentwurf des Wertpapierhandelsgesetzes, DZWir 1994, S. 13 - 21

Diemer, Frank / *Hasselbach*, Kai, Öffentliche Übernahmeangebote in Italien, NZG 2000, S. 824 - 830

Diregger, Christoph / *Winner*, Martin, Deutsches und österreichisches Übernahmerecht aus Anlegersicht, WM 2002, S. 1583 - 1592

Dörfler, Wolfgang / *Gahler*, Wolfgang / *Unterstraßer*, Stefan / *Wirichs*, Robert, Probleme bei der Wertermittlung von Abfindungsangeboten, Ergebnisse einer empirischen Untersuchung, BB 1994, S. 156 - 163

Drygala, Tim, Die neue deutsche Übernahmeskepsis und ihre Auswirkungen auf die Vorstandspflichten nach § 33 WpÜG, ZIP 2001, S. 1861 - 1871

Ebenroth, Carsten Thomas / *Wilken*, Oliver, Zum Auskunftsrecht des Aktionärs im Konzern, BB 1993, S. 1818 - 1823

Ehricke, Ulrich / *Roth*, Markus, Squeeze-out im geplanten deutschen Übernahmerecht, DStR 2001, S. 1120 - 1127

Emmerich, Volker / *Habersack*, Mathias, Aktien- und GmbH-Konzernrecht, Kommentar, 2. Auflage, München 2001
(zitiert: *Bearbeiter*, in: Emmerich/Habersack, Aktien- und GmbH-Konzernrecht)

Emmerich, Volker / *Sonnenschein*, Jürgen / *Habersack*, Mathias, Konzernrecht, 7. Auflage, München 2001

Falkenhagen, Klaus, Aktuelle Fragen zu den neuen Mitteilungs- und Veröffentlichungspflichten nach Abschnitt 4 und 7 des Wertpapierhandelsgesetzes, WM 1995, S. 1005 - 1009

Fleischer, Holger, Die Barabfindung außenstehender Aktionäre nach den §§ 305 und 320 b AktG, ZGR 1997, S. 368 - 400

Fleischer, Holger, Zum Begriff des öffentlichen Angebots im Wertpapiererwerbs- und Übernahmegesetz, ZIP 2001, S. 1653 - 1660

Fleischer, Holger / *Kalss*, Susanne, Das neue Wertpapiererwerbs- und Übernahmegesetz, Einführende Gesamtdarstellung und Materialien, München 2002
(zitiert: *Fleischer/Kalss*, WpÜG)

Fleischer, Holger / *Körber*, Torsten, Der Rückerwerb eigener Aktien und das Wertpapiererwerbs- und Übernahmegesetz, BB 2001, S. 2589 - 2595

Fürhoff, Jens / *Wölk*, Armin, Aktuelle Fragen zur Ad hoc-Publizität, WM 1997, S. 449 - 459

Gansweid, Wolfgang, Zur gerichtlichen Überprüfung der angemessenen Barabfindung nach § 305 AktG, AG 1977, S. 334 - 341

Gehrt, John Alexander, Die neue Ad-hoc-Publizität nach § 15 Wertpapierhandelsgesetz, Eine kritische Betrachtung im Vergleich zur französischen und anglo-amerikanischen Regelung, Baden-Baden 1997
(zitiert: *Gehrt*, Ad-hoc-Publizität)

Geibel, Stephan / *Süßmann*, Rainer (Hrsg.), Wertpapiererwerbs- und Übernahmegesetz (WpÜG), Kommentar, mit WpÜG-Angebotsverordnung und den geänderten Vorschriften in AktG, WpHG, KAGG, AuslInvestmG, KWG, VerkProspG, VerkProspGVO, GKG und BRAGO, München 2002
(zitiert: *Bearbeiter*, in: Geibel/Süßmann, WpÜG)

Geibel, Stephan / *Süßmann*, Rainer, Erwerbsangebote nach dem Wertpapiererwerbs- und Übernahmegesetz, BKR 2002, S. 52 - 67

Geiger, Rudolf, EUV/EUG, Vertrag über die Europäische Union und Vertrag zur Gründung der Europäischen Gemeinschaft, Kommentar, 3. Auflage, München 2000

Geßler, Ernst / *Hefermehl*, Wolfgang / *Eckardt*, Ulrich / *Kropff*, Bruno, Kommentar zum Aktiengesetz
- Band I, §§ 1 - 75 AktG, München 1973 - 1983
- Band II, §§ 76 - 147 AktG, München 1973 - 1974
- Band VI, §§ 291 - 410 AktG, München 1976 - 1994

(zitiert: *Bearbeiter*, in: Geßler/Hefermehl/Eckardt/Kropff, Aktiengesetz)

Göhler, Erich / *Buddendiek*, Hans, Gesetz über Ordnungswidrigkeiten, 12. Auflage, München 1998
(zitiert: *Göhler/Buddendiek*, Ordnungswidrigkeiten)

Gower, L. C. B. / *Prentice*, D. D. / *Pettet*, B. G., Gower's Principles of modern Company Law, Fifth Edition, London 1992

Grigoleit, Hans Christoph, Vorvertragliche Informationshaftung – Vorsatzdogma, Rechtsfolgen, Schranken, München 1997

Grigoleit, Hans Christoph, Neuere Tendenzen zur schadensrechtlichen Vertragsaufhebung, NJW 1999, S. 900 - 904

Groeben, Hans von der / *Thiesing*, Jochen / *Ehlermann*, Claus-Dieter, Kommentar zum EU-/EG- Vertrag, Band 1, 5. Auflage, Baden-Baden 1997
(zitiert: *Bearbeiter*, in: Groeben/Thiesing/Ehlermann, EU-/EG- Vertrag)

Groß, Wolfgang, Rechtsprobleme des Delisting, ZHR 2001, S. 141 - 166

Groß, Wolfgang, Kapitalmarktrecht, Kommentar zum Börsengesetz, zur Börsenzulassungs-Verordnung, zum Verkaufsprospektgesetz und zur Verkaufsprospekt-Verordnung, 2. Auflage, München 2002
(zitiert: *Groß*, Kapitalmarktrecht)

Großfeld, Bernhard, Unternehmens- und Anteilsbewertung im Gesellschaftsrecht, 3. Auflage, Köln 1994
(zitiert: *Großfeld*, Unternehmensbewertung)

Großkommentar zum Aktiengesetz, hrsg. von Klaus J. Hopt und Herbert Wiedemann, 4. Auflage
- 4. Lfg., §§ 121 - 130, Berlin/New York 1993
- 16. Lfg., §§ 131, 132, Berlin/New York 2001
(zitiert: *Bearbeiter*, in: Großkommentar AktG)

Haarmann, Wilhelm / *Riehmer*, Klaus / *Schüppen*, Matthias (Hrsg.), Öffentliche Übernahmeangebote, Kommentar zum Wertpapiererwerbs- und Übernahmegesetz, Heidelberg 2002
(zitiert: *Bearbeiter*, in: Haarmann/Riehmer/Schüppen, Öffentliche Übernahmeangebote)

Habersack, Mathias, Der Finanzplatz Deutschland und die Rechte der Aktionäre, Bemerkungen zur bevorstehenden Einführung des „Squeeze Out", ZIP 2001, S. 1230 - 1238

Habersack, Mathias / *Meyer*, Christian, Der neue Vorschlag 1997 einer Takeover-Richtlinie – Überlegungen zur Umsetzung in das nationale Recht, ZIP 1997, S. 2141 - 2146

Hahn, Dieter, Die Regulierung von Übernahmen in der Europäischen Gemeinschaft, ZBB 1990, S. 10 - 21

Halm, Dirk, „Squeeze-Out" heute und morgen: Eine Bestandsaufnahme nach dem künftigen Übernahmerecht, NZG 2000, S. 1162 - 1165

Hamann, Uwe, Die Angebotsunterlage nach dem WpÜG – ein praxisorientierter Überblick, ZIP 2001, S. 2249 - 2257

Happ, Wilhelm, Zum Regierungsentwurf eines Wertpapierhandelsgesetzes, JZ 1994, S. 240 - 244

Hausmaninger, Christian / *Herbst*, Christoph, Übernahmegesetz, Kurzkommentar, Wien 1999

Heidel, Thomas / *Lochner*, Daniel, Squeeze-out ohne hinreichenden Eigentumsschutz, DB 2001, S. 2031 - 2034

Heinsius, Theodor, Abfindung außenstehender Aktionäre und Übernahmeangebote im deutschen Aktien- und Konzernrecht, in: Übernahmeangebote im Aktienrecht, Hrsg.: Schmitthoff / Goré / Heinsius, Frankfurt a.M. 1976, S. 35 - 61
(zitiert: *Heinsius*, Übernahmeangebote)

Herkenroth, Klaus E., Konzernierungsprozesse im Schnittfeld von Konzernrecht und Übernahmerecht, Rechtsvergleichende Untersuchungen der Allokationseffizienz unterschiedlicher Spielregeln von Unternehmensübernahmen, Berlin 1994
(zitiert: *Herkenroth*, Konzernierungsprozesse)

Herrmann, Marcus, Zivilrechtliche Abwehrmaßnahmen gegen unfreundliche Übernahmeversuche in Deutschland und Großbritannien, Eine rechtsvergleichende Untersuchung unter Berücksichtigung des künftigen europäischen Rechts, München 1993
(zitiert: *Herrmann*, Zivilrechtliche Abwehrmaßnahmen)

Heyder, Stefan, Der qualifizierte faktische Aktienkonzern, Frankfurt a.M. 1997

Hildner, Matthias, Kapitalmarktrechtliche Beteiligungstransparenz verbundener Unternehmen, Die kapitalmarktrechtlichen Meldepflichten verbundener Unternehmen bei Veränderung des Stimmrechtsanteils an börsennotierten Gesellschaften gem. §§ 21 ff. WpHG, Berlin 2002

Hommelhoff, Peter, Empfiehlt es sich das Recht faktischer Unternehmensverbindungen neu zu regeln? Gutachten G für den 59. Deutschen Juristentag, München 1992, G 11 ff., in: Verhandlungen des Neunundfünfzigsten Deutschen Juristentages, Band I, Hannover 1992
(zitiert: *Hommelhoff*, Gutachten für den 59. Deutschen Juristentag)

Hommelhoff, Peter, Praktische Erfahrungen mit dem Abhängigkeitsbericht – Ergebnisse einer rechtstatsächlichen Umfrage –, ZHR 1992, S. 295 - 313

Hommelhoff, Peter / *Witt*, Carl-Heinz, Bemerkungen zum deutschen Übernahmegesetz nach dem Scheitern der Richtlinie, Zugleich ein Blick auf Italien, RIW 2001, S. 561 - 569

Hopt, Klaus J., Grundsatz- und Praxisprobleme nach dem Wertpapierhandelsgesetz, – insbesondere Insidergeschäfte und Ad-hoc-Publizität –, ZHR 1995, S. 135 - 163

Hopt, Klaus J., Auf dem Weg zum deutschen Übernahmegesetz, Überlegungen zum Richtlinienentwurf 1997, zum Übernahmekodex (1997) und zum SPD-Entwurf 1997, in: Festschrift für Wolfgang Zöllner zum 70. Geburtstag, Band I, Hrsg.: Lieb / Noack / Westermann, Köln/Berlin/Bonn/ München 1998, S. 253 - 274
(zitiert: *Hopt*, Weg zum deutschen Übernahmegesetz)

Houben, Eike, Die Gestaltung des Pflichtangebots unter dem Aspekt des Minderheitenschutzes und der effizienten Allokation der Unternehmenskontrolle, WM 2000, S. 1873 - 1883

Huber, Peter / *Löber*, Werner, Übernahmegesetz, Kommentar, Wien 1999

Huber, Silvia, Haftung für Angebotsunterlagen nach dem Wertpapiererwerbs- und Übernahmegesetz, Hamburg 2002
(zitiert: *Huber*, Haftung für Angebotsunterlagen)

Hüchting, Hans-Jochen, Abfindung und Ausgleich im aktienrechtlichen Beherrschungsvertrag, Köln/Berlin/Bonn/München 1972
(zitiert: *Hüchting*, Abfindung und Ausgleich)

Hüffer, Uwe, Aktiengesetz, 3. Auflage, München 1997

Hüffer, Uwe, Aktiengesetz, 4. Auflage, München 1999

Hüffer, Uwe, Aktiengesetz, 5. Auflage, München 2002

Hüttemann, Rainer, Unternehmensbewertung als Rechtsproblem, ZHR 1998, S. 563 - 593

Hutter, Stephan / *Lawrence*, W. Jeffrey, Übernahmerecht in den USA, in: Die Übernahme börsennotierter Unternehmen, Hrsg.: Rüdiger von Rosen / Werner G. Seifert, Schriften zum Kapitalmarkt, Band 2, Frankfurt a.M. 1999, S. 95 - 145

Immenga, Ulrich, Öffentliche Übernahmeangebote (Take over bids), Eine rechtsvergleichende Untersuchung der Regelungsprobleme, SAG 1975, S. 89 - 103

Immenga, Ulrich, Öffentliche Übernahmeangebote, in: Öffentliche Übernahmeangebote, hrsg. von Karl Kreuzer, Baden-Baden 1992, S. 11 - 34
(zitiert: *Immenga*, Öffentliche Übernahmeangebote)

Jarass, Hans D., Elemente einer Dogmatik der Grundfreiheiten II, EuR 2000, S. 705 - 723

Joussen, Edgar, Die Treuepflicht des Aktionärs bei feindlichen Übernahmen, BB 1992, S. 1075 - 1081

Junge, Werner, Anzeigepflichten und Publizität bei Beteiligungserwerb, in: Festschrift für Johannes Semler zum 70. Geburtstag, Hrsg.: Bierich / Hommelhoff / Kropff, Berlin/New York 1993, S. 473 - 484
(zitiert: *Junge*, Anzeigepflichten und Publizität)

Kallmeyer, Harald, Ausschluss von Minderheitsaktionären, AG 2000, S. 59 - 61

Kallmeyer, Harald, Neutralitätspflicht des Vorstands und Entscheidungsbefugnis der Hauptversammlung im Übernahmerecht, AG 2000, S. 553 - 554

Kallmeyer, Harald (Hrsg.), Umwandlungsgesetz, Kommentar, 2. Auflage, Köln 2001
(zitiert: *Bearbeiter*, in: Kallmeyer, Umwandlungsgesetz)

Kalss, Susanne, Das neue Übernahmegesetz als Teil des Kapitalmarktrechts in Österreich, NZG 1999, S. 421 - 430

Kiehne, Hans-Erich, Konzernwirkungen und aktienrechtlicher Minderheitenschutz im faktischen Konzern, DB 1974, S. 321 - 324

Klein, Albrecht, Abwehrmöglichkeiten gegen feindliche Übernahmen in Deutschland, NJW 1997, S. 2085 - 2089

Kleppe, Martin, Anlegerschutz beim Rückzug eines Unternehmens von der Börse, Köln 2002
(zitiert: *Kleppe*, Rückzug von der Börse)

Knoll, Heinz-Christian, Die Übernahme von Kapitalgesellschaften, Unter besonderer Berücksichtigung des Schutzes von Minderheitsaktionären nach amerikanischem, englischem und deutschem Recht, Baden-Baden 1992
(zitiert: *Knoll*, Die Übernahme)

Kölner Kommentar zum Aktiengesetz, hrsg. von Wolfgang Zöllner, 2. Auflage
- Band 1, §§ 1 - 75 AktG, Köln/Berlin/Bonn/München 1988
- Band 6, 1. Lfg., §§ 291 - 328 AktG, Köln/Berlin/Bonn/München 1987

(zitiert: *Bearbeiter*, in: KK zum AktG)

Kölner Kommentar zum WpÜG, mit AngebVO und §§ 327 a - 327 f AktG, hrsg. von Heribert Hirte und Christoph von Bülow, Köln/Berlin/Bonn/München 2003
(zitiert: *Bearbeiter*, in: KK zum WpÜG)

Körber, Ulrich, Die Stimmrechtsvertretung durch Kreditinstitute, Überlegungen zur Fortentwicklung des deutschen Rechts unter Berücksichtigung der Vorschläge der europäischen Kommission, Berlin 1989

Koppensteiner, Hans-Georg, „Faktischer Konzern" und Konzentration, ZGR 1973, S. 1 - 23

Koppensteiner, Hans-Georg, Abhängige Aktiengesellschaften aus rechtspolitischer Sicht, in: Festschrift für Ernst Steindorff zum 70. Geburtstag am 13. März 1990, Hrsg.: Baur / Hopt / Mailänder, Berlin/New York 1990, S. 79 - 112
(zitiert: *Koppensteiner*, Abhängige Aktiengesellschaften)

Kort, Michael, Neuere Entwicklungen im Recht der Börsenprospekthaftung (§§ 45 ff. BörsG) und der Unternehmensberichtshaftung (§ 77 BörsG), AG 1999, S. 9 - 21

Kort, Michael, Ausgleichs- und Abfindungsrechte (§§ 304, 305 AktG) beim Beitritt eines herrschenden Unternehmens zu einem Beherrschungsvertrag, ZGR 1999, S. 402 - 426

Krause, Hartmut, Das obligatorische Übernahmeangebot, Eine juristische und ökonomische Analyse, München 1996

Krause, Hartmut, Der revidierte Vorschlag einer Takeover-Richtlinie (1996), AG 1996, S. 209 - 217

Krause, Hartmut, Zur Gleichbehandlung der Aktionäre bei Übernahmeangeboten und Beteiligungserwerb – Teil I –, WM 1996, S. 845 - 851

Krause, Hartmut, Zur Gleichbehandlung der Aktionäre bei Übernahmeangeboten und Beteiligungserwerb – Teil II –, WM 1996, S. 893 - 900

Krause, Hartmut, Das neue Übernahmerecht, NJW 2002, S. 705 - 716

Krelle, Wilhelm, Präferenz- und Entscheidungstheorie, Tübingen 1968
(zitiert: *Krelle*, Entscheidungstheorie)

Krieger, Gerd, Das neue Übernahmegesetz: Preisfindung beim Übernahmeangebot und Neutralitätspflicht des Vorstands der Zielgesellschaft, in: RWS-Forum 20, Gesellschaftsrecht 2001, hrsg. von Hartwig Henze und Michael Hoffmann-Becking, Köln 2001, S. 289 - 322
(zitiert: *Krieger*, Preisfindung beim Übernahmeangebot)

Kropff, Bruno, Aktiengesetz 1965, Textausgabe mit Begründung des Regierungsentwurfs und Bericht des Rechtsausschusses des Deutschen Bundestages, Düsseldorf 1965
(zitiert: *Kropff*, Aktiengesetz)

Kropff, Bruno, Grundzüge des Konzernrechts, in: Rechtsgrundlagen freiheitlicher Unternehmenswirtschaft, hrsg. von Marcus Lutter und Johannes Semler, Köln 1991, S. 71 - 89

Kropff, Bruno, Ausgleichspflichten bei passiven Konzernwirkungen?, in: Festschrift für Lutter zum 70. Geburtstag, Hrsg.: Schneider / Hommelhoff / K. Schmidt / Grunewald / Timm / Drygala, Köln 2000, S. 1133 - 1149
(zitiert: *Kropff*, Passive Konzernwirkungen)

Kübler, Friedrich, Gesellschaftsrecht, 5. Auflage, Heidelberg 1998

Kübler, Friedrich / *Schmidt*, Reinhard H., Gesellschaftsrecht und Konzentration, Berlin 1988

Kümpel, Siegfried, Bank- und Kapitalmarktrecht, 2. Auflage, Köln 2000

Kuhr, Hans-Peter, Der Minderheitenschutz bei Übernahmeangeboten in Deutschland und Frankreich unter dem Einfluß der 13. EG-Richtlinie, Eine rechtsvergleichende Untersuchung des europäischen, deutschen und französischen Rechts, Konstanz 1992
(zitiert: *Kuhr*, Minderheitenschutz bei Übernahmeangeboten)

Kunz, Jürgen, Die Börsenprospekthaftung nach Umsetzung der EG-Richtlinien in innerstaatliches Recht, Berlin, Univ., Diss., 1992
(zitiert: *Kunz*, Börsenprospekthaftung)

Land, Volker, Das neue deutsche Wertpapiererwerbs- und Übernahmegesetz, – Anmerkungen zum Regierungsentwurf –, DB 2001, S. 1707 - 1713

Land, Volker / *Hasselbach*, Kai, „Going Private“ und „Squeeze-out“ nach deutschem Aktien-, Börsen- und Übernahmerecht, DB 2000, S. 557 - 562

Lieb, Manfred, Abfindungsansprüche im (qualifizierten?) faktischen Konzern, in: Festschrift für Lutter zum 70. Geburtstag, Hrsg.: Schneider / Hommelhoff / K. Schmidt / Grunewald / Timm / Drygala, Köln 2000, S. 1151 - 1165
(zitiert: *Lieb*, Abfindungsansprüche)

Liebscher, Thomas, Das Übernahmeverfahren nach dem neuen Übernahmegesetz, Übernahmerechtliche Grenzen der Gestaltungsfreiheit im Hinblick auf die Übernahmestrategien des Bieters, ZIP 2001, S. 853 - 869

Lorenz, Stephan, Der Schutz vor dem unerwünschten Vertrag, Eine Untersuchung von Möglichkeiten und Grenzen der Abschlußkontrolle im geltenden Recht, München 1997

Lorenz, Stephan, Haftungsausfüllung bei der culpa in contrahendo: Ende der „Minderung durch c.i.c.“?, NJW 1999, S. 1001 - 1002

Lüttmann, Ruth, Kontrollwechsel in Kapitalgesellschaften, Eine vergleichende Untersuchung des englischen, US-amerikanischen und deutschen Rechts, Baden-Baden 1992
(zitiert: *Lüttmann*, Kontrollwechsel)

Lutter, Marcus, Das Konzernrecht der Bundesrepublik Deutschland: Ziel, Wirklichkeit und Bewährung, SAG 1976, S. 152 - 162

Lutter, Marcus, Die zivilrechtliche Haftung in der Unternehmensgruppe, ZGR 1982, S. 244 - 275

Lutter, Marcus, Stand und Entwicklung des Konzernrechts in Europa, ZGR 1987, S. 324 - 369

Lutter, Marcus, Europäisches Unternehmensrecht; Grundlagen, Stand und Entwicklung nebst Texten und Materialien zur Rechtsangleichung, 4. Auflage, Berlin/New York 1996
(zitiert: *Lutter*, Europäisches Unternehmensrecht)

Lutter, Marcus (Hrsg.), Umwandlungsgesetz, Kommentar, 2. Auflage, Köln 2000
(zitiert: *Bearbeiter*, in: Lutter, Umwandlungsgesetz)

Lutter, Marcus / *Scheffler*, Eberhard / *Schneider*, Uwe. H (Hrsg.), Handbuch der Konzernfinanzierung, Köln 1998
(zitiert: *Bearbeiter*, in: Lutter/Scheffler/Schneider, Handbuch der Konzernfinanzierung)

Lutter, Marcus / *Timm*, Wolfram, Konzernrechtlicher Präventivschutz im GmbH-Recht, NJW 1982, S. 409 - 420

Lyk, Reto A., Namenaktien versus Inhaberaktien als Einheitstitel von Publikumsgesellschaften – Klarer Punktesieg für die Einheits-Namen-Aktie, SZW 1995, S. 281 - 289

Meier-Schatz, Christian J., Unternehmenszusammenschlüsse mittels Übernahmeangebot, Ein rechtlicher Problemabriss aus amerikanischer Sicht, WuR 1987, S. 16 - 39

Meier-Schatz, Christian J., Offenlegung von Beteiligungen/Öffentliche Kaufangebote, in: Das neue Börsengesetz der Schweiz, hrsg. von Meier-Schatz, Bern/Stuttgart/Wien 1996, S. 93 - 133

Meier-Schatz, Christian J., Die neue Börsenrechtsordnung der Schweiz – ein Überblick, ZBB 1997, S. 325 - 345

Mertens, Hans-Joachim, Zur Geltung des Stand-alone-Prinzips für die Unternehmensbewertung bei der Zusammenführung von Unternehmen, AG 1992, S. 321 - 335

Mestmäcker, Ernst-Joachim, Zur Systematik des Rechts der verbundenen Unternehmen im neuen Aktienrecht, in: Das Unternehmen in der Rechtsordnung, Festgabe für Heinrich Kronstein aus Anlaß seines 70. Geburtstages, Hrsg.: Kurt H. Biedenkopf / Helmut Coing / Ernst-Joachim Mestmäcker, Karlsruhe 1967, S. 129 - 150
(zitiert: *Mestmäcker*, Festgabe Kronstein)

Möllers, Thomas M. J., Anlegerschutz durch Aktien- und Kapitalmarktrecht – Harmonisierungsmöglichkeiten nach geltendem und künftigem Recht –, ZGR 1997, S. 334 - 367

Möllers, Thomas M. J., Verfahren, Pflichten und Haftung, insbesondere der Banken, bei Übernahmeangeboten, ZGR 2002, S. 664 - 696

Möllers, Thomas M. J., / *Leisch*, Franz Clemens, Neuere Gesetze und Rechtsprechung zur bank- und kapitalmarktrechtlichen Informationshaftung, JZ 2000, S. 1085 - 1092

Möllers, Thomas M. J., / *Leisch*, Franz Clemens, Prospekthaftung, in: Handwörterbuch des Bank- und Finanzwesens, Hrsg.: Wolfgang Gerke / Manfred Steiner, 3. Auflage, Stuttgart 2001, S. 1735 - 1742

Möllers, Thomas M. J., / *Leisch*, Franz Clemens, Haftung von Vorständen gegenüber Anlegern wegen fehlerhafter Ad-hoc-Meldungen nach § 826 BGB, WM 2001, S. 1648 - 1662

Möllers, Thomas M. J., / *Leisch*, Franz Clemens, Schadensersatzansprüche wegen fehlerhafter Ad-hoc-Mitteilungen, BKR 2001, S. 78 - 83

Monti, Mario, Vorschlag für eine Richtlinie über Übernahmeangebote, in: Die Übernahme börsennotierter Unternehmen, Hrsg.: Rüdiger von Rosen / Werner G. Seifert, Schriften zum Kapitalmarkt, Band 2, Frankfurt a.M. 1999, S. 15 - 28

Mühle, Sabine, Das Wertpapiererwerbs- und Übernahmegesetz im Schnittfeld zwischen Gesellschafts- und Kapitalmarktrecht unter besonderer Berücksichtigung des ökonomischen Rahmenbezugs, Baden Baden 2002
(zitiert: *Mühle*, WpÜG)

Mülbert, Peter O., Aktiengesellschaft, Unternehmensgruppe und Kapitalmarkt, Die Aktionärsrechte bei Bildung und Umbildung einer Unternehmensgruppe zwischen Verbands- und Anlegerschutzrecht, 2. Auflage, München 1996

Mülbert, Peter O., Übernahmerecht zwischen Kapitalmarktrecht und Aktien(konzern)recht – die konzeptionelle Schwachstelle des RegE WpÜG, ZIP 2001, S. 1221 - 1229

Mülbert, Peter O., Rechtsprobleme des Delisting, ZHR 2001, S. 104 - 140

Mülbert, Peter O. / *Birke*, Max, Das übernahmerechtliche Behinderungsverbot – Die angemessene Rolle der Verwaltung einer Zielgesellschaft in einer feindlichen Übernahme –, WM 2001, S. 705 - 718

Müller, Welf, Die Unternehmensbewertung in der Rechtsprechung, in: Festschrift für Gerold Bezzenberger zum 70. Geburtstag, Hrsg.: Westermann / Mock, Berlin/New York 2000, S. 705 - 719

Münchener Handbuch des Gesellschaftsrechts, Band 4, Aktiengesellschaft, hrsg. von Michael Hoffmann-Becking, 2. Auflage, München 1999
(zitiert: *Bearbeiter*, in: Münch. Hdb. GesR IV)

Münchener Kommentar zum Aktiengesetz, hrsg. von Bruno Kropff, 2. Auflage des Kommentars von Geßler/Hefermehl/Eckhardt/Kropff zum Aktiengesetz
- Band 1, §§ 1 - 53, München 2000
- Band 8, §§ 278 - 328, München 2000

(zitiert: *Bearbeiter*, in: MüKo zum AktG)

Münchener Kommentar zum Bürgerlichen Gesetzbuch, Hrsg.: Kurt Rebmann / Franz Jürgen Säcker / Roland Rixecker, 4. Auflage
- Band 1, Allgemeiner Teil, §§ 1 - 240, AGB-Gesetz, München 2001
- Band 2, Schuldrecht Allgemeiner Teil, §§ 241 - 432, FernAbsG, München 2001

(zitiert: *Bearbeiter*, in: MüKo zum BGB)

Munscheck, Karsten, Die Übernahmeregelung – eine Alternative zum Schutz von Aktionären abhängiger Gesellschaften?, Frankfurt a.M. 1999
(zitiert: *Munscheck*, Karsten, Die Übernahmeregelung)

Neye, Hans-Werner, Die EU-Übernahmerichtlinie auf der Zielgeraden, ZIP 2001, S. 1120 - 1128

Noack, Ulrich, Neues Recht für die Namensaktie – Zum Referentenentwurf eines NaStrG, ZIP 1999, S. 1993 - 2000

Nottmeier, Horst / *Schäfer*, Holger, Praktische Fragen im Zusammenhang mit §§ 21, 22 WpHG, AG 1997, S. 87 - 96

Oechsler, Jürgen, Der ReE zum Wertpapiererwerbs- und Übernahmegesetz – Regelungsbedarf auf der Zielgeraden!, NZG 2001, S. 817 - 826

Oesterle, Dale A., Target Managers as Negotiating Agents for Target Shareholders in Tender Offers: A Reply to the Passivity Thesis, Cornell Law Review 71 (1985), S. 53 - 95

Olson, Mancur, Die Logik des kollektiven Handelns, 4. Auflage, Tübingen 1998

Otto, Hans-Jochen, Übernahmeversuche bei Aktiengesellschaften und Strategien der Abwehr, DB Beilage 12/1988, S. 1 - 12

Otto, Hans-Jochen, Die Verteilung der Kontrollprämie bei Übernahme von Aktiengesellschaften und die Funktion des Höchststimmrechts, AG 1994, S. 167 - 175

Palandt, Bürgerliches Gesetzbuch, Kurzkommentar, 61. Auflage, München 2002 (zitiert: *Bearbeiter*, in: Palandt, Bürgerliches Gesetzbuch)

Peltzer, Martin, Übernahmeangebote nach künftigem Europa-Recht und dessen Umsetzung in deutsches Recht, in: Heinz-Dieter Assmann / Nathalie Basaldua / Friedrich Bozenhardt / Martin Peltzer, Übernahmeangebote, ZGR-Sonderheft 9, Berlin/New York 1990, S. 179 - 233
(zitiert: *Peltzer*, Übernahmeangebote, ZGR-Sonderheft 9)

Pfohl, Hans-Christian / *Braun*, Günther E., Entscheidungstheorie, Landsberg am Lech 1981

Piltz, Detlev J., Die Unternehmensbewertung in der Rechtsprechung, 3. Auflage, Düsseldorf 1994

Piltz, Detlev J., Unternehmensbewertung und Börsenkurs im aktienrechtlichen Spruchstellenverfahren, zugleich Besprechung der Entscheidung BVerfGE 100, 289, ZGR 2001, S. 185 - 213

Pluskat, Sorika, Das geplante neue Übernahmerecht nach dem Referentenentwurf des BMF, DStR 2001, S. 897 - 901

Pötzsch, Thorsten / *Möller*, Andreas, Das künftige Übernahmerecht – Der Diskussionsentwurf des Bundesministeriums der Finanzen zu einem Gesetz zur Regelung von Unternehmensübernahmen und der Gemeinsame Standpunkt des Rates zur europäischen Übernahmerichtlinie –, WM 2000, Sonderbeilage Nr. 2, S. 1 - 38

Prantl, Johannes, Konzernbildung, Konzernrecht und Minderheitenschutz in Deutschland – Eine ökonomische Analyse, Frankfurt a.M. 1994
(zitiert: *Prantl*, Konzernbildung)

Püttner, Günter, Das Depotstimmrecht der Banken, Berlin 1963

Raiser, Thomas, Recht der Kapitalgesellschaften, 3. Auflage, München 2001
(zitiert: *Raiser*, Kapitalgesellschaften)

Reul, Jürgen, Übernahmeangebote in der ökonomischen Analyse, Zur Kritik des aktuellen Richtlinienvorschlages der EG, in: Privatrecht und deutsche Einheit, Jahrbuch Junger Zivilrechtswissenschaftler 1990, Hrsg.: Harald Baum / Christoph Engel / Oliver Remien / Manfred Wenckstern, Stuttgart/ München/Hannover/Berlin 1991, S. 11 - 30
(zitiert: *Reul*, Übernahmeangebote)

Reul, Jürgen, Die Pflicht zur Gleichbehandlung der Aktionäre bei privaten Kontrolltransaktionen, Eine juristische und ökonomische Analyse, Tübingen 1991
(zitiert: *Reul*, Die Pflicht zur Gleichbehandlung der Aktionäre)

Richard, Jörg / *Weinheimer*, Stefan, Der Weg zurück: Going Private, BB 1999, S. 1613 - 1620

Richard, Jörg / *Weinheimer*, Stefan, Handbuch Going Private, Heidelberg 2002

Riehmer, Klaus / *Schröder*, Oliver, Der Entwurf des Übernahmegesetzes im Lichte von Vodafone / Mannesmann, NZG 2000, S. 820 - 824

Riehmer, Klaus / *Schröder*, Oliver, Praktische Aspekte bei der Planung, Durchführung und Abwicklung eines Übernahmeangebots, Übernahmekodex und Referentenentwurf des deutschen Wertpapiererwerbs- und Übernahmegesetzes, BB Beilage 5/2001, S. 1 - 16

Röhrich, Martina, Feindliche Übernahmeangebote, Eine wettbewerbspolitische Beurteilung anhand von Fallstudien aus den USA, Baden-Baden 1992

Röhrich, Martina, Gleichbehandlungspflicht bei Kontrollakquisitionen: Eine Analyse der dreizehnten EG-Richtlinie aus ökonomischer Sicht, RIW 1993, S. 93 - 98

Roth, Marianne / *Zinser*, Alexander, Österreichisches Übernahmegesetz vom 1.1.1999: Musterregelung für das deutsche Recht?, EWS 2000, S. 233 - 240

Rühland, Philipp, Die Abfindung von aus der Aktiengesellschaft ausgeschlossenen Minderheitsaktionären – Ein Diskussionsbeitrag zum Entwurf eines Übernahmegesetzes vom Bundesministerium der Finanzen vom 29.6.2000 –, WM 2000, S. 1884 - 1888

Rühland, Philipp, Der squeezeout nach dem RefE zum Wertpapiererwerbs- und Übernahmegesetz vom 12.3.2001, NZG 2001, S. 448 - 455

Sandberger, Georg, Teilübernahmeangebote und Zwangsübernahmeangebote im Europäischen Take-over-Recht, DZWir 1993, S. 319 - 326

Schäfer, Dietrich, Aktuelle Probleme des neuen Aktienrechts, BB 1966, S. 229 - 233

Schäfer, Frank A. (Hrsg.), Wertpapierhandelsgesetz, Börsengesetz mit BörsZulV, Verkaufsprospektgesetz mit VerkProspV, Kommentar, Stuttgart u.a. 1999

(zitiert: *Bearbeiter*, in: Schäfer)

Schander, Albert A. / *Lucas*, Johannes H., Die Ad-hoc-Publizität im Rahmen von Übernahmevorhaben, DB 1997, S. 2109 - 2112

Scheffler, Eberhard, Konzernmanagement, Betriebswirtschaftliche und rechtliche Grundlagen der Konzernführungspraxis, München 1992

(zitiert: *Scheffler*, Konzernmanagement)

Schelling, Thomas C., The Strategy of Conflict, Cambridge (Mass.) 1960

Schiessl, Maximilian, Ist das deutsche Aktienrecht kapitalmarkttauglich ?, AG 1999, S. 442 - 452

Schmid, Tobias, Öffentliche Übernahmeangebote in Italien, AG 1999, S. 402 - 411

Schmidt, Karsten, Abhängigkeit und faktischer Konzern als Aufgaben der Rechtspolitik – Zu den Juristentagsgutachten von Druey und Hommelhoff –, JZ 1992, S. 856 - 867

Schmidt, Karsten, Gesellschaftsrecht, 3. Auflage, Köln/Berlin/Bonn/München 1997

Schneider, Uwe H., Die kapitalmarktrechtlichen Offenlegungspflichten von Konzernunternehmen nach §§ 21 ff. WpHG, in: Festschrift für Hans Erich Brandner zum 70. Geburtstag, Hrsg.: Pfeiffer / Kummer / Scheuch, Köln 1996, S. 565 - 578
(zitiert: *Schneider*, Offenlegungspflichten nach §§ 21 ff. WpHG)

Schneider, Uwe H., Anwendungsprobleme bei den kapitalmarktrechtlichen Vorschriften zur Offenlegung von wesentlichen Beteiligungen an börsennotierten Aktiengesellschaften (§§ 21 ff. WpHG), AG 1997, S. 81 - 87

Schneider, Uwe H. / *Burgard*, Ulrich, Übernahmeangebote und Konzerngründung, Zum Verhältnis von Übernahmerecht, Gesellschaftsrecht und Konzernrecht, DB 2001, S. 963 - 969

Schönke, Adolf / *Schröder*, Horst, Strafgesetzbuch, Kommentar, 26. Auflage, München 2001
(zitiert: *Bearbeiter*, in: Schönke/Schröder, Strafgesetzbuch)

Schüppen, Matthias, Übernahmegesetz ante portas ! – Zum Regierungsentwurf eines „Gesetzes zur Regelung von öffentlichen Angeboten zum Erwerb von Wertpapieren und von Unternehmensübernahmen" –, WPg 2001, S. 958 - 976

Schuster, Stephan / *Rudolf*, Stefan, Übernahmerecht in der Schweiz, in: Die Übernahme börsennotierter Unternehmen, Hrsg.: Rüdiger von Rosen / Werner G. Seifert, Schriften zum Kapitalmarkt, Band 2, Frankfurt a.M. 1999, S. 41 - 76

Schuster, Stephan / *Zschocke*, Christian, Übernahmerecht, Texte und Erläuterungen zum deutschen Übernahmekodex sowie zum Übernahmerecht der Europäischen Union, der Schweiz und des Vereinigten Königreichs, Deutsch-englische Ausgabe, Frankfurt a.M. 1996
(zitiert: *Schuster/Zschocke*, Übernahmerecht)

Schwark, Eberhard, Kapitalanlegerschutz im deutschen Gesellschaftsrecht, ZGR 1976, S. 271 - 306

Schwark, Eberhard, Börsengesetz, Kommentar zum Börsengesetz und zu den börsenrechtlichen Nebenbestimmungen, 2. Auflage, München 1994
(zitiert: *Schwark*, Börsengesetz)

Schwartz, Alan, The Fairness of Tender Offer Prices in Utilitarian Theory, 17 The Journal of Legal Studies 1988, S. 165 - 196

Schwartz, Alan, The Sole Owner Standard Reviewed, 17 The Journal of Legal Studies 1988, S. 231 - 235

Senn, Myriam, Anmerkungen zur zukünftigen Meldepflicht im Börsengesetz – Art. 20 BEHG, SZW 1993, S. 227 - 233

Seydel, Eberhard, Konzernbildungskontrolle bei der Aktiengesellschaft, Baden-Baden 1995
(zitiert: *Seydel*, Konzernbildungskontrolle)

Siebel, Ulf R., Zur Auskunftspflicht des Aktionärs – Übersicht mit Hinweisen auf englisches Recht –, in: Festschrift für Theodor Heinsius zum 65. Geburtstag am 25. September 1991, Hrsg.: Friedrich Kübler / Hans-Joachim Mertens / Winfried Werner, Berlin/New York 1991, S. 771 - 807
(zitiert: *Siebel*, Zur Auskunftspflicht des Aktionärs)

Sieger, Jürgen J. / *Hasselbach*, Kai, Der Ausschluss von Minderheitsaktionären nach den neuen §§ 327a ff AktG, ZGR 2002, S. 120 - 162

Soergel, Hans Theodor, Bürgerliches Gesetzbuch mit Einführungsgesetz und Nebengesetz, Band 2, Allgemeiner Teil 2, §§ 104 - 240, 13. Auflage, Stuttgart/Berlin/Köln 1999
(zitiert: *Bearbeiter*, in: Soergel, Bürgerliches Gesetzbuch)

Staudinger, Julius von, Kommentar zum Bürgerlichen Gesetzbuch mit Einführungsgesetz und Nebengesetzen
- Zweites Buch, Recht der Schuldverhältnisse, §§ 255 - 314, Neubearbeitung 2001, Berlin 2001
- Zweites Buch, Recht der Schuldverhältnisse, §§ 328 - 361 b, Neubearbeitung 2001, Berlin 2001

(zitiert: *Bearbeiter*, in: Staudingers Kommentar zum BGB)

Steck, Kai-Uwe, „Going private" über das UmwG, Das Gesellschaftsrecht des „kalten Delisting", AG 1998, S. 460 - 466

Steinhauer, Carsten, Insiderhandelsverbot und Ad-hoc-Publizität, Eine rechtsvergleichende Analyse zivilrechtlicher Haftungsansprüche von Anlegern in den USA und Deutschland, Baden-Baden 1999

Steinmeyer, Roland / *Häger*, Michael, WpÜG, Kommentar zum Wertpapiererwerbs- und Übernahmegesetz mit Erläuterungen zum Minderheitenausschluss nach §§ 327 a ff. AktG, Berlin 2002
(zitiert: *Steinmeyer/Häger*, WpÜG)

Stephan, Klaus-Dieter, Prospektaktualisierung, AG 2002, S. 3 - 14

Steuer, Stephan / *Baur*, Georg, Erwerbsgeschäfte im Grenzbereich bedeutender Beteiligungen nach dem Wertpapierhandelsgesetz, WM 1996, S. 1477 - 1484

Stockenhuber, Peter, Take-Overs nach österreichischem Übernahmerecht, RIW 1999, S. 752 - 760

Stoll, Hans, Anmerkung zu BGH, Urt. v. 24.6.1998 – XII ZR 126/96, JZ 1999, S. 95 - 97

Stoll, Jutta, Rechtliche Aspekte von „feindlichen" Übernahmen von Aktiengesellschaften, BB 1989, S. 301 - 305

Streit, Georg, Delisting Light – Die Problematik der Vereinfachung des freiwilligen Rückzugs von der Frankfurter Wertpapierbörse, ZIP 2002, S. 1279 - 1289

Strenger, Christian, Das deutsche Übernahmegesetz, – Ausgewogenheit zwischen Unternehmens- und Anlegerinteressen als Pflichtprogramm –, WM 2000, S. 952 - 953

Strohn, Lutz, Die Verfassung der Aktiengesellschaft im faktischen Konzern, Köln/Berlin/Bonn/München 1977
(zitiert: *Strohn*, Aktiengesellschaft)

Timm, Wolfram, Das Recht der faktischen Unternehmensverbindung im Umbruch, NJW 1992, S. 2185 - 2195

Timm, Wolfram, Grundfälle zum Konzernrecht, JuS 1999, S. 760 - 765

Thomas, C. D., Company Law for Accountants, London/Edinburgh 1988

Tröndle, Herbert / *Fischer*, Thomas, Strafgesetzbuch und Nebengesetze, 50. Auflage, München 2001
(zitiert: *Tröndle/Fischer*, Strafgesetzbuch)

Vallenthin, Wilhelm, Aktienrechtsreform und Kapitalmarkt, in: Marburger Aussprache zur Aktienrechtsreform, hrsg. von der Rechts- und Staatswissenschaftlichen Fakultät der Philipps-Universität Marburg, 1959, S. 36 - 52

Veelken, Winfried, Der Schutz der Minderheitsgesellschafter in der abhängigen Gesellschaft in rechtsvergleichender Sicht, in: Das Gesellschaftsrecht der Konzerne im internationalen Vergleich, hrsg. von Ernst-Joachim Mestmäcker und Peter Behrens, Baden-Baden 1991, S. 505 - 561
(zitiert: *Veelken*, Schutz der Minderheitsgesellschafter)

Vetter, Eberhard, Squeeze-out in Deutschland, Anmerkungen zum Diskussionsentwurf eines gesetzlichen Ausschlusses von Minderheitsaktionären, ZIP 2000, S. 1817 - 1824

Vetter, Eberhard, Squeeze-out nur durch Hauptversammlungsbeschluss ?, DB 2001, S. 743 - 747

Vetter, Eberhard, Squeeze-out – Der Ausschluß der Minderheitsaktionäre aus der Aktiengesellschaft nach den §§ 327 a - 327 f AktG, AG 2002, S. 176 - 190

Vogt, Nedim Peter / *Watter*, Rolf (Hrsg.), Kommentar zum Schweizerischen Kapitalmarktrecht, Bundesgesetz über die Börsen und den Effektenhandel (Börsengesetz, BEHG), Bundesgesetz über die Anlagefonds (Anlagefondsgesetz, AFG), Basel/Genf/München 1999
(zitiert: *Bearbeiter*, in: Vogt/Watter, Kommentar zum Schweizerischen Kapitalmarktrecht)

Vollmer, Lothar / *Grupp*, Alexander, Der Schutz der Aktionäre beim Börseneintritt und Börsenaustritt, ZGR 1995, S. 459 - 480

de Vries, Kolja, Delisting, Kapitalmarktrecht, Gesellschaftsrecht, Umwandlungsrecht, Köln 2002
(zitiert: *de Vries*, Delisting)

Waldhausen, Stephan, Die ad-hoc-publizitätspflichtige Tatsache, Eine Untersuchung zu § 15 Abs. 1 Satz 1 WpHG unter Berücksichtigung der Ad-hoc-Publizität im Vereinten Königreich, Baden-Baden 2002

Weber, Martin, Deutsches Kapitalmarktrecht im Umbruch, NJW 1994, S. 2849 - 2860

Weber, Martin,Vormitgliedschaftliche Treubindungen, München 1999

Weber, Martin, Internet-Emissionen, MMR 1999, S. 385 - 390

Weimar, Robert / *Breuer*, Jürgen H., International verwendete Strategien der Abwehr feindlicher Übernahmeversuche im Spiegel des deutschen Aktienrechts, BB 1991, S. 2309 - 2321

Wiedemann, Herbert, Gesellschaftsrecht, Ein Lehrbuch des Unternehmens- und Verbandsrechts, Band 1, München 1980
(zitiert: *Wiedemann*, Gesellschaftsrecht)

Wiedemann, Herbert, Die Unternehmensgruppe im Privatrecht, Methodische und sachliche Probleme des deutschen Konzernrechts, Tübingen 1988
(zitiert: *Wiedemann*, Unternehmensgruppe)

Wiedemann, Herbert / *Fleischer*, Holger, Anmerkung zu BGH, Urteil v. 1.3.1999 - II ZR 312/97, JZ 2000, S. 159 - 161

Wirth, Gerhard / *Arnold*, Michael, Anlegerschutz beim Delisting von Aktiengesellschaften, ZIP 2000, S. 111 -117

Witt, Carl-Heinz, Übernahmen von Aktiengesellschaften und Transparenz der Beteiligungsverhältnisse, Köln 1998

Witt, Carl-Heinz, Vorschlag für eine Zusammenfügung der §§ 21 ff. WpHG und des § 20 AktG zu einem einzigen Regelungskomplex, AG 1998, S. 171 - 182

Witt, Carl-Heinz, Regelmäßige „Wasserstandsmeldungen" – unverzichtbarer Bestandteil eines künftigen Übernahmegesetzes, NZG 2000, S. 809 - 819

Witt, Carl-Heinz, Die Änderungen der Mitteilungs- und Veröffentlichungspflichten nach §§ 21 ff. WpHG durch das geplante Wertpapiererwerbs- und Übernahmegesetz, AG 2001, S. 233 - 241

Wittich, Georg, Übernahmen und die Regelungen des Wertpapierhandelsgesetzes, in: Die Übernahme börsennotierter Unternehmen, Hrsg.: Rüdiger von Rosen / Werner G. Seifert, Schriften zum Kapitalmarkt, Band 2, Frankfurt a.M. 1999, S. 377 - 394

Wölk, Armin, Ad hoc-Publizität – Erfahrungen aus der Sicht des Bundesaufsichtsamts für den Wertpapierhandel, AG 1997, S. 73 - 80

Zinser, Alexander, Der RefE eines „Gesetzes zur Regelung von öffentlichen Angeboten zum Erwerb von Wertpapieren und von Unternehmensübernahmen" vom 12.3.2001, NZG 2001, S. 391 - 397

Zinser, Alexander, Übernahmeangebote (takeover bids) im englischen und deutschen Recht, Eine rechtsvergleichende Untersuchung mit Blick auf eine künftige Regelung in Deutschland, Frankfurt a.M. 2000
(zitiert: *Zinser*, Übernahmeangebote)

Zinser, Alexander, Pflichtangebotsregelungen in europäischen Staaten, NZG 2000, S. 573 - 578

Zinser, Alexander, Der Entwurf eines Übernahmegesetzes, ZRP 2001, S. 363 - 368

Zwissler, Thomas, Das neue österreichische Übernahmegesetz, AG 1999, S. 411 - 417

FSC
www.fsc.org
MIX
Papier | Fördert
gute Waldnutzung
FSC® C083411

Kolibri 360 GmbH
Ferdinand-Jühlke-Straße 7
99095 Erfurt, Deutschland
produktsicherheit@kolibri360.de

Druck:
CPI Druckdienstleistungen GmbH
im Auftrag der
Kolibri 360 GmbH
Ferdinand-Jühlke-Str. 7
99095 Erfurt